최재형
공기업 회계학
회계원리 300제

제3판

ACCOUNTING PRINCIPLE

| 공기업 전공 필기 · 공무원(감사직) 대비

- 공기업 회계원리 최신 출제경향 반영
- 자주 출제되는 핵심이론 + 실전문항 300제 수록
- 단기간에 완성할 수 있도록 풍부한 해설 기재
- 통합/상경/단일전공 대비 회계학 기초 필독서

최재형

머리말

효율적인 회계원리 공부

공기업 전공필기시험에서 회계과목은 사무직 통합전공, 또는 상경(경영)전공의 한 부분으로 출제되는 분야입니다. 회계원리수준의 전공시험범위에서 출제되는 문제수는 많지 않으나 그 수험범위가 방대하고 내용이 복잡하기 때문에 수험생의 입장에서는 시험을 준비하기가 쉽지 않습니다. 필기시험을 대비할 수 있는 시간은 한정되어 있고, 공부해야할 과목과 양은 너무나 많습니다. 따라서 좋은 점수를 받기 위해서는 효율적으로 합격할 수 있는 전략이 필요합니다.

교재의 구성

1. 이론편

본 교재는 공기업 전공필기 중 회계원리를 출제범위로 하는 전공 시험을 효율적으로 대비하기 위해 편찬되었습니다. 따라서 회계처리의 기초 및 재무제표의 작성부터 자산, 부채, 자본에 대한 일반적인 회계처리방법의 내용을 다룹니다. 아울러 회계학 공부를 시작하기 위해서 반드시 공부해야할 회계의 기초적인 부분을 포함합니다. 그러므로 본 교재는 회계원리 및 회계학 전공시험을 위해 공부해야할 필수적인 회계이론 부분을 완벽하게 다루고 있다고 자부합니다.

2. 문제편

본 교재의 문제는 ① 기본 이론의 연습을 위한 예제, ② 기준서 문구의 숙달을 위한 ○× 퀴즈, ③ 이론의 종합적인 정리를 위한 연습문제, ④ 실전 전공시험 대비를 위한 객관식 250제로 구성되어 있습니다. 어떠한 유형의 문제도 대비할 수 있도록, 중복되는 유형없이 충분한 양의 문제를 수록하였습니다.

마지막으로 출판에 물심양면 힘써주신 세경북스 임직원 여러분들께 감사의 말씀 전합니다.

본 교재로 공부하신 수험생 여러분의 합격을 기원합니다.

2021. 10.

공인회계사 최재형

공기업별 회계학 출제범위

기업명	유형	공기업 회계학			
		회계원리	중급회계	원가관리	고급/세무
한국은행	단일전공	●	●	●	▲/×
금융감독원	단일전공	●	●	●	●/×
KDB산업은행	단일전공	●	●	▲	●/×
예금보험공사	단일전공	●	●	×	●/×
한국수출입은행	단일전공	●	●	●	●/×
한국거래소	단일전공	●	●	●	×
한국예탁결제원	단일전공	●	●	▲	▲/×
한국무역보험공사	단일전공	●	●	●	▲/×
한국투자공사	상경통합	●	▲	×	×
기술보증기금	단일전공	●	●	×	×
신용보증기금	통합전공	●	●	×	×
주택도시보증공사(HUG)	단일전공	●	●	×	×
한국주택금융공사	단일전공	●	●	×	×
한국자산관리공사	단일전공	●	●	▲	▲/×
SGI서울보증	단일전공	●	●	×	×
IBK 기업은행	통합전공	●	●	×	×
서울신용보증재단	통합전공	●	▲	×	×
한국석유공사	단일전공	●	●	▲	×
한국가스공사(경영)	단일전공	●	●	관리	
한국가스공사(회계)	단일전공	●	●	●	●
한국도로공사	상경통합	●	●	×	×
한국공항공사(회계)	단일전공	●	●	●	×
한국환경공단(회계직)	통합전공	●	●	●	×/●
서울주택도시공사(회계단일)	단일전공	●	●	●	×
한국수자원공사	통합전공	●	▲	×	×
한국지역난방공사	상경통합	●	▲	▲	×
인천국제공항공사	단일전공	●	▲	▲	×
한국농어촌공사	단일전공	●	●	관리	×
중소벤처기업진흥공단(투자운용)	단일전공	●	●	×	×
중소벤처기업진흥공단(해외사업)	상경통합	●	●	×	×
경북대학교병원(재무회계)	상경통합	●	●	●	●/×

기업명	유형	공기업 회계학			
		회계원리	중급회계	원가관리	고급/세무
한전KPS	상경통합	●	●	●	×/▲
한국환경공단(경영)	상경통합	●	●	●	
서울에너지공사	통합전공	●	●	●	×
인천도시공사(회계)	단일전공	●	●	●	×/▲
한국남동발전	상경통합	●	●	×	×
한국남부발전	상경통합	●	●	×	×
한국서부발전	상경통합	●	●	▲	×
한국수력원자력	통합전공	●	×	×	×
한국전력거래소	단일전공	●	●	×	×
한국전력기술	통합전공	●	▲	×	×
한국국토정보공사(L×)	상경통합	●	▲	×	×
도로교통공단	단일전공	●	▲	×	×
국가철도공단	상경통합	●	▲	×	×
소상공인시장진흥공단	단일전공	●	▲	×	×
한국보훈복지의료공단	상경통합	●	●	▲	×
한국장학재단	통합전공	●	▲	×	×
한국사학진흥재단	통합전공	●	▲	×	×
한국동서발전	상경통합	●	▲	×	×
한국중부발전	통합전공	●	▲	×	×
한전KDN	통합전공	▲	×	×	×
한국가스기술공사	통합전공	●	×	×	×
한국공항공사(경영)	단일전공	●	×	×	×
한국관광공사	단일전공	●	▲	×	×
새만금개발공사	단일전공	▲	×	×	×
한국방송광고진흥공사	단일전공	●	●	×	×
한국해양진흥공사(경영단일)	단일전공	●	×	×	×
신용회복위원회	통합전공	▲	×	×	×
한국교통안전공단	통합전공	▲	×	×	×
국민연금공단	통합전공	▲	×	×	×
공무원연금공단	통합전공	●	×	×	×
국민체육진흥공단	단일전공	●	×	×	×

공기업별 회계학 출제범위

기업명	유형	공기업 회계학			
		회계원리	중급회계	원가관리	고급/세무
건강보험심사평가원	통합전공	●	×	×	×
국립공원공단	단일전공	●	×	×	×
한국원자력환경공단	통합전공	●	▲	×	×
중소벤처기업진흥공단(행정)	단일전공	●	×	×	×
서울주택도시공사(경영단일)	단일전공	▲	×	×	×
경기관광공사(경영)	단일전공	●	×	×	×
경기주택도시공사	상경통합	●	×	×	×
인천도시공사(경영)	단일전공	×	×	×	×
충남대학교병원	단일전공	●	▲	×	×
인천교통공사	단일전공	▲	×	×	×
인천항만공사	상경통합	●	▲	×	×
대구도시철도공사	단일전공	▲	×	×	×
대구도시공사	단일전공	●	×	×	×
경북대학교병원(행정직)	통합전공	●	×	×	×
전북대학교병원	단일전공	●	×	×	×
여수/부산/울산 항만공사(통합)	통합전공	×	×	×	×
한국소비자원	단일전공	×	×	×	×
한국우편사업진흥원	단일전공	▲	×	×	×
한국산업단지공단	상경통합	▲	×	×	×
서울시설공단	상경통합	▲	×	×	×
대구시설관리공단	단일전공	●	×	×	×
부산시설공단	통합전공	●	×	×	×
부산환경공단	통합전공	▲	×	×	×
경남신용보증재단	통합전공	●	×	×	×
서울대학교병원	단일전공	▲	×	×	×

공기업은 매번 채용시마다 회계학 시험정보가 바뀌므로 가장 최신의 정보들을 **"전수환 공기업 카페"**에서 확인하시기 바랍니다.

CONTENTS

CHAPTER 01 재무회계의 기초

제1절 회계의 기초 | 10
제2절 재무보고와 회계기준의 제정 | 14
제3절 재무제표의 기초 | 18
제4절 재무상태표와 손익계산서 | 23
- ○ × | 27
- 연습문제 | 28
- 객관식문제 | 32

CHAPTER 02 회계순환과정

제1절 회계순환과정의 기초 | 50
제2절 분개와 전기 | 51
제3절 시산표의 작성과 결산수정분개 | 63
- ○ × | 85
- 연습문제 | 86
- 객관식문제 | 91

CHAPTER 03 상기업의 회계처리

제1절 상기업의 영업 | 108
제2절 상품 매매의 회계원리 | 109
제3절 운임 · 에누리 · 환출입 · 할인 | 115
- 연습문제 | 123
- 객관식문제 | 127

CHAPTER 04 수취채권과 지급채무

제1절 수취채권 | 134
제2절 지급채무 | 145
제3절 장기성 채권 · 채무 | 149
- ○ × | 164
- 연습문제 | 165
- 객관식문제 | 172

CHAPTER 05 재고자산

제1절 재고자산의 기초 | 184
제2절 재고자산흐름의 결정 | 187
- ○ × | 197
- 연습문제 | 198
- 객관식문제 | 200

CHAPTER 06 유형자산

제1절 유형자산의 기초 | 224
제2절 원가의 인식 | 225
제3절 원가의 구성요소 | 226
제4절 원가모형 | 228
제5절 재평가모형 | 237
- ○ × | 238
- 연습문제 | 240
- 객관식문제 | 243

CHAPTER 07 금융자산

제1절 금융자산의 의의 | 258
제2절 현금 및 현금성자산 | 259
제3절 금융자산의 회계처리 | 263
제4절 지분상품 | 265
제5절 채무상품 | 271
- ○ × | 282
- 연습문제 | 283
- 객관식문제 | 288

CHAPTER 08 부채와 자본

제1절 금융부채 | 312
제2절 충당부채 | 321
제3절 자본 | 326
- ○ × | 335
- 연습문제 | 337
- 객관식문제 | 340

Chapter 01

재무회계의 기초

제 1 절 회계의 기초

1. 회계의 정의 : 기록

경제적 실체와 관련한 재무적 정보를 식별하고 측정하여 전달하는 과정[1)]

① 경제적 실체
회계를 수행하는 단위(조직, 또는 단체 등)를 의미하며 현대 자본주의사회에서는 일반적으로 기업을 의미한다. 회계를 수행하는 주체는 기업의 주인인 소유주(주주)가 아니라 기업 자체가 되어야 한다. 왜냐하면 기업의 활동과 소유주의 활동이 구분되어야, 기업의 재무상태나 경영성과를 적절히 평가할 수 있기 때문이다.

② 재무적 정보
경제적 실체의 경제적 자원 및 청구권과 관련되어 있는 정보를 말한다. 경제적 자원이란 자금, 인력, 기술력, 생산설비 등을 의미하며 보통, 기업이 보유하고 있는 자산을 의미한다. 청구권이란 기업의 자원에 대해 청구할 수 있는 권리를 말하며, 채권자지분(부채)와 소유주지분(자본)으로 이루어져있다. 따라서 재무적 정보란 재무상태(자산, 부채 및 자본)와 재무상태의 변동을 의미한다.

③ 식별, 측정, 전달
경제적 사건(거래)을 확인[식별]하고, 그 사건을 측정, 분류, 요약[측정]하여, 보고서의 형태로 이용자에게 제공[전달]하는 것을 의미한다.

그림 1-1 회계의 과정

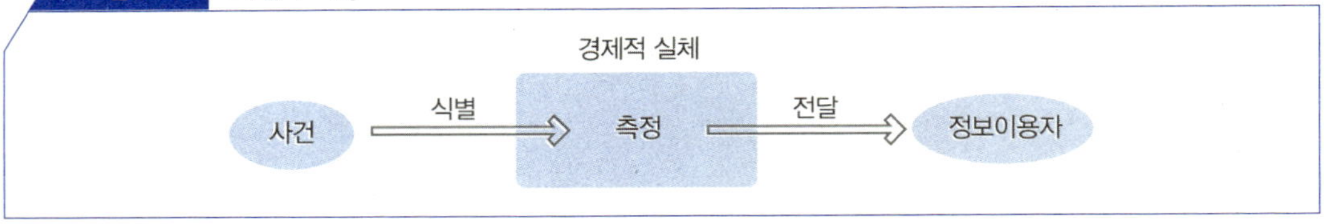

1) Needles, Belverd E.; Powers, Marian (2013). Principles of Financial Accounting. Financial Accounting Series (12 ed.). Cengage Learning., Accounting Research Bulletins No. 7 Reports of Committee on Terminology (Report). Committee on Accounting Procedure, American Institute of Accountants. November 1940. Retrieved December 31, 2013

2. 회계의 대상

- 기업은 영업활동을 영위하기 위해 직원을 고용하거나, 전화에 응대하고, 상품의 주문을 내는 등 일반적인 거래들을 수행한다. 그러나 이러한 기업의 활동 모두가 회계의 대상이 되는 것이 아니다. 회사는 모든 사건을 장부에 기록할 수 없으며, 기록할 필요도 없다.
- 회계의 대상으로 하는 사건은 '**회계상의 거래**'이다. 회계상의 거래란 경제적 실체가 보유하고 있는 **자산, 부채 및 자본이 변동**하는 사건이다. 따라서 회사는 회사의 활동 중에서 회사의 자산, 부채 및 자본이 변동한 사건에 대해서만 기록(식별, 측정, 전달)을 수행한다. 한편 일반적인 의미의 거래와 회계상의 거래를 비교해보면 다음과 같다.

그림 1-2 회계상의 거래와 일반적인 거래의 비교

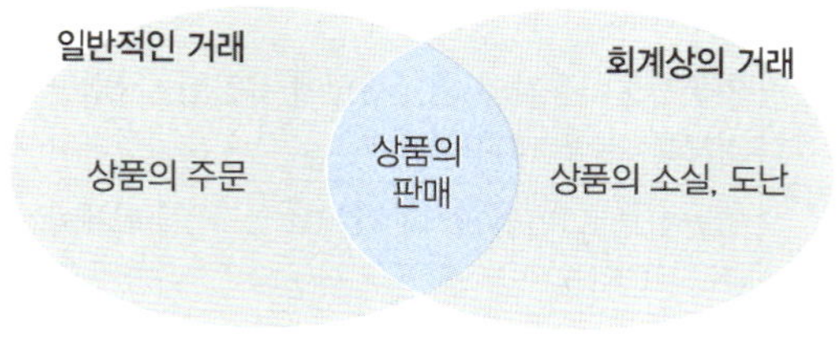

3. 회계의 목적

정보이용자들의 의사결정에 도움을 주는 정보를 식별, 측정, 전달

① 정보이용자 : 경제적 실체와 연관된 이해관계자

㉠ 외부정보이용자

기업과 이해관계가 존재하는 투자자(현재 또는 잠재적 주식 투자자, 회사채 투자자, 대여자(은행), 종업원, 거래처 등) 뿐만아니라, 감독 당국, 과세 관청, 일반 대중 등 회사의 외부에서 회사의 정보에 대해 수요가 존재하는 모든 정보이용자를 포함한다.

㉡ 내부정보이용자

단순히 최고 경영자만을 의미하는 것은 아니다. 홍보팀장, 생산관리자, 재무담당자 등 회사의 내부에서 사업을 계획하고 조직하며, 운영하는 경영자들을 포함한다.

② 의사결정 : 이해관계자가 경제적 실체와 관련하여 내리는 의사결정

경제활동을 수행하는 경제적 실체 주변에는 수많은 이해관계자들이 존재한다. 이해관계자들은 자신의 이익 도모를 위한 의사결정을 내리며, 이를 위해 경제적 실체의 정보를 필요로 한다. 회계는 이러한 정보수요를 충족시키기 위해 정보를 생산, 전달한다.

4. 회계의 분류

(1) 재무회계

주주, 채권자, 종업원 등과 같은 경제적 실체의 외부 정보이용자들에게 재무정보를 제공하기 위한 회계

(2) 원가관리회계

경영자 등 기업의 내부 정보이용자들이 자금, 인력 등 내부자원의 관리를 수행할 수 있도록 제품의 정확한 원가를 계산하고, 기업요소의 실적평가를 위해 회계정보를 구별, 측정, 분석하는 과정

[표 1-1] 재무회계와 원가관리회계의 비교

구분		재무회계	원가관리회계
의의		기업의 재무상태와 재무상태의 변동을 표시	경영의사결정, 계획 및 통제를 위한 정보의 제공
목적		외부정보이용자의 의사결정에 유용한 정보를 제공 (외부보고)	경영자의 관리적 의사결정에 유용한 정보의 제공 (내부보고)
기준		일반적으로 인정된 회계원칙 (K-IFRS)	회계학, 경제이론, 의사결정과학, 행동과학 등
정보의 특성	① 목표	과거 정보의 기록	과거정보의 기록 및 미래정보의 예측
	② 종류	화폐적 정보	화폐적+비화폐적 정보
	③ 보고형태	재무제표	관리회계보고서(일정한 양식이 없음)

* 세무회계 : 기업의 소득과 관련한 법인세를 납부하기 위한 과정

5. 사회적 기능

재무회계의 필요성은 기업 외부의 정보이용자들이 기업에 대한 정보를 충분히 갖고 있지 못하다는 사실에서 찾을 수 있다. 따라서 재무회계가 수행해야할 기능은 기업의 재무상태와 관련한 정보를 정보이용자들에게 전달하여 정보불균형을 해소하는 것이다. 정보의 전달에 따른 회계의 기능은 다음의 두 가지 측면에서 살펴볼 수 있다.

(1) 시장신호이론(market signaling)

잠재적 투자자들은 투자여부를 결정하기 위해 투자대상 회사의 미래 수익과 관련한 정보를 얻고자 한다. 회사는 투자를 받기 위해 투자자들이 원하는 정보를 스스로 제공하여야 하며, 이러한 정보는 재무회계를 통해 작성, 전달된다. 이로 인해 투자자는 자원을 더욱 효과적으로 사용하는 기업에게 투자를 할 것이며, 이는 사회 전체적으로 자원의 효율적 배분을 이룰 수 있게 한다.

(2) 대리인 이론(agency theory)

주주(본인)은 경영자(대리인)을 위임하여 주식회사를 운영한다. 이러한 대리관계에서는 경영자의 직무수행을 위한 행동이나 의사결정은 경제적 이익의 창출에 결정적인 영향을 미친다. 그러나 경영자가 투입하는 노력이나 의사결정의 수준을 주주가 일일이 감독하고 통제하는 것은 현실적으로 불가능하므로, 도덕적 해이 등의 문제가 발생할 수 있다. 따라서 주주는 경영자에게 기업의 재무정보의 제공을 요구하며, 경영자는 재무회계를 통해 기업의 정보를 주주에게 제공할 수 있다. 따라서 경영자는 자신의 수탁책임 이행여부를 보고하여 정보 불균형을 해소할 수 있다.

제 2 절 재무보고와 회계기준의 제정

1. 재무보고

(1) 재무보고의 기초

재무보고는 다양한 이해관계자의 경제적 의사결정을 위해 경영자가 기업실체의 경제적 자원과 청구권[2] 및 이들의 변동에 관한 재무정보를 제공하는 것을 말한다. 재무정보의 형태는 일정한 규칙이나 양식이 없으며, 내용에 있어서도 굉장히 다양할 수 있다. 재무보고는 재무제표를 포괄하는 광범위한 개념이며, 재무제표와 주석 및 부속명세서, 기타 재무보고수단이 포함된다.

(2) 재무제표

재무제표는 재무보고의 가장 핵심적인 수단으로서 기업실체의 경제적 자원, 청구권과 이들의 변동에 관한 정보를 제공하는 재무보고서를 말한다. 광의의 재무제표에는 재무상태표, 손익계산서, 자본변동표, 현금흐름표 및 주석이 포함되며, 협의의 재무제표에는 주석을 제외한 4개의 재무제표만이 포함된다. 일반적으로 재무제표라 함은 광의의 재무제표를 지칭한다.

그림 1-3 재무보고의 형태와 종류

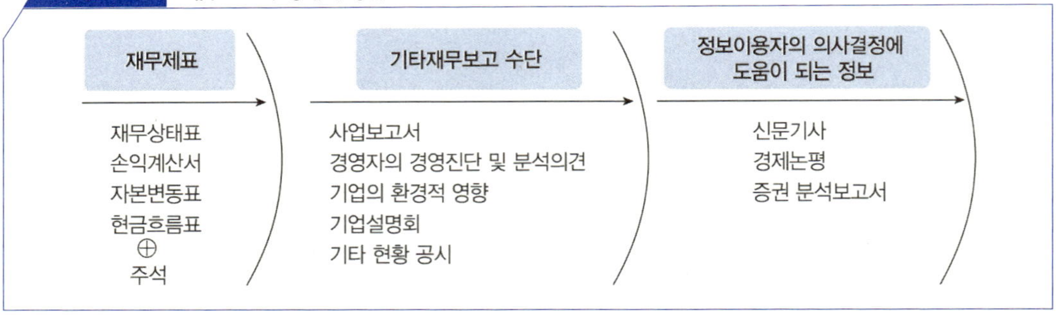

2) 경제적 자원이란 기업의 자산을 의미하며 청구권이란 기업에 대한 채권자 및 주주의 청구권 즉 부채와 자본을 의미한다.

(3) 재무제표의 종류

주요 정보이용자에게 필요한 정보는 ① 재무상태(자산, 부채, 자본), ② 경영성과(수익, 비용) 및 ③ 재무상태의 변동이다. 일반목적 재무제표는 해당 정보를 해당 정보를 각 재무제표에 담아 정보이용자에게 제공한다.

재무제표의 종류는 다음과 같다.

① 재무상태표(Statement of financial position)
② 포괄손익계산서(Statement of profit or loss and other comprehensive income)
③ 자본변동표(Statement of Changes in Equity)
④ 현금흐름표(Statement of Cash Flows)
⑤ 주석(notes, comprising of significant accounting policies and other explanatory information)

이 중 재무상태표는 한 시점의 저량(잔액, stock)을 나타내는 재무제표이며, 포괄손익계산서, 자본변동표 및 현금흐름표는 기간 동안의 유량(변동량, flow)를 나타내는 재무제표이다.

그림 1-4 재무정보와 재무제표의 종류

재무정보의 종류	재무제표의 종류	
① 재무상태 : 자산, 부채, 자본	① 재무상태표(B/S)	저량(시점의 상태)
② 경영성과 : 수익, 비용	② 손익계산서(I/S)	유량(기간의 변동)
③ 재무상태의 변동	③ 자본변동표(CE)	유량(기간의 변동)
	④ 현금흐름표(CF)	유량(기간의 변동)

(4) 일반목적 재무제표

1절에서 설명한 바와 같이 기업의 정보이용자는 기업과 이해관계가 존재하는 투자자(현재 또는 잠재적 주식 투자자, 회사채 투자자, 대여자(은행), 종업원, 거래처 등) 뿐만아니라, 감독 당국, 과세 관청, 일반 대중 등 회사의 외부에서 회사의 정보에 대해 수요가 존재하는 모든 정보이용자를 포함한다. 또한 회사 내부의 경영자도 정보를 이용하는 정보이용자에 해당한다.

이 중 투자자, 대여자 및 기타 채권자들은 기업과 수많은 이해관계를 가지고 있으므로, 기업의 정보를 가장 필요로 한다. 그러나 많은 투자자, 대여자 및 기타 채권자는 그들에게 직접 정보를 제공하도록 보고기업에 요구할 수 없고, 그들이 필요로 하는 재무정보의 많은 부분을 일반목적재무보고서에 의존해야만 한다. 따라서 투자자, 대여자 및 기타 채권자들은 재무보고의 **주요 정보이용자**이다. 주요 정보이용자들이 공통적으로 요구하는 정보를 제공하는 재무제표를 **일반목적 재무제표**(general purpose financial statement)라고 한다.

그림 1-5 주요정보이용자

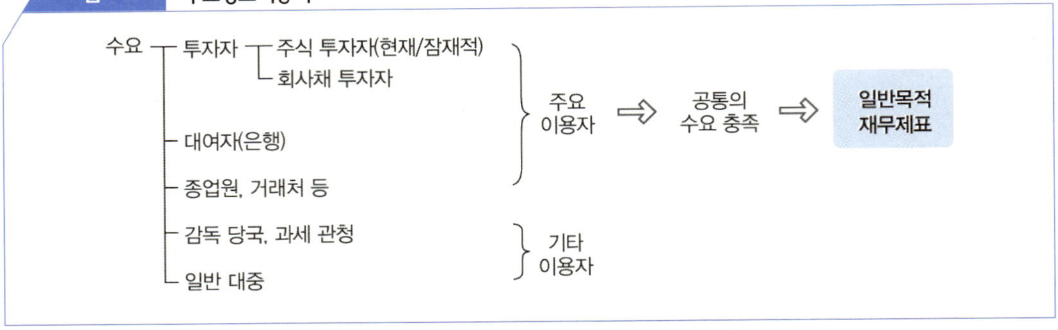

2. 회계기준의 제정

(1) 회계기준의 기초

재무제표와 관련한 회계실체들의 합의가 없다면, 재무제표를 만드는 과정에 있어 오류가 내포될 수 있다. 따라서 신뢰성있는 재무정보를 포함한 재무제표를 작성하기 위해서는 재무제표의 작성에 대한 보편타당하고 합리적이라고 인정되는 기준서가 필요한데 이를 '일반적으로 인정된 회계원칙(GAAP－generally accepted accounting principles)라고 한다.

(2) 회계기준 제정의 접근방법

① 연역적 접근법 : 기본적인 가정이나 명제에 기초하여 회계처리방법을 결정하는 접근방법
② 귀납적 접근법 : 실무에서 사용되고 있는 회계처리방법을 정리하여 회계기준으로 선택하는 접근방법

(3) 회계기준의 형식

① 원칙주의 : 구체적인 실무지침을 제공하기보다는 일반원칙을 통한 전문가의 자율적인 판단을 강조
② 규칙주의 : 전문가의 자율적인 판단보다는 구체적인 실무지침을 제공

(4) 일반적으로 인정된 회계원칙과 정치적 과정

1) 회계원칙 사용자 : 수용 및 정치적 과정

일반적으로 인정된 회계원칙은 회계원칙을 사용하는 일반 대중들로부터 인정을 받아야 한다. 즉, 정보의 제공자나 이용자들에게 일반적으로 수용(수동적으로 인정)되는지 여부를 판단하여야 한다. 한편, 기업의 이해관계자들은 자신들의 이익에 유리한 방향으로 회계기준이 제정되는 것을 원한다. 이를 위해 이해관계자들은 회계기준에 정치적 과정(적극적 영향)을 통해 영향력을 행사하게 된다. 정치적 과정 및 수용의 과정을 통해 제정된 회계원칙은 사용자에 의해 '인정'받을 가능성이 높아 질 수 있다.

2) 다수의 전문가 : 이론적 지지

일반적으로 인정된 회계원칙은 일반 대중들뿐만 아니라, 회계와 관련한 전문가로부터 인정을 받아야 한다. 이는 이론적으로 타당함을 지지받는 것을 의미한다.

3. 한국채택국제회계기준과 개념체계

(1) 국제회계기준(IFRS)

국제회계기준은 IAS(International Accounting Standards, 2001년 이전에 제정) 및 IFRS (International Financial Reporting Standards, 2001년 이후에 제정)으로 구성되어 있다. 국제회계기준은 원칙주의의 입장을 고수하며, 경제적 실질을 강조한다.

(2) 한국채택국제회계기준(K-IFRS)

우리나라의 경우 상장회사에 대해 일반적으로 인정된 회계처리기준은 한국채택국제회계기준(이하 K-IFRS)으로 채택하였다. 우리나라의 모든 상장기업은 2011년부터 K-IFRS를 의무적으로 적용하고 있다. 비상장기업은 선택적으로 K-IFRS를 적용할 수 있으나, 회계처리비용 부담으로 인해 종전의 회계기준을 개정한 '일반기업회계기준'을 적용할 수 있도록 하고 있다.

K-IFRS의 제정 권한은 '주식회사의외부감사에관한법률'에의해 금융위원회에 부여되었으며, 금융위원회는 동법에 따라 한국회계기준원(KAI)을 회계기준제정기관으로 지정하였다. 한국회계기준원 내의 한국회계기준위원회(KASB)는 K-IFRS의 제정, 개정, 해석과 질의회신 업무를 수행한다.

다만 K-IFRS는 국제회계기준을 한국어로 번역한 것이기 때문에 국제회계기준의 형태를 그대로 따르고 있다. K-IFRS는 회계기준서 및 회계기준 해석서로 구성된다.

그림 1-6 재무회계의 환경

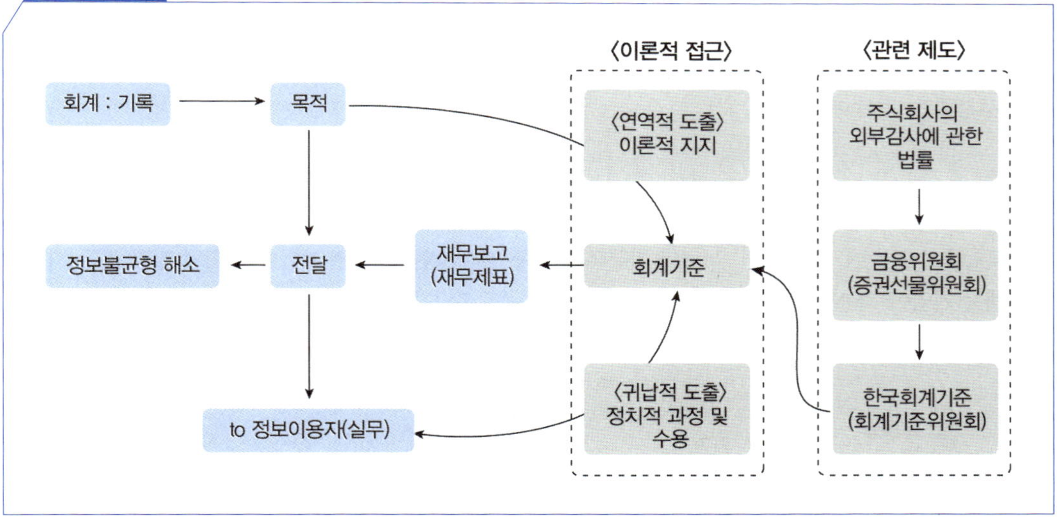

제 3 절 재무제표의 기초

1. 회계정보의 분석

앞에서 언급했듯이 회계상의 거래는 경제적 실체의 자산, 부채, 자본에 영향을 미치는 거래를 의미한다. 재무회계를 통해 재무정보를 식별, 측정, 전달하기 위해서는 회계상의 거래를 식별하고 분석하는 절차가 우선되어야 한다. 따라서 회계등식을 통한 거래의 분석은 재무정보의 작성을 위한 첫 단계가 된다.

2. 자산, 부채, 자본의 정의

① 자산 : 과거 사건의 결과로 기업이 통제하고 있고 미래경제적효익이 유입될 것으로 기대되는 자원이다. 자산이 갖는 미래경제적효익이란 직접으로 또는 간접으로 특정 기업의 미래 현금 및 현금성자산의 유입에 기여하게 될 잠재력을 말한다. 기업의 현금, 매출채권, 재고자산, 유형자산 등이 이에 해당한다.

② 부채 : 과거 사건에 의하여 발생하였으며 경제적효익을 갖는 자원이 기업으로부터 유출됨으로써 이행될 것으로 기대되는 현재의무이다. 기업의 매입채무, 차입금 등이 이에 해당한다.

③ 자본 : 기업의 자산에서 모든 부채를 차감한 후의 잔여지분이다.

3. 회계 등식

회계 등식은 '자본 등식'과 '재무상태표 등식'의 두 가지 종류가 있다. 자본 등식은 자본의 정의에 의해 도출되는 자산과 부채 및 자본의 관계이다. 이 등식을 변형해 보면 아래와 같은 등식이 도출되는데 이를 '재무상태표 등식'이라 한다.

자본＝자산－부채 ⇨ 자산＝부채＋자본

재무상태표 등식에 의해 자산, 부채와 자본의 관계를 살펴보면, 자산은 기업에 귀속될 권리 또는 자원이고, 부채는 기업이 지불할 채무이며 자본은 기업이 소유주로부터 투자받은 투자자본과 이 투자자본을 종자돈으로 하여 증식된 자본의 합계라는 것을 뜻한다.

4. 재무상태표 등식에 의한 분석

앞에서 살펴보았듯이 회계상의 거래란 경제적 실체가 보유하고 있는 자산, 부채 및 자본이 변동하는 사건을 말한다. 회계상의 거래로 인해 회사의 자산, 부채 및 자본이 변동하는 경우에도 언제나 재무상태표 등식의 관계를 만족한다. 예를 들어 자산이 증가하는 경우, ① 다른 자산이 감소하거나 ② 부채가 증가하거나 ③ 자본이 증가하게 된다. 따라서 거래에 의해 재무상태가 변동하는 경우에도 다음의 관계가 언제나 성립한다.

$$\Delta \text{자산} = \Delta \text{부채} + \Delta \text{자본}$$

예제 1 재무상태표등식에 의한 거래의 분석

다음은 20×1년에 발생한 ㈜MS헤어의 거래이다.

(1) 국내 굴지의 대기업 ㈜MS전자에서 20년간 근무한 김재민씨는 정리해고 대상이 되어 퇴직 후 미용실을 차리기로 결심했다. 20×1년 9월 1일에 ㈜MS헤어를 설립하였으며, 현금 ₩150,000을 회사에 납입하고 주식을 발행받았다.

(2) 20×1년 9월 8일 ㈜MS헤어는 의자와 드라이기 등 설비자산을 ₩80,000에 구매하였다.

(3) 20×1년 9월 10일 ㈜MS헤어는 왁스와 세럼, 에센스 등 소모품 ₩15,000어치를 외상으로 구매하였다.

(4) 20×1년 9월 13일 ㈜MS헤어는 ₩20,000의 현금을 받고 미용서비스를 제공하였다.

(5) 20×1년 9월 15일 ㈜MS헤어는 고객의 유치를 위해 파워블로거에게 5개월간의 광고를 의뢰하였다. 파워블로거는 ₩500의 비용을 청구하였으며 다음 달에 지급할 예정이다.

(6) 20×1년 9월 26일 ㈜MS헤어는 (3)소모품의 외상매입과 관련한 미지급금 중 우선적으로 ₩8,000의 대금을 지급하였다.

(7) 20×1년 9월 29일 ㈜MS헤어는 소속 미용사들에게 급여 ₩4,000을 현금으로 지급하였다.

(8) 20×1년 9월 30일 김재민씨는 ㈜MS헤어로부터 현금 ₩5,000를 배당의 명목으로 인출하였다.

[물 음]

1. 상기 자료를 이용하여, ㈜MS헤어의 자산, 부채 및 자본의 변동을 재무상태표 등식에 맞게 분석하시오.
2. 상기 거래를 모두 반영한 후 20×1년 9월 30일 현재 ㈜MS헤어의 자산, 부채 및 자본 잔액을 계산하시오.

해설

1. 거래의 해석과 재무상태표 등식에 의한 분석

(1) 9월 1일

사건의 기본 분석	㈜MS헤어의 입장에서는 현금이라는 자산이 ₩150,000만큼 증가하고 주주의 몫인 자본이 ₩150,000 증가하였다.

재무상태표 등식에 의한 분석

자산	=	부채	+	자본
현금				자본금
₩150,000	=		+	₩150,000

(2) 9월 8일

사건의 기본 분석	현금이 ₩80,000만큼 감소하고, 설비자산이 ₩80,000만큼 증가하였다.

재무상태표 등식에 의한 분석

자산			=	부채	+	자본
현금	+	설비자산				자본금
₩150,000			=		+	₩150,000
−80,000		+₩80,000				
₩70,000	+	₩80,000				₩150,000

(3) 9월 10일

사건의 기본 분석	소모품이 ₩15,000만큼 증가하고, 판매자에게 지급할 미지급금(부채)가 ₩15,000만큼 증가하였다.

재무상태표 등식에 의한 분석

자산					=	부채	+	자본
현금	+	설비자산	+	소모품	=	미지급금	+	자본금
₩70,000		₩80,000						₩150,000
				+₩15,000		+₩15,000		
₩70,000	+	₩80,000	+	₩15,000	=	₩15,000	+	₩150,000

(4) 9월 13일

사건의 기본 분석	현금이 ₩20,000만큼 증가하였으나, 다른 자산이나 부채가 변동한 것이 없으므로, 회사의 자본이 ₩20,000만큼 늘어난 것이다.

재무상태표 등식에 의한 분석

자산					=	부채	+	자본
현금	+	설비자산	+	소모품	=	미지급금	+	자본금
₩70,000		₩80,000		₩15,000		₩15,000		₩150,000
+ 20,000								+ 20,000
₩90,000	+	₩80,000	+	₩15,000	=	₩15,000	+	₩170,000

(5) 9월 15일

사건의 기본 분석	파워블로거에게 지급할 ₩500의 부채가 증가하였으며, 그 외의 자산 및 부채가 변동한 것이 없으므로 자본이 ₩500만큼 감소한 것으로 볼 수 있다.

재무상태표 등식에 의한 분석

자산					=	부채	+	자본
현금	+	설비자산	+	소모품	=	미지급금	+	자본금
₩90,000		₩80,000		₩15,000		₩15,000		₩170,000
						+500		−500
₩90,000	+	₩80,000	+	₩15,000	=	₩15,500	+	₩169,500

(6) 9월 26일

사건의 기본 분석	미지급금(부채) ₩8,000을 현금 ₩8,000으로 정산한 것이므로, 현금 ₩8,000이 감소하고 미지급금이 ₩8,000만큼 감소하게 된다.

재무상태표 등식에 의한 분석

자산					=	부채	+	자본
현금	+	설비자산	+	소모품	=	미지급금	+	자본금
₩90,000		₩80,000		₩15,000		₩15,500		₩169,500
− 8,000						− 8,000		
₩82,000	+	₩80,000	+	₩15,000	=	₩7,500	+	₩169,500

(7) 9월 29일

사건의 기본 분석	현금을 지급하였으므로 ₩4,000의 자산이 감소하게 되며, 그 외의 기업의 자산, 부채를 변동시킨 내역이 없으므로 자본이 ₩4,000만큼 감소하게 된다.

재무상태표 등식에 의한 분석

자산					=	부채	+	자본
현금	+	설비자산	+	소모품	=	미지급금	+	자본금
₩82,000		₩80,000		₩15,000		₩7,500		₩169,500
− 4,000								− 4,000
₩78,000	+	₩80,000	+	₩15,000	=	₩7,500	+	₩165,500

(8) 9월 30일

사건의 기본 분석	현금이 ₩5,000만큼 감소하게 되며, 회사의 주인인 주주가 자신의 몫인 자본을 반환하여 가져간 것이므로 자본이 ₩5,000만큼 감소하게 된다.

재무상태표 등식에 의한 분석

자산					=	부채	+	자본
현금	+	설비자산	+	소모품	=	미지급금	+	자본금
₩78,000		₩80,000		₩15,000		₩7,500		₩165,500
−5,000								− 5,000
₩73,000	+	₩80,000	+	₩15,000	=	₩7,500	+	₩160,500

2. 거래의 요약

구분	자산					=	부채	+	자본
	현금	+	설비	+	소모품	=	미지급금	+	자본금
(1)	+₩150,000								+₩150,000
(2)	−80,000		+₩80,000						
(3)					+₩15,000		+₩15,000		
(4)	+20,000								+20,000
(5)							+500		−500
(6)	−8,000						−8,000		
(7)	−4,000								−4,000
(8)	−5,000								−5,000
합계	₩73,000	+	₩80,000	+	₩15,000	=	₩7,500	+	₩160,500

제 4 절 재무상태표와 손익계산서

1. 재무상태와 재무상태표

(1) 재무상태

특정 시점의 자산, 부채 및 자본의 저량(잔액)

(2) 재무상태표

특정 시점의 재무상태를 나타내는 재무보고서로서, 기업의 경제적 자원, 재무구조, 유동성 및 재무건전성 등 재무상태를 파악하는 데 유용한 정보를 제공하는 기능을 하고 있다. 상기 예제 1의 자료를 이용하여 20×1년 9월 30일 현재 ㈜MS헤어의 재무상태표를 작성하면 다음과 같다.

그림 1-7 20×1년 9월 30일 현재 ㈜MS헤어의 재무상태표

재무상태표

20×1년 9월 30일 현재

차변 (Debit)					대변 (Credit)
	자산		부채		
경제적 자원	현금	73,000	미지급금	7,500	채권자 청구권
	설비	80,000	자본		소유주 청구권
	소모품	15,000	자본금	160,500	

자산 = 부채 + 자본

(3) 재무상태표의 의의

1) 기업의 경제적 자원과 조달 원천

재무상태표의 차변은 기업이 특정시점에 얼마 만큼의 경제적 자원을 보유하고 있는지를 나타내며, 대변은 이러한 자원을 획득하기 위하여 기업이 어떻게 자본을 조달했는지를 나타낸다.

2) 기업의 자원의 귀속

기업의 자원을 채권자와 소유주에게 배분했을 때 각 청구권자에게 얼마만큼의 자원이 귀속되는지를 나타낸다.

2. 경영성과와 손익계산서

(1) 경영성과

일정 기간동안 영업을 통해 기업이 벌어들인 이익 및 성과

(2) 경영성과의 측정

1) 자본의 증감원인

① 자본거래 : 주주로부터의 증자, 반환 등 주주와의 거래

② 손익거래 : 주주 이외의 제3자와의 거래 ⇨ **경영성과**

2) 경영성과의 측정방법

① 자본접근법

기초와 기말의 자본을 비교하여 기말의 자본이 기초의 자본에 비해 증가한 경우에는 순이익이 발생한 것으로, 감소하는 경우에는 순손실이 발생한 것으로 보는 방법 (단, 자본거래에 의한 자본의 변동효과는 제외한다.) 이 방법은 순자산의 증감 원인을 구체적으로 알 수 없다는 단점이 있다.

② 거래접근법

한 기간 동안에 발생한 손익거래가 손익에 미치는 영향을 원인별로 측정하여 기간손익을 결정하는 방법. 자본이 증가하는 경우에는 **수익**, 자본이 감소하는 경우에는 **비용**이라는 명칭을 일시적으로 사용하여 발생 원인을 구분한다.

그림 1-8 20×1년 9월 1일부터 9월 30일까지 ㈜MS헤어의 경영성과

자본접근법	
구분	금액
20×1년 9월 1일의 자본	₩150,000
20×1년 9월 30일의 자본	160,500
기중 순자산 변동액	₩10,500
자본거래에 의한 변동액	5,000
순이익	₩15,500

거래접근법	
구분	금액
매출액(수익)	₩20,000
광고비(비용)	(500)
급여(비용)	(4,000)
순이익	₩15,500

(3) 손익계산서의 기본요소

경영성과를 거래접근법에 의하여 작성하며, 포괄주의에 따라 자본거래를 제외한 모든 원인에 의해 발생한 자본의 변동을 수익과 비용으로 표시한다.

1) 수익과 비용

거래접근법에 따르면, 손익거래에 의해 발생한 자본의 증가를 수익이라고 하며, 자본의 감소를 비용이라고 명명하여, 자본의 증감원인을 표시한다. 수익의 발생원인은 상품의 판매, 용역의 제공, 재화의 대여 등이 있으며, 비용의 발생원인은 원재료의 사용, 급여의 지급, 설비자산의 사용 등이다.

한편 수익과 비용은 자본의 변동원인을 파악하기 위한 임시계정(명목계정)이다. 수익과 비용의 본질은 자본이기 때문에 '일정 기간' 동안의 변동원인을 나타내는 항목이므로 **일정 기간이 종료된 이후에는 자본으로 대체(마감)**되어야 한다. 마감의 과정은 본서 '제2장 회계의 순환과정'에서 학습하도록 한다.

2) 당기순이익과 기타포괄손익

거래접근법에 의한 수익과 비용은 '당기순이익과 관련한 수익·비용'과 '기타포괄손익과 관련한 수익·비용'으로 구분된다. 당기순이익 항목은 자본의 변동과 관련한 자산, 또는 부채가 기업외부로 실현된 경우를 의미하며, 기타포괄손익 항목은 실현되지 않고 기업 내부에 남아있는 경우를 의미한다. 두 가지 손익을 합하여 총포괄손익이라 부른다.

당기순이익이나 기타포괄손익은 회계기간의 종료 후 자본항목으로 대체된다. 당기순이익은 이익잉여금(배당가능이익)으로 대체되며, 기타포괄손익은 기타포괄손익누계액으로 대체된다.

예제 2 재무상태와 경영성과

다음의 각 상황들은 모두 독립적인 상황으로 자본거래는 없다고 가정한다.

구분	상황 A	상황 B	상황 C
기초자본	2,000	③	8,000
기말자본	①	7,000	6,000
수익	4,000	6,000	⑤
비용	3,000	④	5,000
당기순이익	②	2,000	⑥

[물 음]

①부터 ⑥까지의 금액을 계산하시오.

해답

1. 상황 A
   - ₩4,000(수익)－3,000(비용)＝②₩1,000(당기순이익)
   - ① (기말자본)－2,000(기초자본)＝₩1,000(당기순이익)

   ∴ ① 기말자본 : ₩3,000

2. 상황 2
   - ₩6,000(수익)－④ (비용)＝₩2,000(당기순이익)

   ∴ ④ 비용 : ₩4,000
   - ₩7,000(기말자본)－③ (기초자본)＝₩2,000(당기순이익)

   ∴ ③ 기초자본 : ₩5,000

3. 상황 3
   - ₩6,000(기말자본)－8,000(기초자본)＝⑥(－)₩2,000(당기순손실)
   - ⑤ (수익)－5,000(비용)＝(－)₩2,000(당기순손실)

   ∴ ⑤ 수익 : ₩3,000

OX

01 회계가 기록의 대상으로 삼는 회계 상의 거래는 자산, 부채 및 자본의 변동이 존재해야한다.

02 재무회계는 내부정보이용자들을 위해 정보를 식별, 측정, 전달한다.

03 정보이용자에게 전달하는 재무보고의 형태는 재무제표만을 의미한다.

04 일반목적재무제표는 주요이용자가 필요로 하는 모든 정보를 제공한다.

05 유량은 저량과 저량사이의 변동량을 의미한다. 따라서 유량을 표시하는 재무제표인 포괄손익계산서, 자본변동표, 현금흐름표는 재무상태표 사이의 변동을 나타내는 표이다.

06 회계기준 제정방법 중 규칙주의란 전문가의 자율적인 판단을 강조하는 제정방법이다.

07 우리나라는 일반적으로 인정된 회계처리원칙으로 한국채택국제회계기준을 채택하고 있다. 따라서 다국적기업의 재무보고비용을 감소시킬 수 있다.

08 한국채택국제회계기준은 규칙주의에 입각하여 기준서를 제정하였다.

09 수익과 비용은 자본변동에 대한 임시계정이다.

10 자본유지접근법에 의해 포괄손익은 기말자본과 기초자본의 차이로 계산된다.

해답 및 해설

01 ○

02 × 재무회계는 외부정보이용자들을 위함.

03 × 재무보고의 형태는 재무제표 뿐만 아니라 다양함.

04 × 일반목적 재무제표는 공통된 정보만을 제공함.

05 ○

06 × 원칙주의에 대한 설명임.

07 ○

08 × 원칙주의에 입각함.

09 ○

10 ○ 자본거래부분을 제외해야함.

Chapter 01 연습문제

01

다음은 20×1년에 발생한 ㈜YG상사의 거래이다.

(1) 20×1년 3월 1일에 개인 A는 ㈜YG상사를 설립하였으며, 현금 ₩200,000을 회사에 납입하고 주식을 발행받았다.

(2) 20×1년 4월 1일 ㈜YG상사는 영업용 건물을 월 ₩2,000에 임차하기로 계약하고 대금은 연말에 정산하여 일괄지급하기로 하였다.

(3) 20×1년 5월 10일 ㈜YG상사는 판매를 위한 상품(원가 ₩80,000)을 구매하고 즉시 현금지급하였다.

(4) 20×1년 6월 13일 ㈜YG상사는 원가 ₩40,000의 상품을 ₩60,000에 외상판매하였다.

(5) 20×1년 7월 15일 ㈜YG상사는 원가 ₩30,000의 상품을 ₩40,000에 현금판매하고 판매대금을 전액 수령하였다.

(6) 20×1년 9월 13일 ㈜YG상사는 외상판매대금 중 ₩12,000을 현금으로 회수하였다.

(7) 20×1년 10월 10일 ㈜YG상사는 상품 (원가 ₩100,000)을 외상구매하였다.

(8) 20×1년 11월 15일 ㈜YG상사는 상품 외상매입대금 중 ₩60,000을 현금으로 결제하였다.

(9) 20×1년 12월 30일 ㈜YG상사는 종업원에게 현금 ₩10,000를 급여로 지급하였다.

(10) 20×1년 12월 31일 9개월치 임차료 ₩18,000을 임대인에게 현금으로 지급하였다.

[물 음]

1. 상기 자료를 이용하여, ㈜YG상사의 자산, 부채 및 자본의 변동을 재무상태표 등식에 맞게 분석하시오.

2. 상기 거래를 모두 반영한 후 20×1년 12월 31일 현재 ㈜YG상사의 재무상태표와 20×1년 포괄손익계산서를 작성하시오.

해설

1. 거래의 해석과 재무상태표 등식에 의한 분석

(1) 3월 1일

사건의 분석: 현금이 ₩200,000만큼 증가하고 주주의 몫인 자본이 ₩200,000 증가하였다.

재무상태표 등식에 의한 분석

자산	=	부채	+	자본
현금				자본금
₩200,000	=		+	₩200,000

(2) 4월 1일

사건의 분석: 건물을 임차하기로 계약만 한 것은 회사의 자산, 부채, 자본에 변동을 가져오지 않는다.

재무상태표 등식에 의한 분석

자산	=	부채	+	자본
현금				자본금
₩200,000	=		+	₩200,000
₩200,000				₩200,000

(3) 5월 10일

사건의 분석: 현금 ₩80,000 감소하고, 상품이라는 자산이 증가한다.

재무상태표 등식에 의한 분석

자산			=	부채	+	자본
현금	+	상품				자본금
₩200,000	+	−				₩200,000
−80,000		+80,000				
₩120,000	+	₩80,000				₩200,000

(4) 6월 13일

사건의 분석: 판매한 상품의 원가 ₩40,000이 감소하며, 대금을 회수할 권리는 매출채권이라는 자산으로 인식된다. ₩40,000의 상품을 ₩60,000에 판매하였으므로 ₩20,000의 처분이익은 자본의 증가로 처리된다.

재무상태표 등식에 의한 분석

자산					=	부채	+	자본
현금	+	상품	+	매출채권	=	−	+	자본금
₩120,000		₩80,000		−				₩200,000
		−40,000		+60,000				+20,000
₩120,000		₩40,000		₩60,000		−		₩220,000

(5) 7월 15일

사건의 분석	판매한 상품의 원가 ₩30,000이 감소하며, 수령한 현금 ₩40,000이 증가한다. ₩30,000의 상품을 ₩40,000에 판매하였으므로 ₩10,000의 처분이익은 자본의 증가로 처리된다.

재무상태표 등식에 의한 분석

자산					=	부채	+	자본
현금	+	상품	+	매출채권	=	–	+	자본금
₩120,000		₩40,000		₩60,000		–		₩220,000
+40,000		−30,000						+10,000
₩160,000		₩10,000		₩60,000		–		₩230,000

(6) 9월 13일

사건의 분석	현금 ₩12,000이 회수되면서 증가하고, 매출채권이 ₩12,000 감소한다.

재무상태표 등식에 의한 분석

자산					=	부채	+	자본
현금	+	상품	+	매출채권	=	–	+	자본금
₩160,000		₩10,000		₩60,000		–		₩230,000
+12,000				−12,000				
₩172,000		₩10,000		₩48,000		–		₩230,000

(7) 10월 10일

사건의 분석	₩100,000의 상품을 구매하면서 대금을 지급할 의무인 매입채무가 증가한다.

재무상태표 등식에 의한 분석

자산					=	부채	+	자본
현금	+	상품	+	매출채권	=	매입채무	+	자본금
₩172,000		₩10,000		₩48,000		–		₩230,000
		+100,000				+100,000		
₩172,000		₩110,000		₩48,000		₩100,000		₩230,000

(8) 11월 15일

사건의 분석	현금 ₩60,000을 지급하면서 감소하고, 매입채무 역시 감소한다.

재무상태표 등식에 의한 분석

자산					=	부채	+	자본
현금	+	상품	+	매출채권	=	매입채무	+	자본금
₩172,000		₩110,000		₩48,000		₩100,000		₩230,000
−60,000						−60,000		
₩112,000		₩110,000		₩48,000		₩40,000		₩230,000

(9) 12월 30일

사건의 분석	현금 ₩10,000이 감소하고, 주주의 몫인 자본이 감소한다.

재무상태표 등식에 의한 분석

자산					=	부채	+	자본
현금	+	상품	+	매출채권	=	매입채무	+	자본금
₩112,000		₩110,000		₩48,000		₩40,000		₩230,000
−10,000								−10,000
₩102,000		₩110,000		₩48,000		₩40,000		₩220,000

(10) 12월 31일

사건의 분석	현금 ₩18,000을 지급하면서 감소하고, 주주의 몫에서 차감한다.

재무상태표 등식에 의한 분석

자산					=	부채	+	자본
현금	+	상품	+	매출채권	=	매입채무	+	자본금
₩102,000		₩110,000		₩48,000		₩40,000		₩220,000
−18,000								−18,000
₩84,000		₩110,000		₩48,000		₩40,000		₩202,000

[별해] 거래의 요약

구분	자산					=	부채	+	자본
	현금	+	상품	+	매출채권	=	매입채무	+	자본금
(1)	+₩200,000								+₩200,000
(2)									
(3)	−80,000		+80,000						
(4)			−40,000		+60,000				+20,000
(5)	+40,000		−30,000						+10,000
(6)	+12,000				−12,000				
(7)			+100,000				+100,000		
(8)	−60,000						−60,000		
(9)	−10,000								−10,000
(10)	−18,000								−18,000
합계	84,000		110,000		48,000		40,000		202,000

2. 재무상태표와 손익계산서

재무상태표

20×1년 12월 31일 현재

자산		부채	
현금	84,000	매입채무	40,000
상품	110,000	자본	
매출채권	48,000	자본금	202,000

손익계산서

20×1년 1월 1일부터 20×1년 12월 31일까지

상품처분이익	30,000
급여	(10,000)
임차료	(18,000)
당기순이익	2,000

Chapter 01 객관식문제

| 1 | 회계의 기초

01 다음 중 재무회계의 목적과 관련이 있는 것은?

① 기업의 내부 경영자들이 기업내부의 자원의 관리하고 부서의 성과를 평가하기 위하여 정보를 식별, 측정, 전달한다.
② 기업과 관련된 외부정보이용자들의 의사결정에 도움을 주는 정보를 식별, 측정, 전달한다.
③ 기업이 과세관청에 납부해야 할 세금을 계산하기 위한 정보를 식별, 측정, 전달한다.
④ 미래에 기업의 실적 예측치에 대한 전망과 관련된 정보를 제공한다.

02 다음 중 회계정보의 기능에 대한 설명으로 타당하지 않은 것은?

① 회계정보는 자본시장에서 정보비대칭으로 인해 존재하는 역선택의 문제를 완화하여 자본이 투자자로부터 기업에게로 원활히 공급될 수 있도록 하는 데 도움을 준다.
② 회계정보는 경제실체간 자원의 이동에 관한 의사결정에는 직접적인 경제적 영향을 미치지는 못하지만 경제실체 내에서의 자원의 이동에 관한 의사결정에는 도움을 준다.
③ 회계정보는 자본시장에서 발생할 수 있는 대리인의 기회주의적인 행위인 도덕적 해이라는 문제를 해결하는 데 도움을 준다.
④ 회계정보는 자본주의 시장경제체제에서 희소한 경제적 자원이 자본시장을 통해 효율적으로 배분되도록 하는 데 도움을 준다.

03 회계정보의 기능 및 역할, 적용환경에 관한 설명으로 옳지 않은 것은?

① 외부 회계감사를 통해 회계정보의 신뢰성이 제고된다.
② 회계정보의 수요자는 기업의 외부이용자뿐만 아니라 기업의 내부이용자도 포함된다.
③ 회계정보는 한정된 경제적 자원이 효율적으로 배분되도록 도와주는 기능을 담당한다.
④ 모든 기업은 한국채택국제회계기준을 적용하여야 한다.

04 다음 중 재무회계와 원가관리회계를 비교한 것으로 옳지 않은 것은?

		재무회계	원가관리회계
①	의의	기업의 재무상태와 재무상태의 변동을 표시	경영의사결정, 계획 및 통제를 위한 정보의 제공
②	보고목적	외부정보이용자의 의사결정에 유용한 정보의 제공	경영자의 관리적 의사결정에 유용한 정보의 제공
③	기준	회계학, 의사결정과학, 행동과학 등	일반적으로 인정된 회계원칙
④	보고형태	재무제표	관리회계보고서

05 다음 중 재무회계와 원가관리회계에 대한 비교내용으로 옳지 않은 것은?

		재무회계	원가관리회계
①	보고주기	정기적보고(연차, 반기, 분기)	필요할 때마다 수시로 보고
②	정보의 내용	화폐적, 과거지향적	화폐적+비화폐적, 미래지향적
③	주요 정보이용자	투자자, 채권자 등	경영자, 관리자 등
④	제도적 규제	법적 강제가 존재하지 않음	법적 강제가 존재함

| 2 | 재무제표의 종류

06 전체 재무제표에 포함되지 않는 것은?

① 재무상태표
② 자본변동표
③ 이사회보고서
④ 주석

07 재무제표에 관한 설명으로 옳은 것은?

① 재무상태표는 일정기간의 재무성과에 관한 정보를 제공해 준다.
② 포괄손익계산서는 일정시점의 기업의 재무상태에 관한 정보를 제공해 준다.
③ 자본변동표는 일정기간 동안의 자본구성요소의 변동에 관한 정보를 제공해 준다.
④ 현금흐름표는 특정시점에서의 현금의 변화를 보여주는 보고서이다.

08 다음 중 재무제표인 것은?

ㄱ. 재무상태표	ㄴ. 포괄손익계산서
ㄷ. 시산표	ㄹ. 정산표
ㅁ. 현금흐름표	ㅂ. 순운전자본변동표
ㅅ. 주석	ㅇ. 부속명세서
ㅈ. 자본변동표	ㅊ. 이익잉여금처분계산서

① ㄱ, ㄴ, ㅁ, ㅅ, ㅈ
② ㄱ, ㄴ, ㄹ, ㅁ, ㅈ, ㅇ
③ ㄱ, ㄴ, ㅁ, ㅅ, ㅈ, ㅊ
④ ㄱ, ㄴ, ㅁ, ㅅ, ㅇ, ㅈ, ㅊ

09 금융리스의 경우 리스자산에 대한 법적 소유권은 리스제공자(임차인)가 보유한다. 그러나 리스자산의 사용에 따른 경제적효익은 대부분 리스이용자가 향유한다. 따라서 기준서에서는 리스자산을 리스이용자의 재무상태표에 자산으로 인식하도록 규정하고 있다. 이러한 기준서의 규정과 가장 관련이 있는 개념은?

① 경제적 실질 중시
② 연역적 접근법
③ 원칙주의
④ 재무상태표 등식

| 3 | 재무상태표등식

10 회사의 주인이 누구인지에 대해 논의하는 이론인 '지분이론'은 자본주이론과 실체이론의 입장이 있다. 이중 실체이론의 입장과 관련이 <u>없는</u> 내용은 무엇인지 고르시오.

① '자산－부채＝자본'
② 기업은 주주와 별개의 독립된 실체이며 주주는 투자자로서의 권리와 청구권만 갖는다.
③ 주주는 청구권자(부채)와 동일한 권리를 가지며, 회계의 목적은 주주와 청구권자 모두를 위한 정보를 제공하는 것이다.
④ 이익은 주주의 이익을 의미하는 것이 아니라 기업 자체에 귀속되는 이익을 의미한다.

11 ㈜한국의 20×1년 말 유동자산과 비유동자산은 각각 ₩40,000과 ₩130,000이며, 부채는 ₩64,000이다. 자본으로 표시된 항목으로 자본금 ₩10,000과 이익잉여금만 있다. ㈜한국의 20×1년 말 이익잉여금 잔액은?

① ₩56,000
② ₩66,000
③ ₩96,000
④ ₩106,000

12 회사의 당기 자료가 다음과 같다고 할 경우, 당기순이익을 계산하시오.

• 기초자본	₩12,000	• 기말자본	₩14,000
• 소유주로부터의 납입	1,200	• 기타포괄이익	300

① ₩2,000
② ₩1,700
③ ₩1,200
④ ₩500

13 다음 자료를 이용하여 계산한 당기의 비용총액은?(단, 당기에 발생한 기타포괄손익은 없다.)

• 기초자산	₩22,000	• 기말자산	₩80,000
• 기초부채	3,000	• 기말부채	50,000
• 현금배당	1,000	• 유상증자	7,000
• 수익총액	35,000		

① ₩10,000
② ₩20,000
③ ₩30,000
④ ₩40,000

14 다음 자료를 이용하여 산출된 기말 부채 총액은?(단, 기타포괄손익은 없다.)

• 기말 자산 총액	₩400,000	• 기초 자본 총액	₩120,000
• 당기 총수익	400,000	• 당기 총비용	320,000
• 기중 배당금 결의 및 지급	30,000		

① ₩50,000
② ₩90,000
③ ₩200,000
④ ₩230,000

15 다음 자료로 계산한 당기 총포괄이익은?

• 기초 자산	₩5,500,000	• 기말 자산	₩7,500,000
• 기초 부채	3,000,000	• 기말 부채	3,000,000
• 기타포괄이익	400,000	• 유상증자	500,000

① ₩500,000　② ₩1,000,000
③ ₩1,500,000　④ ₩2,000,000

16 ㈜한국의 20×6년도 재무상태표의 기초자산이 ₩100,000이고 기말자산이 ₩180,000이며 기말부채는 ₩60,000이다. 한편 ㈜한국의 20×6년도 손익계산서상의 총수익은 ₩50,000이며 총비용이 ₩36,000이다. 20×6년 중 소유주가 ㈜한국에게 ₩20,000을 납입(유상증자)한 경우 20×6년도의 기초부채금액은?

① ₩10,000　② ₩12,000
③ ₩14,000　④ ₩16,000

17 다음 자료를 이용하여 계산한 당기의 비용총액은?

기초자산	₩22,000	기말자산	₩80,000
기초부채	3,000	기말부채	50,000
현금배당	1,000	유상증자	7,000
수익총액	35,000		

① ₩10,000　② ₩20,000
③ ₩30,000　④ ₩40,000

| 4 | 회계상의거래

18 다음 중 회계상의 거래에 해당하지 않는 것은?

① 본사 공장에 설치된 시설물을 도난당하였다.
② 원가 ₩20,000의 상품을 ₩15,000에 현금판매하였다.
③ 이자 ₩50,000을 현금으로 지급하였다.
④ 최고경영자와 연봉 ₩20,000,000에 고용계약을 체결하였다.

19 회계상 거래가 아닌 것은?

① 거래처의 부도로 인하여 매출채권 회수가 불가능하게 되었다.
② 임대수익이 발생하였으나 현금으로 수취하지는 못하였다.
③ 기초에 매입한 단기매매금융자산의 공정가치가 기말에 상승하였다.
④ 기존 차입금에 대하여 금융기관의 요구로 부동산을 담보로 제공하였다.

20 다음 중 회계상의 거래에 해당하지 않는 것은 무엇인가?

① 회사는 거래처에 상품을 매입하는 계약을 체결하고, 계약금을 일부 납입하였다.
② 회사는 거래처에 상품을 매입하는 계약을 체결하고자 하였으나, 재고가 없어 주문만 하였다.
③ 주문한 재고를 배송받아 확인한 결과 결함이 발견되어 거래처에 반품하였다.
④ 재고자산을 창고에 보관하던 도중, 직원의 실수로 재고자산이 파손되었다.

21 다음 중 회계상의 거래가 아닌 것은?

① 공동주택의 관리용역에 대한 계약을 체결하고 계약금 ₩100을 수령하였다.
② 본사창고에 보관 중인 ₩100 상당의 제품이 도난되었다.
③ 지하주차장 도장공사를 하고 대금 ₩100은 1개월 후에 지급하기로 하였다.
④ ₩100 상당의 상품을 구입하기 위해 주문서를 발송하였다.

22 다음 중 회계상의 거래가 아닌 것은?

① 경쟁사가 기업의 지적재산권을 침해한 것에 대해 소송을 제기하였다.
② 임대수익이 발생하였으나 현금으로 수취하지는 못하였다.
③ 기초에 매입한 단기매매금융자산의 공정가치가 기말에 상승하였다.
④ 거래처의 부도로 인하여 매출채권 회수가 불가능하게 되었다.

| 5 | 거래의 분석

23 자산을 증가시키는 거래에 해당하지 <u>않는</u> 것은?

① 비품을 외상으로 구입하다.
② 차입금 이자에 대한 지급을 면제받다.
③ 주주로부터 현금을 출자받다.
④ 정기예금에 대한 이자를 현금으로 수령한다.

24 자산을 증가시키는 거래에 해당하지 <u>않는</u> 것은?

① 차량운반구를 외상으로 구입하다.
② 은행으로부터 현금을 차입하다.
③ 주주로부터 토지를 출자받다.
④ 토지를 현금으로 구입하다.

25 다음 중 자산을 증가시키면서 수익을 증가시키는 거래는?

① 장부금액 ₩10,000의 토지를 ₩12,000에 외상처분하였다.
② ₩10,000의 전기료 고지서를 수령하였으나 아직 납입하지 않았다.
③ 당월분 종업원에 대한 급여 ₩5,000을 현금으로 지급하였다.
④ 다음연도분 임대료 ₩20,000을 미리 수령하였다.

26 자산을 증가시키면서 동시에 부채를 증가시키는 거래는?

① 상품판매계약을 체결하고 계약금을 선수령하였다.
② 은행으로부터 차입한 설비투자자금을 상환하였다.
③ 건물에 대한 화재보험계약을 체결하고 1년분 보험료를 선급하였다.
④ 전기에 외상으로 매입한 상품 대금을 현금으로 지급하였다.

27 다음 중 수익을 인식하는 거래가 아닌 것은?

① 원가 ₩1,000의 상품을 ₩2,000에 판매하였다.
② 거래처로부터 구매한 상품에 대한 구매대금을 할인받았다.
③ 정기예금에 대한 이자와 원금을 수령하였다.
④ 고객에게 용역을 제공하고 대금은 1개월 후에 받기로 하였다.

28 다음 중 비용을 인식하는 거래가 아닌 것은?

① 차입금에 대한 이자비용을 현금지급하였다.
② 창고에 화재가 발생하여 보유하던 상품이 소실되었다.
③ 상품을 구입하는 과정에서 운송비를 지출하였다.
④ 전기료 고지서를 받았으나 아직 납입하지 않았다.

29 다음 중 당기순이익을 감소시키는 거래가 아닌 것은?

① 수도광열비에 대한 고지서 수령
② 영업용 건물에 대한 감가상각비의 인식
③ 토지에 대한 재산세 납부
④ 사무용 비품(유형자산)의 현금 구입

30 다음 중 당기순이익을 감소시키는 거래가 아닌 것은?

① 거래처 직원에 대한 명절 선물 지급
② 판매사원 유니폼 구입 후 즉시 배분
③ 생산직 직원에 대한 급여 미지급
④ 토지(유형자산)에 대한 취득세 지출

31 20×1년 중 ㈜한국에서 발생한 거래가 다음과 같을 때, 20×1년 말 재무상태표상 자산에 포함할 금액은?

> • 20×1년 초 주주로부터 ₩100,000의 현금을 출자받고 사업을 시작하였다.
> • 거래처로부터 상품 ₩50,000을 외상으로 구입하였다.
> • 고객에게 원가 ₩30,000의 상품을 ₩60,000에 외상판매하였다.
> • 고객에 대한 외상대금 중 ₩40,000을 현금으로 회수하고, 거래처에게 ₩20,000의 외상대금을 결제하였다.

① ₩120,000
② ₩140,000
③ ₩160,000
④ ₩180,000

32 20×1년 중 ㈜한국에서 발생한 거래가 다음과 같을 때, 20×1년 말 재무상태표상 부채에 포함할 금액은?

> • 사무실을 임대하고 20×2년도에 대한 임대료 ₩2,000을 미리 받았다.
> • 20×1년 12월에 대한 종업원급여 ₩1,000을 아직 지급하지 않았다.
> • 거래처로부터 원재료 ₩1,000을 외상으로 구입하였다.
> • 공장 확장 자금을 조달하기 위해 보통주 10주(주당 액면가 ₩100, 주당 발행가 ₩200)를 발행하였다.

① ₩5,000
② ₩4,000
③ ₩3,000
④ ₩2,000

33 다음은 20×1년 초에 설립된 ㈜한국의 당기 중 발생한 거래이다. ㈜한국의 20×1년 말 부채는?

> • 3월 1일 : 은행으로부터 현금 ₩100,000 차입 (만기 3년)
> • 4월 1일 : 거래처 A에게 내년 초 신제품을 공급하는 대가로 현금 ₩50,000 선수령
> • 7월 1일 : 거래처 B에게 재고자산 매입대금으로 어음(만기 1년) ₩20,000 발행
> • 11월 1일 : 사무용 비품 구입대금 ₩50,000 중 ₩10,000은 어음(만기 3개월)발행, 나머지는 5개월 후에 지급약정

① ₩160,000
② ₩170,000
③ ₩200,000
④ ₩220,000

34 다음의 거래가 기업의 재무상태에 미치는 영향을 올바르게 분석한 것은?

기업은 건물을 ₩10,000에 구매하고, 이 중 ₩2,000은 현금으로 지급하였고, 나머지는 외상으로 하였다.

① 자산 증가, 부채 증가, 비용 발생
② 자산 증가, 자산 감소, 부채 증가
③ 자산 증가, 자본 증가, 수익 발생
④ 자산 증가, 자산 감소, 수익 발생

35 다음은 회사가 수행한 거래를 재무상태표 등식에 따라 분석한 결과이다. 해당 내용을 통해서 회사가 수행한 거래를 올바르게 유추한 것은?

차변요소	대변요소
부채의 감소	자산의 감소

① 기업은 은행으로부터 ₩10,000의 차입금을 차입하였다.
② 기업은 이번 달 임차료 ₩10,000을 미지급하였다.
③ 기업은 지난 달 미지급한 전기료 ₩10,000을 이번 달에 현금 지급하였다.
④ 기업은 거래처로부터 상품 ₩10,000을 외상매입하였다.

36 다음은 회사가 수행한 거래를 재무상태표 등식에 따라 분석한 결과이다. 해당 내용을 통해서 회사가 수행한 거래를 올바르게 유추한 것은?

차변요소	대변요소
자산의 증가	자산의 감소 및 수익의 발생

① 기업은 은행으로부터 차입한 ₩10,000의 차입금을 상환하였다.
② 기업은 장부금액 ₩10,000의 토지를 현금 ₩12,000에 판매하고 ₩2,000의 처분이익을 인식하였다.
③ 기업은 장부금액 ₩10,000의 차입금을 이자비용 ₩2,000을 포함하여 ₩12,000에 상환하였다.
④ 기업은 임대계약을 하고 임대보증금으로 ₩10,000을 수령하였다.

37 다음은 ㈜한국의 외상거래와 관련된 내용이다. 20×1년도 재무제표에 미치는 영향으로 옳지 않은 것은?

> ㈜한국은 20×0년 4월 1일 계약금 명목으로 거래처로부터 ₩20,000을 수령하고, 20×1년 2월 1일 원가 ₩50,000인 제품을 ₩80,000에 외상으로 판매하였다. 외상대금 ₩60,000은 20×2년 12월 1일에 회수할 예정이다. (단, 재고자산은 계속기록법을 적용한다)

① 부채의 불변
② 자산의 증가
③ 수익의 증가
④ 비용의 증가

38 다음은 ㈜한국의 거래와 관련된 내용이다. 20×1년도 재무제표에 미치는 영향으로 옳지 않은 것은?

> ㈜한국은 20×1년 9월 30일 손해배상소송에서 패소하여 배상금을 지급하려고 한다. 지급해야할 손해배상액은 총 ₩20,000이며, 이 중 ₩5,000은 패소 즉시 지급하였다. 일부는 향후에 지급할 계획에 있다.

① 부채의 증가
② 자산의 불변
③ 수익의 불변
④ 비용의 증가

39 장부금액 ₩10,000의 차입금을 이자비용 ₩2,000을 포함하여 ₩12,000에 상환한 경우, 재무제표에 미치는 영향으로 옳지 않은 것은?

① 자산 감소
② 부채 증가
③ 수익 불변
④ 비용 증가

40 주주에게 보통주 100주를 주당 ₩8,000에 발행하여 유상증자한 경우, 재무제표에 미치는 영향으로 옳지 않은 것은?

① 자산 증가
② 자본 증가
③ 수익 증가
④ 부채 불변

해답 및 해설

1	②	2	②	3	④	4	③	5	④	6	③	7	③	8	①	9	①	10	①
11	③	12	④	13	③	14	④	15	③	16	③	17	③	18	④	19	④	20	②
21	④	22	①	23	②	24	④	25	①	26	①	27	②	28	③	29	④	30	④
31	③	32	②	33	④	34	②	35	③	36	②	37	①	38	②	39	②	40	③

01 ① 내부 경영자들의 의사결정에 유용한 정보를 제공하는 것은 원가관리회계이다.
③ 과세관청에 납부해야할 세금을 계산하기 위한 정보를 생산하는 것은 세무회계이다.
④ 재무회계는 과거 및 현재에 대한 정보를 제공할 뿐 미래 전망을 직접 예측하지 않는다.

02 ①, ③, ④ 회계정보의 전달은 정보불균형의 해소를 가져온다. 따라서 경제적 자원이 효율적으로 배분되도록 하는데 도움을 주어 역선택을 완화할 수 있다. 또한 대리인인 경영자가 본인인 주주에게 수탁책임을 보고하여 도덕적 해이의 문제를 해결할 수 있다.
② 회계정보는 경제실체간 자원의 이동에 관한 의사결정에도 직접적인 경제적 영향을 미칠 수 있다.

03 ④ 모든 기업이 한국채택국제회계기준을 적용해야하는 것은 아니다. 일반기업회계기준 등 다른 회계기준을 적용하는 기업도 있다.

04 ③ 재무회계를 작성하기 위해 사용해야 하는 기준은 일반적으로 인정된 회계원칙(GAAP)이다. 원가관리회계는 정해진 기준이 없이 다양한 방법을 통해 작성된다.

05 ④ 재무회계는 법적강제가 존재하나 원가관리회계는 내부평가목적이므로 법적강제가 존재하지 않는다.

06 • 재무제표는 재무상태표, 포괄손익계산서, 자본변동표, 현금흐름표, 주석으로 구성된다.

07 ① 재무상태표는 일정시점의 기업의 재무상태에 관한 정보를 제공해 준다.
② 포괄손익계산서는 일정기간의 재무성과에 관한 정보를 제공해 준다.
④ 현금흐름표는 일정기간의 현금의 변화를 보여주는 보고서이다.

08 • 재무제표는 재무상태표, 포괄손익계산서, 자본변동표, 현금흐름표, 주석으로 구성된다.

09 • 금융리스의 경우 리스자산에 대하여 리스이용자가 경제적 효익을 대부분 향유한다. 따라서 실질적으로는 리스이용자의 자산으로 보는 것이 타당하며, 리스제공자는 리스자산을 제공한 것에 대한 미래현금흐름, 즉 채권을 자산으로 인식하게 된다. 이는 경제적 실질에 따른 회계처리이다.

10 • 실체이론에서의 회계등식은 '자산=자본+부채'이다.

11
- 자산총계＝부채총계＋자본총계
- ₩40,000＋130,000＝₩64,000＋(10,000＋이익잉여금)

  ∴ 이익잉여금 : ₩96,000

12
- 자본의 변동 : ₩14,000－12,000＝₩2,000
- 포괄이익(손익거래에 의한 자본의 변동) : ₩2,000(자본의 변동)－1,200(소유주납입)＝₩800
- 당기순이익 : ₩800(포괄이익)－300(기타포괄이익)＝₩500

13
- 자본의 변동 : (₩80,000－50,000)(기말 자본)－(22,000－3,000)(기초자본)＝₩11,000
- 당기순이익＋7,000(유상증자)－1,000(현금배당)＝₩11,000

  ∴ 당기순이익 : ₩5,000
- 비용총액 : ₩35,000(수익총액)－5,000(당기순이익)＝₩30,000

14
- 자본의 변동 : (₩400,000－320,000)(당기순이익)－30,000(배당지급)＝₩50,000
- 기말 자본 : ₩120,000(기초자본)＋50,000(자본의 변동)＝₩170,000
- 부채 총액 : ₩400,000(기말 자산)－170,000(기말 자본)＝₩230,000

15
- 자본의 변동 : (₩7,500,000－3,000,000)(기말 자본)－(5,500,000－3,000,000)(기초자본)＝₩2,000,000
- 총포괄손익＋500,000(유상증자)＝₩2,000,000(자본의 변동)

  ∴ 총포괄이익 : ₩1,500,000(총포괄손익 안에는 이미 기타포괄이익이 포함)

16
- 기초자본의 역산

기초자본	₩100,000(기초자산)－기초부채 ＝	???
당기순이익	₩50,000－36,000 ＝	14,000
유상증자		20,000
기말자본	₩180,000(기말자산)－60,000(기말부채) ＝	₩120,000

  ∴ 기초자본 : ₩86,000

- 기초부채 : ₩100,000(기초자산)－86,000(기초자본)＝₩14,000

17
- 당기순이익 역산

기초자본	₩22,000(기초자산)－ 3,000(기초부채)＝	₩19,000
당기순이익	₩35,000－비용총액＝	???
현금배당		(1,000)
유상증자		7,000
기말자본	₩80,000(기말자산)－50,000(기말부채)＝	₩30,000

  ∴ 당기순이익 : ₩5,000

- 비용총액 : ₩35,000(수익총액)－5,000(당기순이익)＝₩30,000

18 ④ 최고경영자와 고용계약을 체결한 것은 기업의 자산, 부채 및 자본에 영향을 미치지 못하므로 회계상의 거래가 아니다.

19 ④ 부동산을 담보로 제공한다고 하여 부동산의 가치가 감소하거나, 소유권이 이전되거나 기존 차입금의 금액이 줄어드는 것은 아니므로 기업의 자산, 부채 및 자본이 변동하지는 않는다.

20 ② 주문하는 계약만 체결한다면, 회사의 재무상태의 변동이 발생하지 않는다.

21 ① 계약대금을 현금으로 수령하였으므로 자산이 증가하며, 관리용역을 제공할 의무가 발생하므로 부채가 증가한다.
② 제품(자산)이 감소하고 비용이 발생한다.
③ 비용을 인식하고 미지급금(부채)이 발생한다.
④ 주문서 발송만으로는 재무제표 요소가 변동하지 않는다.

22 ① 소송사건의 결과가 나오기 전까지는 손해배상여부를 알 수 없으므로 재무제표요소가 변동하지 않는다.
② 현금으로 수취하지는 못했지만 임대수익을 받을 권리가 발생하였으므로 자산과 수익이 증가한다.
③ 자산의 가치가 증가하였으므로, 자산이 증가하고 수익이 발생한다.
④ 매출채권(자산)이 감소하며 비용이 발생한다.

23 ② 차입금에 대한 이자지급을 면제받는 거래는 미지급이자(부채)가 감소하면서 수익이 발생하므로 자산의 변동과는 관계가 없다.

24 ④ 토지를 현금으로 구입하면, 토지가 증가하는 동시에 현금이 감소하므로 자산총액은 그대로이다.

25 ① 토지 ₩10,000이 감소하나 미수금 ₩12,000이 증가하여 자산은 ₩2,000 증가한다. 또한 토지처분이익 ₩2,000을 수익으로 인식한다.
② ₩10,000의 비용을 인식하면서 미지급금 ₩10,000을 부채로 인식한다.
③ 급여 ₩5,000을 인식하면서 현금 ₩5,000이 감소한다.
④ 현금 ₩20,000이 증가하면서 선수임대료 ₩20,000을 부채로 인식한다.

26 • 거래의 분석

보기	차변요소	대변요소
①	자산(현금)의 증가	부채(선수금)의 증가
②	부채(차입금)의 감소	자산(현금)의 감소
③	선급보험료(자산)의 발생	자산(현금)의 감소
④	부채(매입채무)의 감소	자산(현금)의 감소

27 ① 상품을 판매하면서 차액만큼 이익이 발생한다.

② 구매대금을 할인받는 것은 취득한 상품의 원가에서 차감하는 것이므로 수익이 발생하지는 않는다.

④ 대금을 수령하지는 못하였지만 고객에게 대금을 수령할 권리가 생기므로 매출채권(자산)을 인식하면서 수익이 발생한다.

28 ② 상품(자산)이 감소하면서 손실을 인식한다.

③ 운송비를 지출한 금액은 상품의 원가에 가산(자산의 증가)하므로 비용으로 처리되지 않는다.

④ 납입하지 않았다고 하더라도 지급해야할 의무가 발생하였으므로 미지급금(부채)를 인식하면서 비용이 발생한다.

29 ④ 유형자산을 구입하는 경우, 유형자산(자산)이 증가하면서, 현금(자산)이 감소하므로 당기순이익을 감소시키지 않는다.

30 ④ 토지의 취득을 위한 취득세는 토지의 취득원가에 가산되므로 당기순이익을 감소시키지 않는다.

31 1. 거래의 분석

① 주주로부터 수령한 현금 ₩100,000으로 인해 자산이 증가한다.

② 외상매입한 상품으로 인해 ₩50,000의 자산이 증가한다.

③ ₩30,000의 상품이 감소하며, ₩60,000의 매출채권이 증가한다.

④ 현금을 회수하여 현금과 매출채권이 각각 ₩40,000씩 증가, 감소하고, 거래처에게 지급한 현금 ₩20,000만큼 자산이 감소한다.

2. 답안의 계산 : ₩100,000＋50,000－30,000＋60,000－20,000＝₩160,000

32 1. 거래의 분석

① 임대료를 미리 받은 경우, 선수임대료 ₩2,000은 부채에 포함한다.

② 종업원에 대한 급여를 지급하지 않은 경우, 미지급급여 ₩1,000은 부채에 포함한다.

③ 원재료를 외상으로 구입한 경우, 매입채무 ₩1,000은 부채에 포함한다.

④ 주식을 발행(유상증자)하면서 대금을 수령한 경우, 주식발행금액 ₩2,000은 자본으로 인식한다.

2. 답안의 계산 : ₩2,000＋1,000＋1,000＝₩4,000

33 1. 거래의 분석

① 은행으로부터 차입한 ₩100,000은 차입금으로 인식

② 거래처로부터 선수령한 현금 ₩50,000은 선수금(계약부채)로 인식

③ 거래처에 대한 외상매입대금 ₩20,000은 매입채무로 인식

④ 사무용비품에 대한 외상매입대금 ₩50,000은 각각 지급어음(₩10,000), 미지급금(₩40,000)으로 인식

2. 답안의 계산 : ₩100,000＋50,000＋20,000＋50,000＝₩220,000

34 • 건물을 현금과 외상으로 구매하였으므로, 자산(건물)의 증가 및 자산(현금)의 감소, 부채(미지급금)의 증가가 발생한다.

35 ① 은행으로부터 차입할 경우, 자산(현금)의 증가 및 부채(차입금)의 증가가 발생한다.
② 임차료를 미지급한다면, 비용(임차료)의 발생 및 부채(미지급금)의 증가가 발생한다.
③ 미지급한 대금을 지급한다면, 부채(미지급금)의 감소 및 자산(현금)의 감소가 발생한다.
④ 상품을 외상매입한다면, 자산(상품)의 증가 및 부채(매입채무)의 증가가 발생한다.

36 ① 은행에 차입금을 상환할 경우, 부채(차입금)의 감소, 자산(현금)의 감소가 발생한다.
③ 차입금을 상환할 경우, 부채(차입금)의 감소, 비용(이자비용)의 발생 및 자산(현금)의 감소가 발생한다.
④ 기업은 임대계약을 하고 보증금을 수령할 경우, 자산(현금)의 증가, 부채(임대보증금)의 증가가 발생한다.

37 1. 회계처리

20×0년 4월 1일	(차) 현 금	20,000	(대) 선 수 금	20,000
20×1년 2월 1일	(차) 선 수 금	20,000	(대) 매 출 액	80,000
	매 출 채 권	60,000		
	(차) 매 출 원 가	50,000	(대) 제 품	50,000

2. 거래의 분석 : 20×0년에 인식한 선수금(부채)가 외상매출을 통해 감소한다.

38 1. 회계처리

20×1년 9월 30일	(차) 보 상 손 실	20,000	(대) 현 금	5,000
			미 지 급 금	15,000

2. 거래의 분석 : 배상금에 대한 비용이 발생하면서 현금(자산)이 감소하고, 미지급금(부채)가 증가한다.

39 차입금을 상환하는 경우, 이자비용이 증가 하고 현금(자산)이 유출되면서 차입금(부채)가 감소한다.

차입금 상환시	(차) 이 자 비 용	2,000	(대) 현 금	12,000
	차 입 금	10,000		

40 유상증자를 시행하는 경우, 회사에 현금(자산)이 유입되면서 납입자본(자본)이 증가한다.

유상증자시	(차) 현 금	800,000	(대) 납 입 자 본	800,000

Chapter 02

회계순환 과정

제 1 절 회계순환과정의 기초

앞서 공부한 '제1장 재무회계의 기초'에서는 재무회계가 최종적으로 정보이용자에게 제공해야할 유용한 정보가 무엇인지에 대해서 공부하였다. 본 장에서는 그러한 정보가 식별, 측정되어 재무제표의 형태로 만들어지게 되는 과정을 살펴볼 것이다.

회계순환과정은 회계 기록의 대상이 되는 거래를 식별하는 것으로부터 출발한다. 거래로 인해 기업실체의 자산, 부채, 자본에 미치는 영향을 분석하고 이를 복식부기 원리에 의하여 계정과목별로 체계적으로 분류, 기록, 집계하는 과정을 거쳐 재무제표를 작성하게 된다.

그림 2-1 회계의 순환과정

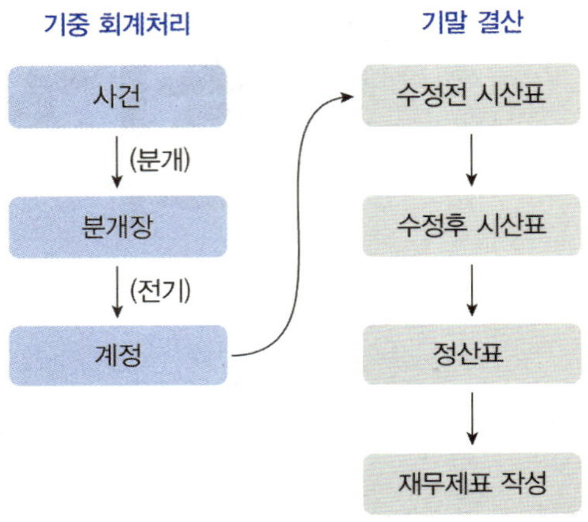

제 2 절 분개와 전기

1. 거래의 식별과 기록

(1) 회계상의 거래

제1장에서 살펴보았듯이 회계기록의 대상이 되는 '회계상의 거래'란 기업의 자산, 부채, 또는 자본에 영향을 미치는 사건들을 말한다. 회계상의 거래는 외부적 사건에 의한 거래와 내부적 사건에 의한 거래로 나뉘게 된다. 내부적 사건이란 원재료가 생산공정에 투입되는 경우처럼 기업 내부에서 발생하는 회계사건을 말하며, 외부적 사건은 원재료의 구입, 토지의 판매 등과 같이 기업과 외부환경 사이에서 발생하는 회계사건을 말한다.

(2) 거래의 구성요소

1) 거래의 기록

재무제표를 작성하기 위해서는 회계상의 거래에 의해 발생한 **자산, 부채 및 자본의 변동을 분석하여 장부에 기입**하는 과정이 우선한다. 이 과정을 **부기(book－keeping)**이라고 하며 부기의 종류에는 '단식부기'와 '복식부기'가 있다. **'복식부기'**란 회계상의 거래의 양면성을 모두 기록하는 규칙이다. '복식부기'는 회계거래의 결과로 발생한 **재무상태의 변동을 재무상태표의 양식에 맞게 기록**한다. 재무상태표의 차변(왼쪽)에는 자산이 기록되며, 대변(오른쪽)에는 부채와 자본이 표시된다. 따라서 복식부기를 통해 자산의 변동은 차변(왼쪽)에 부채 및 자본의 변동은 대변(오른쪽)에 기록하게 된다.

2) 자산, 부채 및 자본의 증가와 감소

자산이 증가하는 경우 재무상태표의 양식과 일치하도록 차변에 (＋)의 금액으로 기재한다. 자산이 감소하는 경우에는 차변에 (－)의 금액으로 기록하지 않고, 대변에 기재한다. 예를 들어 현금이 ₩100 증가하는 경우 차변에 ₩100을 기입하나, 감소하는 경우에는 대변에 기입한다. 반대로 부채, 자본의 증가는 대변에 기입하며, 부채, 자본의 감소는 차변에 기입하게 된다.

3) 수익 및 비용

손익거래에 의해 자본이 변동하는 경우, 그 변동원인을 파악하기 위하여 수익 및 비용이라는 별도의 계정을 사용한다는 것은 이미 공부하였다. 따라서 수익과 비용은 자본과 구분하여 기록해야 한다. 수익 및 비용의 본질은 자본의 변동이므로 자본의 증가에 해당하는 수익은 대변에, 자본의 감소인 비용은 차변에 기록하게 된다.

4) 거래의 구성요소

상기에서 설명한 자산, 부채 및 자본의 증감과 수익 및 비용의 발생을 기록하는 규칙을 정리하면 다음과 같다.

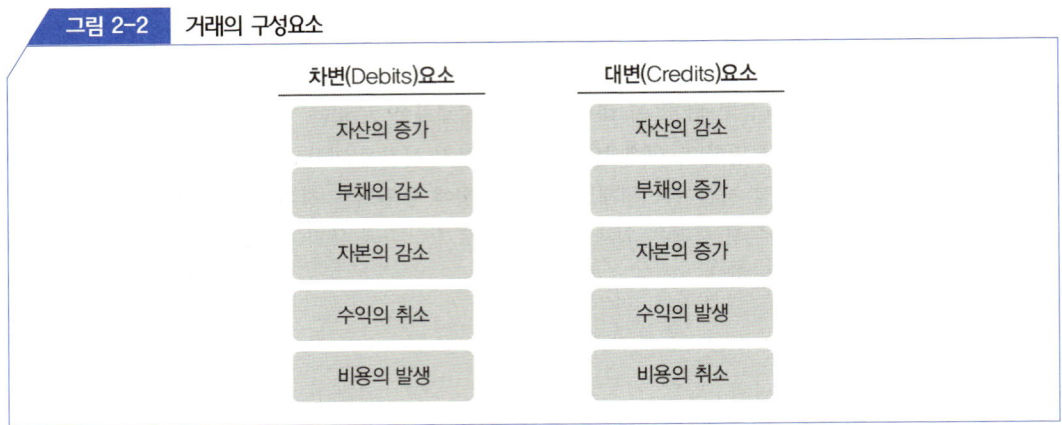

그림 2-2 거래의 구성요소

차변(Debits)요소	대변(Credits)요소
자산의 증가	자산의 감소
부채의 감소	부채의 증가
자본의 감소	자본의 증가
수익의 취소	수익의 발생
비용의 발생	비용의 취소

(3) 거래의 결합관계

거래의 원인과 결과를 동시에 기록함으로써 거래의 구성요소 중 차변요소와 대변요소를 연결하는 것을 거래의 결합관계라 한다. 회계상의 거래가 발생하는 경우 거래의 구성요소가 서로 복합적으로 결합하여 장부에 기록되며, 반드시 차변요소와 대변요소가 결합한다.

예제 1 거래의 결합관계 의한 거래의 분석

다음의 거래들은 각각 별개의 상황들이다.

① ㈜MS헤어에 현금이 납입되고 회사가 설립되었다.
② ㈜MS헤어는 의자와 드라이기 등 설비자산을 현금 구매하였다.
③ ㈜MS헤어는 왁스와 세럼, 에센스 등 소모품을 외상으로 구매하였다.
④ ㈜MS헤어는 현금을 받고 미용서비스를 제공하였다.
⑤ 광고의뢰에 대한 대가로 파워블로거는 비용을 청구하였으며 다음 달에 지급할 예정이다.
⑥ ㈜MS헤어는 ③ 소모품의 외상매입과 관련한 미지급금의 대금을 지급하였다.
⑦ ㈜MS헤어는 소속 미용사들에게 급여를 현금으로 지급하였다.
⑧ 주주가 ㈜MS헤어로부터 현금을 배당의 명목으로 인출하였다.

[물 음]

상기 거래들의 차변요소와 대변요소를 구분하시오.

해답

	차변요소	=	대변요소
①	자산(현금)의 증가		자본(자본금)의 증가
②	자산(설비)의 증가		자산(현금)의 감소
③	자산(소모품)의 증가		부채(미지급금)의 증가
④	자산(현금)의 증가		수익의 발생
⑤	비용의 발생		부채(미지급금)의 증가
⑥	부채(미지급금)의 감소		자산(현금)의 감소
⑦	비용의 발생		자산(현금)의 감소
⑧	자본(자본금)의 감소		자산(현금)의 감소

(4) 거래의 이중성과 대차평균의 원리

거래요소의 결합관계를 살펴본 결과 회계상의 거래를 기입함에 있어서 반드시 차변요소와 대변요소가 동시에 발생하게 되는데 이를 거래의 이중성이라 한다. 거래의 이중성에 따라 거래를 기록한다면, 차변요소와 대변요소의 금액 합계는 언제나 일치하게 되며 이를 **대차평균의 원리**라 한다. 복식부기란 거래의 이중성을 대차평균의 원리에 따라 장부에 기록하는 방법을 나타낸다.

차변요소 합계=대변요소 합계

한편, 거래요소의 결합관계에 있어 차변요소와 대변요소를 정리하면 다음과 같은 식을 도출할 수 있다.

차변요소 합계 (자산의 증가+부채의 감소+자본의 감소+비용의 발생)
= 대변요소 합계(부채의 증가+자본의 증가+자산의 감소+수익의 발생)
⇨ (자산의 증가−자산의 감소)=(부채의 증가−부채의 감소)+(자본의 증가−자본의 감소)+(수익의 발생−비용의 발생)
⇨ 자산의 변동=부채의 변동+자본의 변동

즉, 거래요소의 결합관계, 대차평균의 원리는 회계상의 거래를 재무상태표 등식에 따라 기록하기 위해 도출된 것이다.

2. 분개(거래의 인식)

(1) 계정

1) 계정의 정의

계속적으로 발생하는 거래를 세부적인 분류없이 자산, 부채, 자본, 수익 및 비용의 명칭으로만 기재하면 회사의 재무상태를 구체적으로 알 수 없다. 예를 들어 예제 1의 ②거래를 분석해보면 다음과 같다.

	차변요소	=	대변요소
②	자산(설비)의 증가		자산(현금)의 감소

이 경우, 자산이라는 하나의 명칭만을 사용한다면, 재무상태표의 구성요소에는 변동이 없게 되므로, 해당 거래를 기록으로 남기는 것이 매우 어렵다. 따라서 자산, 부채 및 자본의 재무제표 요소들을 자세하게 구분하여 관리할 필요가 있다.

거래가 재무상태에 미치는 영향을 체계적으로 분류하고 정리하기 위해서 사용하는 단위를 계정이라고 한다. 모든 거래는 자산, 부채, 자본, 수익 및 비용과 같은 재무제표의 기본 구성요소 단위가 아니라 현금(자산), 미지급금(부채), 광고비(비용) 등과 같은 '계정'의 단위로 분류, 관리된다.

2) 계정의 형태

모든 계정에는 차변과 대변이 존재하며 거래의 기록을 위하여 차변과 대변을 구분하는 형태로 계정을 관리한다. 실무상 복잡한 양식의 계정을 사용하기도 하지만 교육목적상 간단한 계정의 양식인 T계정 형식을 사용한다. 다음은 재무제표 구성요소의 계정 형식과 해당 요소의 증감내역을 기재하는 규칙을 나타낸 것이다.

그림 2-3 계정의 형태(자산)

표준식 계정 – 자산

일자	차변 적요	금액	일자	대변 적요	금액

잔액식 계정 – 자산

일자	적요	차변	대변	잔액

T계정 – 자산

(차) 자산의 증가를 기록	(대) 자산의 감소를 기록

3) 계정의 잔액

보고기간 동안의 거래가 모두 인식되고 나면 보고기간 말에는 계정의 잔액이 남게 된다. 잔액이란 보고기간 동안의 재무제표 요소의 증가와 감소를 모두 고려한 후 보고기간 말에 기업이 보유하고 있는 해당 요소의 저량(stock)을 의미한다. 계정에 거래를 모두 인식하고 나면 **차변금액합계와 대변금액합계의 차이 금액이 보고기간 말의 잔액**이 된다.

보고기간말의 자산, 비용계정은 보통 차변합계금액(총 증가액)이 대변합계금액(총 감소액)보다 크므로, 차변에 순 증가액 금액이 남게 된다. 이 경우 해당 순 증감액을 '차변잔액'이라 한다. 한편, 부채, 자본, 수익계정은 대변합계금액(총 증가액)이 차변합계금액(총 감소액)을 초과하므로 순 증감액이 대변에 남게되어 '대변잔액'이 발생한다.

그림 2-4 계정의 잔액

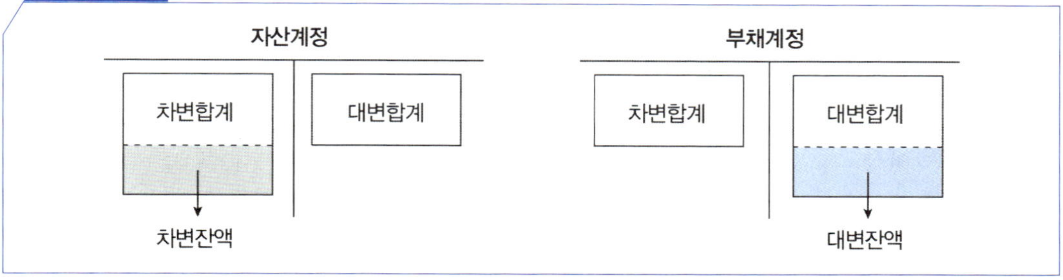

(2) 분개의 절차

1) 계정에 직접기입

재무제표를 작성하기 위해선 **회계상의 거래를 각 계정별로 체계적으로 분류하여 집계**하는 과정거쳐야 한다. 따라서 회계상의 거래를 거래의 구성요소로 분류한 후 거래의 결합관계에 의하여 계정에 기입한다. 예를 들어 현금 ₩150,000을 회사에 납입하고 주식을 발행하였을 경우, 다음과 같이 각 계정에 거래가 기록된다.

그림 2-5 계정에 거래를 직접기입

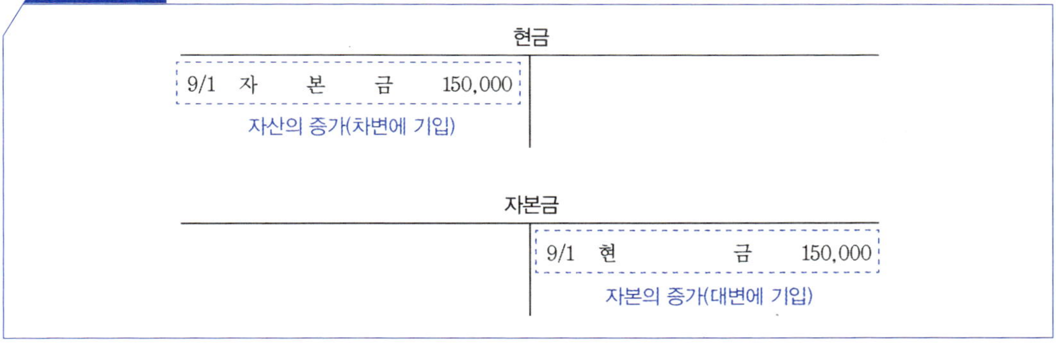

2) 분개장

상기 예시와 같이 거래의 정보를 직접 계정에 기입하게 될 경우, 대차평균의 원리를 통해 검증하는 것이 어려워 오류가 발생할 여지가 높다. 따라서 별도의 장부에 거래별로 거래를 기입하는 절차를 수행하는데 이를 **분개**라 하며 해당 장부를 **분개장**이라 한다. 거래의 구성요소를 거래별로 기입하는 장부인 분개장의 형태와 기입되는 정보의 내역은 다음과 같다.

그림 2-6 분개장의 형태

일자	차변		대변	
	계정 및 내역	금액	계정 및 내역	금액
20×1년 9월 1일	현금	150,000	자본 (보통주식의 발행)	150,000
20×1년 9월 27일	소모품 (A4용지 구매)	50,000	현금	50,000

3) 분개의 절차

분개를 하기 위해서는 먼저 회계상의 거래가 자산, 부채, 자본, 수익 및 비용 중 어느 요소를 변동시켰는지를 파악하여야 한다. 변동된 요소를 파악한 후 거래를 설명할 수 있는 가장 적합한 계정과목을 정한다. 마지막으로 해당 계정과목에 차변이나 대변에 거래의 구성요소에 맞게 금액 적요 등을 기입하면 분개의 절차가 끝난다. 분개의 절차는 다음과 같다.

① 거래가 각 요소에 미치는 영향을 분석한다.
② 거래의 구성요소 중 어느 요소(차변·대변)에 해당하는지 판단한다.
③ 분개장에 거래의 정보(금액 등)를 기입한다.

예제 2 회계상 거래의 분개장 기입(분개)

다음은 ㈜MS헤어의 20×1년 중 발생한 독립적인 거래이다.

① 20×1년 9월 1일에 ㈜MS헤어가 설립되었으며, 현금 ₩150,000을 회사가 납입되고 주식을 발행하였다.
② 20×1년 9월 8일 ㈜MS헤어는 의자와 드라이기 등 설비자산을 ₩80,000에 구매하였다.
③ 20×1년 9월 10일 ㈜MS헤어는 왁스와 세럼, 에센스 등 소모품 ₩15,000어치를 외상으로 구매하였다.
④ 20×1년 9월 13일 ㈜MS헤어는 ₩20,000의 현금을 받고 미용서비스를 제공하였다.
⑤ 20×1년 9월 15일 ㈜MS헤어는 고객의 유치를 위해 파워블로거에게 5개월간의 광고를 의뢰하였다. 파워블로거는 ₩500의 비용을 청구하였으며 다음 달에 지급할 예정이다.
⑥ 20×1년 9월 26일 ㈜MS헤어는 ③소모품의 외상매입과 관련한 미지급금 중 우선적으로 ₩8,000의 대금을 지급하였다.
⑦ 20×1년 9월 29일 ㈜MS헤어는 소속 미용사들에게 급여 ₩4,000을 현금으로 지급하였다.
⑧ 20×1년 9월 30일 김재민씨는 ㈜MS헤어로부터 현금 ₩5,000를 배당의 명목으로 인출하였다.

[물 음]

해당 거래를 분개장의 형태에 맞게 회계처리(분개)하시오.

해답

① 20×1년 9월 1일

사건의 기본 분석	㈜MS헤어의 입장에서는 현금이라는 자산이 ₩150,000만큼 증가하고 주주의 몫인 자본이 ₩150,000 증가하였다.		
거래의 구성요소 분석	차변요소 현금(자산)의 증가	=	대변요소 자본금(자본)의 증가
	₩150,000	=	₩150,000
분개	(차) 현 금 150,000		(대) 자 본 금 150,000

② 20×1년 9월 8일

사건의 기본 분석	현금이 ₩80,000만큼 감소하고, 설비자산이 ₩80,000만큼 증가하였다.		
거래의 구성요소 분석	차변요소 설비자산(자산)의 증가	=	대변요소 현금(자산)의 감소
	₩80,000	=	₩80,000
분개	(차) 설 비 자 산 80,000		(대) 현 금 80,000

③ 20×1년 9월 10일

사건의 기본 분석	소모품이 ₩15,000만큼 증가하고, 판매자에게 지급할 미지급금(부채)가 ₩15,000만큼 증가하였다.
거래의 구성요소 분석	차변요소 = 대변요소 소모품(자산)의 증가 / 미지급금(부채)의 증가 ₩15,000 = ₩15,000
분개	(차) 소 모 품 15,000 (대) 미 지 급 금 15,000

④ 20×1년 9월 13일

사건의 기본 분석	현금이 ₩20,000만큼 증가하면서, 용역매출이 ₩20,000발생하였다.
거래의 구성요소 분석	차변요소 = 대변요소 현금(자산)의 증가 / 용역매출(수익)의 발생 ₩20,000 = ₩20,000
분개	(차) 현 금 20,000 (대) 용 역 매 출 20,000

⑤ 20×1년 9월 15일

사건의 기본 분석	광고비가 ₩500만큼 발생하였으며, 이에 대해 대가를 지급하지 않았으므로 미지급금이 ₩500이 발생하였다.
거래의 구성요소 분석	차변요소 = 대변요소 광고비(비용)의 발생 / 미지급금(부채)의 발생 ₩500 = ₩500
분개	(차) 광 고 비 500 (대) 미 지 급 금 500

⑥ 20×1년 9월 26일

사건의 기본 분석	미지급금(부채) ₩8,000을 현금 ₩8,000으로 정산한 것이므로, 현금 ₩8,000이 감소하고 미지급금이 ₩8,000만큼 감소하게 된다.
거래의 구성요소 분석	차변요소 = 대변요소 미지급금(부채)의 감소 / 현금(자산)의 감소 ₩8,000 = ₩8,000
분개	(차) 미 지 급 금 8,000 (대) 현 금 8,000

⑦ 20×1년 9월 29일

사건의 기본 분석	현금을 지급하였으므로 ₩4,000의 자산이 감소하게 되며, 급여가 ₩4,000만큼 발생하였다.
거래의 구성요소 분석	차변요소 = 대변요소 급여(비용)의 발생 / 현금(자산)의 감소 ₩4,000 = ₩4,000
분개	(차) 급 여 4,000 (대) 현 금 4,000

⑧ 20×1년 9월 30일

사건의 기본 분석	현금이 ₩5,000만큼 감소하게 되며, 회사의 주인인 주주가 자신의 몫인 자본을 반환하여 가져간 것이므로 자본이 ₩5,000만큼 감소하게 된다.
거래의 구성요소 분석	차변요소 = 대변요소 자본금(자본)의 감소 / 현금(자산)의 감소 ₩5,000 = ₩5,000
분개	(차) 자 본 금 5,000 (대) 현 금 5,000

• 분개의 요약

일자	차변		대변	
	계정명	금액	계정명	금액
9월 1일	현 금	150,000	자 본 금	150,000
9월 8일	설 비 자 산	80,000	현 금	80,000
9월 10일	소 모 품	15,000	미 지 급 금	15,000
9월 13일	현 금	20,000	용 역 매 출	20,000
9월 15일	광 고 비	500	미 지 급 금	500
9월 26일	미 지 급 금	8,000	현 금	8,000
9월 29일	급 여	4,000	현 금	4,000
9월 30일	자 본 금	5,000	현 금	5,000

3. 전기

거래들을 분개장에 기입함에 따라 대차평균의 원리가 성립하는지 검토하였다. 이후 각 거래요소들을 해당 계정들로 옮겨 적는 절차인 **전기**의 과정을 거치게 된다. 즉, 분개장에만 기록되어있는 정보를 계정의 장부인 계정원장에 이체하는 절차이다. 분개장의 분개를 계정원장에 전기하는 과정을 표시하면 다음과 같다.

그림 2-7 전기의 절차

일자	차변		대변	
	계정명	금액	계정명	금액
9월 1일	현　　　금	150,000	자　본　금	150,000

현금

차변	대변
9/1 자본금 150,000	

자본금

차변	대변
	9/1 현금* 150,000

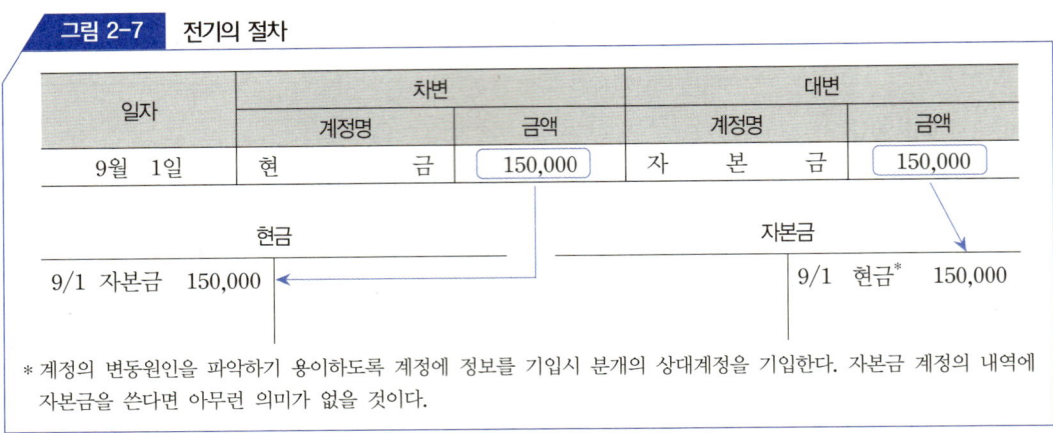

* 계정의 변동원인을 파악하기 용이하도록 계정에 정보를 기입시 분개의 상대계정을 기입한다. 자본금 계정의 내역에 자본금을 쓴다면 아무런 의미가 없을 것이다.

예제 3 계정에 기입(전기)

㈜MS헤어가 20×1년 9월 중 수행한 분개를 기록해놓은 분개장은 다음과 같다.

일자	차변		대변	
	계정명	금액	계정명	금액
9월 1일	현　　　금	150,000	자　본　금	150,000
9월 8일	설 비 자 산	80,000	현　　　금	80,000
9월 10일	소　모　품	15,000	미 지 급 금	15,000
9월 13일	현　　　금	20,000	용 역 매 출	20,000
9월 15일	광　고　비	500	미 지 급 금	500
9월 26일	미 지 급 금	8,000	현　　　금	8,000
9월 29일	급　　　여	4,000	현　　　금	4,000
9월 30일	자　본　금	5,000	현　　　금	5,000

[물 음]

이 경우, T－계정을 설정하여, 상기의 분개를 각 계정에 전기하시오.

해답

현금

9/1	자 본 금	150,000	9/8	설비자산	80,000
9/13	용역매출	20,000	9/26	미지급금	8,000
			9/29	급 여	4,000
			9/30	자 본 금	5,000

자본금

9/30	현 금	5,000	9/1	현 금	150,000

설비자산

9/8	현 금	80,000			

소모품

9/10	미지급금	15,000			

미지급금

9/26	현 금	8,000	9/10	소 모 품	15,000
			9/15	광 고 비	500

용역매출

			9/13	현 금	20,000

광고비

9/15	미지급금	500			

급여

9/29	현 금	4,000			

예제 4 분개와 전기

다음은 ㈜우리마트의 20×1년의 거래이다.

① 20×1년 1월 1일 주주는 ㈜우리마트에 현금 ₩50,000을 출자하여 사업을 개시하였다.
② 20×1년 3월 1일 건물을 임차하고 1년치 임차료를 ₩6,000을 현금으로 지급하였다.
③ 20×1년 4월 1일 화재보험을 가입하고 보험료로 ₩1,000을 현금으로 지급하였다.
④ 20×1년 5월 10일 상품 ₩20,000을 외상으로 매입하다.
⑤ 20×1년 5월 12일 소모품 ₩5,000을 현금으로 매입하다.
⑥ 20×1년 6월 15일 보유중인 원가 ₩12,000의 상품을 ₩20,000에 판매하다. 대금은 전액 현금으로 수령하다.
⑦ 20×1년 7월 20일 상품의 외상매입대금 중 ₩10,000을 현금으로 결제하다.
⑧ 20×1년 8월 25일 종업원들의 급여 ₩3,000을 현금으로 지급하였다.

[물 음]

1. 20×1년 중 발생한 거래들을 분개장에 일별로 분개하시오.
2. 분개장의 거래들을 총 계정원장 상의 각 계정별로 전기하시오.

해답

1. 분개

일자	차변		대변	
	계정명	금액	계정명	금액
1월 1일	현금 (자산)	50,000	자본금 (자본)	50,000
3월 1일	임차료 (비용)	6,000	현금 (자산)	6,000
4월 1일	보험료 (비용)	1,000	현금 (자산)	1,000
5월 10일	상품 (자산)	20,000	매입채무 (부채)	20,000
5월 12일	소모품 (자산)	5,000	현금 (자산)	5,000
6월 15일	현금 (자산)	20,000	상품 (자산)	12,000
			상품처분이익 (수익)	8,000
7월 20일	매입채무 (부채)	10,000	현금 (자산)	10,000
8월 25일	급여 (비용)	3,000	현금 (자산)	3,000

2. 전기

현금

1/1 자본금	50,000	3/1 임차료	6,000
6/15 제좌	20,000	4/1 보험료	1,000
		5/12 소모품	5,000
		7/20 매입채무	10,000
		8/25 급여	3,000

자본금

		1/1 현금	50,000

소모품

5/12 현금	5,000		

상품

5/10 매입채무	20,000	6/15 현금	12,000

매입채무

7/20 현금	10,000	5/10 상품	20,000

보험료

4/1 현금	1,000		

임차료

3/1 현금	6,000		

급여

8/25 현금	3,000		

상품처분이익

		6/15 현금	8,000

제 3 절 시산표의 작성과 결산수정분개

전기의 과정을 통해 각 계정에 기입된 정보는 분개의 차변요소와 대변요소가 계정별로 나뉘어져 있으므로 대차평균의 원리가 성립하는지 확인할 수 없다. 따라서 계정원장의 잔액이 적절한지 검증을 하기 위해 시산표를 작성한다. 또한 올바른 재무정보를 위해 수정분개를 수행하게 된다.

1. 시산표의 작성

시산표는 각 계정의 차대변 합계 또는 잔액을 하나의 표에 합산하여 정리한 것이다. 시산표의 주요 목적은 ① 계정원장의 전체 차변합계액과 대변합계액이 일치하는지 검증하고, ② 수정분개 및 재무제표 작성의 기초를 제공하는 것이다. 시산표는 작성시기에 따라 수정전 시산표, 수정후 시산표, 마감후 시산표로 나뉜다. 또한, 작성하는 양식에 따라 합계시산표, 잔액시산표, 합계잔액시산표로 나뉜다.

(1) 수정전 시산표

시산표의 작성방법은 다음의 절차에 따른다.

① 각 계정의 차변합계는 시산표상 차변합계란에 기입하며, 대변합계는 대변합계란에 기입한다.

② 각 계정의 잔액(자산, 비용은 차변잔액 & 부채, 자본, 수익은 대변잔액)을 시산표의 잔액란에 기입한다.

그림 2-8 합계 잔액 시산표

합계잔액시산표

20×1년 12월 31일

차 변		계 정 과 목	대 변	
잔 액	합 계		합 계	잔 액
×××	×××	자 산	×××	
	×××	부 채	×××	×××
	×××	자 본	×××	×××
		수 익	×××	×××
×××	×××	비 용		
×××	×××	합 계	×××	×××

일치

(2) 시산표 등식

상기 시산표의 합계액들의 관계를 살펴보면 다음과 같은 산식이 성립한다.

차변합계	=	대변합계
차변잔액 합계	=	대변잔액 합계
자산+비용	=	부채+자본+수익

'자산+비용=부채+자본+수익'의 계산식을 시산표등식이라 한다.

예제 5 합계 잔액 시산표의 작성

다음은 ㈜MS헤어의 20×1년 중 발생한 거래를 전기한 총 계정원장이다.

현금

9/1	자 본 금	150,000	9/8	설비자산	80,000
9/13	용역매출	20,000	9/26	미지급금	8,000
			9/29	급 여	4,000
			9/30	자 본 금	5,000

자본금

9/30	현 금	5,000	9/1	현 금	150,000

설비자산

9/8	현 금	80,000			

소모품

9/10	미지급금	15,000			

미지급금

9/26	현 금	8,000	9/10	소 모 품	15,000
			9/15	광 고 비	500

용역매출

			9/13	현 금	20,000

광고비

9/15	미지급금	500			

급여

9/29	현 금	4,000			

[물 음]

1. 상기 계정을 이용하여 합계잔액시산표를 작성하시오.
2. 상기 계정을 이용하여 잔액시산표를 작성하시오.

해답

1. 합계잔액시산표

합계잔액시산표

20×1년 12월 31일

차변		계정과목	대변	
잔액	합계		합계	잔액
73,000	170,000	현금	97,000	
80,000	80,000	설비자산		
15,000	15,000	소모품		
	8,000	미지급금	15,500	7,500
	5,000	자본금	150,000	145,000
		용역매출	20,000	20,000
500	500	광고비		
4,000	4,000	급여		
172,500	282,500	합계	282,500	172,500

2. 잔액 시산표

잔액시산표

20×1년 12월 31일

차변	계정과목	대변
잔액		잔액
73,000	현금	
80,000	설비자산	
15,000	소모품	
	미지급금	7,500
	자본금	145,000
	용역매출	20,000
500	광고비	
4,000	급여	
172,500	합계	172,500

2. 결산수정분개

(1) 결산수정분개의 의의

회사는 실무상의 편의를 위해 현금주의 회계에 따라 보고기간 중의 회계처리를 수행한다. 현금주의 회계란 현금을 수취했을 때 수익을 인식하고 현금을 지출했을 때 비용을 인식하는 등 현금 수입액과 현금 지출액의 합계를 비교하여 당기의 순이익을 계산하는 방법이다. 현금주의 회계를 적용하는 경우 수익과 비용이 대응되지 않아 적절히 성과를 측정할 수 없다.

성과의 적절한 측정을 위해 현행 회계제도에서는 발생주의 회계를 사용한다. 발생주의 회계란 거래가 발생할 때(권리와 의무가 확정될 때) 관련된 회계처리를 수행하는 방법이다. 재무정보의 올바른 작성을 위해서는 기중에 회사가 현금주의에 의해 수행한 회계처리를 발생주의 회계로 수정할 필요가 있다. 재무정보를 수정하는 경우에도 이미 계정에 기입된 금액을 직접 수정하는 것이 아니라 분개의 형식을 통해 계정의 금액들을 수정하게 되는데 이러한 분개들을 결산수정분개라 한다. 결산수정분개는 실무의 편의를 위해 기말에 수행하며 해당 과정을 '기말 결산'이라고 한다.

(2) 결산수정분개의 종류

① 발생항목

기업의 재무상태에 영향을 미치는 사건은 발생하였으나 거래와 관련된 현금의 유출입은 발생하지 않은 경우를 말한다. 미지급비용, 미수수익이 이에 해당한다.

② 이연항목

기업의 재무상태에 영향을 미치는 사건은 발생하지 않았으나, 거래와 관련된 현금의 유출입은 발생한 우를 말한다. 선급비용, 선수수익이 이에 해당한다.

③ 추정항목

기업의 재무상태에 영향을 미치는 사건과 현금의 유출입이 일치하지 않으나, 정확한 금액을 산정할 수 없으므로 추정에 의하여 가득된 수익이나 실현된 비용을 계산하는 항목이다. 추정항목은 일반적으로 미래의 불확실한 사건에 의해 결정되므로 추정에 근거하여 결정된다. 감가상각비, 손상차손 등이 이에 해당된다.

[표 2-1] 결산수정분개의 종류

구분	현금의 수수		사건의 발생	예시
발생항목	×		○	미지급비용, 미수수익
이연항목	○		×	선급비용, 선수수익
추정항목	○	≠	○	감가상각비, 손상차손

(3) 발생항목

1) 비용의 발생항목

비용의 발생은 용역을 소비하였으나 대가를 지불하지 않았기 때문에 발생하는 현재의 지급의무를 나타내는 것이다. 이 경우 용역을 소비한 금액을 비용으로 인식하며, 지급해야할 금액을 미지급비용이라는 부채로 인식한다.

예를 들어, 기업이 20×1년 4월 1일 은행으로부터 현금 ₩2,000을 차입하고 이자를 지급하기로 하였다고 가정하자. 연 이자율은 10%이며, 이자는 20×2년 3월 31일에 일괄지급한다. 보고기간 말(20×1년 12월 31일)에는 9개월간 발생한 이자 ₩150(=₩2,000×10%×9/12)을 지급할 의무가 발생하게 된다. 따라서 9개월간의 이자 ₩150은 경제적 사건은 발생하였으나 현금을 지급하지 않은 발생항목이 된다. 이 경우, 기중에 현금의 수수가 없었으므로, 회사는 기중에 아무런 회계처리를 하지 않았을 것이다. 그러나 발생한 이자를 비용으로, 이자를 지급할 의무를 부채로 각각 인식하여야 하므로 기말 결산분개를 다음과 같이 수행해야한다.

기말 결산수정분개	(차) 이 자 비 용	150	(대) 미 지 급 이 자	150

예제 6 미지급비용의 인식

20×1년 9월 1일 ㈜MS헤어는 미용실을 개업하면서 상가를 1년간 임차하는 계약을 맺었다. 1년치의 임차료는 ₩6,000이며, 임차기간의 마지막 날인 20×2년 8월 31일에 1년치의 임차료를 전액 지급하는 조건으로 계약을 체결하였다. 이와 관련하여 ㈜MS헤어는 현금을 지급한 내역이 없으므로 아무런 회계처리를 하지 않았다.

[물 음]

회사가 기말수정분개로 해야 할 회계처리를 제시하시오.

해답

㈜MS헤어가 20×1년중 상가의 사용이라는 경제적 효익을 누린 기간은 4개월(20×1년 9월 1일부터 20×1년 12월 31일)이다. 따라서 4개월분의 임차료 ₩2,000(= ₩6,000×4月/12月)은 이미 임대업자에게 지급해야할 의무가 발생하였으므로 부채로 인식해야한다. 또한 상가의 사용을 통하여 미용서비스와 관련한 수익을 창출할 수 있었으므로, 4개월간의 임차료를 비용으로 처리하여야 수익비용대응의 원칙이 충족될 것이다. 이와 관련하여 ㈜MS헤어가 기말에 해야 할 결산수정분개는 다음과 같다.

(차) 임 차 료	2,000	(대) 미 지 급 비 용	2,000

2) 수익의 발생항목

수익의 발생은 상품이나 용역을 제공하여 수익의 가득[1]이 완료되었으나 그 대가를 수령하지 않았기 때문에 현재의 수령권리를 나타내는 것이다. 이 경우 의무를 이행한 금액을 수익으로 인식하며, 수령할 금액을 미수수익이라는 자산으로 인식한다.

예를 들어, 기업이 20×1년 9월 1일 은행에 현금 ₩1,000의 정기예금을 가입하고 이자를 수령하기로 하였다고 가정하자. 연 이자율은 6%이며, 이자는 20×2년 8월 31일에 일괄수령한다. 보고기간 말(20×1년 12월 31일)에는 4개월간 발생한 이자 ₩20(=₩1,000×6%×4/12)을 수령할 권리를 갖게된다. 따라서 4개월간의 이자 ₩20은 경제적 사건은 발생하였으나 현금을 수수하지 못한 발생항목이 된다. 이 경우, 기중에 현금의 수수가 없었므로, 회사는 기중에 아무런 회계처리를 하지 않았을 것이다. 그러나 발생한 이자를 수익으로, 이자를 수령할 권리를 자산으로 각각 인식하여야 하므로 기말 결산분개를 다음과 같이 수행해야한다.

기말 결산수정분개	(차) 미 수 이 자	20	(대) 이 자 수 익	20

예제 7 미수수익의 인식

20×1년 12월 1일 ㈜MS헤어는 ㈜너희경영아카데미의 고시생들에게 1회당 ₩200에 이발서비스를 제공하고, ㈜너희경영아카데미로부터 월별로 이발비를 정산하여 다음달에 지급받는 계약을 체결하였다. ㈜MS헤어는 20×1년 12월에 총 30명의 고시생들의 머리를 깎아주었으나, 20×2년 1월에 지급받으므로 아무런 회계처리를 하지 않았다.

[물 음]

회사가 기말수정분개로 해야할 회계처리를 제시하시오.

해답

㈜MS헤어가 20×1년에 제공한 용역으로 인해 ₩6,000(=30명×₩200)을 수령할 권리가 발생하였으므로 자산으로 인식해야한다. 또한 이는 20×1년 12월에 소모한 경제적 효익(비용)으로 인해 유입된 경제적 효익이므로 수익으로 처리하여야 수익비용대응의 원칙이 충족될 것이다. 이와 관련하여 ㈜MS헤어가 기말에 해야할 결산수정분개는 다음과 같다.

(차) 수 취 채 권	6,000	(대) 용 역 수 익	6,000

1) 수익의 가득이란 수익의 대가를 수령하기 위해 반대급부로 제공해야할 효익을 제공 완료하여 대가 수령의 자격을 획득하였다는 의미이다. 자세한 내용은 「회계학」에서 등장한다.

(4) 이연항목

1) 이연수익항목

수익의 이연은 상품이나 용역을 인도하기 전 현금을 수령한 경우, 미래에 이행하여야 하는 의무를 부채로 인식하는 것이다. 결산수정분개를 통해 미리 받은 금액을 선수수익이라는 계정으로 기록하며 부채로 분류한다. 수익을 인식하기 위한 의무를 이행하지 않았으므로 해당금액만큼 수익을 취소한다. 결산수정분개를 적절히 반영한 경우 이행한 의무에 대해서만 수익을 인식하게 된다.

예를 들어, 기업이 20×1년 4월 1일 보유중인 건물을 세입자에게 임대하면서 1년치 임대료 ₩100을 수수하였다고 가정하자. 1년치 임대료 ₩100을 임대일에 현금으로 수령하였다고 한다면, 보고기간 말인 20×1년 12월 31일에는 4월 1일부터 9개월간 임대용역을 제공하였으므로, ₩75(=₩100×9/12)은 수익으로 인식할 수 있다. 그러나 나머지 3개월에 대한 임대료 ₩25은 아직 임대용역을 제공하지 않았으므로 수익으로 인식할 수 없다. 따라서 ₩25은 미래에 임대용역을 제공할 의무로서 부채로 인식한다.

이연수익 항목은 다음의 두 가지 방법으로 처리할 수 있다.

① 수익처리법 : 기중 회계처리시 임대료(수익)의 과목으로 처리하는 방법

기중 회계처리	(차)	현　　　　　금	100	(대)	임 대 료 수 익	100
기말 결산수정분개	(차)	임 대 료 수 익	25	(대)	선 수 임 대 료	25

② 부채처리법 : 기중 회계처리시 선수임대료(부채)의 과목으로 처리하는 방법

기중 회계처리	(차)	현　　　　　금	100	(대)	선 수 임 대 료	100
기말 결산수정분개	(차)	선 수 임 대 료	75	(대)	임 대 료 수 익	75

그림 2-9 이연수익

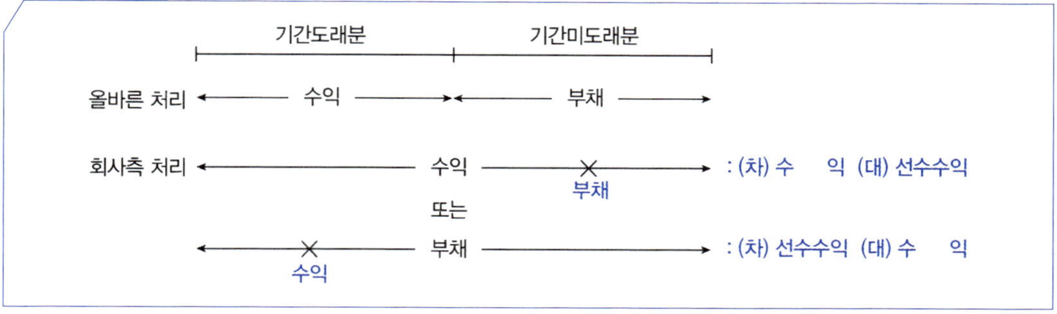

예제 8 선수수익의 인식

20×1년 10월 1일 ㈜MS헤어의 단골고객 명순철은 ㈜MS헤어에서의 미용서비스가 너무나 마음에 들어 12개월치 미용권을 ₩1,200에 구매하고, 즉시 현금으로 지불하였다. 미용권으로 1달에 1회 토탈케어 서비스를 받을 수 있으며, 실제로 20×1년 12월 31일까지 3회의 미용서비스를 이용하였다.

[물 음]

1. 위 거래와 관련하여 ㈜MS헤어가 20×1년 ① 포괄손익계산서에 용역매출(수익)으로 인식할 금액과 ② 재무상태표에 선수용역매출(부채)로 인식할 금액을 각각 계산하시오.
2. 회사가 현금 수령시 수익처리법을 적용하는 경우, 20×1년에 수행할 회계처리를 제시하시오.
3. 회사가 현금 수령시 부채처리법을 적용하는 경우, 20×1년에 수행할 회계처리를 제시하시오.

해답

1. 수익, 부채 금액의 계산

수익인식금액 : ₩1,200×3월/12월=₩300 (20×1년 10월 ~ 20×1년 12월)

부채인식금액 : ₩1,200×9월/12월=₩900 (20×2년 1월 ~ 20×2년 9월)

2. 수익처리법

20×1년 10월 1일	(차) 현금	1,200	(대) 용역매출	1,200
20×1년 12월 31일	(차) 용역매출	900	(대) 선수용역매출	900

3. 부채처리법

20×1년 10월 1일	(차) 현금	1,200	(대) 선수용역매출	1,200
20×1년 12월 31일	(차) 선수용역매출	300	(대) 용역매출	300

2) 선급비용항목

비용의 이연은 상품이나 용역을 인도받기 전에 현금을 지급한 경우 미래에 행사할 수 있는 권리를 자산으로 인식하는 것이다. 결산수정분개를 통해 미리 지급한 금액을 선급비용 계정으로 기록하며 자산으로 분류한다.[2] 지불한 금액에 해당하는 용역을 소비하지 않았으므로 해당 금액만큼 비용을 취소한다. 결산수정분개를 적절히 반영한 경우, 소비한 용역에 대해서만 비용을 인식하게 된다.

예를 들어, 기업이 20×1년 10월 1일 보유중인 건물과 관련하여 1년치 보험료 ₩200을 지불하였다고 가정하자. 1년치 보험료 ₩200을 가입일에 현금으로 납입하였다고 한다면, 보고기간 말인 20×1년 12월 31일에는 10월 1일부터 3개월간 보험서비스를 이용하였으므로, ₩50(=₩200×3/12)은 비용으로 인식해야한다. 그러나 나머지 9개월에 대한 보험료 ₩150은 아직 보험서비스를 이용하지 않았으므로 비용으로 인식할 수 없다. 따라서 ₩150은 미래에 보험서비스를 이용할 권리로서 자산으로 인식한다. 이연비용 항목은 다음의 두 가지 방법으로 처리할 수 있다.

① 비용처리법 : 기중 회계처리시 보험료(비용)의 과목으로 처리하는 방법

기중 회계처리	(차)	보 험 료	200	(대)	현 금	200
기말 결산수정분개	(차)	선 급 보 험 료	150	(대)	보 험 료	150

② 자산처리법 : 기중 회계처리시 선급보험료(자산)의 과목으로 처리하는 방법

기중 회계처리	(차)	선 급 보 험 료	200	(대)	현 금	200
기말 결산수정분개	(차)	보 험 료	50	(대)	선 급 보 험 료	50

그림 2-10 선급비용

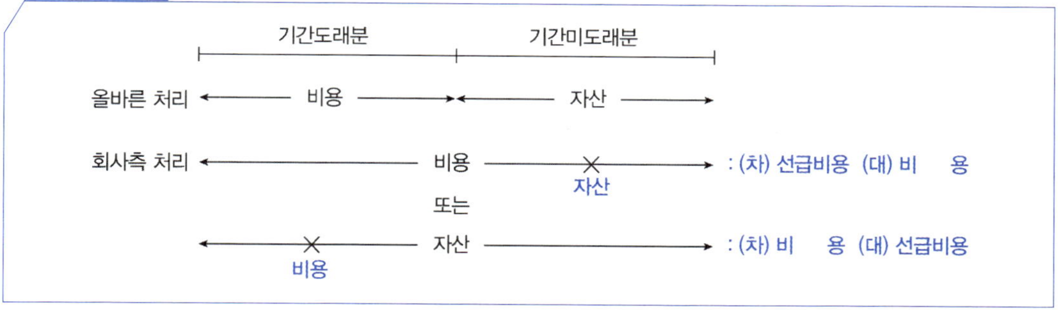

2) 수익비용대응의 원칙에 따르면 비용은 수익의 창출에 기여하는 기간에 비용으로 인식되어야 한다. 미래에 누릴 경제적 효익에 대한 대가를 미리 지급했다고 해서 해당 효익이 미리 수익의 창출에 기여하는 것은 아니다. 즉 특정 지출로 인하여 유입될 경제적 효익을 수익의 창출에 기여하는 기간에 비용처리할 수 있도록 비용을 이연시키는 것이라 이해할 수 있다.

예제 9 선급비용의 인식

20×1년 9월 15일 ㈜MS헤어는 고객의 유치를 위해 파워블로거에게 20×1년 10월 1일부터 20×2년 2월 28일까지의 5개월간의 블로그 광고를 의뢰하며 ₩500의 광고비를 지급하였다. 이와 관련하여 ㈜MS헤어는 20×1년 10월 1일에 ₩500을 즉시 현금으로 지급하였다.

[물 음]

1. 위 거래와 관련하여 ㈜MS헤어가 20×1년 ① 포괄손익계산서에 광고비(비용)으로 인식할 금액과 ② 재무상태표에 선급광고비(자산)으로 인식할 금액을 각각 계산하시오.
2. 회사가 현금 지급시 비용처리법을 적용하는 경우, 20×1년에 수행할 회계처리를 제시하시오.
3. 회사가 현금 지급시 자산처리법을 적용하는 경우, 20×1년에 수행할 회계처리를 제시하시오.

해답

1. 비용, 자산 금액의 계산

비용인식금액 : ₩500×3월 / 5월=₩300 (20×1년 10월 ~ 20×1년 12월)

자산인식금액 : ₩500×2월 / 5월=₩200 (20×2년 1월 ~ 20×2년 2월)

2. 비용처리법

20×1년 10월 1일	(차) 광고비	500	(대) 현금	500
20×1년 12월 31일	(차) 선급광고비	200	(대) 광고비	200

3. 자산처리법

20×1년 10월 1일	(차) 선급광고비	500	(대) 현금	500
20×1년 12월 31일	(차) 광고비	300	(대) 선급광고비	300

(5) 추정항목

유형자산은 사용이 완료되면 처분하거나 폐기해야할 것이다. 따라서 취득원가와 사용종료시의 가치의 차액은 사용기간에 따라 비용 처리되어야 한다. 매출채권의 경우, 회수가 불가능한 부실채권에 대해 손실을 기록하여야 올바른 자산의 평가와 수익비용의 대응이 이루어진다. 이러한 감가상각이나 대손의 회계처리의 경우 확실하지 않은 금액들이 존재함에도 합리적인 추정에 따라 결정해야할 필요가 있다. 감가상각은 제5장 유형자산의 후속측정에서, 대손은 제4장 당좌자산과 지급채무에서 다루도록 한다.

3. 수정후 시산표

수정후 시산표를 작성하는 과정은 수정전 시산표와 동일하다. 단, 결산수정분개를 추가로 반영해주고 각 계정별로 전기한 후 시산표를 작성한다.

예제 10 수정후 시산표의 작성

(1) 다음은 ㈜MS헤어의 20×1년 중 발생한 거래를 전기한 총 계정원장이다.

현금

9/1	자 본 금	150,000	9/8	설비자산	80,000
9/13	용역매출	20,000	9/26	미지급금	8,000
			9/29	급　　여	4,000
			9/30	자 본 금	5,000

자본금

9/30	현　　금	5,000	9/1	현　　금	150,000

설비자산

9/8	현　　금	80,000			

소모품

9/10	미지급금	15,000			

미지급금

9/26	현　　금	8,000	9/10	소 모 품	15,000
			9/15	광 고 비	500

용역매출

			9/13	현　　금	20,000

광고비

9/15	미지급금	500			

급여

9/29	현　　금	4,000			

(2) ㈜MS헤어의 수정전 합계잔액시산표는 다음과 같다.

합계잔액시산표

20×1년 12월 31일

차 변		계 정 과 목	대 변	
잔 액	합 계		합 계	잔 액
73,000	170,000	현　　금	97,000	
80,000	80,000	설 비 자 산		
15,000	15,000	소 모 품		
	8,000	미 지 급 금	15,500	7,500
	5,000	자 본 금	150,000	145,000
		용 역 매 출	20,000	20,000
500	500	광 고 비		
4,000	4,000	급　　여		
172,500	282,500	합　　계	282,500	172,500

(3) 다음은 ㈜MS헤어가 보고기간말에 수행한 결산수정분개이다.

수익의 이연	(차)	용 역 매 출	900	(대)	선수용역매출	900
비용의 이연	(차)	선 급 광 고 비	200	(대)	광 고 비	200
발생비용의 인식	(차)	임 차 료	2,000	(대)	미지급비용	2,000
발생수익의 인식	(차)	미 수 수 익	6,000	(대)	용 역 매 출	6,000

[물 음]

1. 결산수정분개를 각 계정별로 전기하시오.
2. 수정후 합계잔액시산표를 작성하시오.

해답

1. 각 계정별 전기

현금

9/1	자 본 금	150,000	9/8	설비자산	80,000
9/13	용역매출	20,000	9/26	미지급금	8,000
			9/29	급 여	4,000
			9/30	자 본 금	5,000

자본금

9/30	현 금	5,000	9/1	현 금	150,000

설비자산

9/8	현 금	80,000			

소모품

9/10	미지급금	15,000			

미지급금

9/26	현 금	8,000	9/10	소 모 품	15,000
			9/15	광 고 비	500

용역매출

12/31	선수용역매출	**900**	9/13	현 금	20,000
			12/31	미수수익	**6,000**

광고비

9/15	미지급금	500	**12/31**	선급광고비	**200**

급여

9/29	현 금	4,000			

선수용역매출

			12/31	용역매출	**900**

선급광고비

12/31	광고비	**200**			

임차료

12/31	미지급비용	**2,000**			

미지급비용

			12/31	임 차 료	**2,000**

미수수익

12/31	용역매출	**6,000**			

2. 수정후 시산표의 작성

합계잔액시산표

20×1년 12월 31일

차변		계정과목	대변	
잔액	합계		합계	잔액
		자산		
73,000	170,000	현금	97,000	
80,000	80,000	설비자산		
15,000	15,000	소모품		
200	200	선급광고비		
6,000	6,000	미수수익		
		부채		
	8,000	미지급금	15,500	7,500
		선수용역매출	900	900
		미지급비용	2,000	2,000
		자본		
	5,000	자본금	150,000	145,000
		수익		
	900	용역매출	26,000	25,100
		비용		
300	500	광고비	200	
4,000	4,000	급여		
2,000	2,000	임차료		
180,500	291,600	합계	291,600	180,500

4. 장부의 마감

(1) 포괄손익계산서 계정의 마감

포괄손익계산서의 계정의 마감이란 마감분개를 통해 포괄손익계산서계정의 잔액을 ₩0으로 만들어서 한 기간의 장부를 정리하고, 차기의 거래를 새로이 기록할 수 있는 상태로 만드는 절차이다. 마감절차가 필요한 이유는 포괄손익계산서의 계정은 '보고기간마다' 발생한 수익과 비용을 합계하고 그 기간에 귀속시켜 성과를 평가하기 위한 임시계정이기 때문이다. 즉, 경영성과의 측정을 위해 포괄손익계산서 계정은 기간 구분이 필요하므로 마감의 절차를 수행한다.[3]

마감분개는 수익, 비용 계정의 잔액을 ₩0으로 만들고 같은 금액을 집합손익 계정에 대체하는 방식으로 수행된다. 계정 잔액이란 '차변 합계－대변 합계'로 계산되므로 차변과 대변의 합계가 같아지도록 금액을 계정에 기입하면 잔액이 ₩0이 된다. 모든 수익, 비용항목이 집합손익 계정으로 마감되면 집합손익 계정에 잔액이 발생한다. 차변잔액일 경우 당기순손실, 대변잔액일 경우 당기순이익이 발생한 것이다. 집합손익계정의 잔액 역시 손익계산서의 마감절차를 통해 재무상태표의 자본계정 중 하나인 이익잉여금으로 대체된다. 이로써 모든 손익계산서 계정들의 잔액은 '0'으로 마감된다.

그림 2-11 손익계산서 계정의 마감

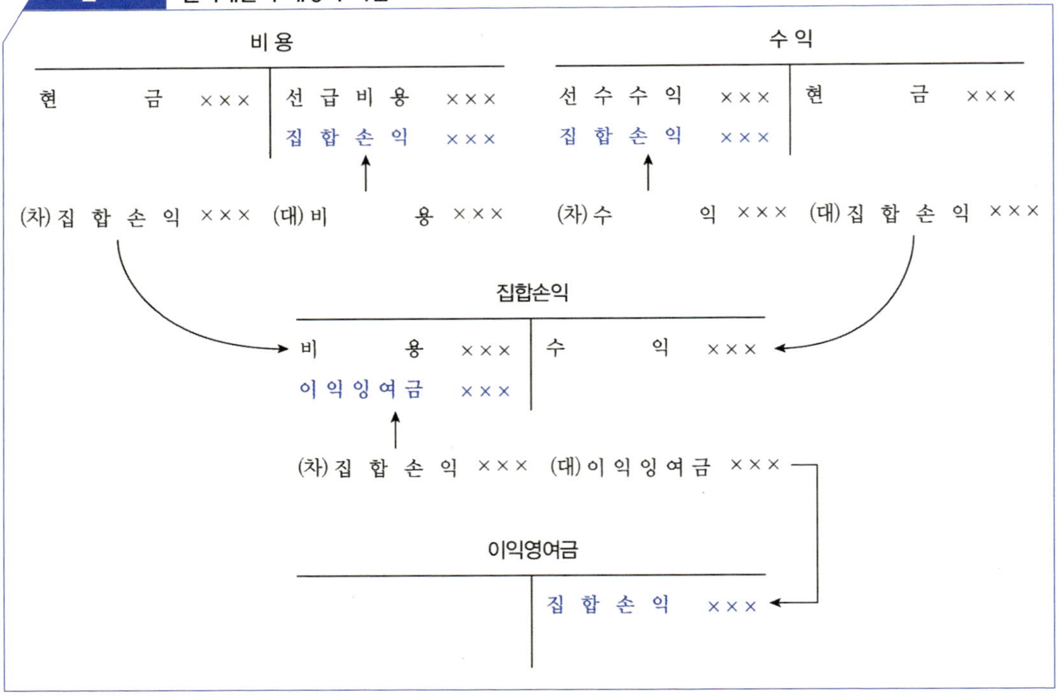

3) 포괄손익계산서 계정들은 한 기간 동안의 손익거래에 의한 자본의 변동원인을 파악하기 위해 사용하는 임시계정이므로 '명목계정'으로 불린다. 이와 관련된 내용은 이미 제1장에서 공부한 바가 있다.

(2) 재무상태표 계정의 마감

포괄손익계산서의 계정들과는 달리 재무상태표 계정들은 기간이 지나도 계속적으로 유지되는 계정으로써 '실질계정'이라 불린다. 따라서 각 계정별 잔액을 ₩0으로 만들 필요가 없으며, 별도의 회계처리가 필요하지 않다. 기말의 잔액을 보기 편하게 정리만 하면 된다.

차변잔액을 갖는 자산계정은 대변합계가 부족하므로 대변에 차기이월이라고 쓰고 부족한 금액을 기록하여 차변합계와 대변합계를 일치시킨다. 차기이월로 기록된 금액은 해당기간 말의 계정잔액을 의미한다. 차기이월을 기록하여 차변금액과 대변금액을 일치시킨 이후에는 대변에 차기이월로 기록한 금액을 차변에 전기이월이라고 기록한다. 이로써 다음 회계연도에 시작하는 금액이 차변에 기록되게 되는데 이를 기초잔액이라고 한다. 부채와 자본은 반대의 작업을 수행한다.

그림 2-12 재무상태표 계정의 마감

현금

자본금	×××	설비자산	×××
용역매출	×××	미지급금	×××
		급여	×××
		자본금	×××
		차기이월	×××
전기이월	×××		

미지급금

현금	×××	소모품	×××
차기이월	×××	광고비	×××
		전기이월	×××

예제 11 계정의 마감

(1) ㈜MS헤어가 20×1년 결산수정분개를 한 이후 총계정원장 상의 수익·비용 계정들은 다음과 같다.

용역매출

12/31	선수용역매출	900	9/13	현금	20,000
			12/31	미수수익	6,000

광고비

9/15	미지급금	500	12/31	선급광고비	200

급여

9/29	현금	4,000			

임차료

12/31	미지급비용	2,000			

(2) ㈜MS헤어가 20×1년 결산수정분개를 한 이후 총계정원장 상의 자산·부채 계정들은 다음과 같다.

현금

9/1	자 본 금	150,000	9/8	설비자산	80,000
9/13	용역매출	20,000	9/26	미지급금	8,000
			9/29	급 여	4,000
			9/30	자 본 금	5,000

자본금

9/30	현 금	5,000	9/1	현 금	150,000

설비자산

9/8	현 금	80,000			

소모품

9/10	미지급금	15,000			

미지급금

9/26	현 금	8,000	9/10	소 모 품	15,000
			9/15	광 고 비	500

선수용역매출

			12/31	용역매출	900

선급광고비

12/31	광 고 비	200			

미지급비용

			12/31	임 차 료	2,000

미수수익

12/31	용역매출	6,000			

[물 음]

1. ㈜MS헤어가 손익계산서 계정들을 마감하는 회계처리를 하시오.
2. ㈜MS헤어가 손익계산서 계정들을 마감하는 회계처리를 총계정원장상 수익 • 비용계정에 전기하시오. 단, 집합손익, 이익잉여금 계정을 추가로 설정하시오.
3. ㈜MS헤어의 재무상태표 계정들을 마감하시오.

해답

1. 손익계산서 계정의 마감

용역매출의 마감	(차) 용 역 매 출	25,100	(대) 집 합 손 익	25,100
광고비의 마감	(차) 집 합 손 익	300	(대) 광 고 비	300
급여의 마감	(차) 집 합 손 익	4,000	(대) 급 여	4,000
임차료의 마감	(차) 집 합 손 익	2,000	(대) 임 차 료	2,000
집합손익의 마감	(차) 집 합 손 익	18,800	(대) 이 익 잉 여 금	18,800

2. 손익계산서 계정으로 전기

용역매출

12/31	선수용역매출	900	9/13	현 금	20,000
12/31	집합손익	**25,100**	12/31	미수수익	6,000

광고비

9/15	미지급금	500	12/31	선급광고비	200
			12/31	집합손익	**300**

급여

9/29	현 금	4,000	12/31	집합손익	**4,000**

임차료

12/31	미지급비용	2,000	12/31	집합손익	**2,000**

집합손익

12/31	광 고 비	300	12/31	용역매출	25,100
12/31	급 여	4,000			
12/31	임 차 료	2,000			
12/31	이익잉여금	**18,800**			

이익잉여금

			12/31	집합손익	18,800

3. 재무상태표 계정들의 마감

현금

9/1	자 본 금	150,000	9/8	설비자산	80,000
9/13	용역매출	20,000	9/26	미지급금	8,000
			9/29	급 여	4,000
			9/30	자 본 금	5,000
				차기이월	73,000
	전기이월	73,000			

자본금

9/30	현 금	5,000	9/1	현 금	150,000
	차기이월	**145,000**			
				전기이월	**145,000**

설비자산

9/8	현 금	80,000		차기이월	80,000
	전기이월	80,000			

소모품

9/10	미지급금	15,000		차기이월	15,000
	전기이월	15,000			

미지급금

9/26	현 금	8,000	9/10	소 모 품	15,000
	차기이월	**7,500**	9/15	광 고 비	500
				전기이월	7,500

선수용역매출

	차기이월	900	12/31	용역매출	900
				전기이월	900

선급광고비

12/31	광 고 비	200		차기이월	200
	전기이월	200			

미지급비용

	차기이월	2,000	12/31	임 차 료	2,000
				전기이월	2,000

미수수익

12/31	용역매출	6,000		차기이월	6,000
	전기이월	6,000			

이익잉여금

	차기이월	18,800	12/31	집합손익	18,800
				전기이월	18,800

5. 재무제표의 작성

(1) 정산표의 작성

정산표란 시산표와 재무제표를 비교하는 방식으로 배열한 표이다. 대차평균의 원리를 다시 한번 검증하고 재무상태표와 포괄손익계산서를 편리하게 작성하기 위하여 정산표를 작성한다. 정산표의 양식에는 6위식, 8위식, 10위식 정산표가 있으며, 실무에서는 보통 10위식 정산표를 사용한다. 10위식 정산표는 수정전시산표, 결산수정분개, 수정후시산표, 재무상태표, 포괄손익계산서의 항목으로 이루어져 있으며, 각각 차변과 대변 란으로 이루어져있으므로 10개의 열이 배열되어 있다.

정산표 작성시 수정전 시산표와 결산수정분개, 수정후 시산표의 차변잔액과 대변잔액을 기재한다. 이후 자산, 부채 및 자본의 금액은 재무상태표의 열에 옮겨 적으며, 수익 및 비용의 금액은 손익계산서의 열에 옮겨 적게 된다.

(2) 당기순손익의 처리

시산표의 금액들을 재무상태표와 포괄손익계산서 란에 이기하게 되면, 차변과 대변의 합계액은 차이가 있다. 기업에 이익이 발생한다면, 포괄손익계산서에는 수익잔액(대변)의 합계가 비용잔액(차변)의 합계보다 크므로 당기순이익(=수익−비용)이 발생한 금액만큼 대변잔액이 더 크다. 반면, 재무상태표계정의 금액들은 해당 당기순이익 금액만큼 대변잔액이 작다. 따라서 당기순이익에 해당하는 금액을 손익계산서의 차변과 재무상태표의 대변에 이익잉여금의 항목으로 기재하면 대차 잔액이 같아진다.

당기순손실이 발생한다면, 수익잔액(대변)의 합계가 비용잔액(차변)의 합계보다 작으므로 당기순손실이 발생한 금액만큼 차변잔액이 더 크다. 반면, 재무상태표계정의 금액들은 해당 당기순손실 금액만큼 차변잔액이 작다. 당기순손실에 해당하는 금액은 손익계산서의 차변과 재무상태표의 대변에 각각 (−)의 금액으로 기재하면 대차 잔액이 같아진다.

(3) 재무상태표와 포괄손익계산서의 작성

정산표를 통해 원장에 오류가 없다는 것이 확인되면, 각 계정들의 기말잔액을 기초로 재무제표를 작성한다. 자산·부채·자본 잔액은 재무상태표에, 수익·비용은 손익계산서에 옮겨 적는다.

그림 2-13 10위식 정산표

정산표

20×1년 12월 31일

계정과목	수정전시산표		결산수정분개		수정후시산표		재무상태표		포괄손익계산서	
	차변	대변	차변	대변	차변	대변	차변	대변	차변	대변
자산										
현금	×××				×××		×××			
설비자산	×××				×××		×××			
⋮										
부채										
미지급금		×××				×××		×××		
⋮										
자본										
자본금		×××				×××		×××		
이익잉여금								×××		
수익										
용역매출		×××	×××	×××		×××				×××
비용								마감		
광고비	×××			×××	×××				×××	
급여	×××				×××				×××	
⋮										
당기순이익									×××	
합계	×××	×××	×××	×××	×××	×××	×××	×××	×××	×××

그림 2-14 재무상태표와 손익계산서

재무상태표

㈜MS헤어

20×1년 12월 31일 현재

현금	×××	미지급금	×××
설비자산	×××	선수용역매출	×××
소모품	×××	미지급비용	×××
선급광고비	×××	부채총계	×××
미수수익	×××		
		자본금	×××
		이익잉여금	×××
		자본총계	×××
자산총계	×××	부채와자본총계	×××

손익계산서

㈜MS헤어

20×1년 1월 1일부터 20×1년 12월 31일까지

수익		×××
용역수익	×××	
비용		×××
광고비	×××	
급여	×××	
임차료	×××	
당기순이익		×××

예제 12 재무제표의 작성

(1) ㈜MS헤어의 수정전 합계잔액시산표는 다음과 같다.

합계잔액시산표

20×1년 12월 31일

차변		계정과목	대변	
잔액	합계		합계	잔액
73,000	170,000	현금	97,000	
80,000	80,000	설비자산		
15,000	15,000	소모품		
	8,000	미지급금	15,500	7,500
	5,000	자본금	150,000	145,000
		용역매출	20,000	20,000
500	500	광고비		
4,000	4,000	급여		
172,500	282,500	합계	282,500	172,500

(2) 다음은 ㈜MS헤어가 보고기간말에 수행한 결산수정분개이다.

수익의 이연	(차) 용역매출	900	(대) 선수용역매출	900
비용의 이연	(차) 선급광고비	200	(대) 광고비	200
발생비용의 인식	(차) 임차료	2,000	(대) 미지급비용	2,000
발생수익의 인식	(차) 미수수익	6,000	(대) 용역매출	6,000

[물 음]

1. ㈜MS헤어의 수정전시산표와 결산수정분개를 이용하여 10위식 정산표를 작성하시오.
2. ㈜MS헤어의 20×1년 재무상태표와 손익계산서를 작성하시오.

해답

1. 정산표

정산표

20×1년 12월 31일

계정과목	수정전시산표		결산수정분개		수정후시산표		재무상태표		포괄손익계산서	
	차변	대변	차변	대변	차변	대변	차변	대변	차변	대변
자 산										
현 금	73,000				73,000		73,000			
설 비 자 산	80,000				80,000		80,000			
소 모 품	15,000				15,000		15,000			
선 급 광 고 비			200		200		200			
미 수 수 익			6,000		6,000		6,000			
부 채										
미 지 급 금		7,500				7,500		7,500		
선수용역매출				900		900		900		
미 지 급 비 용				2,000		2,000		2,000		
자 본										
자 본 금		145,000				145,000		145,000		
이 익 잉 여 금								**18,800**		
수 익										
용 역 매 출		20,000	900	6,000		25,100				25,100
비 용										
광 고 비	500			200	300				300	
급 여	4,000				4,000				4,000	
임 차 료			2,000		2,000				2,000	
당 기 순 이 익									**18,800**	
합계	172,500	172,500	9,100	9,100	180,500	180,500	174,200	174,200	25,100	25,100

2. 재무상태표와 손익계산서

재무상태표

㈜MS헤어

20×1년 12월 31일 현재

현 금	73,000	미 지 급 금	7,500
설 비 자 산	80,000	선 수 용 역 매 출	900
소 모 품	15,000	미 지 급 비 용	2,000
선 급 광 고 비	200	부 채 총 계	10,400
미 수 수 익	6,000		
		자 본 금	145,000
		이 익 잉 여 금	18,800
		자 본 총 계	163,800
자 산 총 계	174,200	부채와자본총계	174,200

손익계산서

㈜MS헤어

20×1년 1월 1일부터 20×1년 12월 31일까지

수 익		₩25,100
용 역 수 익	₩25,100	
비 용		(6,300)
광 고 비	₩300	
급 여	4,000	
임 차 료	2,000	
당 기 순 이 익		₩18,800

OX

01 재무상태표 등식이란 총계정원장의 각 계정들의 차변합계와 대변합계가 일치한다는 원리이다.

02 거래가 발생하여 분개를 수행하는 경우, 반드시 어떠한 경우에도 대변합계와 차변합계는 일치해야한다.

03 거래의 종류는 교환거래, 손익거래, 혼합거래가 있다.

04 회계상의 거래를 분개한 후, 각 거래요소들을 해당 계정들로 옮겨 적는 절차를 마감절차라고 한다.

05 기말수정분개는 보통 회사의 현금주의 회계를 발생주의 회계로 수정하는 작업에 의해 발생한다.

06 시산표는 외부에 공시되어야 하는 재무제표가 아니더라도 반드시 작성해야만 한다.

07 시산표를 작성한다면, 회계상의 오류를 모두 검증할 수 있다.

08 미수수익, 보험료, 유형자산의 계정은 기말 시산표 작성시 차변잔액이 나타난다.

09 기말수정분개 중 이연항목이란 현금은 수수하였으나, 사건은 발생하지 않은 항목을 말한다.

10 재무상태표 계정은 명목계정이라고 불리며, 보고기간이 종료되는 시점의 계정의 잔액은 모두 '0'으로 마감된다.

해답 및 해설

01 × 대차평균의 원리에 대한 설명임.

02 ◯

03 ◯ 교환거래란 손익에 영향을 미치지 않는 거래, 손익거래란 손익에 영향을 미치는 거래, 혼합거래란 교환거래와 손익거래가 동시에 나타나는 거래를 의미함.

04 × 전기에 대한 설명임.

05 ◯

06 × 작성할 의무는 없음.

07 × 시산표를 통해 발견할 수 있는 오류는 차변금액과 대변금액의 불일치하는 경우일 뿐임.

08 ◯ 시산표 작성 시, 자산, 비용은 차변잔액, 부채, 자본, 수익은 대변잔액이 나타남.

09 ◯

10 × 손익계산서 계정에 대한 설명임. 재무상태표 계정은 실질계정이라 불리며, 다음 보고기간으로 잔액이 이월됨.

Chapter 02 연습문제

01 재무제표의 작성

(1) 다음은 ㈜우리마트의 20×1년 중 거래를 반영한 총계정원장이다.

현금

1/1	자 본 금	50,000	3/1	임 차 료	6,000
6/15	제 좌	20,000	4/1	보 험 료	1,000
			5/12	소 모 품	5,000
			7/20	매입채무	10,000
			8/25	급 여	3,000

자본금

			1/1	현 금	50,000

소모품

5/12	현 금	5,000			

상품

5/10	매입채무	20,000	6/15	현 금	12,000

매입채무

7/20	현 금	10,000	5/10	상 품	20,000

보험료

4/1	현 금	1,000			

임차료

3/1	현 금	6,000			

급여

8/25	현 금	3,000			

상품처분이익

			6/15	현 금	8,000

(2) 다음은 ㈜우리마트의 결산수정분개 관련 자료이다.

① 20×1년 12월 31일 현재 소모품 기말재고액은 ₩4,000이다.
② 기중에 지급한 임차료는 20×1년 3월부터 20×2년 2월까지의 1년치 임차료이다.
③ 기중에 지급한 보험료는 20×1년 4월부터 20×2년 3월까지의 1년치 보험료이다.
④ 20×1년 12월 31일 현재 하반기 급여 ₩3,000이 발생하였으나 미지급하였다.

[물 음]

1. ㈜우리마트가 20×1년 12월 31일에 해야 할 결산수정분개를 하고 각 계정에 전기하시오.
2. 수정후 잔액 시산표를 작성하시오.
3. 손익계산서 계정을 마감하는 분개를 하고, 각 계정을 마감하시오.
4. 10위식 정산표를 작성하시오.
5. ㈜우리마트의 20×1년 재무상태표와 포괄손익계산서를 작성하시오.

해답

1. 결산수정분개 및 전기

(1) 결산수정분개

① 소모품	(차) 소모품비	1,000	(대) 소모품	1,000
② 선급임차료	(차) 선급임차료	1,000[1]	(대) 임차료	1,000
③ 선급보험료	(차) 선급보험료	250[2]	(대) 보험료	250
④ 미지급급여	(차) 급여	3,000	(대) 미지급급여	3,000

1) ₩6,000 × 2/12
2) ₩1,000 × 3/12

(2) 전기

현금

1/1	자본금	50,000	3/1	임차료	6,000
6/15	제좌	20,000	4/1	보험료	1,000
			5/12	소모품	5,000
			7/20	매입채무	10,000
			8/25	급여	3,000

자본금

			1/1	현금	50,000

소모품

5/12	현금	5,000	12/31	소모품비	1,000

상품

5/10	매입채무	20,000	6/15	현금	12,000

매입채무

7/20	현금	10,000	5/10	상품	20,000

보험료

4/1	현금	1,000	12/31	선급보험료	250

임차료

3/1	현금	6,000	12/31	선급임차료	1,000

급여

8/25	현금	3,000			
12/31	미지급급여	3,000			

상품처분이익

			6/15	현금	8,000

소모품비

12/31	소모품	1,000			

선급임차료

12/31	임차료	1,000			

선급보험료

12/31	보험료	250			

미지급급여

			12/31	급여	3,000

2. 수정후 시산표

잔액시산표

20×1년 12월 31일

차 변 잔 액	계 정 과 목	대 변 잔 액
45,000	현 금	
4,000	소 모 품	
8,000	상 품	
1,000	선 급 임 차 료	
250	선 급 보 험 료	
	매 입 채 무	10,000
	미 지 급 급 여	3,000
	자 본 금	50,000
	상 품 처 분 이 익	8,000
750	보 험 료	
5,000	임 차 료	
6,000	급 여	
1,000	소 모 품 비	
71,000	합계	71,000

3. 계정의 마감

(1) 손익계산서 계정의 마감분개

① 상품처분이익	(차) 상품처분이익	8,000	(대) 집합손익	8,000
② 보험료	(차) 집합손익	750	(대) 보험료	750
③ 임차료	(차) 집합손익	5,000	(대) 임차료	5,000
④ 급여	(차) 집합손익	6,000	(대) 급여	6,000
⑤ 소모품비	(차) 집합손익	1,000	(대) 소모품비	1,000
⑥ 당기순손실	(차) 이익잉여금	4,750	(대) 집합손익	4,750

(2) 각 계정의 마감

현금

1/1	자 본 금	50,000	3/1	임 차 료	6,000
6/15	제 좌	20,000	4/1	보 험 료	1,000
			5/12	소 모 품	5,000
			7/20	매입채무	10,000
			8/25	급 여	3,000
				차기이월	45,000
	전기이월	45,000			

상품

5/10	매입채무	20,000	6/15	현 금	12,000
				차기이월	8,000
	전기이월	8,000			

보험료

4/1	현 금	1,000	12/31	선급보험료	250
				집합손익	750

급여

8/25	현 금	3,000		집합손익	6,000
12/31	미지급급여	3,000			

소모품비

12/31	소 모 품	1,000		집합손익	1,000

선급보험료

12/31	보 험 료	250		차기이월	250
	전기이월	250			

집합손익

	보 험 료	750		처분이익	8,000
	임 차 료	5,000		이익잉여금	4,750
	급 여	6,000			
	소모품비	1,000			

자본금

	차기이월	50,000	1/1	현 금	50,000
				전기이월	50,000

소모품

5/12	현 금	5,000	12/31	소모품비	1,000
				차기이월	4,000
	전기이월	4,000			

매입채무

7/20	현 금	10,000	5/10	상 품	20,000
	차기이월	10,000			
				전기이월	10,000

임차료

3/1	현 금	6,000	12/31	선급임차료	1,000
				집합손익	5,000

상품처분이익

	집합손익	8,000	6/15	현 금	8,000

선급임차료

12/31	임 차 료	1,000		차기이월	1,000
	전기이월	1,000			

미지급급여

	차기이월	3,000	12/31	급 여	3,000
				전기이월	3,000

이익잉여금

	집합손익	4,750			

4. 정산표의 작성

정산표

20×1년 12월 31일 현재

계정과목	수정전시산표		결산수정분개		수정후시산표		재무상태표		포괄손익계산서	
	차변	대변	차변	대변	차변	대변	차변	대변	차변	대변
현금	45,000				45,000		45,000			
소모품	5,000			1,000	4,000		4,000			
상품	8,000				8,000		8,000			
선급임차료			1,000		1,000		1,000			
선급보험료			250		250		250			
매입채무		10,000				10,000		10,000		
미지급급여				3,000		3,000		3,000		
자본금		50,000				50,000		50,000		
이익잉여금								(4,750)		
상품처분이익		8,000				8,000				8,000
보험료	1,000			250	750				750	
임차료	6,000			1,000	5,000				5,000	
급여	3,000		3,000		6,000				6,000	
소모품비			1,000		1,000				1,000	
당기순손익									(4,750)	
합 계	68,000	68,000	5,250	5,250	71,000	71,000	58,250	58,250	8,000	8,000

5. 재무제표의 작성

재무상태표

㈜우리마트

20×1년 12월 31일 현재

현 금	45,000	매 입 채 무	10,000
소 모 품	4,000	미 지 급 급 여	3,000
상 품	8,000	부 채 총 계	13,000
선 급 임 차 료	1,000		
선 급 보 험 료	250	자 본 금	50,000
		이 월 결 손 금	(4,750)
		자 본 총 계	45,250
자 산 총 계	58,250	부채와자본총계	58,250

손익계산서

㈜우리마트

20×1년 1월 1일부터 20×1년 12월 31일까지

수 익		₩8,000
상품처분이익	₩8,000	
비 용		(12,750)
보 험 료	₩750	
임 차 료	5,000	
급 여	6,000	
소 모 품 비	1,000	
당 기 순 손 실		(4,750)

| 1 | 회계의 순환과정의 기초

41 회계의 순환과정을 순서에 맞게 배열한 것을 고르시오.

㉠ 분개	㉡ 전기
㉢ 기초재수정분개	㉣ 수정후시산표작성
㉤ 기말수정분개	㉥ 재무제표작성
㉦ 장부마감	㉧ 수정전시산표작성

① ㉠－㉡－㉢－㉣－㉤－㉥－㉦－㉧
② ㉠－㉡－㉦－㉧－㉥－㉣－㉤－㉢
③ ㉠－㉡－㉧－㉤－㉣－㉦－㉥－㉢
④ ㉠－㉡－㉧－㉦－㉣－㉥－㉤－㉢

42 다음 중 회계상의 거래가 아닌 것은?

ㄱ. 창고에 화재로 인하여 재고자산이 전소하였다.
ㄴ. 판매처로부터 상품의 판매주문을 받았다.
ㄷ. 외상으로 판매한 대금을 수령하였다.
ㄹ. 창고의 재고자산을 영업지점으로 운송하였다.
ㅁ. 세무서에 세금을 납부하였다.

① ㄱ, ㄴ ② ㄴ, ㄹ
③ ㄹ, ㅁ ④ ㄷ, ㅁ

43 원가 ₩10,000의 토지를 처분하면서 ₩12,000의 현금을 수령하였다고 할 경우, 거래의 구성요소의 결합관계로 올바른 것은?

① 자산 증가－자산 감소
② 자산 증가－자산 감소, 부채 증가
③ 자산 증가－자산 감소, 수익 발생
④ 자산 증가－자산 감소, 비용 취소

44 ㈜대한은 ₩4,000,000의 기계장치를 구입한 대가로 ₩1,000,000의 현금을 지급하고, 나머지 잔액은 90일 만기의 약속어음으로 지급하였다. 이러한 거래가 거래일 현재 자산, 부채 및 자본에 미치는 영향으로 옳은 것은?

① 자산은 ₩3,000,000 증가하고, 부채는 변동이 없으며, 자본은 ₩3,000,000 증가한다.
② 자산은 ₩3,000,000 증가하고, 부채는 ₩3,000,000 증가하며, 자본은 변동이 없다.
③ 자산은 변동이 없고, 부채는 ₩3,000,000 증가하며, 자본은 ₩3,000,000 감소한다.
④ 자산은 ₩4,000,000 증가하고, 부채는 ₩3,000,000 증가하며, 자본은 ₩1,000,000 증가한다.

| 2 | 분개의 절차

45 ㈜한국은 보유중인 장부금액 ₩30,000의 토지를 ₩50,000에 외상 처분하였다. 이에 대한 회계처리로 옳은 것은?

①	(차) 현금	50,000	(대) 토지	50,000
②	(차) 현금	50,000	(대) 토지	30,000
			토지처분이익	20,000
③	(차) 미수금	50,000	(대) 토지	30,000
			토지처분이익	20,000
④	(차) 미수금	30,000	(대) 토지	30,000

46 ㈜한국은 과거에 차입한 차입금 ₩10,000을 상환하였다. 상환금액은 ₩12,000이며, 상환금액에는 당기에 발생한 이자비용 ₩2,000이 포함되어 있다. 이에 대한 회계처리로 옳은 것은?

①	(차) 현금	12,000	(대) 차입금	12,000
②	(차) 현금	10,000	(대) 차입금	12,000
	이자비용	2,000		
③	(차) 차입금	12,000	(대) 현금	12,000
④	(차) 차입금	10,000	(대) 현금	12,000
	이자비용	2,000		

47 다음의 계정들을 보고 거래를 추정한 것으로 옳지 않은 것은?

현금

9/1	5,000,000	9/20	200,000
9/22	500,000		

매출채권

9/12	1,500,000	9/22	500,000

광고비

9/20	200,000		

매출

		9/12	1,500,000

자본금

		9/1	5,000,000

① 현금을 ₩5,000,000 출자하여 영업을 시작하였다.
② 상품을 ₩1,500,000에 현금판매하였다.
③ 매출채권 중 ₩500,000을 현금으로 회수하였다.
④ ₩200,000의 광고비를 지출하였다.

| 3 | 기말수정분개

48 ㈜서울은 20×1년 10월 1일에 ₩10,000,000을 다른 회사에 대여해 주고 1년분 이자 ₩1,200,000(월 ₩100,000)을 현금으로 선수령하였다. 20×1년 10월 1일부터 12월 31일까지 인식해야 할 이자수익은?

① ₩300,000　② ₩400,000
③ ₩500,000　④ ₩900,000

49 ㈜한국은 20×1년 5월 1일 임차건물에 대한 1년치 임차료 ₩300,000을 일시에 지급하면서 차변항목을 "임차료"로 분개하였다. 20×1년 12월 31일 결산시점에 필요한 수정분개는?

①	(차) 선 급 임 차 료	100,000	(대) 임 차 료	100,000
②	(차) 선 급 임 차 료	200,000	(대) 임 차 료	200,000
③	(차) 임 차 료	100,000	(대) 선 급 임 차 료	100,000
④	(차) 임 차 료	200,000	(대) 선 급 임 차 료	200,000

50 ㈜주택은 20×1년 10월 1일에 1년분 보험료 ₩120,000을 현금지급하면서 선급보험료로 회계처리하였다. 다음 중 ㈜주택의 기말 결산수정분개로 옳은 것은?(단, 보험료는 월할계산한다.)

① (차) 선 급 보 험 료 30,000 (대) 보 험 료 30,000
② (차) 선 급 보 험 료 90,000 (대) 보 험 료 90,000
③ (차) 보 험 료 30,000 (대) 선 급 보 험 료 30,000
④ (차) 보 험 료 90,000 (대) 선 급 보 험 료 90,000

51 기초 소모품잔액은 ₩30,000이다. 기중에 구입한 소모품 ₩100,000은 전액 비용처리하였다. 기말실사 결과 미사용소모품이 ₩20,000일 때 이를 반영하는 수정분개는? (단, 기말미사용소모품은 자산으로 인식한다.)

① (차) 소 모 품 비 10,000 (대) 소 모 품 10,000
② (차) 소 모 품 비 30,000 (대) 소 모 품 30,000
③ (차) 소 모 품 비 80,000 (대) 소 모 품 80,000
④ (차) 소 모 품 비 110,000 (대) 소 모 품 110,000

52 ㈜대한의 수정전시산표상 소모품계정에는 ₩98,000이 차변기입 되어있다. 기말시점에 ㈜대한이 보유하고 있는 소모품 가액이 ₩57,000으로 확인되었다. 이에 대한 수정분개를 하였을 때 미치는 영향은?

① 자산이 ₩98,000만큼 감소한다.
② 비용이 ₩41,000만큼 증가한다.
③ 자본이 ₩41,000만큼 증가한다.
④ 자산이 ₩57,000만큼 증가한다.

53 다음 사항을 수정하기 전 ㈜대한의 당기순이익이 ₩1,050,000이라면, 수정 반영한 후 ㈜대한의 당기순이익은?

- 임대료로 인식한 금액 중 선수임대료로 인식해야 할 금액은 ₩70,000이다.
- 발생하였으나 수취하지 않아 인식하지 않은 이자수익은 ₩20,000이다.

① ₩1,000,000
② ₩1,030,000
③ ₩1,050,000
④ ₩1,070,000

54 ㈜대한의 회계담당자는 기중에 인식한 선수임대료 중에서 기간이 경과되어 실현된 금액에 대한 기말수정분개를 하지 않았다. 이러한 오류가 ㈜대한의 당기 재무제표에 미치는 영향으로 옳은 것은?

① 당기순이익이 과대표시된다.
② 자산이 과대표시된다.
③ 부채가 과대표시된다.
④ 자본이 과대표시된다.

55 ㈜한국은 20×1년 12월 31일 다음과 같이 기말수정분개를 하였다.

(차) 소 모 품 비	180,000	(대) 소 모 품	180,000

㈜한국은 20×1년 기초와 기말에 각각 ₩100,000과 ₩200,000의 소모품을 보유하고 있었다. 20×1년 중 소모품 순구입액은?

① ₩80,000
② ₩120,000
③ ₩280,000
④ ₩500,000

56 포괄손익계산서의 보험료가 ₩500이고 기말의 수정분개가 다음과 같을 경우 수정전시산표와 기말 재무상태표의 선급보험료 금액으로 가능한 것은?

(차) 보 험 료	300	(대) 선 급 보 험 료	300

	수정전시산표의 선급보험료	기말 재무상태표의 선급보험료
①	₩1,300	₩1,500
②	₩2,000	₩1,700
③	₩2,500	₩2,800
④	₩2,500	₩3,000

57 ㈜한국에서 수행한 다음의 기중거래와 이에 대한 기말 수정분개를 반영한 후, ㈜한국의 20×1년도 포괄손익계산서와 재무상태표에 표시되는 내용으로 옳지 <u>않은</u> 것은?

> • 20×1년 3월 1일 : 1년분 임대료 ₩12,000을 수취하고 전액 수익으로 인식하였다.
> • 20×1년 6월 1일 : 1년분 보험료 ₩12,000을 지급하고 전액 비용으로 인식하였다.
> • 20×1년 9월 1일 : 2년분 임차료 ₩12,000을 지급하고 전액 비용으로 인식하였다.

① 재무상태표에 표시되는 선수임대료는 ₩2,000이다.
② 포괄손익계산서에 표시되는 임대료는 ₩10,000이다.
③ 재무상태표에 표시되는 선급보험료는 ₩5,000이다.
④ 포괄손익계산서에 표시되는 임차료는 ₩4,000이다.

58 ㈜한국의 다음 거래에 대한 기말수정분개로 옳지 <u>않은</u> 것은? (단, 모든 거래는 월할 계산한다)

구분	거래
㉠	12월 1일에 대여금의 향후 3개월분 이자수익 ₩9,000을 현금으로 수령하고 전액 선수수익으로 계상하였다.
㉡	소모품 ₩5,000을 현금 구입하고 소모품으로 계상하였다. 기말 실사 결과 소모품 재고는 ₩2,000 이었다.
㉢	12월 1일에 향후 3개월분 이자비용 ₩3,000을 현금으로 지급하고 이를 전액 이자비용으로 계상하였다.
㉣	12월 1일에 비품 ₩6,000을 구입하였다. 비품의 내용연수는 5년, 잔존가치는 없으며 정액법으로 상각한다.

		차변		대변	
①	㉠	이자수익	3,000	선수수익	3,000
②	㉡	소모품비	3,000	소모품	3,000
③	㉢	선급비용	2,000	이자비용	2,000
④	㉣	감가상각비	100	감가상각누계액	100

59 다음의 자료를 이용해 A사의 기말 재무제표에 표시될 각 계정들의 올바른 금액은 얼마인가?

- A사는 20×1년 9월 1일 B사에게 ₩10,000의 현금을 1년간 3%의 이자를 받는 조건으로 대여하였다. 이자는 만기에 원금과 같이 수령하므로 A사는 20×1년말에 아무런 회계처리를 하지 않았다.
- A사는 20×1년 1월 1일 소모품 ₩3,000을 구입하여 모두 자산으로 회계처리하였다. 20×1년말 창고에 남아있는 소모품 금액은 ₩1,200이다.

	이자수익	미수이자	소모품비	소모품
①	₩100	₩100	₩1,800	₩1,200
②	100	100	1,200	1,800
③	0	0	0	3,000
④	75	75	1,800	1,200

60 20×1년 초 설립된 ㈜한국의 20×1년 수정전시산표를 근거로 계산한 당기순이익은 ₩300,000이다. 다음 20×1년 중 발생한 거래의 분개에 대하여 결산수정사항을 반영하여 계산한 수정 후 당기순이익은? (단, 결산수정분개는 월 단위로 계산한다.)

날짜	기중분개	결산수정사항
3월 1일	(차) 토　　지　1,000,000 (대) 현　　금　1,000,000	토지는 재평가모형을 적용하며 기말 공정가치는 ₩1,050,000
10월 1일	(차) 선 급 보 험 료　120,000 (대) 현　　금　120,000	1년치 화재보험료를 미리지급함
11월 1일	(차) 현　　금　90,000 (대) 임 대 수 익　90,000	6개월분 임대료를 미리받음
12월 1일	(차) 현　　금　1,000,000 (대) 단 기 차 입 금　1,000,000	차입시 연 이자율 6%, 이자와 원금은 6개월 후 일괄 상환조건

① ₩180,000　② ₩205,000
③ ₩235,000　④ ₩255,000

61 다음 거래와 관련된 수정분개에 관한 설명으로 옳은 것은?

> • 20×1년 1월 1일 : 1년분 임차료 ₩4,000을 선급하면서 임차료로 계상하였다.
> • 20×1년 9월 1일 : 1년분 보험료 ₩6,000을 선급하면서 선급보험료로 계상하였다.
> • 20×1년 12월 31일 : 실사결과 사용하지 않은 소모품이 ₩1,500이 있었으나, 20×1년 수정전 시산표에는 소모품 잔액이 ₩4,000이었다.

① 임차료와 관련하여 20×1년말 별도로 수행할 수정분개는 없다.
② 20×1년도에 인식할 보험료는 ₩4,000이다.
③ 20×1년말 재무상태표에 인식할 소모품은 ₩4,000이다.
④ 20×1년말 수정분개를 통해 소모품비로 인식할 금액은 ₩1,500이다.

62 회사는 기말수정분개를 아직 수행하지 않았다. 다음 항목을 포함하는 기말수정분개를 추가로 수행한다면 해당 기말수정분개가 당기순이익에 미치는 영향은? (단, 회사는 기중에 수익, 비용처리법을 적용하였다.)

• 미수금회수	₩1,000	• 미지급이자	₩2,000
• 선수임대료	₩3,000	• 선급보험료	₩4,000

① 순이익 ₩2,000 증가　② 순이익 ₩1,000 증가
③ 순이익 ₩1,000 감소　④ 순이익 ₩2,000 감소

| 4 | 재무제표의 작성

63 다음 오류 중에서 시산표의 작성을 통하여 발견할 수 <u>없는</u> 것은?

① ₩100,000의 상품을 현금매입하고 거래에 대한 회계처리를 누락하였다.
② ₩300,000의 매출채권 회수시 현금계정 차변과 매출 채권계정 차변에 각각 ₩300,000을 기입하였다.
③ ₩1,000,000의 매출채권 회수에 대한 분개를 하고, 매출채권계정에는 전기하였으나 현금계정에 대한 전기는 누락하였다.
④ ₩550,000의 매입채무 지급시 현금계정 대변에 ₩550,000을 기입하고 매입채무계정 차변에 ₩505,000을 기입하였다.

64 다음 중 시산표에서 발견할 수 없는 오류 중 옳지 않은 것은?

① 대변 혹은 차변 어느 한 쪽의 전기를 누락한 경우
② 대변과 차변의 계정을 반대로 기입한 경우
③ 대변 혹은 차변 양편에 잘못된 금액을 같이 전기한 경우
④ 특정 사건과 관련한 분개 자체를 누락한 경우

65 ㈜한국이 다음 결산수정사항들을 반영한 결과에 대한 설명으로 옳은 것은?

〈수정전시산표 잔액〉

자산	₩120,000	부채	₩80,000
수익	₩90,000	비용	₩70,000

〈결산수정사항〉
- 당기 중 건물을 임대하면서 현금 ₩6,000을 받고 모두 수익으로 처리하였다. 이 중 당기에 해당하는 임대료는 ₩2,000이다.
- 당기 중 보험료 ₩5,000을 지급하면서 모두 자산으로 처리하였다. 이 중 다음 연도에 해당하는 보험료는 ₩2,000이다.
- 차입금에 대한 당기 발생이자는 ₩1,000이다.
- 대여금에 대한 당기 발생이자는 ₩2,000이다.

① 수정후시산표상의 수익은 ₩92,000이다.
② 수정후시산표상의 비용은 ₩78,000이다.
③ 수정후시산표상의 당기순이익은 ₩14,000이다.
④ 수정후시산표상의 자산총액은 ₩121,000이다.

66 ㈜한국은 회계연도 중에는 현금주의에 따라 회계처리하며, 기말수정분개를 통해 발생주의로 전환하여 재무제표를 작성한다. ㈜한국의 기말 수정후시산표상 차변(또는 대변)의 잔액금액은 ₩1,025,000이다. 기말수정사항이 다음과 같을 때, 수정전시산표상 차변(또는 대변)의 잔액금액은?

• 소모품 기말재고액	₩30,000	• 기간 미경과 보험료	₩55,000
• 미수수익 미계상액	₩15,000	• 미지급이자 미계상액	₩10,000

① ₩915,000　　② ₩965,000
③ ₩1,000,000　　④ ₩1,025,000

67 ㈜한국의 20×1년 12월 31일 수정전잔액시산표의 차변잔액과 대변잔액은 각각 ₩3,000,000이었다. 다음의 사항을 반영한 ㈜한국의 수정후잔액시산표의 차변잔액은?

선급임차료의 소멸	₩200,000	감가상각비	₩450,000
미지급급여의 발생	250,000	미수이자의 발생	150,000

① ₩3,400,000
② ₩3,650,000
③ ₩3,900,000
④ ₩4,050,000

68 집합손익 계정의 차변 합계가 ₩250,000이고, 대변합계가 ₩300,000일 경우, 마감분개로 옳은 것은? (단, 전기이월미처리결손금은 없다.)

① (차) 집 합 손 익 50,000 (대) 자 본 잉 여 금 50,000
② (차) 집 합 손 익 50,000 (대) 이 익 잉 여 금 50,000
③ (차) 자 본 잉 여 금 50,000 (대) 집 합 손 익 50,000
④ (차) 이 익 잉 여 금 50,000 (대) 집 합 손 익 50,000

69 다음은 ㈜한국의 임차료와 지급어음의 장부마감 전 계정별원장이다. 장부 마감 시 각 계정별 원장에 기입할 내용으로 옳은 것은?

임차료				지급어음			
현금	₩50,000	선급비용	₩40,000			외상매입금	₩50,000

① 임차료계정 원장의 차변에 차기이월 ₩10,000으로 마감한다.
② 임차료계정 원장의 대변에 집합손익 ₩10,000으로 마감한다.
③ 지급어음계정 원장의 대변에 차기이월 ₩50,000으로 마감한다.
④ 지급어음계정 원장의 차변에 집합손익 ₩50,000으로 마감한다.

70 수정전 시산표와 수정후 시산표의 비교를 통한 수정분개 추정으로 옳지 <u>않은</u> 것은?

구분	계정과목	수정전시산표	수정후시산표
㉠	이자비용	₩3,000	₩5,000
	미지급이자	₩1,000	₩3,000
㉡	상품	₩1,500	₩2,500
	매입	₩6,000	₩0
	매출원가	₩0	₩5,000
㉢	선급보험료	₩2,400	₩1,200
	보험료	₩2,000	₩3,200
㉣	선수임대수익	₩1,800	₩1,200
	임대수익	₩1,500	₩2,100

① ㉠ (차) 이자비용 2,000 (대) 미지급이자 2,000

② ㉡ (차) 매출원가 6,000 (대) 매입 7,000
상품 1,000

③ ㉢ (차) 보험료 1,200 (대) 선급보험료 1,200

④ ㉣ (차) 선수임대수익 600 (대) 임대수익 600

해답 및 해설

41	③	42	②	43	③	44	②	45	③	46	④	47	②	48	①	49	①	50	③
51	①	52	②	53	①	54	③	55	③	56	②	57	④	58	①	59	①	60	②
61	①	62	③	63	①	64	①	65	③	66	③	67	①	68	②	69	②	70	②

41 • 장부 마감 후 재무제표를 작성하며 다음연도에 기초 재수정분개를 수행한다.

42 ㄴ. 상품주문의 수령으로는 자산, 부채, 자본의 아무런 변동이 발생하지 아니한다.
ㄹ. 재고자산의 운송은 자산을 외부로 판매한 것이 아니므로 거래가 아니다.

43 • 다음과 같은 분개가 발생한다. 따라서 자산이 2,000 증가하고 수익이 2,000 발생한다.

(차)	현 금	12,000	(대)	토 지	10,000
				토 지 처 분 이 익	2,000

44 • 기계장치의 취득원가는 ₩4,000,000이며, ₩1,000,000의 현금을 지급하여 자산은 ₩3,000,000만큼 증가한다. 반면 약속어음에 대한 대금을 지급할 의무가 생겼으므로 미지급금 ₩3,000,000이 증가한다. 분개는 다음과 같다.

(차)	기 계 장 치	4,000,000	(대)	현 금	1,000,000
				미 지 급 금	3,000,000

45 • 토지를 외상처분하였으므로 대금을 회수할 권리인 미수금(자산)을 인식하며, 처분한 토지의 장부금액 ₩30,000은 장부에서 제거한다. 수령할 대금 ₩50,000과 토지의 장부금액 ₩30,000의 차이 ₩20,000은 처분이익으로 대변에 기재한다.

46 • 차입금에 대한 이자비용이 발생하였으므로 이자비용 ₩2,000을 인식함과 동시에 ₩10,000의 차입금을 상환한다. 이자비용에 대한 지급과 차입금의 상환으로 인해 현금이 ₩12,000만큼 감소하였으므로 현금 ₩12,000을 대변에 기재한다.

47 ② 9/12의 매출액이 발생하면서 매출채권이 증가하였으므로 현금판매한 것이 아니라 외상판매한 것을 유추할 수 있다.

48 • 이자수익 : ₩100,000×3개월=₩300,000(선이자를 수령하였다고 하더라도 발생한 기간의 이자수익만 인식한다.

49 • 올바른 임차료는 당기분 임차료 ₩200,000(=₩300,000×8月/12月)이므로 임차료 100,000을 취소하면서 선급임차료를 인식해야 한다.

(차)	선 급 임 차 료	100,000	(대)	임 차 료	100,000

50 • 올바른 보험료는 당기분 보험료 ₩30,000(=₩120,000×3月/12月)이다. 또한 올바른 선급보험료는 차기분 보험료 ₩90,000(=₩120,000−9月/12月)이므로, 보험료 ₩30,000을 인식하면서 선급보험료 ₩30,000을 취소해야한다.

(차) 보　험　료　30,000　(대) 선 급 보 험 료　30,000

51 1. 거래의 분석

① 기말에 자산으로 표시해야할 소모품 : ₩20,000

② 비용으로 인식할 소모품비(소모품을 사용한 금액) : ₩30,000(기초소모품)+100,000(당기매입소모품) −20,000(기말 소모품)=₩110,000

③ 수정사항의 도출

구분	소모품	소모품비
회사계상	₩30,000	₩100,000
올바른	20,000	110,000
수정사항	−10,000	+10,000

2. 수정분개

(차) 소 모 품 비　10,000　(대) 소　모　품　10,000

52 • 소모품을 ₩41,000(=98,000−57,000)만큼 줄여야 하므로 수정분개는 다음과 같다. 자산이 ₩41,000 감소하면서 비용이 ₩41,000 증가한다. 한편, 비용은 자본의 감소에 해당하므로 자본도 ₩41,000 감소한다.

(차) 소 모 품 비　41,000　(대) 소　모　품　41,000

53 1. 수정분개

(차) 임　대　료　70,000　(대) 선 수 임 대 료　70,000

(차) 미 수 이 자　20,000　(대) 이 자 수 익　20,000

2. 당기순이익 : ₩1,050,000−70,000(임대료의 취소)+20,000(이자수익 인식)=₩1,000,000

54 • 수정분개는 다음과 같이 부채를 줄이고, 수익을 인식해야한다. 따라서 수정분개를 하지 않았다면 부채가 과대, 당기순이익이 과소표시된다.

(차) 선 수 임 대 료　×××　(대) 임 대 료 수 익　×××

55 • 소모품은 '기초 소모품 +소모품 매입액−소모품 사용액=기말 소모품'의 산식을 충족한다.

• ₩100,000+소모품 매입액−180,000=₩200,000

∴ 소모품 매입액=₩280,000

56 • 수정분개를 통해 선급보험료가 ₩300만큼 감소하였으므로 수정전 시산표의 선급보험료보다 기말재무상태표의 선급보험료가 ₩300만큼 작아야 한다. 따라서 ②번의 보기만이 가능한 경우다.

57

구분	20×1년 분	20×2년 분
임대료	임대료 : ₩12,000×10/12=₩10,000	선수임대료 : ₩12,000× 2/12= ₩2,000
보험료	보험료 : ₩12,000× 7/12= ₩7,000	선급보험료 : ₩12,000× 5/12= ₩5,000
임차료	임차료 : ₩12,000× 4/24= ₩2,000	선급임차료 : ₩12,000×20/24=₩10,000

58 ① 선수령한 이자수익 중 당기에 해당하는 부분은 ₩3,000이므로 해당부분을 선수수익에서 차감하며 이자수익으로 인식하여야 한다. 올바른 기말수정분개는 다음과 같다.

(차) 선 수 수 익 3,000 (대) 이 자 수 익 3,000

59 • 이자수익 : ₩10,000×3%×4月/12月=₩100(=미수이자)
• 소모품비 : ₩3,000(소모품)−1,200(기말 소모품 잔액)=₩1,800

60 1. 거래의 분석
① 토지의 공정가치 평가증은 재평가잉여금(기타포괄손익)으로 인식하므로 당기손익에 미치는 영향은 없음
② 20×1년도분 3개월치 화재보험료(₩30,000=₩120,000×3/12)를 보험료(비용)로 인식함.
③ 20×2년도분 4개월치 임대수익(₩60,000=₩90,000×4/6)을 선수임대료(부채)로 인식함.
④ 20×1년 발생 이자비용(₩5,000=₩1,000,000×6%×1/12)을 인식함.

2. 당기순이익 : ₩300,000−30,000−60,000−5,000=₩205,000

61 1. 수정분개

임대료	수정분개 없음			
보험료	(차) 보 험 료	2,000	(대) 선 급 보 험 료	2,000
소모품	(차) 소 모 품 비	2,500	(대) 소 모 품	2,500

2. 답안의 설명
① 임차료 ₩4,000은 20×1년 전체에 대한 임차료를 올바르게 비용처리한 것이므로 수정분개를 수행할 필요가 없다.
② 20×1년 분 보험료는 ₩2,000(=₩6,000×4/12)이다.
③ 20×1년 말 재무상태표에 인식할 소모품은 사용하지 않은 소모품 ₩1,500이다.
④ 20×1년 말 소모품비로 인식할 금액은 수정전 금액 ₩4,000과 미사용소모품 ₩1,500의 차이인 ₩2,500이다.

62 • 미수금회수 : 현금이 증가하면서 미수금이 감소하므로, 당기손익에 미치는 영향이 없다.
• 미지급이자 : 이자비용을 인식하게 되므로 ₩2,000만큼 당기순이익이 감소한다.
• 선수임대료 : 임대료가 차감되므로 ₩3,000만큼 당기순이익 감소한다.
• 선급보험료 : 보험료가 취소되므로 ₩4,000만큼 당기순이익 증가한다.

• 따라서 ₩1,000만큼 당기순이익이 감소한다. 회계처리는 다음과 같다.

미수금회수	(차) 현 금	1,000	(대) 미 수 금	1,000
미지급이자	(차) 이 자 비 용 (비용의발생)	2,000	(대) 미 지 급 이 자 (부채의증가)	2,000
선수임대료	(차) 임 대 료 (수익의감소)	3,000	(대) 선 수 임 대 료 (부채의증가)	3,000
선급보험료	(차) 선 급 보 험 료 (자산의증가)	4,000	(대) 보 험 료 (비용의감소)	4,000

63 • 시산표를 통하여 검증할 수 있는 오류는 차변·대변의 차이를 발생시키는 오류이다. 따라서 차변과 대변이 동일한 금액으로 오류가 발생한 경우에는 시산표를 이용하여 발견할 수 없다.

64 • 한 쪽의 전기를 누락하게 되면 대변과 차변의 합계가 맞지 않아 시산표를 통해 검증가능하다.

65 1. 회계처리의 분석

임대료	(차) 임 대 료 (수익의감소)	4,000	(대) 선 수 임 대 료 (부채의증가)	4,000
보험료	(차) 보 험 료 (비용의증가)	3,000	(대) 선 급 보 험 료 (자산의감소)	3,000
미지급이자	(차) 이 자 비 용 (비용의증가)	1,000	(대) 미 지 급 이 자 (부채의증가)	1,000
미수이자	(차) 미 수 이 자 (자산의증가)	2,000	(대) 이 자 수 익 (수익의증가)	2,000

2. 시산표 금액의 계산

① 수익 : ₩90,000－4,000(임대료)＋2,000(이자수익)＝₩88,000

② 비용 : ₩70,000＋3,000(보험료)＋1,000(이자비용)＝₩74,000

③ 당기손익 : ₩88,000－74,000＝₩14,000

④ 자산총액 : ₩120,000－3,000(선급보험료)＋2,000(미수이자)＝₩119,000

66 • 수정사항 : ₩15,000(미수수익 계상)＋10,000(미지급이자 계상)＝₩25,000

* 소모품 및 보험료의 수정은 자산의 증가(차변 잔액 증가) 및 비용의 감소(차변 잔액 감소)를 발생시키므로 잔액시산표의 합계금액은 변동이 없다.

• 수정전시산표 금액 : ₩1,025,000－25,000＝₩1,000,000

67 1. 회계처리의 분석

선급임차료	(차) 임 차 료 (비용의 발생)	200,000	(대) 선 급 임 차 료 (자산의 감소)	200,000
감가상각비	(차) 감 가 상 각 비 (비용의 발생)	450,000	(대) 감가상각누계액 (자산의 감소)	450,000
미지급급여	(차) 급 여 (비용의 발생)	250,000	(대) 미 지 급 급 여 (부채의 증가)	250,000
미수이자	(차) 미 수 이 자 (자산의 증가)	150,000	(대) 이 자 수 익 (수익의 발생)	150,000

2. 시산표의 잔액에 미치는 영향 : ₩3,000,000+250,000(급여－비용의 발생)+150,000(미수이자－자산의 증가)=₩3,400,000

68 • 집합손익의 대변합계는 수익 잔액, 차변합계는 비용 잔액을 의미하는 것이므로 당기순이익은 ₩50,000(이익)이 발생한 것이다. 해당 당기손익을 이익잉여금의 대변에 기재하는 회계처리를 수행하여 마감한다.

69 ① 임차료 : 임차료계정은 손익계산서(비용)계정이므로 차변잔액의 마감을 위하여 대변에 ₩10,000을 기재한다. 해당 금액의 상대계정은 집합손익이 될 것이다.

② 지급어음 : 지급어음계정은 재무상태표(부채)계정이므로 대변 잔액은 차변에 ₩50,000을 차기 이월하면서 마감한다.

70 ㉡ 상품이 ₩1,000만큼 증가하고 매입이 ₩6,000만큼 감소, 매출원가가 ₩5,000만큼 증가해야한다. 따라서 올바른 회계처리는 다음과 같다.

(차) 매 출 원 가	5,000	(대) 매 입	6,000
상 품	1,000		

Chapter **03**

상기업의 회계처리

제 1 절 상기업의 영업

1. 영업의 종류

기업이 기업실체의 존속을 위해 계속적으로 반복하는 영리행위를 영업이라 한다. 기업이 수행하는 영리행위는 수많은 종류가 존재하나 큰 분류로 나누어보면 다음과 같다.

① **상업** : 물건을 사고파는 행위를 통하여 이익을 얻는 영업활동

② **제조업** : 각종 원료를 가공, 제조하여 제품을 만드는 행위를 통하여 이익을 얻는 영업활동

③ **서비스업** : 서비스(물질적 재화를 생산하는 활동 이외에 광범위하게 기능하는 활동)을 제공하여 이익을 얻는 영업활동

2. 상기업의 영업 순환

상기업은 보통 자금을 조달하고 재고자산을 구매하며 영업활동을 수행한다. 따라서 제1장에서 살펴보았던 ㈜MS헤어와 같은 서비스기업과 달리 판매목적의 재고자산이 존재하므로, 조금 복잡한 회계처리를 다루게 될 것이다. 상기업은 재고자산을 판매하여 매출채권이 발생하며, 매출채권의 회수를 통하여 영업활동을 위한 운영자금을 마련한다. 다음은 상기업의 영업순환과 관련한 그림이다.

그림 3-1 상기업의 영업순환

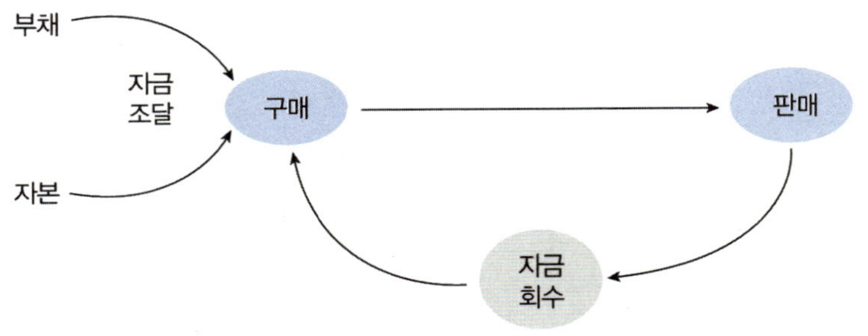

제 2 절 상품 매매의 회계처리

1. 상기업의 원가흐름

(1) 재고자산의 흐름

회사는 전기에 판매 후 남은 재고자산을 기초재고자산으로하여 당기의 영업을 시작한다. 기초재고자산과 당기 중 매입한 재고자산이 판매가능재고자산을 구성하며, 당기 중 판매한 재고자산은 매출원가라는 비용으로 처리된다. 다음은 재고자산의 기중 흐름에 대한 그림이다.

그림 3-2 재고자산의 흐름

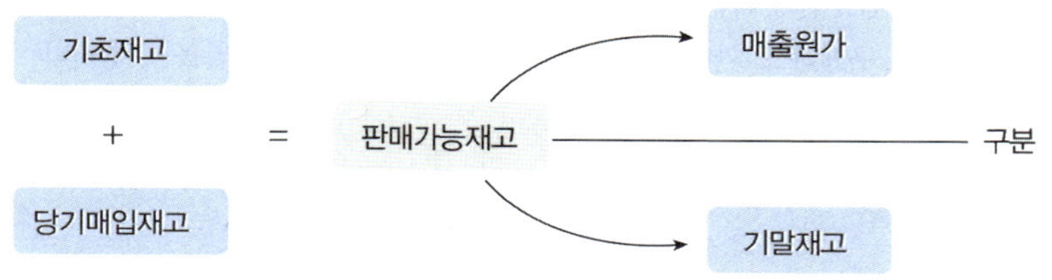

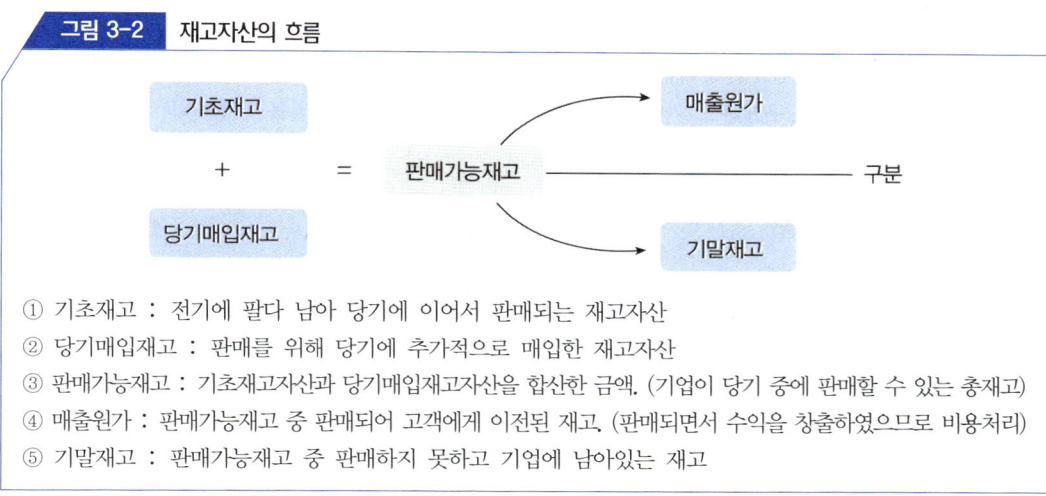

① 기초재고 : 전기에 팔다 남아 당기에 이어서 판매되는 재고자산
② 당기매입재고 : 판매를 위해 당기에 추가적으로 매입한 재고자산
③ 판매가능재고 : 기초재고자산과 당기매입재고자산을 합산한 금액. (기업이 당기 중에 판매할 수 있는 총재고)
④ 매출원가 : 판매가능재고 중 판매되어 고객에게 이전된 재고. (판매되면서 수익을 창출하였으므로 비용처리)
⑤ 기말재고 : 판매가능재고 중 판매하지 못하고 기업에 남아있는 재고

(2) 재고자산 회계처리의 기초

재고자산의 매입금액을 현금의 지출시점에 전액 비용으로 처리한다면, 수익과 비용의 올바른 대응이 이루어지지 않는다. 수익·비용의 올바른 대응을 위해서는 수익창출에 기여한 재고자산, 즉 판매된 재고자산을 판매된 기간에 비용으로 인식하여야 한다.

그림 3-3 재고자산의 수익-비용 대응의 원칙

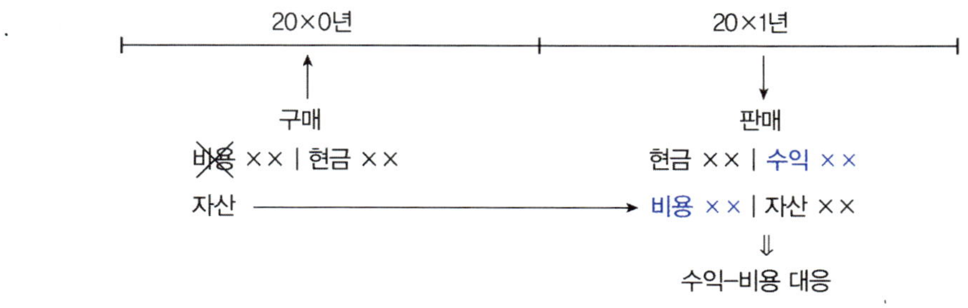

2. 상품의 기중 회계처리

상품의 구매와 판매시 상품계정만 사용하여 회계처리를 수행한다면, 다음과 같은 회계처리를 수행하게 된다.

상품의 구매	(차)	상 품	×××	(대)	현 금	×××
상품의 판매	(차)	현 금	×××	(대)	상 품	×××
					상 품 처 분 이 익	×××

상기의 방법은 상품을 판매할 때마다 판매된 상품의 원가를 일일이 파악하고 있지 않다면 회계처리에 어려움이 있다. 또한 상품계정만을 사용한다면, 기초재고와 당기매입, 매출원가를 별도로 관리할 수가 없다. 이러한 어려움을 해결하기 위해서는 상품의 당기 매입과 판매내역을 별도로 구분하여 계정을 설정해야한다. 상품의 당기매입액은 '매입'이라는 자산계정으로, 판매내역은 '매출'이라는 수익계정으로 관리한다. 판매한 자산의 원가는 기말에 '매출원가'라는 비용을 설정하여 별도의 비용으로 처리한다. 이를 상품계정의 3분할이라고 부른다. 상품을 구매하고 판매하는 경우에 다음과 같은 회계처리를 수행한다.

상품의 구매	(차)	매 입	×××	(대)	현 금	×××
상품의 판매	(차)	현 금	×××	(대)	매 출	×××

한편, 상품을 외상으로 구매하였다면 구매와 동시에 외상대금을 지급할 의무가 생기게 된다. 이러한 대금지급의 의무는 매입채무라는 부채계정을 사용하여 기록한다. 상품을 외상으로 판매하였다면 판매와 동시에 외상대금을 수령할 권리가 생기게 된다. 이러한 대금회수의 권리는 매출채권이라는 자산계정을 사용하여 기록한다.

회계처리는 다음과 같다.

상품의 외상구매	(차)	매 입	×××	(대)	매 입 채 무	×××
상품의 외상판매	(차)	매 출 채 권	×××	(대)	매 출	×××

3. 기말 결산수정분개

(1) 매출원가의 계산

상품계정을 3분할하여 회계처리하면 매출과 매입계정을 통하여 회계연도중에 발생한 판매금액, 매입금액을 파악할 수 있다. 그러나 판매한 재고자산의 원가는 기록하지 못하였으므로 기말 결산과정에서 판매한 상품의 원가를 매출원가(비용)으로 인식하는 회계처리가 필요하다.

[그림 3-2]에서 살펴본 것처럼 기초재고자산과 당기매입재고자산을 합하면 판매가능재고자산이 결정되고, 그 중 판매된 재고자산은 매출원가로, 남은 재고자산은 기말재고자산으로 구분된다. 판매가능재고중에서 판매된 것은 매출원가로, 판매되지 않고 기업에 남아있는 것은 기말재고로 인식되므로, 매출원가나 기말재고액 중에서 어느 하나의 값을 원가흐름에 대한 가정에 따라 결정하면 나머지 하나의 값은 자동으로 결정된다. 보통 판매된 재고의 금액을 파악하는 것보다 기업에 남아있는 재고의 금액을 파악하는 것이 용이하기 때문에 기말재고 금액을 파악 후 판매가능재고에서 기말재고금액을 차감하면 매출원가금액을 계산할 수 있다.

매출원가＝(기초재고자산＋당기매입재고자산)－기말재고자산

(2) 결산수정분개

매출원가를 인식하는 회계처리의 과정은 다음과 같다.

① 상품계정에 기록되어 있는 금액(기초재고액)만큼 상품계정을 감소(대변)시키고 매출원가를 증가(차변)시킨다. 즉, 기초재고액을 매출원가(비용)계정으로 대체한다.

(차)	매 출 원 가	×××	(대) 상 품	×××

② 매입계정에 기록되어 있는 금액(당기매입재고액)만큼 매입계정을 감소(대변)시키고 매출원가를 증가(차변)시킨다. 즉, 당기매입액을 매출원가(비용)계정으로 대체한다.

(차)	매 출 원 가	×××	(대) 매 입	×××

③ 매출원가계정에 기록되어있는 판매가능재고자산 중 기말재고자산 잔액을 상품계정으로 대체한다. 이를 위해 기말재고 자산금액을 매출원가에서 차감(대변)하여 상품계정을 증가(차변)시킨다.

(차)	상 품	×××	(대) 매 출 원 가	×××

상기와 같은 회계처리를 수행하면, 매출원가 계정에는 당기 판매한 재고자산의 원가가, 상품계정에는 기말재고자산 금액이 남게 된다.

그림 3-4 결산수정분개와 각 계정

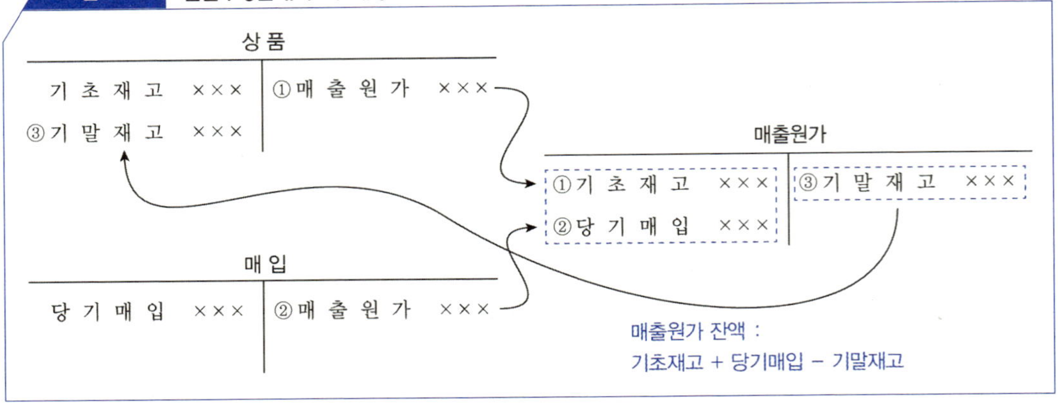

(3) 포괄손익계산서에 표시

매출원가를 포괄손익계산서에 표시할 때에는 다음과 같은 방법이 있다.

① 순액표시법 : 판매한 재고자산의 원가만 한줄로 표시

② 총액표시법 : 기초재고자산, 판매가능재고, 기말재고자산을 가감하는 방식으로 표시

각각의 방법으로 포괄손익계산서의 매출총이익을 표시하면 다음과 같다.

그림 3-5 매출원가의 표시

순액표시법

매출액	×××
매출원가	(×××)
매출총이익	×××

총액표시법

매출액		×××
매출원가(①+②−③)		(×××)
① 기초상품재고액	×××	
② 당기상품매입액	×××	
계	×××	
③ 기말상품재고액	(×××)	
매출총이익		×××

예제 1 재고자산의 원가흐름

다음은 12월 말 결산법인인 ㈜우리마트의 20×1년 상품관련 자료이다.

(1) 20×1년 기초상품재고는 ₩5,000이다.

(2) 20×1년 2월 10일 상품 ₩20,000을 외상으로 매입하다.

(3) 20×1년 6월 15일 보유중인 상품을 ₩20,000에 판매하다. 대금 중 ₩10,000은 현금으로 수령하고, 나머지 ₩10,000은 외상으로 하다.

(4) 20×1년 8월 30일 보유중인 상품을 ₩18,000에 판매하다. 대금은 모두 현금으로 회수하다.

(5) 20×1년 말 창고실사 결과 ㈜우리마트의 기말상품재고 잔액은 ₩3,000으로 확인되었다.

[물 음]

1. ㈜우리마트가 기중에 수행한 상품거래를 3분법에 따라 구분하여 회계처리 하시오.
2. ㈜우리마트가 매출원가를 인식하기 위하여 20×1년 말에 수행하여야 할 결산수정분개를 하시오.
3. 총계정원장 상 각 계정들을 설정하여 (물음 1)과 (물음 2)에서 수행한 회계처리를 전기하시오.
4. ㈜우리마트의 20×1년 매출액과 매출원가를 포괄손익계산서에 총액표시법으로 표시하시오.

해답

1. 기중거래의 회계처리

20×1년 2월 10일	(차)	매입	20,000	(대)	매입채무	20,000
20×1년 6월 15일	(차)	현금	10,000	(대)	매출	20,000
		매출채권	10,000			
20×1년 8월 30일	(차)	현금	18,000	(대)	매출	18,000

2. 매출원가의 결산수정분개

20×1년 12월 31일	(차)	매출원가	5,000	(대)	상품	5,000
	(차)	매출원가	20,000	(대)	매입	20,000
	(차)	상품	3,000	(대)	매출원가	3,000

3. 총계정원장에 전기

현금

6/15	매 출	10,000					
8/30	매 출	18,000					

매출채권

6/15	매 출	10,000			

상품

	전기이월	5,000	12/31	매출원가	5,000
12/31	매출원가	3,000			

매입

2/10	매입채무	20,000	12/31	매출원가	20,000

매출

			6/15	제 좌	20,000
			8/30	현 금	18,000

매출원가

12/31	상 품	5,000	12/31	상 품	3,000
12/31	매 입	20,000			

매입채무

			2/10	매 입	20,000

4. 손익계산서의 표시

총액표시법

매출액		38,000
매출원가		
기초상품재고액	5,000	
당기상품매입액	20,000	
계	25,000	
기말상품재고액	(3,000)	(22,000)
매출총이익		16,000

제 3 절 운임 · 에누리 · 환출입 · 할인

상품을 매매하는 상황에서는 상품의 매매가격 이외에도 거래수수료, 운임 등의 거래비용과 에누리, 환출입, 할인 등의 거래가격에 변동을 미치는 사건들이 발생한다. 따라서 해당 금액들의 효과를 매입, 매출에 가감해주어야 올바른 매입, 매출 금액을 결정할 수 있다.

한편, 매입, 매출과 같이 기초적인 거래를 기록하는 계정을 주계정이라고 하며, 운임 · 에누리 · 환출입 · 할인과 같이 주계정에 추가적인 정보를 기록하기 위한 계정을 평가계정이라고 한다. 평가계정은 주계정에 가산하는 부가적 평가계정과 주계정에서 차감하는 차감적 평가계정으로 구분된다.

1. 매입운임, 환출, 에누리, 할인

(1) 매입운임

매입과 관련한 운송비를 매입 시점에 전액 비용처리하게 된다면, 관련된 재고자산의 판매수익과 비용을 인식하는 기간이 다르다. 수익비용의 대응을 위해서는 운송비를 재고자산의 취득원가에 가산 후 재고자산이 판매되는 시점에 함께 비용으로 인식할 것이다. 따라서 매입운임은 재고자산의 취득원가에 가산하는 방식으로 회계처리한다. 일반적으로 매입운임은 매입계정에 직접 가산한다.

(차)	매 입	×××	(대)	현 금	×××

(2) 매입환출

기업이 매입한 상품에 하자가 발견되는 경우, 해당 상품을 반품처리하는 것을 매입환출이라 한다. 매입환출은 매입이 취소되는 것이므로 상품의 취득원가에서 차감하여야 한다. 일반적으로 매입환출은 매입환출이라는 계정으로 회계처리하며, 매입의 차감적 평가계정으로 별도 관리한다. 한편, 매입환출에 의해 취소된 매입금액만큼 외상대금의 지급의무가 사라지므로 매입채무도 취소된다.

(차)	매 입 채 무	×××	(대)	매 입 환 출	×××

(3) 매입에누리

기업이 매입한 상품에 하자가 발생하여, 매매가격 중의 일부를 감액해주는 것을 매입에누리라고 한다. 매입에누리는 재고의 매입이 취소되는 것은 아니나 매입가격을 공제받는 것이므로 취득원가에서 차감하는 방식으로 회계처리한다. 일반적으로 매입에누리는 매입에누리라는 계정으로 회계처리하며, 매입의 차감적 평가계정으로 별도 관리한다. 한편 매입에누리에 의해 공제된 매입금액만큼 외상대금의 지급의무가 사라지므로 매입채무도 취소된다.

(차)	매 입 채 무	×××	(대)	매 입 에 누 리	×××

(4) 매입할인

재무회계에서의 매입할인이란 조기에 판매대금을 결제하는 경우 결제대금을 감액해주는 것을 말한다. 즉, 운영자금의 원활한 유통을 위하여 조기 결제에 대한 대가로 매입금액을 감액하는 것을 할인이라 하며, 재고자산의 구매자 입장에서는 매입가격을 공제받는 것이므로 취득원가에서 차감하는 방식으로 회계처리한다. 일반적으로 매입할인은 **매입할인**이라는 계정으로 회계처리하며, **매입의 차감적 평가계정**으로 별도 관리한다.

(차)	매 입 채 무	×××	(대) 현 금	×××
			매 입 할 인	×××

예제 2 매입운임, 환출, 에누리, 할인

다음은 ㈜우리마트의 20×1년 매입관련 자료이다.

(1) 20×1년 8월 10일 ㈜우리마트는 상품을 ₩21,000에 외상매입하였다. 매입시 운송비가 ₩1,500만큼 발생하여 현금으로 지급하였다.

(2) 20×1년 8월 20일 ㈜우리마트는 구입한 상품에 결함이 발견되어 ₩1,000만큼은 반품하였으며, ₩800은 에누리받기로 하였다.

(3) 대금의 지급조건은 90일 결제조건이며, 30일 이내 결제시 2%의 할인을 받을 수 있다. ㈜우리마트는 20×1년 9월 9일에 결제 대금 중 ₩10,000을 2%의 할인을 받아 결제하였으며, 나머지 대금 ₩9,200은 20×1년 11월 8일에 할인을 받지 못하고 결제하였다.

[물 음]

㈜우리마트가 매입과 관련하여 각 일자에 해야 할 회계처리를 제시하시오. 단, 매입환출과 매입에누리, 매입할인은 별도의 계정을 설정하시오.

해답

20×1년 8월 10일	(차)	매 입	22,500	(대)	매 입 채 무	21,000
					현 금	1,500
20×1년 8월 20일	(차)	매 입 채 무	1,800	(대)	매 입 환 출	1,000
					매 입 에 누 리	800
20×1년 9월 9일	(차)	매 입 채 무	10,000	(대)	현 금	9,800
					매 입 할 인	200[1]
		1) ₩10,000×2%				
20×1년 11월 8일	(차)	매 입 채 무	9,200	(대)	현 금	9,200

2. 매출운임, 환입, 에누리, 할인

(1) 매출운임

상품의 판매 시 발생한 운임은 판매 시 인식한 수익을 창출하기 위해서 발생한 지출이다. 따라서 매입운임과는 달리 매출 시점에 운송비, 매출운임 등의 계정을 사용하여 **별도의 당기비용으로 처리**함으로서 수익과 비용을 같은 기간에 대응시킨다.

(차)	운 송 비	×××	(대)	현 금	×××

(2) 매출환입

기업이 판매한 상품에 하자가 발견되는 경우, 고객이 해당 상품을 반품처리하는 것을 매출환입이라 한다. 매출환입은 매출이 취소되는 것이므로 매출액에서 차감하여야 한다. 일반적으로 매출환입은 **매출환입**이라는 계정으로 회계처리하며, **매출의 차감적 평가계정**으로 별도 관리한다. 한편 매출환입에 의해 취소된 판매가격만큼 외상대금을 수령할 권리가 사라지므로 매출채권도 취소된다.

(차)	매 출 환 입	×××	(대)	매 출 채 권	×××

(3) 매출에누리

기업이 매입한 상품에 하자가 발생하여, 매매가격 중의 일부를 감액해주는 것을 매출에누리라고 한다. 매출에누리는 재고의 판매가 취소되는 것은 아니나 판매금액이 감소하는 것이므로 판매금액에서 차감하는 방식으로 회계처리한다. 일반적으로 매출에누리는 **매출에누리**라는 계정으로 회계처리하며, **매출의 차감적 평가계정**으로 별도 관리한다. 한편 매출에누리에 의해 공제된 판매금액만큼 외상대금을 수령한 권리가 사라지므로 매출채권도 취소된다.

(차)	매 출 에 누 리	×××	(대)	매 출 채 권	×××

(4) 매출할인

매출할인이란 조기에 판매대금을 결제하는 경우 결제대금을 감액해주는 것을 말한다. 운영자금의 원활한 유통을 위하여 조기 결제에 대한 대가로 판매금액을 감액(할인)한다. 판매자 입장에서는 판매금액이 감소하는 것이므로 판매금액에서 차감하는 방식으로 회계처리한다. 일반적으로 매출할인은 **매출할인**이라는 계정으로 회계처리하며, **매출의 차감적 평가계정**으로 별도 관리한다.

(차)	현 금	×××	(대)	매 출 채 권	×××
	매 출 할 인	×××			

예제 3 매출운임, 환입, 에누리, 할인

다음은 ㈜우리마트의 20×1년 매출관련 자료이다.

(1) 20×1년 9월 1일 ㈜우리마트는 상품을 ₩50,000에 외상판매하였다. 판매시 운송비가 ₩2,000만큼 발생하여 현금으로 지급하였다.

(2) 20×1년 9월 20일 ㈜우리마트는 판매한 상품에 결함이 발견되어 ₩3,000만큼은 반품받았으며, ₩2,000은 에누리해주기로 하였다.

(3) 대금의 지급조건은 90일 결제조건이며, 30일 이내 결제시 2%의 할인을 제공한다. ㈜우리마트는 20×1년 9월 30일에 결제 대금 중 ₩20,000을 2%의 할인을 제공하면서 회수하였으며, 나머지 대금 ₩25,000은 20×1년 11월 29일에 할인없이 회수하였다.

[물 음]

㈜우리마트가 판매와 관련하여 각 일자에 해야 할 회계처리를 제시하시오. 단, 매출환입과 매출에누리, 매출할인은 별도의 계정을 설정하시오.

해답

20×1년 9월 1일	(차)	매출채권	50,000	(대)	매출액	50,000
	(차)	운송비	2,000	(대)	현금	2,000
20×1년 9월 20일	(차)	매출환입	3,000	(대)	매출채권	5,000
		매출에누리	2,000			
20×1년 9월 30일	(차)	현금	19,600	(대)	매출채권	20,000
		매출할인	400[1]			
		1) ₩20,000 × 2%				
20×1년 11월 29일	(차)	현금	25,000	(대)	매출채권	25,000

3. 기말 결산수정분개

매입·매출의 평가계정은 기말 결산시 결산수정분개를 통해 매입과 매출 계정에 반영하는 절차를 수행한다. 평가계정이 반영되기 전의 매입·매출금액을 총매입·총매출이라 하며, 평가계정을 가감한 후의 금액은 순매입·순매출이라 한다.

순매입＝총매입＋매입운임－매입환출－매입에누리－매입할인
순매출＝총매출－매출환입－매출에누리－매출할인

매입계정의 차감적 평가계정은 대변잔액이 계상되어 있을 것이므로 해당계정의 잔액을 매입계정의 대변으로 대체한다. 이로 인해 매입계정의 차변잔액은 당기 순매입액으로 수정된다.

(차)	매입환출	×××	(대)	매입	×××
(차)	매입에누리	×××	(대)	매입	×××
(차)	매입할인	×××	(대)	매입	×××

매입계정의 순매입액 잔액은 매출원가로 대체하여 제2절에서 배운 매출원가를 인식하는 기말수정분개를 수행하면 된다.

(차)	매출원가	×××	(대)	매입	×××

한편 매출의 차감적 평가계정은 차변잔액이 계상되어 있을 것이므로 해당계정의 잔액을 매출계정의 차변으로 대체한다. 이로 인해 매출계정의 대변잔액은 당기 순매출액으로 수정된다.

(차)	매출	×××	(대)	매출환입	×××
(차)	매출	×××	(대)	매출에누리	×××
(차)	매출	×××	(대)	매출할인	×××

모든 마감절차가 완료되면 매출액과 매출원가 계정을 마감하기 위하여 잔액을 집합손익 계정으로 대체하고 계정잔액을 ₩0으로 만든다.

(차)	매출	×××	(대)	집합손익	×××
(차)	집합손익	×××	(대)	매출원가	×××

4. 포괄손익계산서에 표시

매출액과 매출원가를 포괄손익계산서에 표시할 때에는 다음과 같은 방법이 있다.

① 순액표시법 : 순매출액·순매입액을 한 줄로 표시
② 총액표시법 : 총매출액·총매입액에서 평가계정을 가감하는 방식으로 표시

각각의 방법으로 포괄손익계산서의 매출총이익을 표시하면 다음과 같다.

그림 3-6 총액표시 포괄손익계산서

총액표시법

매출액(①－②－③－④)			×××
① 총매출액		×××	
② 매출에누리		(×××)	
③ 매출환입		(×××)	
④ 매출할인		(×××)	
매출원가(①＋②－③)			(×××)
① 기초상품재고액		×××	
② 당기상품매입액(㉠－㉡－㉢－㉣)		×××	
㉠ 총매입액*	×××		
㉡ 매입에누리	(×××)		
㉢ 매입환출	(×××)		
㉣ 매입할인	(×××)		
계		×××	
③ 기말상품재고액		(×××)	
매출총이익			×××
			⋮
매출운임			(×××)
			⋮

* 매입운임은 매입계정에 포함된 것으로 가정

예제 4 평가계정들이 있는 경우의 재고자산의 원가흐름

다음은 ㈜우리마트의 20×1년 상품매매 관련 자료이다.

(1) 20×1년 ㈜우리마트의 외상 매입(총액)은 ₩21,000이며, 매입시 발생한 매입운임은 ₩1,500이다.
(2) 20×1년 매입과 관련하여 발생한 매입환출, 매입에누리, 매입할인은 각각, ₩1,000, 800, 200이다.
(3) 20×1년 ㈜우리마트의 외상 매출(총액)은 ₩50,000이며, 판매시 발생한 운송비는 ₩2,000이다.
(4) 20×1년 매출과 관련하여 발생한 매출환입, 매출에누리, 매출할인은 각각 ₩3,000, 2,000, 400이다.
(5) 20×1년 기초 및 기말 상품재고액은 각각 ₩2,000, 3,000이다. ㈜우리마트는 매입운임은 매입계정으로 처리하며, 그 외 평가계정들은 별도의 계정을 사용한다.

[물 음]

1. ㈜우리마트가 순매입액과 순매출액을 인식하기 위한 기말 결산수정분개를 하시오.
2. ㈜우리마트가 20×1년 매출원가를 인식하기 위한 기말 결산수정분개를 하시오.
3. ㈜우리마트가 20×1년 손익계산서 계정들을 마감하는 마감분개를 하시오.
4. ㈜우리마트의 20×1년 매출액과 매출원가를 포괄손익계산서에 총액표시법으로 표시하시오.

해답

1. 순매입액·순매출액의 계산

20×1년 12월 31일	(차)	매입환출	1,000	(대)	매입	2,000
		매입에누리	800			
		매입할인	200			
	(차)	매출	5,400	(대)	매출환입	3,000
					매출에누리	2,000
					매출할인	400

2. 매출원가의 계산

20×1년 12월 31일	(차)	매출원가	2,000	(대)	상품	2,000
	(차)	매출원가	20,500	(대)	매입	20,500[1]
	(차)	상품	3,000	(대)	매출원가	3,000

1) ₩21,000(총매입액)+1,500(매입운임)−2,000(매입환출·에누리·할인)

3. 손익계산서 계정들의 마감

20×1년 12월 31일	(차) 매　　　출	44,600[1]	(대) 집 합 손 익	44,600
	(차) 집 합 손 익	19,500	(대) 매 출 원 가	19,500[2]
	(차) 집 합 손 익	2,000	(대) 운 송 비	2,000
	(차) 집 합 손 익	23,100[3]	(대) 이 익 잉 여 금	23,100

1) ₩50,000(총매출액)－5,400(매출환입 · 에누리 · 할인)
2) ₩2,000(기초재고)＋20,500(당기순매입액)－3,000(기말재고)
3) ₩44,600－19,500－2,000

4. 손익계산서

포괄손익계산서

㈜우리마트　　20×1년 1월 1일부터 20×1년 12월 31일까지　　(단위 : 원)

매출액(①－②－③－④)			₩44,600
① 총매출액		₩50,000	
② 매출환입		(3,000)	
③ 매출에누리		(2,000)	
④ 매출할인		(400)	
매출원가(①＋②－③)			
① 기초상품재고액		2,000	
② 당기상품매입액(㉠－㉡－㉢－㉣)			
㉠ 총매입액	₩22,500		
㉡ 매입환출	(1,000)		
㉢ 매입에누리	(800)		
㉣ 매입할인	(200)		
계	20,500	22,500	
③ 기말상품재고액		(3,000)	(19,500)
매출총이익			25,100
매출운임			(2,000)
당기순이익			23,100

Chapter **03** # 연습문제

01 평가계정들이 있는 경우의 재고자산의 원가흐름

다음은 12월말 결산법인인 ㈜우리마트의 20×1년 상품매매와 관련한 자료이다.

(1) 20×1년 1월 1일 현재 재무상태표 계정들의 전기 이월액은 다음과 같다.

현　　　　금	₩20,000	상　　　　품	₩5,000
매　출　채　권	10,000	매　입　채　무	8,000
이　익　잉　여　금	15,000		

(2) ㈜우리마트의 20×1년 상품 매매거래는 다음과 같다.

① 20×1년 1월 10일 ㈜우리마트는 상품을 ₩30,000에 외상매입하였다. 매입시 운송비가 ₩1,200만큼 발생하여 현금으로 지급하였다.

② 20×1년 2월 20일 ㈜우리마트는 구입한 상품에 결함이 발견되어 ₩500만큼은 반품하였으며, ₩200은 에누리받기로 하였다.

③ 20×1년 4월 1일 ㈜우리마트는 상품을 ₩70,000에 외상판매하였다. 판매시 운송비가 ₩4,000만큼 발생하여 현금으로 지급하였다.

④ 20×1년 5월 5일 ㈜우리마트는 판매한 상품에 결함이 발견되어 ₩1,500만큼은 반품받았으며, ₩800은 에누리해주기로 하였다.

⑤ 20×1년 7월 10일 상품의 외상매입대금 중 ₩20,000을 대금의 지급조건에 따라 매입할인 ₩400을 제외한 ₩19,600을 결제하였다.

⑥ 20×1년 8월 13일 상품의 외상판매대금 중 ₩40,000을 대금의 지급조건에 따라 매출할인 ₩500을 제외한 ₩39,500을 회수하였다.

(3) ㈜우리마트의 20×1년 12월 31일 현재 기말상품 재고액은 ₩3,000으로 확인되었다.

[물 음]

1. ㈜우리마트가 각 일자에 해야할 회계처리를 3분법에 따라 제시하시오. 단, 매입운임은 매입계정에 포함하여 회계처리할 것.
2. ㈜우리마트가 순매입액과 순매출액을 인식하기 위한 기말 결산수정분개를 하시오.
3. ㈜우리마트가 20×1년 매출원가를 인식하기 위한 기말 결산수정분개를 하시오.
4. ㈜우리마트가 20×1년 손익계산서 계정들을 마감하는 마감분개를 하시오.
5. 총계정원장 상 각 계정들을 설정하여 [물음 1]~[물음 4]에서 수행한 회계처리를 전기하시오.
6. ㈜우리마트의 20×1년 매출액과 매출원가를 포괄손익계산서에 총액표시법으로 표시하시오.

해답

1. 기중거래의 회계처리

20×1년 1월 10일	(차)	매입	31,200	(대)	매입채무	30,000
					현금	1,200
20×1년 2월 20일	(차)	매입채무	700	(대)	매입환출	500
					매입에누리	200
20×1년 4월 1일	(차)	매출채권	70,000	(대)	매출	70,000
	(차)	운송비	4,000	(대)	현금	4,000
20×1년 5월 5일	(차)	매출환입	1,500	(대)	매출채권	2,300
		매출에누리	800			
20×1년 7월 10일	(차)	매입채무	20,000	(대)	현금	19,600
					매입할인	400
20×1년 8월 13일	(차)	현금	39,500	(대)	매출채권	40,000
		매출할인	500			

2. 순매입액 · 순매출액의 계산

20×1년 12월 31일	(차)	매입환출	500	(대)	매입	1,100
		매입에누리	200			
		매입할인	400			
	(차)	매출	2,800	(대)	매출환입	1,500
					매출에누리	800
					매출할인	500

3. 매출원가의 계산

20×1년 12월 31일	(차)	매출원가	5,000	(대)	상품	5,000
	(차)	매출원가	30,100	(대)	매입	30,100[1]
	(차)	상품	3,000	(대)	매출원가	3,000

1) ₩31,200(총매입액) − 1,100(매입환출 · 에누리 · 할인)

4. 손익계산서 계정들의 마감

20×1년 12월 31일	(차)	매출	67,200[1]	(대)	집합손익	67,200
	(차)	집합손익	32,100	(대)	매출원가	32,100[2]
	(차)	집합손익	4,000	(대)	운송비	4,000
	(차)	집합손익	31,100[3]	(대)	이익잉여금	31,100

1) ₩70,000(총매출액) − 2,800(매출환입 · 에누리 · 할인)
2) ₩5,000(기초재고) + 30,100(당기순매입액) − 3,000(기말재고)
3) ₩67,200 − 32,100 − 4,000

5. 총계정원장에 전기

현금

	전기이월	20,000	1/10	매 입	1,200
8/13	매출채권	39,500	4/1	운 송 비	4,000
			7/10	매입채무	19,600

매출채권

	전기이월	10,000	9/20	제 좌	2,300
4/1	매 출	70,000	8/13	제 좌	40,000

상품

	전기이월	5,000	12/31	매출원가	5,000
12/31	매출원가	3,000			

매입

1/10	제 좌	31,200	12/31	제 좌	1,100
			12/31	매출원가	30,100

매출

12/31	제 좌	2,800	4/1	매출채권	70,000
	집합손익	67,200			

매출원가

12/31	상 품	5,000	12/31	상 품	3,000
12/31	매 입	30,100		집합손익	32,100

매입채무

2/20	제 좌	700		전기이월	8,000
7/10	제 좌	20,000	1/10	매 입	30,000

매입환출

12/31	매 입	500	2/20	매입채무	500

매입에누리

12/31	매 입	200	2/20	매입채무	200

매입할인

12/31	매 입	400	7/10	매입채무	400

매출환입

9/20	매출채권	1,500	12/31	매 출	1,500

매출에누리

9/20	매출채권	800	12/31	매 출	800

매출할인

8/13	매출채권	500	12/31	매 출	500

운송비

4/1	현 금	4,000		집합손익	4,000

집합손익

	매출원가	32,100		매 출 액	67,200
	운 송 비	4,000			
	이익잉여금	31,100			

이익잉여금

				전기이월	15,000
				집합손익	31,100

6. 손익계산서

포괄손익계산서

㈜우리마트 20×1년 1월 1일부터 20×1년 12월 31일까지 (단위 : 원)

매출액(①－②－③－④)			₩67,200
① 총매출액		₩70,000	
② 매출환입		(1,500)	
③ 매출에누리		(800)	
④ 매출할인		(500)	
매출원가(①＋②－③)			(32,100)
① 기초상품재고액		₩5,000	
② 당기상품매입액(㉠－㉡－㉢－㉣)		30,100	
㉠ 총매입액	₩31,200		
㉡ 매입환출	(500)		
㉢ 매입에누리	(200)		
㉣ 매입할인	(400)		
계		35,100	
③ 기말상품재고액		(3,000)	
매출총이익			₩35,100
매출운임			(4,000)
당기순이익			₩31,100

71 ㈜대한의 상품매매와 관련된 다음 자료를 이용하여 매출원가를 산출한 금액으로 옳은 것은?

• 기초상품재고액	₩100,000	• 기말상품재고액	₩200,000
• 총매출액	1,000,000	• 총매입액	500,000
• 매출할인	100,000	• 매입할인	20,000
• 매입에누리	30,000		

① ₩250,000　② ₩350,000
③ ₩370,000　④ ₩380,000

72 회사의 자료가 다음과 같을 경우, 매출원가는 얼마인가?

현금매입상품 :	₩20,000	외상매입상품 :	₩100,000
매입운임 :	₩2,000	매입에누리 :	₩5,000
매입할인 :	₩3,000	매입환출 :	₩8,000
매출에누리 :	₩10,000	매출할인 :	₩5,000
기초상품 재고액	₩10,000	기말상품 재고액 :	₩20,000

① ₩92,000　② ₩94,000
③ ₩96,000　④ ₩98,000

73 다음 자료를 이용하여 계산한 매출총이익은?

총매출액	₩3,500	매출운임	₩200
총매입액	2,300	매입환출	350
기초재고자산	560	기말재고자산	510

① ₩950　② ₩1,000
③ ₩1,300　④ ₩1,500

74 상품매매기업인 ㈜한국의 20×1년도 재고자산과 관련된 자료는 다음과 같다.

• 총매출액	₩930,000	• 기초상품재고액	₩120,000
• 매입운임	₩14,000	• 매입할인	₩10,000
• 매출환입	₩40,000	• 총매입액	₩600,000
• 매입환출	₩4,000	• 기말상품재고액	₩130,000

20×1년도에 인식할 매출총이익은?

① ₩286,000　② ₩300,000
③ ₩326,000　④ ₩340,000

75 다음의 자료를 이용하여 계산된 매출총이익은?

(1) 기초상품재고액은 ₩120,000이고, 기말상품재고액은 ₩150,000이다.
(2) 당기의 상품 총매입액은 ₩1,300,000이고 당기의 상품 총매출액은 ₩1,700,000이다.
(3) 당기의 매출에누리와 환입은 ₩180,000이고, 매입에누리와 환출은 ₩100,000이다.
(4) 당기의 판매운임은 ₩30,000이고 매입운임은 ₩40,000이다.

① ₩210,000　② ₩280,000
③ ₩310,000　④ ₩350,000

76 다음 자료에 의하면 매출총이익은 얼마인가?

매출액 :	₩1,000,000	매입액 :	₩800,000
매출할인 :	₩50,000	매입할인 :	₩20,000
기말 결산수정분개			
(차) 매 입 할 인	20,000	(대) 매 입	20,000
(차) 매 출 원 가	50,000	(대) 상 품	50,000
(차) 매 출 원 가	780,000	(대) 매 입	780,000
(차) 상 품	80,000	(대) 매 출 원 가	80,000

① ₩120,000　② ₩170,000
③ ₩180,000　④ ₩200,000

77 다음 상품 관련 자료를 이용하여 계산한 매출액은?

기초재고액	₩6,000	기말재고액	₩8,000
당기매입액	42,000	매출총이익률	20%

① ₩32,000
② ₩36,000
③ ₩40,000
④ ₩50,000

78 ㈜대한의 20×1년도 재무자료이다. 다음 자료를 이용하여 ㈜대한의 20×1년초 상품금액을 계산하면 얼마인가?

매입액 :	₩112,000	매입할인 :	₩2,000
매입환출및에누리 :	5,000	매입운임 :	6,100
기말상품 :	12,000	매출원가 :	110,000

① ₩10,000
② ₩10,900
③ ₩17,000
④ ₩18,100

79 다음의 자료를 이용하여 추정한 기말재고액은?

기초재고액	₩2,200	당기매입액	₩4,300
당기매출액	6,000	원가에 대한 이익률	20%

① ₩500
② ₩1,200
③ ₩1,500
④ ₩2,200

80 회사의 자료가 다음과 같을 경우, 기초재고 잔액은 얼마인가?

기초재고 :	???	기말재고 :	₩50,000
당기 총 매입액 :	₩200,000	매입운임 :	₩2,000
매입에누리 :	₩5,000	매입할인 :	₩3,000
매입환출 :	₩12,000	매출총이익 :	₩50,000
당기 총 매출액 :	₩250,000	매출환입 :	₩30,000
매출에누리 :	₩10,000	매출할인 :	₩5,000

① ₩19,000
② ₩23,000
③ ₩27,000
④ ₩33,000

해답 및 해설

71	②	72	③	73	④	74	②	75	③	76	④	77	④	78	②	79	③	80	②

71 • 매출원가 : ₩100,000(기초재고)+(500,000−20,000−30,000)(순매입액)−200,0000(기말재고)= ₩350,000

72 • 순매입액 : ₩20,000+100,000+2,000−5,000−3,000−8,000=₩106,000
• 매출원가 : ₩10,000+106,000−20,000=₩96,000

73 • 매출원가 : ₩560(기초재고)+(2,300−350)(순매입액)−510(기말재고)=₩2,000
• 매출총이익 : ₩3,500(매출액)−2,000(매출원가)=₩1,500
* 매출운임은 매출액의 차감계정이 아님

74 • 매출액 : ₩930,000−40,000=₩890,000
• 매출원가 : ₩120,000(기초재고액)+(600,000+14,000−10,000−4,000)(당기매입액)−130,000(기말재고액) =₩590,000
• 매출총이익 : ₩890,000−590,000=₩300,000

75 • 매출액 : ₩1,700,000−180,000=₩1,520,000
• 매출원가 : ₩120,000(기초재고액)+(1,300,000+40,000−100,000)(당기매입액)−150,000(기말재고액) =₩1,210,000
• 매출총이익 : ₩1,520,000−1,210,000=₩310,000

76 • 순매출액 : ₩1,000,000−50,000=₩950,000
• 매출원가 : ₩50,000+780,000−80,000=₩750,000
• 매출총이익 : ₩950,000−750,000=₩200,000

77 • 매출원가 : ₩6,000(기초재고액)+42,000(당기매입액)−8,000(기말재고액)=₩40,000
• 매출액 : ₩40,000(매출원가)÷(1−20%)(매출원가율)=₩50,000

78 • 순매입액 : ₩112,000−2,000−5,000+6,100=₩111,100
• 기초상품+111,100(매입액)−12,000(기말재고)=₩110,000(매출원가)
∴ 기초상품 : ₩10,900

79 • 매출원가 : 매출액=100 : (100+20)
∴ 매출원가율 : 매출원가 / 매출액=100/120=83.33%
• 매출원가 : ₩6,000×83.33%=₩5,000
• 기말재고액 : ₩2,200(기초재고)+4,300(당기매입액)−5,000(매출원가)=₩1,500

80
- 순매출액 : ₩250,000－30,000－10,000－5,000＝₩205,000
- 매출원가 : ₩205,000－50,000(매출총이익)＝₩155,000
- 순매입액 : ₩200,000＋2,000－5,000－3,000－12,000＝₩182,000
- 기초재고자산(역산) : ₩50,000(기말재고자산)＋155,000(매출원가)－182,000(당기순매입액)＝₩23,000

Chapter 04

수취채권과 지급채무

제 1 절 수취채권

1. 수취채권의 기초

수취채권이란 현금으로 회수될 것으로 기대되는 권리(청구권)을 말한다. 보통 수취채권은 기업의 자산 중에서 가장 금액이 큰 자산들 중 하나이기 때문에 중요성이 높다. 따라서 종류별로 ① 매출채권(accounts and notes receivables)과 ② 기타채권(other receivables)으로 분류하여 관리한다.

2. 매출채권

매출채권이란 재화의 판매나 용역의 제공 등 기업의 주된 영업활동의 결과로 인해 발생한 수취채권이다. 매출채권은 일반적인 매출채권과 어음상의 매출채권으로 구분할 수 있다. 일반적인 매출채권은 **외상매출금**이라는 계정을 사용하며, 어음상의 매출채권은 **받을어음**이라는 계정을 사용한다.

(1) 외상매출금

1) 외상매출금의 인식

외상매출금은 기업이 주된 영업활동을 수행한 후 거래상대방으로부터 현금을 수령할 권리가 발생하면 인식된다. 즉, 서비스기업은 용역의 제공시, 상기업은 재화의 판매시에 각각 수익의 인식과 동시에 외상매출금을 인식하게 될 것이다. 한편, 제공한 재화나 용역에 하자가 존재하여, 매출환입이나 에누리를 해주는 경우에는 외상매출금의 인식금액이 차감된다. 이와 관련된 회계처리는 제3장 상기업의 회계처리에서 공부한 바와 같다.

(차)	외 상 매 출 금	×××	(대)	매 출	×××

2) 외상매출금의 만기 회수

일반적인 상황에서는 매출채권을 현금으로 회수하며 매출채권을 장부에서 제거한다. 이는 제3장 상기업의 회계처리에서도 보았듯이 아래와 같은 회계처리를 한다. 물론 매출할인이 있는 경우 할인금액만큼 매출액을 차감한다.

(차)	현 금	×××	(대)	외 상 매 출 금	×××
	매 출 할 인	×××			

(2) 받을 어음

1) 어음의 기초

어음이란 특정의 현금액을 특정 시점에 지급하기로 약속한 증서이다. 채권자와 채무자간의 암묵적인 계약에 따른 일반 매출채권, 매입채무와는 달리, 어음은 어음·수표법상 일정한 양식이 정해져 있어 문서화된 증서의 형태로 발행된다.

어음은 일반 상거래뿐만 아니라 자금조달 및 기타 거래를 통해서 발생한다. 예를 들어 일반적인 판매거래의 대가로 약속어음을 발행하는 경우도 있고, 매출채권의 만기가 도래했는데 고객이 현금으로 지급할 능력이 없어서 매출채권을 약속어음으로 대체하는 경우에 발생하기도 한다. 때로는 차입자가 약속어음을 발행하고 대여자로부터 자금을 차입하기도 한다.

어음은 회사(채무자)의 당좌계좌를 근거로 하여 은행이 발행하여, 그 증서를 회사가 상대방(채권자)에게 교부한다. 어음을 가진 상대방(채권자)이 나중에 해당 은행에게 제시하면, 은행으로부터 금액을 지급받는 방식으로 거래된다. 상대방(채권자)는 상대방의 주거래 은행에게 채권의 추심을 의뢰하여 대신 회수할 수도 있다.

그림 4-1 어음거래

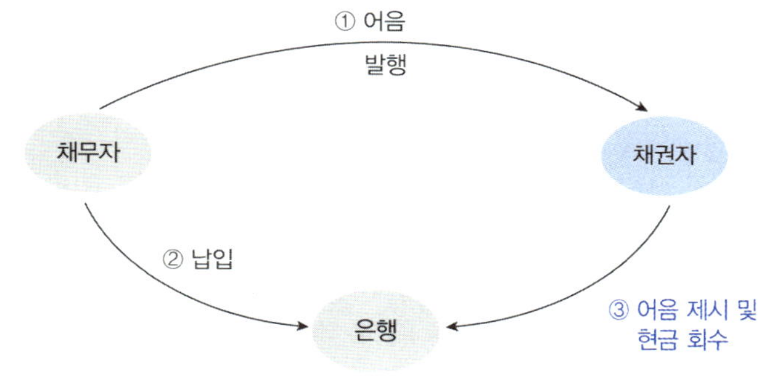

2) 어음의 회계처리

어음거래는 거래 형태가 다양하고 복잡하므로 재무회계 수험목적상 굳이 학습할 필요는 없다. 본서에서는 채권자(어음의 수취인)과 채무자(어음의 발행인)의 입장에서의 회계처리에만 주목할 것이다.

① 어음의 인식

일반 상거래에 의해 받을어음을 수령한 기업은 수령일에 다음과 같은 회계처리를 수행한다. 받을어음이란 어음의 수령인이 발행인으로부터 현금을 수령할 권리가 있는 경우의 자산계정이다.

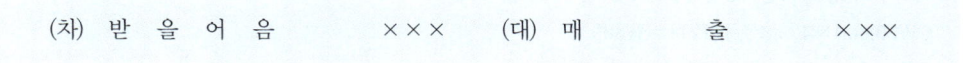

(차)	받 을 어 음	×××	(대) 매 출	×××

② 이자의 인식

어음에는 발행기간동안 일정액의 이자를 지급을 보장하는 조건이 부과될 수 있는데, 이를 '이자부어음'이라 한다. 따라서 발행일부터 기말시점까지 이자를 수령할 권리가 발생하였으므로 결산수정분개를 통하여 미수이자를 인식해야한다.

(차) 미 수 이 자	×××	(대) 이 자 수 익	×××

③ 어음의 만기회수

만기일에 수령인이 발행인으로부터 어음의 액면금액과 이자금액을 수령하면, 보유중인 어음을 제거하면서 현금을 회수하게 된다.

(차) 현 금	×××	(대) 받 을 어 음	×××
		미 수 이 자	×××

예제 1 매출채권 회계처리

다음은 12월 말 결산법인인 ㈜우리가 20×1년 중 수행한 거래이다.

(1) ㈜우리는 20×1년 3월 1일에 상품을 ₩10,000에 외상판매하였다. 20×1년 5월 1일 외상매출금 중 ₩1,000이 조기회수되면서, ₩100의 매출할인을 차감한 나머지인 ₩900을 현금으로 회수하였다.

(2) ㈜우리는 20×1년 10월 1일에 상품을 ₩30,000에 외상판매하였다. 외상판매에 대한 대가로 액면금액 ₩30,000의 받을어음 A(만기 6개월, 연이자율 4%)을 수령하였다. ㈜우리는 20×2년 3월 31일에 받을어음 A를 전액 회수하였다.

[물 음]

1. 20×1년 말 결산분개시 받을어음 A와 관련해서 인식할 이자수익을 계산하시오.
2. 각 일자별로 수행해야 할 회계처리를 제시하시오.

해답

1. 이자수익 (20×1년 10월 1일 ~ 20×1년 12월 31일)
   - ₩30,000×4%×3月/12月=₩300

2. 일자별 회계처리

(1) 외상매출금

20×1년 3월 1일	(차) 외상매출금	10,000	(대) 매출	10,000
20×1년 5월 1일	(차) 현금	900	(대) 외상매출금	1,000
	매출할인	100		

(2) 받을어음

20×1년 10월 1일	(차) 받을어음	30,000	(대) 매출	30,000
20×1년 12월 31일	(차) 미수이자	300	(대) 이자수익	300
20×2년 3월 31일	(차) 미수이자	300	(대) 이자수익	300
	(차) 현금	30,000	(대) 받을어음	30,000
	(차) 현금	600	(대) 미수이자	600

3. 기타채권

(1) 미수금

미수금은 유형자산의 처분 등 일반적인 상거래 외에서 발생하는 채권이다. 미수금은 주된 영업활동에서 발생하는 매출채권과는 구분된다. 예를 들어 보유중인 토지를 외상으로 판매하고 추후에 대금을 회수하기로 한 경우, 회사가 해야 할 회계처리는 다음과 같다.

〈미수금의 발생〉

(차) 미수금	×××	(대) 토지	×××
		유형자산처분이익	×××

〈미수금의 회수〉

(차) 현금	×××	(대) 미수금	×××

(2) 미수수익

미수수익은 발생주의에 따라 기간손익을 인식하는 경우 기간경과에 따라 발생한 당기수익 중 미수액을 의미한다. 2장에서 학습한 바와 같이 미수수익에 대한 회계처리는 다음과 같다.

〈미수수익의 발생〉

(차) 미수수익	×××	(대) 수익	×××

〈미수수익의 회수〉

(차) 현금	×××	(대) 미수수익	×××

(3) 선급금

자산을 구입할 때에는 보통 ① 자산을 먼저 인도받은 후 자산에 하자가 없는지 검토한 후, ② 대금을 납입하는 방식으로 거래가 이루어진다. 그러나 특수한 경우 ① 대금을 선급한 후 ② 자산을 인도받는 경우가 있는데, 이 경우 선지급한 계약금을 선급금이라 한다. 현금지급액은 대변에 기입하며, 선급금이라는 계정을 차변에 기입한다. 선급금은 자산을 수령할 권리를 나타내는 것이므로 자산으로 처리한다.

〈재고매입대금의 선납〉

(차)	선 급 금	×××	(대) 현 금	×××

〈재고자산의 수령〉

(차)	재 고 자 산	×××	(대) 선 급 금	×××
			현 금	×××

(4) 선급비용

선급비용은 이자, 보험료, 임차료 등 선지급하는 기간적 비용과 관련하여 차기 이후의 기간에 해당하는 부분을 이연처리하는 계정을 말한다. 2장에서 학습한 바와 같이 선급비용에 대한 회계처리는 다음과 같다.

〈기중회계처리〉

(차)	비 용	×××	(대) 현 금	×××

〈기말 결산수정분개〉

(차)	선 급 비 용	×××	(대) 비 용	×××

(5) 대여금

대여금은 자금의 대여거래로 발생한 채권을 말한다. 상기의 수취채권들이 재화나 용역의 제공 결과로써 발생한 수취채권이라고 한다면, 대여금은 금전을 제공한 결과로 발생한 수취채권이므로 그 발생 원인에 차이가 있다. 대여금의 발생과 회수의 회계처리는 다음과 같다.

〈대여〉

(차)	대 여 금	×××	(대) 현 금	×××

〈회수〉

(차)	현 금	×××	(대) 대 여 금	×××
			이 자 수 익	×××

예제 2 기타 채권의 회계처리

다음은 12월 말 결산법인인 ㈜우리가 20×1년 중 수행한 거래이다.

(1) 20×1년 2월 1일 장부금액 ₩200짜리의 토지를 ₩300에 외상 처분하였다. 해당 외상 대금은 20×1년 2월 28일에 회수하였다.

(2) 20×1년 3월 1일 재고자산 A를 구매하기 위해 계약금 ₩200을 선납입하였다. 20×1년 5월 1일 재고자산 A에 대한 잔금 ₩300을 납입하고 재고자산 A를 인수하였다.

(3) 20×1년 7월 1일 ㈜나라에게 ₩1,000의 자금을 대여하였다. 대여금의 만기는 20×2년 6월 30일이며, 연 이자율은 10%이다.

[물 음]

㈜우리가 각 일자별로 수행해야 할 회계처리를 제시하시오.

해답

(1) 미수금

20×1년 2월 1일	(차) 미수금	300	(대) 토지	200
			처분이익	100
20×1년 2월 28일	(차) 현금	300	(대) 미수금	300

(2) 선급금

20×1년 3월 1일	(차) 선급금	200	(대) 현금	200
20×1년 5월 1일	(차) 재고자산	500	(대) 선급금	200
			현금	300

(3) 대여금

20×1년 7월 1일	(차) 대여금	1,000	(대) 현금	1,000
20×1년 12월 31일	(차) 미수이자	50	(대) 이자수익	50
20×2년 6월 30일	(차) 미수이자	50	(대) 이자수익	50
	(차) 현금	1,000	(대) 대여금	1,000
	(차) 현금	100	(대) 미수이자	100

4. 매출채권의 손상

일반적으로 매출채권은 거래상대방으로부터 현금을 회수하면서 장부에서 제거된다. 그러나 거래상대방에게 채무불이행이나 연체 같은 계약 위반, 파산, 재무구조조정 등이 발생하여, 채권의 대금을 회수할 수 없는 사건이 발생할 수 있다. 이와 같이 매출채권의 미래현금흐름에 악영향을 미치는 하나 이상의 사건이 생긴 경우를 손상이라고 부르며, 회사가 보유하고 있는 채권의 가치는 손상으로 인해 감소하게 된다.

손상에 의해 매출채권의 가치가 변동하는 경우, 재무상태표에 표시될 매출채권 금액을 감소된 가치로 수정해야한다. 이는 채권금액의 유의성에 따라 개별적 또는 집합적으로 검토한다.[1] 손상회계처리의 방법은 ① 발생손실모형과 ② 기대신용손실모형이 있다.

(1) 발생손실모형(Incurred Loss model)

발생손실모형이란 특정 매출채권의 손상이 발생하는 경우, 매출채권의 가치하락분을 당기손익항목인 손상차손(또는 대손상각비)으로 인식하는 방법이다. 회수가 불가능해진 시점에서 회수가 불가능한 매출채권을 직접 제거하는 방법으로 회계처리가 수행된다. 발생손실모형 하에서는 손상이 실제로 발생해야 매출채권에 대한 평가와 손실이 인식된다. 따라서 손상이 발생하기 전까지는 재무상태표에 매출채권을 총액으로 인식한다.

〈손상의 발생〉

(차)	손 상 차 손 (또는 대손상각비)	×××	(대)	매 출 채 권	×××

그러나 발생손실모형을 사용하면 '손상에 의한 손실'과 '관련되어 있는 수익(매출액)'이 대응되지 않는 문제점이 있다. 또한 매출채권이 실제가치(회수가능액)로 평가되지 않기 때문에 회계정보의 목적적합성을 저해할 수 있다. 따라서 발생손실모형은 한국채택국제회계기준에서는 허용되지 않고 있다.

그림 4-2 발생손실모형의 문제점

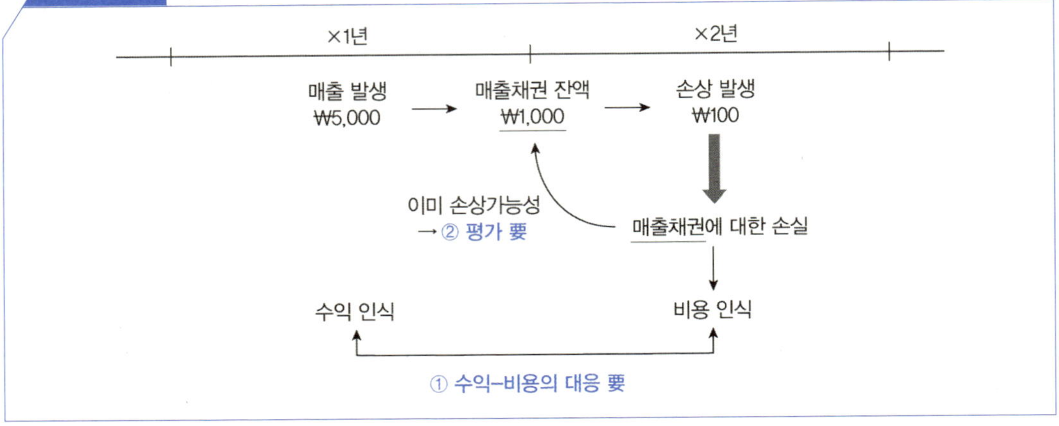

1) 매출채권의 금액이 유의적인 경우에는 개별적으로 검토하며, 유의적이지 않은 경우에는 개별적 검토와 집합적 검토 중 선택할 수 있다.

(2) 기대신용손실모형(Expected Credit Losses model)

1) 기대신용손실모형의 논리

기대신용손실모형은 손실충당금(또는 대손충당금)이라는 자산의 차감적 평가계정을 설정하여, 회수가 불가능한 추정금액(기대신용손실)만큼을 손실충당금으로 설정하는 방법이다. 다음과 같은 회계처리를 기말 결산수정분개로 수행한다.

〈기말 결산수정분개〉

(차) 손상차손 (또는 대손상각비)	×××	(대) 손실충당금 (또는 대손충당금)	×××

손실충당금은 매출채권의 차감적 평가계정으로 재무상태표에 다음과 같이 표시된다.

유동자산		
매출채권	×××	
손실충당금	(×××)	×××
⋮		⋮
유동자산 계		×××

기대신용손실모형은 재무상태표에 표시되는 기말 매출채권 금액을 실제가치인 회수가능액[2]으로 표시할 수 있게 해준다. 또한 관련된 수익(매출)과 관련된 비용(손상차손)이 대응되어 손익계산서가 더 유용한 정보를 제공할 수 있다. 따라서 기대신용손실모형을 사용하면 발생손실모형의 문제점을 해결할 수 있다.

2) 기대신용손실

기대신용손실이란 신용손실의 확률 가중평균치를 의미한다. 여기서 신용손실이란 '계약에 따라 지급받기로 한 모든 계약상 현금흐름'과 '수취할 것으로 예상하는 모든 계약상 현금흐름'의 차이(모든 현금 부족액)의 현재가치이다. 즉, 쉽게 말하면 채권의 미래현금흐름 중 회수할 수 없을 것으로 예상되는 금액을 의미한다.

기대신용손실모형에서는 기말 기대신용손실을 채권의 손실충당금으로 설정한다. 기대신용손실을 계산하는 가장 대표적인 방법은 연령분석법이다. 연령분석법이란 각 매출채권을 회수기일로부터 경과일수에 따라 집단을 분류하고, 각 집단별로 별도의 손상예상률을 적용하여 기대신용손실을 추정하는 방법이다. 연령분석법은 회수기일로부터 경과일수가 길수록 채권의 회수가 힘들 것이라는 가정이 전제된다. 예를 들어 기업의 기말 채권잔액이 ₩10,000이고 연령별로 손상예상률이 다음과 같다면, 기대신용손실은 각 집단별 손상예상율을 적용하여 기대신용손실을 계산할 수 있다.

2) 기업이 현금으로 회수할 수 있으리라 예상하는 금액. 매출채권은 현금을 회수하기 위해 보유하고 있는 자산(권리)이므로 그 가치는 얼마의 현금으로 회수할 수 있을지에 의해 측정된다.

매출채권 경과일수	잔액	손상예상률	기대신용손실
1일 ~ 30일	₩70,000	1%	₩700
30일 ~ 90일	25,000	5%	1,250
90일 ~ 180일	5,000	20%	1,000
합계			₩2,950

3) 회계처리

① 손상의 발생

실제로 손상이 발생하면 손상이 발생한 채권을 장부에서 제거하기 위해 대변에 기입한다. 차변에는 비용계정 대신에 장부에 계상해놓은 손실충당금을 제거한다. 손실충당금의 장부금액보다 손상된 채권금액이 더 크다면 그만큼 손상차손을 추가적으로 인식한다.

〈손상의 발생〉

(차)	손실충당금	×××	(대) 매출채권	×××
	손상차손	×××		

② 손상된 채권의 회수

이전에 손상이 발생하여 제거하였던 채권에 대해 현금을 다시 회수하는 경우가 발생할 수도 있다. 이 경우, 우선 기존에 제거하였던 매출채권과 손실충당금을 되살려주는 회계처리를 수행한다. 그리고 되살린 매출채권을 현금으로 회수하는 회계처리를 수행한다.

〈손상된 채권의 회수〉

(차)	매출채권	×××	(대) 손실충당금	×××
(차)	현금	×××	(대) 매출채권	×××

③ 기말 결산

기말 재무상태표에 표시될 손실충당금 잔액은 기말 기대신용손실이 되어야 한다. 따라서 기말 결산수정분개를 통해 **손실충당금 기말잔액을 기말 기대신용손실로 계상**하는 작업을 수행해야한다. 기말 결산수정분개를 통해 손상차손으로 인식할 금액은 '장부상 손실충당금 잔액'과 '기말 기대신용손실'의 차이로 계산된다.[3] 이렇게 기말 금액과 장부상 잔액의 차이로 결산수정분개를 하는 것을 **보충법**이라고 한다.

손상차손 = 기말 기대신용손실 − 장부상 손실충당금 잔액

3) 만약 기말 기대신용손실금액 전체를 회계처리한다면, 기말 손실충당금 잔액은 '결산수정 분개 이전 손실충당금 잔액 + 기말 기대신용손실금액'으로 인식될 것이다.

한편, 기말 기대신용손실로 인식한 금액이 장부상 손실충당금 잔액보다 작다면 오히려 손실충당금을 줄이는 회계처리를 수행해야한다. 손실충당금이 감소하는 금액만큼 손상차손환입이라는 계정을 사용하여 이익으로 인식한다.

〈손실충당금의 추가인식〉

(차) 손 상 차 손	×××	(대) 손 실 충 당 금	×××

〈손실충당금의 환입〉

(차) 손 실 충 당 금	×××	(대) 손 상 차 손 환 입	×××

예제 3 기대신용손실모형

다음은 ㈜우리의 손상 관련 자료이다.

(1) 20×1년 초 ㈜우리의 손실충당금 잔액은 ₩500이다.

(2) 20×1년 4월 8일 보유중인 매출채권에 대해 손상이 ₩800 발생하였다.

(3) 20×1년 7월 2일 전기에 손상 처리되었던 매출채권이 다시 회수되었다. 현금으로 회수한 금액은 ₩400이다.

(4) 20×1년 말 매출채권 잔액은 ₩10,000이며, 해당 매출채권 중 ₩9,200만 회수가능하다.

[물 음]

1. 20×1년말 현재 ㈜우리가 보유한 매출채권의 기대신용손실을 계산하시오.
2. 각 일자별로 ㈜우리가 해야할 회계처리를 제시하시오.
3. ㈜우리의 20×1년말 재무상태표에 표시될 매출채권과 손실충당금을 제시하시오.
4. 만약 자료 (4)에서 제시된 바와 달리, 매출채권 중 회수가능한 금액이 ₩9,700이라고 한다면 ㈜우리가 20×1년말에 수행해야 할 결산수정분개를 제시하시오.

해답

1. 기대신용손실

- ₩10,000(미래현금흐름) − 9,200(회수가능액) = ₩800

2. 회계처리

20×1년 4월 8일	(차) 손 실 충 당 금	500	(대) 매 출 채 권	800
	손 상 차 손	300		
20×1년 7월 2일	(차) 현 금	400	(대) 손 실 충 당 금	400
20×1년 12월 31일	(차) 손 상 차 손	400[1]	(대) 손 실 충 당 금	400

1) ₩800(기대신용손실) − 400(손실충당금 잔액)

3. 재무상태표

매출채권	10,000
(손실충당금)	(800)
	9,200

4. 손상차손환입

① 기대신용손실 : ₩10,000 − 9,700 = ₩300

② 결산수정분개

20×1년 12월 31일	(차) 손 실 충 당 금	100	(대) 손 상 차 손 환 입	100[1]

1) ₩300(기대신용손실) − 400(손실충당금 잔액)

제 2 절 지급채무

1. 지급채무의 기초

지급채무(Note and accounts payables)란 현금으로 지급해야하는 의무를 말한다. 지급채무는 수취채권과 대칭적인 관계(채권자—채무자)를 가지고 있으므로 수취채권의 회계처리를 상기하면 더 쉽게 학습할 수 있을 것이다.

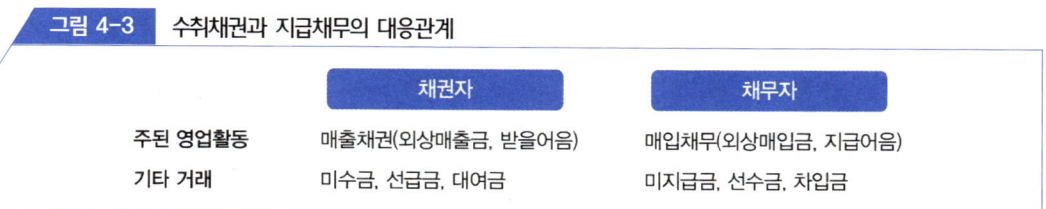

그림 4-3 수취채권과 지급채무의 대응관계

	채권자	채무자
주된 영업활동	매출채권(외상매출금, 받을어음)	매입채무(외상매입금, 지급어음)
기타 거래	미수금, 선급금, 대여금	미지급금, 선수금, 차입금

2. 외상매입금

외상매입금란 재화의 판매나 용역의 제공 등 기업의 주된 영업활동의 결과로 인해 발생한 지급채무이다. 주된 영업활동이라는 것은 상기업의 경우 상품 매입거래를, 제조기업의 경우에는 원재료 매입거래를 의미한다. 외상매입금의 발생과 지급의 회계처리는 다음과 같다.

〈외상매입금의 발생〉

(차)	매입	×××	(대) 외상매입금	×××

〈외상매입금의 지급〉

(차)	외상매입금	×××	(대) 현금	×××

매출채권의 회계처리와는 달리, 외상매입금는 평가(손상)의 회계처리를 수행하지 않는다. 왜냐하면, 지급이 예상되는 현금액으로 외상매입금를 평가한다는 것은 채무자가 스스로의 파산가능성을 추정한다는 것이므로, 계속기업의 가정에 위배되기 때문이다.

3. 지급어음

지급어음이란 어음의 발행인이 어음을 발행하여 수령인에게 현금을 지급해야할 의무가 있는 경우의 부채계정을 말한다. 어음의 채무자(발행인)은 외상매입금의 회계처리와 유사하게 인식, 제거의 회계처리를 수행한다. 단, 이자부어음의 경우에는 만기에 상환시 이자를 포함한 금액을 상환한다.

〈지급어음의 발생〉

(차) 매입	×××	(대) 지급어음	×××

〈지급어음의 지급〉

(차) 지급어음	×××	(대) 현금	×××

4. 기타채무

(1) 미지급금

미지급금은 유형자산의 취득 등 일반적인 상거래 외에서 발생하는 채무이다. 미지급금은 주된 영업활동에서 발생하는 매입채무와는 구분된다. 예를 들어 토지를 외상으로 구매하고 추후에 대금을 지급하기로 한 경우, 회사가 해야 할 회계처리는 다음과 같다.

〈미지급금의 발생〉

(차) 토지	×××	(대) 미지급금	×××

〈미지급금의 지급〉

(차) 미지급금	×××	(대) 현금	×××

(2) 미지급비용

미지급비용은 발생주의에 따라 기간손익을 인식하는 경우 기간경과에 따라 발생한 당기비용 중 미지급액을 의미한다. 2장에서 학습한 바와 같이 미지급비용에 대한 회계처리는 다음과 같다.

〈미지급비용의 발생〉

(차) 비용	×××	(대) 미지급비용	×××

〈미지급비용의 지급〉

(차) 미지급비용	×××	(대) 현금	×××

(3) 선수금

자산을 판매할 때에는 보통 ① 자산을 먼저 인도한 후, ② 대금을 수령하는 방식으로 거래가 이루어진다. 그러나 특수한 경우 ① 대금을 선수령한 후 ② 자산을 인도해주는 경우가 있는데, 이 경우 선수령한 계약금을 선수금이라 한다. 현금수령액은 차변에 기입하며, 선수금이라는 계정을 대변에 기입한다. 선수금은 경제적효익을 제공해야할 의무를 나타내는 것이므로 부채로 처리한다.

〈재고매입대금의 선수령〉

(차)	현 금	×××	(대) 선 수 금	×××

〈재고자산의 인도〉

(차)	선 수 금	×××	(대) 매 출	×××
	현 금	×××		

(4) 선수수익

선수수익은 이자, 임대료 등 선수령하는 기간적 수익과 관련하여 차기 이후의 기간에 해당하는 부분을 이연처리하는 계정을 말한다. 2장에서 학습한 바와 같이 선수수익에 대한 회계처리는 다음과 같다.

〈기중회계처리〉

(차)	현 금	×××	(대) 수 익	×××

〈기말 결산수정분개〉

(차)	수 익	×××	(대) 선 수 수 익	×××

(5) 차입금

차입금은 자금의 대여거래로 발생한 채무를 말한다. 상기의 지급채무들이 재화나 용역의 제공 결과로써 발생한 지급채무라고 한다면, 차입금은 금전을 차입한 결과로 발생한 지급채무이므로 그 발생 원인에 차이가 있다. 차입금의 발생과 상환의 회계처리는 다음과 같다.

〈차입〉

(차)	현 금	×××	(대) 차 입 금	×××

〈상환〉

(차)	차 입 금	×××	(대) 현 금	×××
	이 자 비 용	×××		

예제 4 기타채무의 회계처리

다음은 12월 말 결산법인인 ㈜우리가 20×1년 중 수행한 거래이다.

(1) 20×1년 2월 1일 토지를 ₩300에 외상 매입하였다. 해당 외상 대금은 20×1년 2월 28일에 지급하였다.

(2) 20×1년 3월 1일 재고자산 A를 판매하기로 계약하고 계약금 ₩200을 미리 수령하였다. 20×1년 5월 1일 재고자산 A에 대한 잔금 ₩300을 수령하고 재고자산 A를 인도하였다.

(3) 20×1년 7월 1일 ㈜나라에게 ₩1,000의 자금을 차입하였다. 차입금의 만기는 20×2년 6월 30일이며, 연 이자율은 10%이다. 20×2년 6월 30일 이자와 원금 ₩1,100을 상환하였다.

[물 음]

㈜우리가 각 일자별로 수행해야 할 회계처리를 제시하시오.

해답

(1) 미수금

20×1년 2월 1일	(차) 토지	300	(대) 미지급금	300
20×1년 2월 28일	(차) 미지급금	300	(대) 현금	300

(2) 선급금

20×1년 3월 1일	(차) 현금	200	(대) 선수금	200
20×1년 5월 1일	(차) 선수금	200	(대) 매출	500
	현금	300		

(3) 대여금

20×1년 7월 1일	(차) 현금	1,000	(대) 차입금	1,000
20×1년 12월 31일	(차) 이자비용	50	(대) 미지급이자	50
20×2년 6월 30일	(차) 이자비용	50	(대) 미지급이자	50
	(차) 차입금	1,000	(대) 현금	1,000
	(차) 미지급이자	100	(대) 현금	100

제 3 절 장기성 채권·채무

1. 현재가치계산의 기초

장기성 채권·채무란 장기간에 걸쳐서 회수되거나 결제되는 수취채권 또는 지급채무를 말한다. 장기성 채권·채무의 현재가치는 미래에 수수되는 현금금액과 상이하다. 그 원인은 화폐의 시간가치, 즉 '이자'로 인해 발생한다.

(1) 화폐의 시간가치

화폐의 시간가치는 현재의 현금 ₩1과 미래의 현금 ₩1의 가치가 다르다는 것을 말한다. 예를 들어 은행에 ₩10,000(연 이자율5%)의 예금을 가입하면 1년 후에는 ₩10,500을 받는다. 이 경우 ₩10,000의 금액은 원금, ₩500의 금액은 이자라고 부른다. 즉, 이자의 발생으로 인하여, 현재의 현금 ₩10,000은 1년 뒤의 현금 ₩10,500과 같은 가치를 갖는다는 것이 화폐의 시간가치가 의미하는 바이다.[4]

그림 4-4 화폐의 시간가치

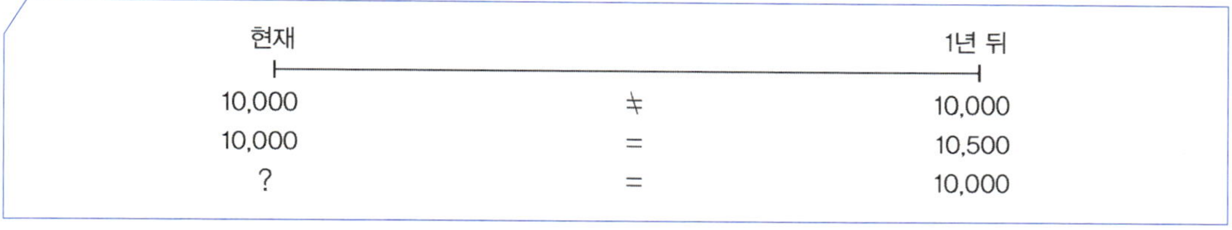

(2) 현재가치계산의 대상

회계에서는 채권과 채무를 적절한 가치로 반영하여 재무제표에 표시해야하기 때문에 화폐의 시간가치를 고려하여 회계처리를 수행한다. 예를 들어 상품을 외상판매하고 1년 뒤에 ₩10,000의 현금을 받는 계약을 체결했다고 가정하자. 회사는 거래시 외상판매대금을 매출채권으로 인식하여야 하지만, 그 금액은 ₩10,000이 아니다. 1년뒤에 수령할 ₩10,000의 가치와 현재 기록하는 ₩10,000의 가치는 다르기 때문이다. 1년 뒤 ₩10,000의 현금과 동일한 가치를 갖는 현재의 현금금액을 계산하여, 매출채권을 표시할 필요가 있다. 이와 같이 현금의 수수가 거래의 발생으로부터 1년 이상 차이가 있어 현금의 수수액에 이자요소가 포함되어 있는 경우, 현재가치 계산의 대상이 된다.

4) 이자란 '특정 기간'동안 '특정 현금'을 사용하게 해주는 것에 대한 대가이다. 마치 임대료란 '특정 기간'동안 '특정 건물'을 사용하게 해주는 것에 대한 대가인 것과 같은 의미이다. 즉, 현금의 사용에 대가로 인하여 이자가 발생하며, 이자로 인하여 화폐의 시간가치의 개념이 등장한다.

(3) 이자의 계산 방식

이자의 계산 방식에는 단순이자와 복리이자 두 가지 방식이 있다. 단순이자는 원금에 대해서만 계산되는 이자를 의미한다. 복리이자란 원금 뿐만 아니라 아직 지급되거나 수취하지 않은 이자가 있을 경우 그 이자에 대해서도 이자가 계산되는 것을 말한다. 화폐의 시간가치 계산에는 통상적으로 복리이자율을 사용한다. 예를 들어 3년간 10%의 이자율로 ₩10,000을 예금했다면 단순이자와 복리이자가 다음과 같이 비교된다.

그림 4-5 단리와 복리

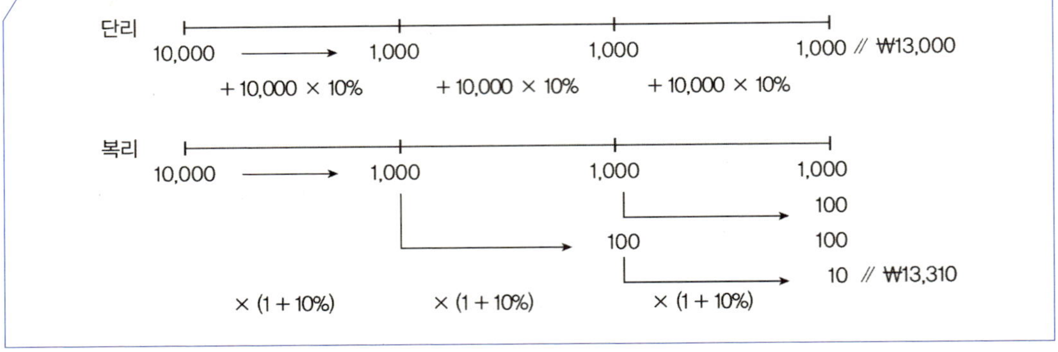

2. 현금의 미래가치와 현재가치

화폐의 시간가치를 결정하는 두 가지 요소는 기간과 할인율이다. 예를 들어 적절한 할인율이 10%[5]라고 하자. ₩10,000을 1년간 10%의 이자를 지급하는 조건으로 정기예금에 가입한다면, 1년 후 돌려받는 금액은 ₩11,000이다. 할인율이 10%인 경우, 1년 뒤의 ₩11,000을 현재 ₩10,000의 미래가치라고 하며, 현재의 ₩10,000을 1년 뒤 ₩11,000의 현재가치라고 한다. 따라서 미래가치는 미래까지 이자를 획득한 결과 원금과 이자의 합계가 얼마가 되는지를 의미하며, 현재가치는 미래에 수취하기로 되어있는 현금이 현재의 현금등가액으로 계산하면 얼마가 될 것인가를 의미한다.

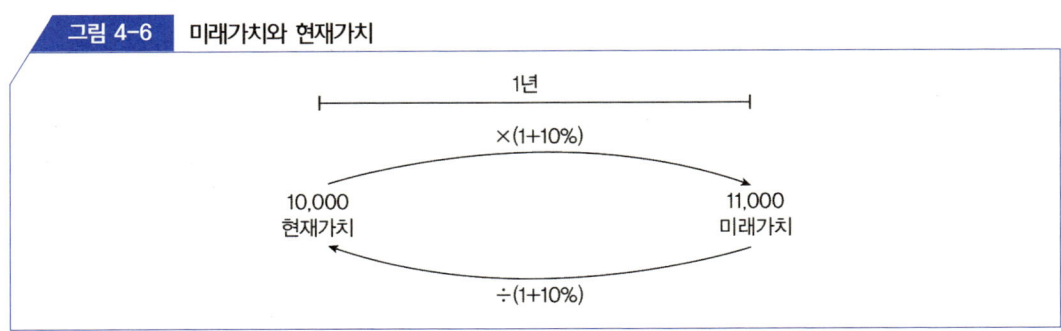

그림 4-6 미래가치와 현재가치

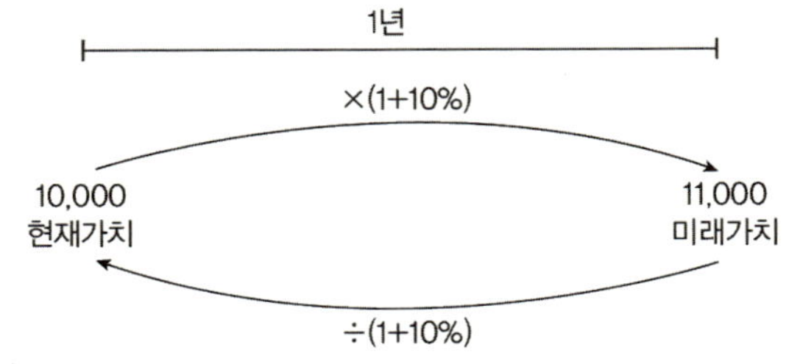

5) 적절한 할인율이 의미하는 바는 「회계학」에서 학습하도록 하겠다. 이 단원에서는 주어진 변수라고 가정하고 문제에 접근하자.

(1) 단일금액의 미래가치

예를 들어 현금흐름 ₩10,000, 이자율(r)이 10%, 만기기간(n)이 3년인 경우 복리이자의 상황에서 현재 시점 ₩10,000의 미래가치를 계산해보면 다음과 같다.

그림 4-7 단일금액의 미래가치

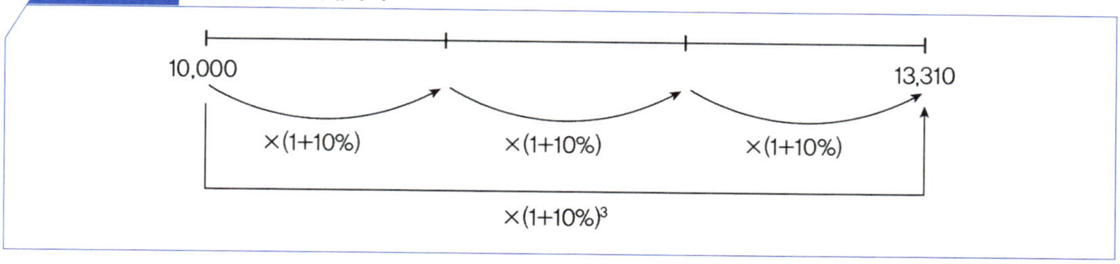

따라서 단일금액의 미래가치는 다음과 같이 계산된다.

$$\text{단일금액의 미래가치} = \text{금액} \times (1+r)^n$$

(2) 단일금액의 현재가치

예를 들어 현금흐름 ₩10,000, 이자율(r)이 10%, 만기기간(n)이 3년인 경우 복리이자의 상황에서 3년 뒤 ₩10,000의 현재가치를 계산해보면 다음과 같다.

그림 4-8 단일금액의 현재가치

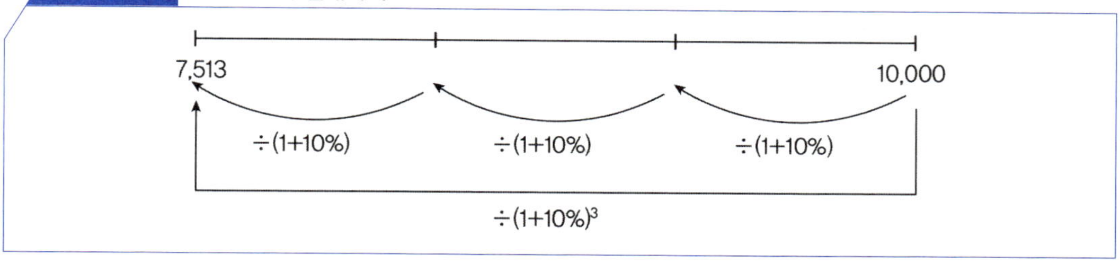

따라서 단일금액의 현재가치는 다음과 같이 계산된다.

$$\text{단일금액의 현재가치} = \text{금액} \div (1+r)^n$$

한편, 미래금액에 대한 현재가치를 계산하는 것은 보통 **현재가치할인**이라 한다.

3. 연금의 미래가치와 현재가치

한편 시간가치계산의 대상이 되는 현금흐름은 단일금액뿐만 아니라 연금인 경우도 있다. 단일금액은 한 번만 발생할 현금흐름을 말하며, **연금**이란 동일한 금액이 일정기간 동안 반복적으로 발생하는 현금흐름을 말한다. 연금의 종류에는 기말시점마다 발생하는 **정상연금**과 기초마다 발생하는 **이상연금**이 있다.

(1) 정상연금의 미래가치

예를 들어, 만기(n)가 3년이며, 매기간 말 발생하는 현금흐름이 ₩10,000인 정상연금의 미래가치를 계산해보자. 이자율(r)이 10%인 경우 복리이자의 상황에서 정상연금의 미래가치를 계산해보면 다음과 같다.

그림 4-9 정상연금의 미래가치

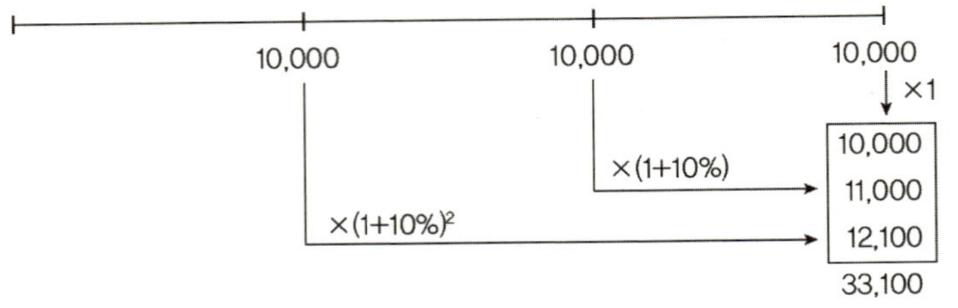

따라서 정상연금의 미래가치는 다음과 같이 계산된다.

$$\text{정상연금의 미래가치} = \text{금액} \times (1+r)^{(n-1)} + \text{금액} \times (1+r)^{(n-2)} + \cdots + \text{금액}$$
$$= \text{금액} \times [(1+r)^{(n-1)} + (1+r)^{(n-2)} + \cdots + 1]$$

(2) 정상연금의 현재가치

예를 들어, 만기(n)가 3년이며, 매기간 말 발생하는 현금흐름이 ₩10,000인 정상연금의 현재가치를 계산해보자. 이자율(r)이 10%인 경우 복리이자의 상황에서 정상연금의 현재가치를 계산해보면 다음과 같다.

그림 4-10 정상연금의 현재가치

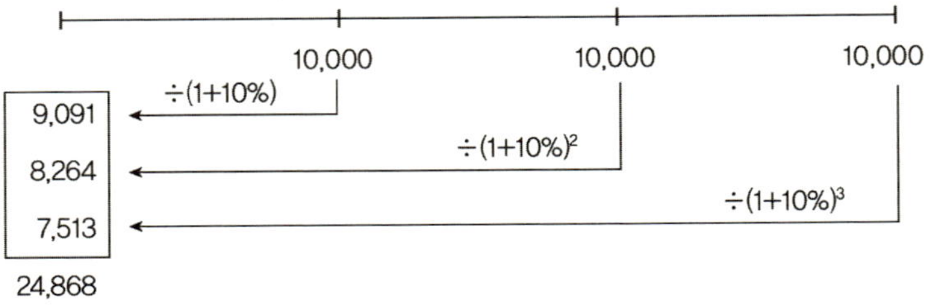

따라서 정상연금의 현재가치는 다음과 같이 계산된다.

$$\text{정상연금의 현재가치} = \text{금액} \div (1+r) + \text{금액} \div (1+r)^{2+} \cdots + \text{금액} \div (1+r)^n$$
$$= \text{금액} \times [1/(1+r) + 1/(1+r)^2 + \cdots + 1/(1+r)^n]$$

(3) 이상연금의 미래가치

예를 들어, 만기(n)가 3년이며, 매기간 초 발생하는 현금흐름이 ₩10,000인 이상연금의 미래가치를 계산해보자. 이자율(r)이 10%인 경우 복리이자의 상황에서 이상연금의 미래가치를 계산해보면 다음과 같다.

그림 4-11 이상연금의 미래가치

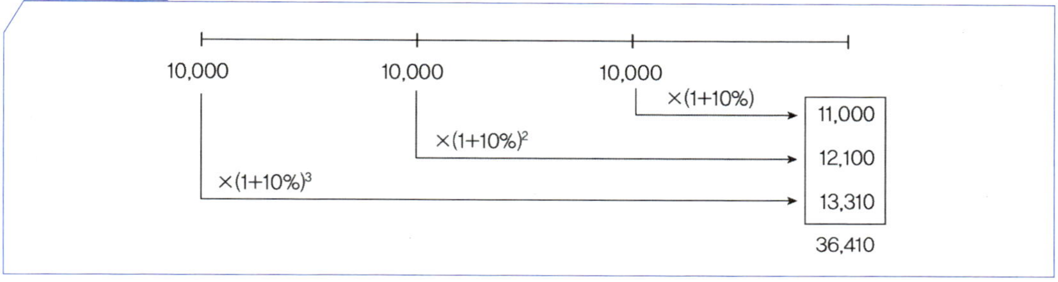

따라서 이상연금의 미래가치는 다음과 같이 계산된다.

$$\text{이상연금의 미래가치} = \text{금액} \times (1+r)^n + \text{금액} \times (1+r)^{(n-1)} + \cdots + \text{금액} \times (1+r)$$
$$= \text{금액} \times [(1+r)^n + (1+r)^{(n-1)} + \cdots + (1+r)]$$

(4) 이상연금의 현재가치

예를 들어, 만기(n)가 3년이며, 매기간 초 발생하는 현금흐름이 ₩10,000인 이상연금의 현재가치를 계산해보자. 이자율(r)이 10%인 경우 복리이자의 상황에서 이상연금의 현재가치를 계산해보면 다음과 같다.

그림 4-12 이상연금의 현재가치

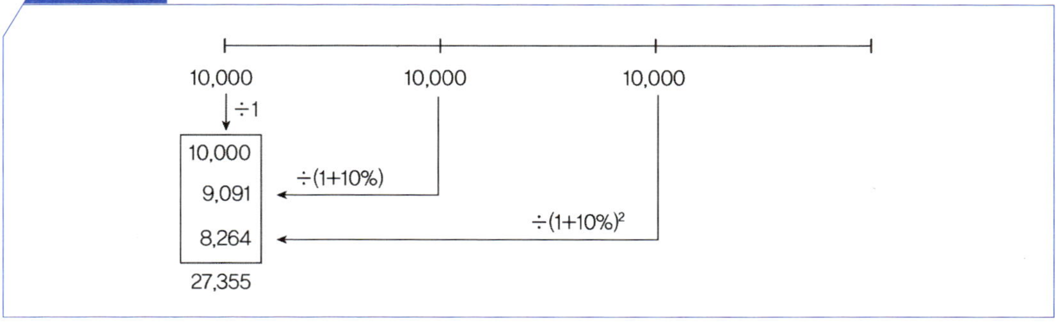

따라서 이상연금의 현재가치는 다음과 같이 계산된다.

$$\text{이상연금의 현재가치} = \text{금액} + \text{금액} \div (1+r)^{+} \cdots + \text{금액} \div (1+r)^{(n-1)}$$
$$= \text{금액} \times [1 + 1/(1+r) + \cdots + 1/(1+r)^{(n-1)}]$$

4. 현재가치계수의 활용

현금흐름의 형태별로 각각의 이자율을 적용하여 미래가치와 현재가치를 계산하는 것은 너무나도 번거로운 작업이다. 계산의 불편을 줄이기 위해 현금흐름이 ₩1인 경우의 현재가치금액을 미리 계산하여 사용하는데, 이를 현재가치계수라고 한다. 예를 들어 이자율이 10%인 경우의 3기간 단일현재가치계수와 정상연금현재가치계수는 다음과 같이 계산된다.

$$\text{단일금액 현재가치계수} = ₩1 \div (1+10\%)^3 = ₩1 \times 0.7513$$
$$\text{정상연금 현재가치계수} = ₩1 \div (1+10\%) + ₩1 \div (1+10\%)^2 + ₩1 \div (1+10\%)^3$$
$$= ₩1 \times [1/(1+10\%) + 1/(1+10\%)^2 + 1/(1+10\%)^3]$$
$$= ₩1 \times 2.4868$$

따라서 현재가치계수는 다음과 같은 산식으로 표현할 수 있다.

$$\text{단일금액 현재가치계수} = 1/(1+r)^n$$
$$\text{정상연금 현재가치계수} = 1/(1+r) + 1/(1+r)^2 + \cdots + 1/(1+r)^n$$

기간별, 이자율별 현재가치계수를 정리한 표를 현재가치계수표라고 하며, 아래와 같은 형태를 갖는다.

기 간	단일금액 현재가치계수			정상연금현재가치계수		
	9%	10%	11%	9%	10%	11%
1	0.9174	0.9091	0.9009	0.9174	0.9091	0.9009
2	0.8417	0.8264	0.8116	1.7591	1.7355	1.7125
3	0.7722	0.7513	0.7312	2.5313	2.4868	2.4437

5. 현재가치 계산의 적용

(1) 장기할부판매거래의 의의

현재가치 계산의 대상이 되는 채권·채무는 여러 가지가 있겠지만, 가장 손쉬운 장기성 채권·채무의 예시를 통하여 현재가치의 계산 및 회계처리를 학습한다.

예를 들어, 20×1년 1월 1일 기업 A가 기업 B에게 원가 ₩8,000 토지를 ₩10,000에 판매하고 매년 말 8%의 표시이자[6]를 포함하여, 3년 뒤 ₩10,000 회수하게 되는 경우를 가정해보자.

	20×1년	20×2년	20×3년
표시이자	₩800	800	800
액면금액			10,000

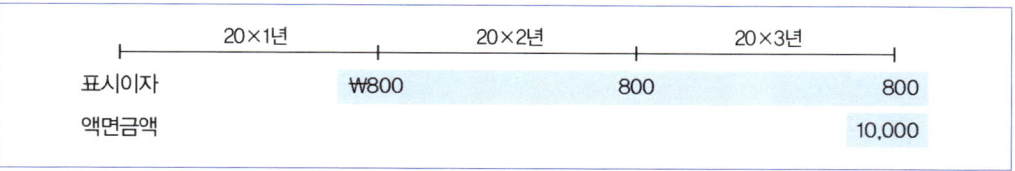

적절한 이자율은 연 10%이며, 만기 3년, 연 이자율 10%의 단일금액 현재가치계수는 0.7513, 정상연금 현재가치계수는 2.4868이라고 한다면, 미래 현금흐름의 현재가치는 다음과 같이 계산된다.

액면금액의 현재가치	₩10,000×0.7513 =	₩7,513
표시이자의 현재가치	₩10,000×8%×2.4868 =	1,989
		₩9,502

(2) 장기할부판매거래의 분석

상기 예시의 거래에서 기업 A는 장기할부판매거래를 통해 기업 B로부터 판매대금을 회수할 수 있는 권리를 보유하게 된다. 판매대금을 회수할 수 있는 권리는 '장기미수금'이라는 계정을 사용하여 자산으로 인식한다. 그 금액은 판매대금의 현재가치로 측정된다. 판매를 통해 토지를 기업 B에게 이전하였으므로 토지를 장부에서 제거하며, 토지의 원가와 장기미수금의 차이는 '처분이익'이라는 계정을 사용하여 수익으로 인식한다. 이와 관련된 회계처리는 다음과 같다.

(차)	장 기 미 수 금	9,502	(대) 토 지	8,000
			토 지 처 분 이 익	1,502

한편, 기업 A가 기업 B에게 토지를 장기할부로 판매하는 거래는 다음과 같이 자금 대여와 토지 처분의 거래로 구분할 수 있다. 즉, 기업 A가 기업 B에게 미래현금흐름의 현재가치 만큼 자금을 대여한 후 그 돈을 다시 받으면서 토지를 처분하였다고 가정하여도, 거래의 실질은 변함이 없다. 따라서 상기 장기할부판매 거래를 토지의 처분에 따른 처분이익과 자금의 대여에 따른 이자수익 부분으로 나누어 분석할 수 있다.

6) 미래현금흐름의 구성은 거래당사자간의 약정에 따라 굉장히 다양하게 구성될 수 있다. 실무상 가장 많이 사용되는 현금흐름은 원금을 만기에 일시상환하며 매 기간 표시이자를 수수하는 경우이므로, 이를 통해 장기채권채무의 학습을 하도록 한다.

그림 4-13 장기할부판매거래의 분석

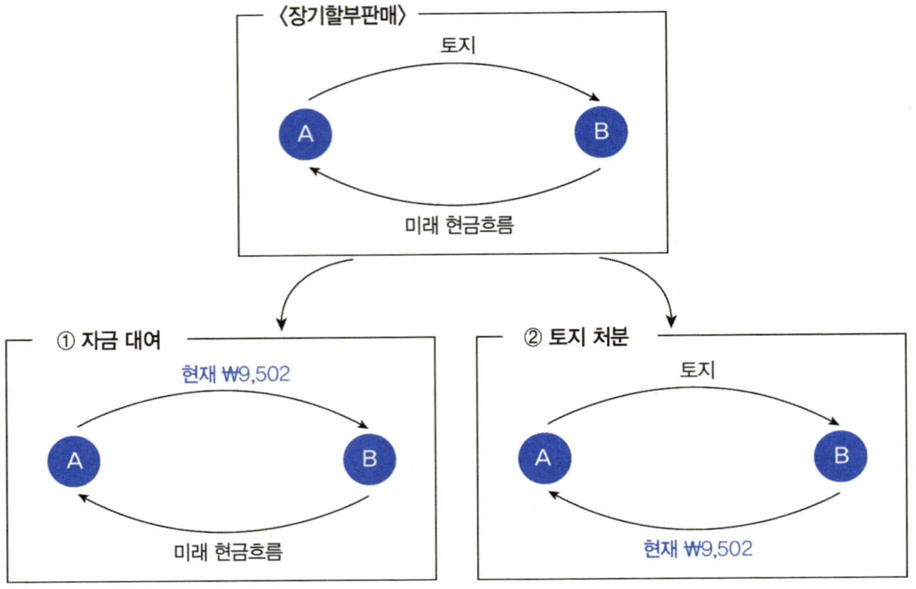

이 경우 기업 A가 ① 자금대여와 ② 토지처분에 대해서 수행해야 할 회계처리는 다음과 같다.

〈자금대여〉

(차) 장 기 미 수 금	9,502	(대)	현 금	9,502

〈토지처분〉

(차) 현 금	9,502	(대)	토 지	8,000
			토 지 처 분 이 익	1,502

(3) 장기성 채권

1) 최초 인식

기업 A는 장기할부판매거래에서 받을 미래현금의 현재가치를 채권으로 인식한다. 채권 금액은 판매로 발생한 채권의 미래현금흐름을 적절한 할인율로 할인한 현재가치이다. (2)에서 수행한 회계처리를 통합한다면 다음과 같다.

(차) 장 기 미 수 금	9,502	(대)	토 지	8,000
			토 지 처 분 이 익	1,502

한편, 회계 관행상 상기의 회계처리 중 장기미수금 계정은 만기시점의 액면금액으로 표시한다. 만기 액면금액 ₩10,000과 현재가치 ₩9,502의 차이 ₩498를 현재가치할인차금이라는 계정을 사용하여 표시한다.

현재가치할인차금＝채권의 만기 액면금액－채권의 현재가치

현재가치할인차금은 장기미수금의 차감적 평가계정이다. (1)에서 언급한 사례를 통해 회계처리를 수행한다면 다음과 같다.

(차)	장 기 미 수 금	10,000	(대)	현재가치할인차금	498
				토　　　지	8,000
				토 지 처 분 이 익	1,502

20×1년 1월 1일의 회계처리 직후 재무상태표에는 다음과 같이 표시된다.

20×1년 1월 1일 재무상태표

장 기 미 수 금	10,000
(현재가치할인차금)	(498)
	9,502

2) 후속측정

① 이자수익

장기할부판매의 판매자는 구매자에게 자금을 대여한 것이므로 이자수익을 인식한다. 이자는 특정 기간 동안 특정 금액을 대여한 것에 대한 대가이므로 '대여금액×이자율'로 계산할 수 있다. 이러한 이자의 계산방법을 유효이자율법이라고 하며, 유효이자율법에 의해 계산된 이자를 실질이자라고 한다. 유효이자율법으로 이자수익을 계산할 때 적용하는 이자율을 유효이자율이라고 한다. 장기할부판매의 채권자 입장에서는 '대여금액＝채권기초장부금액' 이므로, 다음과 같이 계산 후 이자수익으로 인식한다.

실질이자＝채권의 기초장부금액×유효이자율

앞의 예시에서는 장기매출채권의 기초 장부금액이 ₩9,502이므로 20×1년도의 실질이자는 다음과 같이 계산된다. 판매자(채권자)는 해당 금액을 이자수익으로 인식한다.

실질이자＝₩9,502×10%＝₩950

② 채권 장부금액의 증가

실질이자는 채권자가 현금을 대여해주고 1년 동안 수익으로 얻고자 하는 금액을 의미한다. 한편, 채무자로부터 실제로 수령한 현금은 약정된 표시이자에 불과하다. 따라서 채권자는 수령하지 못한 금액을 원금에 가산하여, 채권의 장부금액을 증가시킨다. 이는 받지 못한 이자에 대해서도 이자를 인식하는 복리의 개념에 따른 것이다. 따라서 미수령된 금액은 채권 금액의 장부금액을 증가시켜, 차기 이후의 이자수익 인식액을 증가시킬 것이다. 이는 다음과 같은 산식을 정리된다.

채권가치의 증가액＝실질이자－표시이자

상기 예시에서 채권 장부금액의 증가액을 계산하면 다음과 같다.

채권가치의 증가액＝₩950(실질이자)－800(표시이자)＝₩150

③ 회계처리

실질이자는 수익으로 대변에, 수령한 현금(표시이자)은 차변에 기입하고 (실질이자가 표시이자에 미달하여) 채권의 원금에 가산할 금액은 차변에 기입하여 채권의 장부금액을 증가시킨다. 상기 예시를 통해 회계처리하면 다음과 같다.

(차)	현　　　　금	800	(대)	이 자 수 익	950
	장 기 미 수 금	150			

그러나 위와 같이 채권의 원금에 가산할 금액을 장기미수금 계정을 사용하게 되면 장기미수금의 만기금액 ₩10,000과 장기미수금의 장부상 액면금액 ₩10,150(＝₩10,000＋150)이 달라진다. 이 경우, 장기미수금의 만기금액과 장부상 액면금액을 일치하기 위해, 현재가치할인차금이라는 별도의 차감계정을 사용한 의미가 없어지게 된다.

따라서 장기미수금의 액면금액과 장부상 표시금액을 일치시키기 위해, 채권의 원금에 가산할 금액은 현재가치할인차금을 감소시키는 방식으로 회계처리한다. 이를 현재가치할인차금의 상각이라 부른다. 상기 예시를 통해 회계처리하면 다음과 같다.

(차)	현　　　　금	800	(대)	이 자 수 익	950
	현재가치할인차금	150			

상기와 같이 회계처리한 후의 20×1년말 부분재무상태표를 표시해보면 다음과 같다.

20×1년 12월 31일 재무상태표

장 기 미 수 금	10,000
(현재가치할인차금)	(348)
	9,652

④ 이후 연도

20×2년도에도 20×1년과 동일하게 이자수익 및 채권 가치의 증가에 대한 회계처리가 수행된다. 다만 20×2년 초의 채권의 기초장부금액은 20×1년 초의 채권의 기초장부금액과는 다르다. 20×2년 초의 채권 장부금액은 20×1년 현재가치할인차금 상각을 반영한 후의 증가된 금액이기 때문이다. 따라서 20×2년의 이자수익을 계산할 때에는 채권의 20×2년 기초장부금액을 기준으로 계산해야한다.

상기 예시와 관련하여 20×2년의 실질이자와 현재가치 할인차금 상각액 계산 및 회계처리는 다음과 같다.

실질이자 : ₩9,652(20×2년초 장부금액)×10%=₩965
현재가치할인차금 상각액 : ₩965−800=₩165

(차)	현 금	800	(대)	이 자 수 익	965
	현재가치할인차금	165			

3) 만기상환

만기 시점까지 회사는 유효이자율법을 통해 이자수익을 인식하며, 현재가치할인발행차금을 상각한다. 만기에는 채권의 장부금액이 액면금액과 일치하며 만기시점에 액면금액을 회수하면서 채권을 제거하는 회계처리를 수행한다. 상기의 예시에 대해 20×3년 12월 31일에 수행할 회계처리는 다음과 같다.

(차)	현 금	10,000	(대)	장 기 미 수 금	10,000

참 고 현재가치할인차금상각표

각 연도별 실질이자, 표시이자 및 현재가치할인차금 상각액의 관계를 살펴보면 다음과 같다.

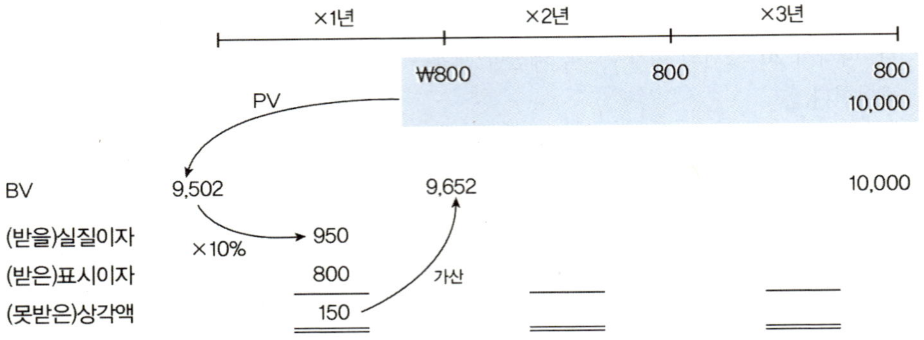

현재가치할인차금상각표란 각 연도별 실질이자, 표시이자, 현재가치할인차금 상각액 및 장기채권의 장부금액을 집약한 표를 말한다. 상기의 예시를 통하여 현재가치할인차금 상각표를 작성하면 다음과 같다.

현재가치할인차금상각표

일 자	실질이자	표시이자	차금상각액	장부금액
20×1. 1. 1				₩9,502
20×1. 12. 31	950	800	150	9,652
20×2. 12. 31	965	800	165	9,817
20×3. 12. 31	983*	800	183	10,000
합계	2,898	2,400	498	

* 미래현금흐름의 현재가치를 유효이자율법으로 상각하는 경우, 만기시의 장부금액과 액면금액의 차이가 존재할 수 있다. 이는 현재가치계수의 소수점 반올림으로 인해 발생하는 차이이다. 이 경우, 마지막 연도의 상각금액의 조정을 통해 장부금액과 액면금액을 일치시키며, 이 조정 과정을 끝수조정이라 한다.

참 고 총이자수익

매출채권을 보유함으로써 발생하는 이자수익은 실질이자로 계산된 금액의 합산이다. 상기 현재가치할인차금 상각표에서 실질이자의 합은 ₩2,898로 계산될 수 있는데, 이는 채무자로부터 받는 총금액 (₩10,000+2,400)에서 최초에 대여한 금액(₩9,502)의 차이다. 즉, 이자라는 것은 언제나 받은 돈과 준 돈과의 차이((+)이면 이자수익, (−)이면 이자비용)라고 이해할 수 있다.

참 고 장기미수금의 시점별 장부금액

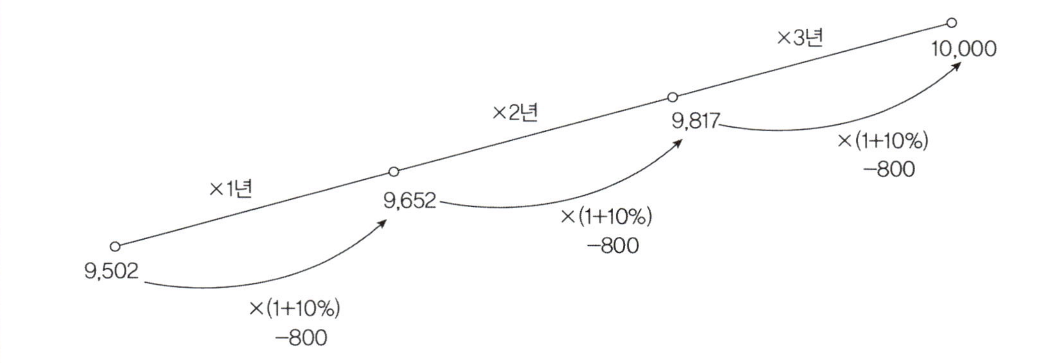

(4) 장기성 채무

장기할부판매거래에서 채무자는 채권자와 정반대의 회계처리를 수행하게 된다. 즉, 토지의 구매 시 토지를 수령하며, 장기미지급금을 인식한다. 채무의 상환기간동안 현금을 지급하고, 이자비용을 인식하며, 채무와 관련한 현재가치할인차금을 상각한다. 이와 관련된 일련의 회계처리를 상기의 예시를 통하여 B의 입장에서 수행한다면 다음과 같다.

① 최초 인식

(차)	토지	9,502	(대)	장기미지급금	10,000
	현재가치할인차금	498			

② 이자비용의 인식과 현재가치할인차금 상각

(차)	이자비용	950	(대)	현금	800
				현재가치할인차금	150

③ 만기시점의 상환

(차)	장기미지급금	10,000	(대)	현금	10,000

예제 5 장기성 채권 · 채무

다음은 12월말 결산법인인 ㈜우리와 ㈜나라의 20×1년 상품거래와 관련한 자료이다.

(1) 20×1년 1월 1일 ㈜우리는 ㈜나라에게 원가 ₩60,000 상품을 ₩100,000에 외상판매하고 3년뒤 원금을 회수하기로 하였다. 원금에 대해 매년 말 6%의 표시이자를 수령하며, 채권에 적용되는 유효이자율은 10%이다.

(2) 이자율 10%의 현재가치계수는 다음과 같다. 소수점 이하 잔액은 반올림하여 계산한다.

구분	1기간	2기간	3기간
단일금액현재가치계수	0.9091	0.8264	0.7513
정상연금현재가치계수	0.9091	1.7355	2.4868

[물 음]

1. ㈜우리가 매출액으로 인식할 금액을 계산하시오.
2. ㈜우리의 장기매출채권과 관련해서 계산할 현재가치할인차금상각표를 작성하시오.
3. ㈜우리가 20×2년 말 재무상태표에 표시할 장기매출채권의 장부금액을 제시하시오.
4. ㈜우리의 입장에서 각 일자별로 수행해야할 회계처리를 제시하시오.
5. ㈜나라의 입장에서 각 일자별로 수행해야할 회계처리를 제시하시오.

해답

1. 매출액의 계산

① 미래현금흐름

	20×1년	20×2년	20×3년
표시이자	6,000	6,000	6,000
액면금액			100,000

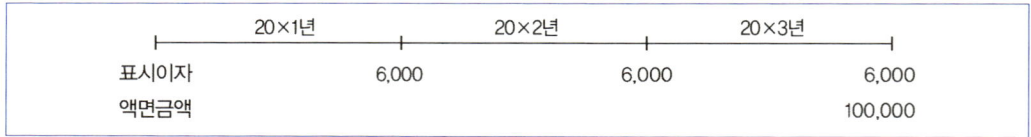

② 매출액 : ₩100,000×0.7513+6,000×2.4868=₩90,051

2. 현재가치할인차금상각표

현재가치할인차금상각표

일 자	실질이자	표시이자	차금상각액	장부금액
20×1. 1. 1				₩90,051
20×1. 12. 31	₩9,005	₩6,000	₩3,005	93,056
20×2. 12. 31	9,306	6,000	3,306	96,362
20×3. 12. 31	9,638*	6,000	3,638	100,000
합계	₩27,949	₩18,000	₩9,949	

* 끝수조정

3. 재무상태표 표시

20×2년 12월 31일 재무상태표	
장 기 매 출 채 권	100,000
(현재가치할인차금)	(3,638)
	96,362

4. ㈜우리의 회계처리

20×1년 1월 1일	(차) 장 기 매 출 채 권	100,000	(대) 매 출	90,051
			현재가치할인차금	9,949
20×1년 12월 31일	(차) 현 금	6,000	(대) 이 자 수 익	9,005
	현재가치할인차금	3,005		
20×2년 12월 31일	(차) 현 금	6,000	(대) 이 자 수 익	9,306
	현재가치할인차금	3,306		
20×3년 12월 31일	(차) 현 금	6,000	(대) 이 자 수 익	9,638
	현재가치할인차금	3,638		
	(차) 현 금	100,000	(대) 장 기 매 출 채 권	100,000

5. ㈜나라의 회계처리

20×1년 1월 1일	(대) 매 입	90,051	(차) 장 기 매 입 채 무	100,000
	현재가치할인차금	9,949		
20×1년 12월 31일	(대) 이 자 비 용	9,005	(차) 현 금	6,000
			현재가치할인차금	3,005
20×2년 12월 31일	(대) 이 자 비 용	9,306	(차) 현 금	6,000
			현재가치할인차금	3,306
20×3년 12월 31일	(대) 이 자 비 용	9,638	(차) 현 금	6,000
			현재가치할인차금	3,638
	(대) 장 기 매 입 채 무	100,000	(차) 현 금	100,000

OX

01 당좌자산이란 유동자산 중 현금이나 현금으로 용이하게 전환될 수 있는 자산을 말하며, 유동자산에서 재고자산을 차감한 금액으로 계산될 수 있다.

02 당좌차월은 당좌예금의 잔액을 초과하여 당좌수표를 발행한 금액으로 현금의 차감항목으로 표시한다.

03 은행계정조정 중 부도수표의 항목은 회사측에서 출금처리를 잘못하여 발생한 오류이다.

04 보고기간말로부터 3개월 이내에 만기가 도래하는 금융상품을 현금성자산이라고 한다.

05 손상회계는 수익과 비용을 대응시키기 위해서 수행하므로, 매출액의 회수불가능비율을 적용하여 기말 기대신용손실을 추정한 후 손상차손을 인식한다.

06 상품, 원재료 등의 재고자산을 매입하기 위하여 물건의 인수 이전에 미리 선급한 금액을 선급비용이라고 한다.

07 선급금은 수취채권이나 금융자산은 아니다.

08 선수수익은 수익 중 차기 이후의 기간에 해당하는 부분을 이연처리하는 계정을 말하며 기간 미도래분을 자산으로 처리한다.

해답 및 해설

01 ○

02 × 당좌차월은 차입금에 해당하므로 별도의 부채로 표시함.

03 × 부도어음 회사측에서 입금처리하지 말아야 하는데 입금 처리한 내역으로 입금의 오류항목임.

04 × 현금성자산의 판단여부는 보고기간말로부터가 아니라, 취득일로부터 기산해야함.

05 × 손상회계는 수익－비용의 대응을 위해서도 수행하지만 주된 목적은 기말매출채권의 올바른 평가이다. 따라서 기대신용손실을 추정할 때, 기중매출액 기준이 아닌, 기말매출채권 중 회수가 불가능한 금액만큼을 기대신용손실로 산정한다. 즉, 기말매출채권의 기대신용손실을 기말 손실충당금 잔액으로 인식할 뿐, 손상차손으로 인식할 금액은 고려대상이 아님.

06 × 선급금에 대한 설명임. 선급비용은 비용을 선급한 금액을 말함.

07 ○ 선급금은 재화나 용역을 수령할 권리를 의미하므로 수취채권에 해당된다. 그러나 현금으로 회수되는 채권은 아니므로 금융자산에 해당되지는 않음.

08 × 선수수익이란 기간이 도래하지 않아 관련 효익을 제공하지 않았으므로 부채로 인식함.

Chapter **04**

연습문제

01

다음은 20×1년 중에 발생한 A사와 B사의 거래들이다.

1. 상품 외상거래

① 1월 1일, A사는 B사로부터 상품 ₩14,000을 외상으로 구입하였다. 그 중 ₩5,000은 어음을 발행하였다.

② 2월 15일, A사는 B사에 대한 외상구입대금 중 ₩3,000을 현금으로 지급하였다.

③ 4월 1일, A사는 B사에 대한 지급어음 ₩5,000을 현금으로 지급하였다.

2. 원재료 선급거래

① 5월 1일, A사는 B사에 원재료 ₩30,000을 구입하는 계약을 체결하였다. 계약체결 즉시 A사는 계약금으로 ₩10,000을 현금 지급하였다.

② 5월 14일, A사는 B사로부터 원재료를 인도받고 잔금 ₩20,000을 현금을 지급하였다.

3. 토지 외상거래

① 7월 7일, A사는 보유중인 장부금액 ₩20,000의 토지를 B사에 ₩30,000에 처분하고 처분대금은 10일 후에 받기로 하였다.

② 7월 17일, A사는 B사로부터 토지매각대금 ₩30,000을 현금으로 수령하였다.

4. 금전대여거래

① 9월 1일, A사는 거래처인 B사에 ₩50,000을 대여하고 수표를 발행하였다. 대여한 금액은 12월말에 회수하기로 하였다.

② 12월 31일, A사는 B사로부터 대여한 금액 ₩50,000을 회수하고 4개월분 이자 ₩4,000을 포함하여 현금 ₩54,000을 회수하였다.

[물 음]

A사와 B사가 각 일자에 해야 할 회계처리를 각각 제시하시오. 단, 매출원가에 대한 회계처리는 생략한다.

해답

1. 상품 외상거래

① A사

20×1년 1월 1일	(차)	매 입	14,000	(대)	외 상 매 입 금	9,000
					지 급 어 음	5,000
20×1년 2월 15일	(차)	외 상 매 입 금	3,000	(대)	현 금	3,000
20×1년 4월 1일	(차)	지 급 어 음	5,000	(대)	현 금	5,000

② B사

20×1년 1월 1일	(차)	외상매출금	9,000	(대)	매출액	14,000
		받을어음	5,000			
20×1년 2월 15일	(차)	현금	3,000	(대)	외상매출금	3,000
20×1년 4월 1일	(차)	현금	5,000	(대)	받을어음	5,000

2. 원재료 선급거래

① A사

20×1년 5월 1일	(차)	선급금	10,000	(대)	현금	10,000
20×1년 5월 14일	(차)	재고자산	30,000	(대)	현금	20,000
					선급금	10,000

② B사

20×1년 5월 1일	(차)	현금	10,000	(대)	선수금	10,000
20×1년 5월 14일	(차)	현금	20,000	(대)	매출액	30,000
		선수금	10,000			

3. 토지외상거래

① A사

20×1년 7월 7일	(차)	미수금	30,000	(대)	토지	20,000
					토지처분이익	10,000
20×1년 7월 17일	(차)	현금	30,000	(대)	미수금	30,000

② B사

20×1년 7월 7일	(차)	토지	30,000	(대)	미지급금	30,000
20×1년 7월 17일	(차)	미지급금	30,000	(대)	현금	30,000

4. 금전대여거래

① A사

20×1년 9월 1일	(차)	단기대여금	50,000	(대)	현금	50,000
20×1년 12월 31일	(차)	현금	54,000	(대)	단기대여금	50,000
					이자수익	4,000

② B사

20×1년 9월 1일	(차)	현금	50,000	(대)	단기차입금	50,000
20×1년 12월 31일	(차)	단기차입금	50,000	(대)	현금	54,000
		이자비용	4,000			

02

20×1년 5월 1일에 설립된 A사의 매출채권 대손 관련된 내용은 다음과 같다.

(1) 20×1년 12월 31일, 매출채권의 잔액은 ₩100,000으로 A사는 이 중 5%를 대손예상액으로 추정하여 대손충당금을 설정한다.
(2) 20×2년 4월 18일, 거래처의 부도로 인하여 매출채권 ₩2,000의 대손이 확정되었다.
(3) 20×2년 12월 31일, 매출채권의 잔액은 ₩300,000으로 A사는 이 중 4%를 대손예상액으로 추정한다.
(7) 20×3년 2월 14일, 거래처의 부도로 인하여 매출채권 ₩2,000이 대손으로 확정되었다.
(8) 20×3년 12월 8일, 2월 10일에 대손된 채권 중 ₩1,000이 회수되었다.
(9) 20×3년 12월 31일, 매출채권의 잔액은 ₩400,000으로 A사는 대손의 추정방법으로 연령분석법을 사용하기로 하였다. 연령분석법과 관련된 자료들은 다음과 같다.

구 분	채권금액	대손예상률
1개월 이내	₩200,000	1%
1개월 초과 3개월 이내	150,000	2%
3개월 초과 6개월 이내	30,000	5%
6개월 초과	20,000	10%
	₩400,000	

[물 음]

A사가 각 일자에 해야 할 회계처리를 하라.

해답

1. 대손충당금의 계산

(1) 20×1년말 : ₩100,000×5%=₩5,000
(2) 20×2년말 : ₩300,000×4%=₩12,000
(3) 20×3년말

구 분	채권금액	대손예상률	대손예상액
1개월 이내	₩200,000	1%	₩2,000
1개월 초과 3개월 이내	150,000	2%	3,000
3개월 초과 6개월 이내	30,000	5%	1,500
6개월 초과	20,000	10%	2,000
	₩400,000		₩8,500

2. 회계처리

20×1년 12월 31일	(차)	대손상각비	5,000	(대)	대손충당금	5,000
20×2년 대손발생	(차)	대손충당금	2,000	(대)	매출채권	2,000
20×2년 12월 31일	(차)	대손상각비	9,000	(대)	대손충당금	9,000[1)]

1) ₩12,000(20×2년 말 대손예상액)−(5,000−2,000)(20×2년 대손충당금 잔액)

20×3년 대손발생	(차)	대손충당금	2,000	(대)	매출채권	2,000
20×3년 채권회수	(차)	현금	1,000	(대)	대손충당금	1,000
20×3년 12월 31일	(차)	대손충당금	2,500[1)]	(대)	대손충당금환입	2,500

1) ₩8,500(20×3년 말 대손예상액)−(12,000−2,000+1,000)(20×3년 대손충당금 잔액)

03

다음은 A사의 20×1년 토지 처분관련 자료이다.

(1) A사는 20×1년 1월 1일 보유중인 장부금액 ₩200,000의 토지를 B사에 ₩300,000에 처분하였다. 토지 매각대금은 20×1년 12월 31일부터 20×3년 12월 31일까지 매년 말에 ₩100,000씩 균등분할하여 수령하기로 하였다.

(2) A사는 장기미수금의 잔액에 대하여 매년 8%의 표시이자(기초 잔여 원금의 4%를 매기 말에 수령)를 수령하기로 하였으며, 당해 거래의 유효이자율은 10%이다.

(3) 이자율10%의 현재가치계수는 다음과 같다. 유동성대체는 고려하지 않는다.

기 간	단일금액 현재가치계수	정상연금 현재가치계수
1	0.9091	0.9091
2	0.8264	1.7355
3	0.7513	2.4868

[물 음]

1. A사가 토지의 처분으로 인식할 유형자산처분이익을 계산하라.

2. A사가 20×1년 1월 1일부터 20×3년 12월 31일까지의 각 일자에 해야 할 회계처리를 하고, 20×1년 1월 1일과 20×1년 12월 31일의 비교부분재무상태표를 작성하라.

3. B사가 20×1년 1월 1일부터 20×3년 12월 31일까지의 각 일자에 해야 할 회계처리를 하고, 20×1년 1월 1일과 20×1년 12월 31일의 비교부분재무상태표를 작성하라.

해답

1. 토지의 처분이익

(1) 미래현금흐름의 분석

	20×1. 1. 1	20×1.12.31	20×2.12.31	20×3.12.31
원금		₩100,000	₩100,000	₩100,000
표시이자		₩300,000×8%	₩200,000×8%	₩100,000×8%

(2) 토지의 처분금액

원금의 현재가치	100,000×2.4868=	₩248,680
표시이자의 현재가치	24,000×0.9091=	21,818
표시이자의 현재가치	16,000×0.8264=	13,222
표시이자의 현재가치	8,000×0.7513=	6,010
		₩289,730

(3) 유형자산처분이익

토지의 처분금액	₩289,730
토지의 장부금액	(200,000)
	₩89,730

2. A사의 회계처리와 부분재무상태표

(1) 회계처리

20×1년 1월 1일	(차)	장 기 미 수 금	300,000	(대)	현재가치할인차금	10,270[1]
					토 지	200,000
					토 지 처 분 이 익	89,730

1) ₩300,000(원금액면금액) − 289,730(현재가치)

20×1년 12월 31일	(차)	현 금	24,000	(대)	이 자 수 익	28,973[1]
		현재가치할인차금	4,973			
	(차)	현 금	100,000	(대)	장 기 미 수 금	100,000

1) ₩289,730 × 10%

20×2년 12월 31일	(차)	현 금	16,000	(대)	이 자 수 익	19,470[1]
		현재가치할인차금	3,470			
	(차)	현 금	100,000	(대)	장 기 미 수 금	100,000

1) [₩289,730 × (1 + 10%) − 124,000](20 × 2년초 장기미수금 장부금액) × 10%

20×3년 12월 31일	(차)	현 금	8,000	(대)	이 자 수 익	9,827[1]
		현재가치할인차금	1,827			
	(차)	현 금	100,000	(대)	장 기 미 수 금	100,000

1) 끝수조정(현재가치할인차금잔액 + 표시이자)

(2) 부분재무상태표

부분재무상태표
A사

	20×1년 초	20×1년 말
비유동자산		
장기미수금	₩300,000	₩200,000
현재가치할인차금	(10,270)	(5,297)
	₩289,730	₩194,703

2. B사의 회계처리와 부분재무상태표

(1) 회계처리

20×1년 1월 1일	(차)	현재가치할인차금	10,270[1)]	(대)	장기미지급금	300,000
		토지	289,730			
		1) ₩300,000(원금액면금액) − 289,730(현재가치)				
20×1년 12월 31일	(차)	이자비용	28,973[1)]	(대)	현금	24,000
					현재가치할인차금	4,973
	(차)	장기미지급금	100,000	(대)	현금	100,000
		1) ₩289,730 × 10%				
20×2년 12월 31일	(차)	이자비용	19,470[1)]	(대)	현금	16,000
					현재가치할인차금	3,470
	(차)	장기미지급금	100,000	(대)	현금	100,000
		1) [₩289,730 × (1 + 10%) − 124,000](20 × 2년초 장기미지급금 장부금액) × 10%				
20×3년 12월 31일	(차)	이자비용	9,827[1)]	(대)	현금	8,000
					현재가치할인차금	1,827
	(차)	장기미지급금	100,000	(대)	현금	100,000
		1) 끝수조정(현재가치할인차금잔액 + 표시이자)				

(2) 부분재무상태표

부분재무상태표
B사

	20×1년 초	20×1년 말
비유동부채		
장기미지급금	₩300,000	₩200,000
현재가치할인차금	(10,270)	(5,297)
	₩289,730	₩194,703

Chapter **04** 객관식문제

| 1 | 수취채권과 지급채무

81 다음 중 수취채권 계정에 대한 설명으로 옳지 <u>않은</u> 것은?

① 장기대여금 – 차용증서를 받고 대여한 것 중 회수기한이 1년 이후에 도래하는 채권
② 미수금 – 주요 영업활동 이외의 거래에서 발생한 미수채권
③ 매출채권 – 주요 영업활동에서 발생한 외상매출금과 받을 어음
④ 선급비용 – 상품, 원재료 등의 매입을 위하여 선급한 금액

82 ㈜대한은 ㈜민국이 긴급하게 자금이 필요하다고 하여 ㈜민국이 발행한 약속어음을 받고 자금을 단기간 빌려 주었다. 이 거래와 관련하여 ㈜대한과 ㈜민국이 인식할 수취채권과 지급채무의 종류는 각각 무엇인가?

① 단기대여금, 단기차입금
② 받을어음, 지급어음
③ 미수금, 미지급금
④ 선급금, 선수금

83 다음은 ㈜한국의 신용거래 및 대금회수 자료이다. 11월에 유입된 현금은?

- 11월 8일 한국상사에 상품 ₩50,000을 외상판매하였다.
- 11월10일 대금의 50%가 회수되었다.
- 11월30일 대금의 20%가 회수되었다.

(단, 외상매출에 대한 신용조건은 5/10, n/30이다)

① ₩32,950
② ₩33,750
③ ₩34,250
④ ₩34,750

84 다음은 ㈜한국의 당기 매출거래 관련 자료이다. 당기에 고객에게 재화를 판매하면서 수령한 현금은?

• 현금매출액 : ₩10,000	• 외상매출액 : ₩500,000
• 기초 매출채권 : ₩20,000	• 기말 매출채권 : ₩40,000

① ₩480,000
② ₩490,000
③ ₩500,000
④ ₩510,000

85 다음은 ㈜한국의 당기 재고자산 매입거래 관련 자료이다. 당기에 거래처로부터 재화를 구매하면서 지급한 현금은?

• 기초 재고자산 : ₩100,000	• 기말 재고자산 : ₩80,000
• 기초 매입채무 : ₩20,000	• 기말 매입채무 : ₩40,000
• 매출원가 : ₩800,000	• 매입할인 : ₩5,000

① ₩755,000
② ₩760,000
③ ₩795,000
④ ₩800,000

86 ㈜한국은 20×1년 12월 1일 ₩1,000,000의 상품을 신용조건(5/10, n/60)으로 매입하였다. ㈜한국이 20×1년 12월 9일에 매입대금을 전액 현금 결제한 경우의 회계처리는? (단, 상품매입 시 총액법을 적용하며, 실지재고조사법으로 기록한다.)

①	(차) 매입채무	900,000	(대) 현금	900,000
②	(차) 매입채무	950,000	(대) 현금	950,000
③	(차) 매입채무	1,000,000	(대) 현금	900,000
			매입할인	100,000
④	(차) 매입채무	1,000,000	(대) 현금	950,000
			매입할인	50,000

87 다음 자료를 이용하여 계산한 유동부채 합계 금액은?

미지급금	₩200,000	장기차입금	₩100,000
선수금	₩150,000	단기차입금	₩50,000
외상매입금	₩250,000		

① ₩250,000
② ₩400,000
③ ₩500,000
④ ₩650,000

88 임직원에게 급여를 지급하면서 근로소득세와 4대보험 등을 일시적으로 원천징수 하였을 경우 사용하는 계정과목은?

① 선수금
② 미수금
③ 가수금
④ 예수금

| 2 | 대손충당금

89 다음의 자료를 이용할 경우 당기 회사가 대손상각비(비용)으로 인식할 금액은?

- 전기 말 대손충당금 잔액이 ₩200,000이다.
- 당기 중 전기에 발생한 매출채권 ₩100,000을 회수할 수 없게 되었다.
- 당기 말 매출채권 잔액 ₩5,000,000에 대해 3%의 대손을 추정하였다.

① ₩50,000
② ₩100,000
③ ₩150,000
④ ₩200,000

90 ㈜한국은 대손에 대한 회계처리는 충당금 설정법을 적용하고 있다. ㈜한국은 20×1년 10월 1일 거래처의 파산으로 매출채권 ₩3,000을 회수할 수 없게 되었으며, 전기에 대손처리한 채권 중 ₩1,000을 현금으로 회수하게 되었다. 20×0년과 20×1년의 매출채권 관련 자료가 다음과 같다고 할 때, 20×1년 대손충당금 설정에 대한 회계처리로 옳은 것은? (단, 20×0년 초 대손충당금 잔액은 없으며, 미래현금흐름 추정액의 명목금액과 현재가치의 차이는 중요하지 않다.)

구분	20×0년 말	20×1년 말
매출채권	₩100,000	₩120,000
추정미래현금흐름	₩96,000	₩118,900

①	(차) 대 손 상 각 비	900	(대) 대 손 충 당 금	900
②	(차) 대 손 상 각 비	1,100	(대) 대 손 충 당 금	1,100
③	(차) 대 손 충 당 금	900	(대) 대손충당금환입	900
④	(차) 대 손 충 당 금	1,100	(대) 대손충당금환입	1,100

91 ㈜한국은 고객에게 60일을 신용기간으로 외상매출을 하고 있으며, 연령분석법을 사용하여 기대신용손실을 산정하고 있다. 20×1년 말 현재 ㈜한국은 매출채권의 기대신용손실을 산정하기 위해 다음과 같은 충당금 설정률표를 작성하였다. 20×1년 말 대손충당금과 관련된 기말수정분개를 하기 전, 매출채권에 대한 손실충당금(대손충당금) 대변 잔액 ₩5,000이 있을 때, 결산시 인식할 손상차손(대손상각비)는?

구분	매출채권 잔액	기대신용손실률
신용기간 이내	₩100,000	1%
1일 ~ 30일 연체	40,000	3%
31일 ~ 90일 연체	20,000	10%
90일 초과 연체	10,000	50%

① ₩4,200
② ₩5,000
③ ₩9,200
④ ₩165,000

92 ㈜한국의 전기 말 외상매출금과 대손충당금은 각각 ₩35,000과 ₩2,500이다. 당기 매출액은 ₩82,000(전액 외상)이며 외상매출금 회수액은 ₩89,000이다. 당기중 대손이 발생한 금액은 없다. ㈜한국이 외상매출금 기말잔액의 10%를 대손충당금으로 설정할 경우, 당기의 대손 상각비는?

① ₩100
② ₩200
③ ₩300
④ ₩2,500

93 ㈜대한은 매출채권의 손상차손 인식과 관련하여 대손상각비와 대손충당금 계정을 사용한다. 20×1년 초 매출채권과 대손충당금은 각각 ₩2,000,000과 ₩300,000이었다. 다음은 20×1년에 발생한 거래와 20×1년 말 손상차손 추정과 관련한 자료이다.

- 20×1년 중 거래처의 파산으로 대손확정된 금액은 ₩200,000이다.
- 20×1년 매출액(전액 외상)은 ₩8,600,000이다.
- 당기 중 현금 회수된 매출채권은 ₩8,000,000이며, 이 중 대손된 채권이 회수된 내역은 없다.
- 20×1년 말 매출채권 잔액의 5%를 대손충당금으로 설정한다.

20×1년 ㈜대한의 대손상각비는 얼마인가?

① ₩10,000
② ₩20,000
③ ₩30,000
④ ₩40,000

94 ㈜대한의 20×1년 초, 20×1년 말 대손충당금 잔액은 각각 ₩15,000, ₩10,000이다. 당기포괄손익계산서상 대손상각비가 ₩7,000인 경우, 기중 실제 대손으로 확정된 금액은 얼마인가? (단, 당기에 대손 처리된 채권 중 회수된 금액은 없다.)

① ₩12,000
② ₩15,000
③ ₩22,000
④ ₩25,000

| 3 | 현재가치계산

95 회사는 20×1년 1월 1일 보유중이던 토지를 ₩10,000에 판매하였다. 외상대금은 3년 뒤에 지급받기로 하였으며, 만기까지 매기 말 액면금액에 6%에 해당하는 표시이자를 수령한다. 회사에 적용되는 유효이자율은 10%라고 할 경우 회사가 20×2년에 인식할 이자수익이 얼마인지 계산하시오.(단, 만기 3년, 10%, 단일금액 현재가치계수는 0.75, 정상연금 현재가치계수는 2.50이다.)

① ₩600
② ₩900
③ ₩930
④ ₩990

96 회사는 20×1년 1월 1일 고객에게 원가 ₩80,000의 상품을 판매하고 판매대금 ₩100,000은 20×3년 12월 31일에 받기로 하였다. 만기까지 매기 말 액면금액에 8%에 해당하는 표시이자를 수령한다. 회사에 적용되는 유효이자율은 10%라고 할 경우 회사가 20×2년 말 재무상태표에 인식할 매출채권은 얼마인지 계산하시오. (단, 만기 3년, 10%, 단일금액 현재가치계수는 0.75, 정상연금 현재가치계수는 2.50이다.)

① ₩95,000
② ₩96,500
③ ₩98,150
④ ₩100,000

97 회사는 20×1년 1월 1일 은행으로부터 만기 3년, 액면금액 ₩10,000, 표시이자 4%(매년말 지급)의 차입금을 차입하고 현금 ₩8,508을 수령하였다. 차입금에 적용되는 유효이자율은 10%라고 할 경우, 회사가 차입금의 만기시점(20×3년 12월 31일)까지 3년간 인식할 총 이자비용은 얼마인가?

① ₩1,200
② ₩1,492
③ ₩2,692
④ ₩3,000

98 회사는 20×1년 초 원가 ₩8,000의 상품을 외상으로 ₩10,000에 판매하였다. 외상대금의 회수기일은 20×3년 12월 31일이며, 만기까지 매기 말 액면금액에 8%에 해당하는 표시이자를 수령한다. 회사에 적용되는 유효이자율은 10%라고 할 경우 회사의 판매거래가 20×1년 당기순이익에 미치는 영향을 구하시오. (단, 만기 3년, 10%, 단일금액 현재가치계수는 0.75, 정상연금 현재가치계수는 2.5이다.)

① ₩2,000　　② ₩2,450
③ ₩10,000　　④ ₩10,450

99 ㈜한국은 만기가 3년, 매년 말 이자지급액 ₩500, 액면금액이 ₩50,000인 국채에 투자하여 수익을 얻으려고 한다. 해당 국채에 적용되는 할인율이 5%라고 할 경우, ㈜한국이 해당 국채에 투자할 금액은 얼마인가? (단, 5% 3기간 단일금액 현재가치계수와 정상연금 현재가치계수는 각각 0.86, 2.72이라고 가정한다.)

① ₩43,000　　② ₩44,360
③ ₩136,000　　④ ₩136,430

100 ㈜한국은 20×1년 초 현재 이자율 10%, 만기 3년인 예금에 투자할 계획을 가지고 있다. ₩300,000을 투자한다면 예금의 만기(20×3년 12월 31일)에 수령할 금액은 얼마인가? (단, 10% 3기간 단일금액 현재가치계수와 정상연금 현재가치계수는 각각 0.75, 2.5라고 가정한다.)

① ₩120,000　　② ₩225,000
③ ₩400,000　　④ ₩750,000

해답 및 해설

81	④	82	①	83	②	84	②	85	②	86	④	87	④	88	④	89	①	90	③
91	①	92	③	93	②	94	①	95	③	96	③	97	③	98	②	99	②	100	③

81 • 선급비용은 보험료, 이자비용 등 서비스의 이용대가를 선급한 금액을 의미한다. 상품, 원재료 등의 매입을 위하여 선급한 금액은 선급금이라는 계정으로 표시한다.

82 • 금전대차거래와 관련하여 인식할 수취채권과 지급채무는 각각 '대여금', '차입금'의 계정을 사용한다. 만기가 1년 이내에 도래하는 채권·채무는 각각 '단기대여금, 단기차입금'의 계정을 사용하며, 만기가 1년 이후에 도래하는 채권·채무는 각각 '장기대여금, 장기차입금'의 계정을 사용한다.

83 • 5/10, n/30조건은 만기 30일이며 10일이내 결제시 5%할인을 제공한다는 의미이다.
• 11월 10일 회수액 : ₩50,000×50%×(1−5%)=₩23,750
• 11월 30일 회수액 : ₩50,000×20%=₩10,000
• 현금회수액 : ₩23,750+10,000=₩33,750
• 회계처리

20×1년 11월 8일	(차) 매출채권	50,000	(대) 매출액	50,000
20×1년 11월 10일	(차) 현금	23,750	(대) 매출채권	25,000
	매출할인	1,250		
20×1년 11월 30일	(차) 현금	10,000	(대) 매출채권	10,000

84 • ₩20,000(기초매출채권)+500,000(매출액)−매출채권 회수액=₩40,000(기말매출채권)
∴ 매출채권 회수액 : ₩480,000
• 현금회수액 : ₩480,000+10,000(현금매출액)=₩490,000

85 • ₩100,000(기초 재고자산)+당기 순매입액−800,000(매출원가)=₩80,000(기말 재고자산)
∴ 당기 순매입액 : ₩780,000(매입할인 포함)
• ₩20,000(기초 매입채무)+780,000(당기순매입액)−매입채무 결제액=₩40,000(기말 매입채무)
∴ 매입채무 결제액: ₩760,000

86 • 12월 9일 현금결제액 : ₩1,000,000×(1−5%)=₩950,000
• 회계처리

20×1년 12월 1일	(차) 매입	1,000,000	(대) 매입채무	1,000,000
20×1년 12월 9일	(차) 매입채무	1,000,000	(대) 현금	950,000
			매입할인	50,000

87 • 장기차입금은 유동부채에서 제외된다.

88 ① 선수금은 재화의 판매대금을 미리 받았으나 재화를 인도하지 않은 경우에 인식하는 부채이다.
② 미수금은 주요 영업활동 이외의 거래에서 발생한, 대금을 수령할 권리이다.
③ 가수금은 출처가 불분명한 회사의 수입을 의미하며, 임시계정으로서 추후 결산시 발생원인을 규명하여 정산한다.

89
- 대손충당금 수정전 잔액 : ₩200,000(기초 대손충당금) − 100,000(대손발생액) = ₩100,000
- 기말 대손충당금 : ₩5,000,000 × 3% = ₩150,000
- 기말 대손충당금 설정액 : ₩150,000(기말 대손충당금) − 100,000(수정 전 잔액) = ₩50,000

90
- 기초 대손충당금 : ₩100,000(매출채권 총액) − 96,000(추정미래현금흐름) = ₩4,000
- 대손충당금 수정전 잔액 : ₩4,000(기초 대손충당금) − 3,000(대손발생액) + 1,000(현금회수액) = ₩2,000
- 기말 대손충당금 : ₩120,000(매출채권 총액) − 118,900(추정미래현금흐름) = ₩1,100
- 기말 대손충당금 설정액 : ₩1,100(기말 대손충당금) − 2,000(수정 전 잔액) = (−)₩900(대손충당금 환입)
- 회계처리

대손발생	(차) 대 손 충 당 금	3,000	(대) 매 출 채 권	3,000
대손채권 회수	(차) 현 금	1,000	(대) 대 손 충 당 금	1,000
기말	(차) 대 손 충 당 금	900	(대) 대손충당금환입	900

91 ① 기말 대손충당금 : ₩100,000 × 1% + 40,000 × 3% + 20,000 × 10% + 10,000 × 50% = ₩9,200
② 기말 대손충당금 설정액 : ₩9,200 − 5,000(수정전 잔액) = ₩4,200

92
- 기말 매출채권 : ₩35,000(기초 매출채권) + 82,000(매출액) − 89,000(회수액) = ₩28,000
- 수정전 잔액 : ₩2,500(기초 대손충당금) − 0(대손발생액) = ₩2,500
- 대손상각비 : ₩28,000 × 10%(기말 대손충당금) − 2,500(수정전 잔액) = ₩300

93
- 기말 매출채권 : ₩2,000,000(기초 매출채권) + 8,600,000(매출액) − 8,000,000(회수액) − 200,000(대손발생액) = ₩2,400,000
- 수정전 잔액 : ₩300,000(기초 대손충당금) − 200,000(대손발생액) = ₩100,000
- 대손상각비 : ₩2,400,000 × 5%(기말 대손충당금) − 100,000(수정전 잔액) = ₩20,000

94
- 기말 대손충당금 설정액 : ₩10,000(기말 대손충당금) − 수정 전 잔액 = ₩7,000
  ∴ 수정전 잔액 : ₩3,000
- ₩15,000(기초 대손충당금) − 대손발생액 = ₩3,000(대손충당금 수정전 잔액)
  ∴ 대손발생액 : ₩12,000

95
- 20 × 1년초 장기미수금 : ₩10,000 × 0.75 + ₩600 × 2.5 = ₩9,000
- 20 × 1년말 장기미수금 : ₩9,000(20 × 1초 장기미수금) × (1 + 10%) − 600 = ₩9,300
- 20 × 2년 이자수익 : ₩9,300(20 × 2초 장기미수금) × 10% = ₩930

96 • 판매시 매출채권 : ₩100,000×0.75+100,000×8%×2.5=₩95,000

• 20×1년 말 매출채권 : ₩95,000×(1+10%)−8,000=₩96,500

• 20×2년 말 매출채권 : ₩96,500×(1+10%)−8,000=₩98,150

• 회계처리

20×1년 1월 1일	(차) 장 기 매 출 채 권	100,000	(대) 매 출 액	95,000
			현재가치할인차금	5,000
20×1년 12월 31일	(차) 현 금	8,000	(대) 이 자 수 익	9,500
	현재가치할인차금	1,500		
20×2년 12월 31일	(차) 현 금	8,000	(대) 이 자 수 익	9,650
	현재가치할인차금	1,650		

97 • 차입으로 인한 현금 수령액 : ₩8,508

• 차입으로 인한 현금 지급액 : ₩10,000+400×3년=₩11,200

• 총 이자비용 : ₩11,200(현금 지급액)−8,508(현금 수령액)=₩2,692

• 회계처리

20×1년 1월 1일	(차) 현 금	8,508	(대) 차 입 금	10,000
	현재가치할인차금	1,492[1)]		
	1) ₩10,000(액면금액)−8,508(장부금액)			
20×1년 12월 31일	(차) 이 자 비 용	851[1)]	(대) 현 금	400
			현재가치할인차금	451
	1) ₩8,508×10%			
20×2년 12월 31일	(차) 이 자 비 용	896[1)]	(대) 현 금	400
			현재가치할인차금	496
	1) (₩8,508+451)×10%			
20×3년 12월 31일	(차) 이 자 비 용	945[1)]	(대) 현 금	400
			현재가치할인차금	545
	1) 끝수조정			

98 1. 당기순이익에 미치는 영향

매출액	₩10,000×0.75+₩800×2.5=	₩9,500
매출원가		(8,000)
이자수익	₩9,500×10%=	950
		₩2,450

2. 회계처리

20×1년 1월 1일	(차) 매출채권	10,000	(대) 매출액	9,500
			현재가치할인차금	500
	(차) 매출원가	8,000	(대) 재고자산	8,000
20×1년 12월 31일	(차) 현금	800	(대) 이자수익	950
	현재가치할인차금	150		

99 • ₩50,000×0.86(5% 3기간 현가계수)+500×2.72=₩44,360

100 • ₩300,000×(1+10%)^3=만기금액

⇒ ₩300,000÷0.75(10% 3기간 단일금액 현가계수)=만기금액

⇒ 만기금액=₩400,000

Chapter 05

재고자산

제 1 절 재고자산의 기초

1. 재고자산의 정의

재고자산은 다음의 자산을 말한다.

(가) 정상적인 영업과정에서 **판매**를 위하여 보유중인 자산
(나) 정상적인 영업과정에서 **판매**를 위하여 생산중인 자산
(다) 생산이나 용역제공에 사용될 원재료나 소모품

즉, 정상적인 영업활동에서 판매를 위하여 보유 중이거나 생산 중인 자산을 의미하며, 그 외에 소모될 것으로 예상되는 자산을 포함한다. 따라서 기업의 영업활동에 따라 토지나 기타 자산들도 판매목적으로 보유하고 있다면 재고자산으로 분류될 수 있다. 또한 재고자산은 완제품과 생산중인 재공품을 포함하며, 생산에 투입될 원재료와 소모품을 포함한다.

2. 재고자산의 흐름

다음의 그림은 '제3장 상기업의 회계처리'에서 공부한 재고자산의 흐름이다. 제3장에서는 각각의 요소에 해당하는 금액은 주어졌다고 가정하고, 회계처리를 학습하였다. 그러나 실제 회계처리를 위해서는 금액을 결정하는 과정이 필요하다. 본 단원에서는 각 항목들의 **금액을 직접 결정**하는 방법을 학습한다.

그림 5-1 재고자산의 흐름

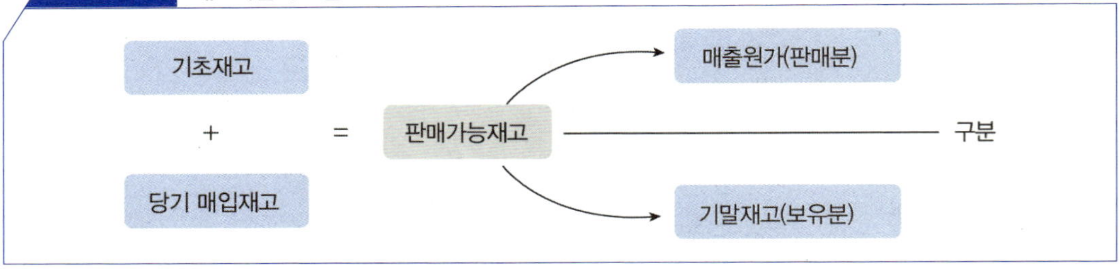

그러나 재고자산 흐름의 4가지 금액 모두를 계산할 필요는 없다. 당기 기초재고자산의 금액은 전기 기말재고자산이 이연된 것이므로 자동적으로 결정된다. 따라서 판매가능재고자산을 확정하기 위해서는 당기 매입한 재고자산의 취득가액만 결정하면 된다. 판매가능재고자산이 결정되면, 해당 금액을 판 것(매출원가)과 남은 것(기말재고자산)으로 구분하는 작업을 수행한다. 매출원가와 기말재고자산 중 하나만 결정되면 다른 요소는 잔액으로 계산될 수 있다.

3. 재고자산의 취득원가

재고자산흐름의 구성요소 중 당기 매입분의 금액이 어떻게 결정되는지 살펴본다. 재고자산의 취득원가는 매입원가, 전환원가 및 재고자산을 현재의 장소에 현재의 상태로 이르게 하는 데 발생한 기타 원가 모두를 포함한다.

(1) 매입원가

재고자산의 매입원가는 매입가격에 수입관세와 제세금(추후 환급받을 수 있는 금액은 제외), 매입운임, 하역료 그리고 완제품, 원재료 및 용역의 취득과정에 직접 관련된 기타 원가를 가산한 금액이다. 매입할인, 리베이트 및 기타 유사한 항목은 매입원가를 결정할 때 차감한다.

매입원가＝매입가격＋수입관세, 제세금(추후 환급받을 수 있는 금액은 제외)
＋ 매입운임, 하역료, 완제품, 기타원가－매입할인, 리베이트

(2) 전환원가

재고자산의 제조와 관련한 원가를 전환원가라고 하며, 전환원가는 직접노무원가 등 생산량과 직접 관련된 원가를 포함한다. 또한 원재료를 완제품으로 전환하는데 발생하는 고정 및 변동 제조간접원가[1]의 체계적인 배부액을 포함한다. 고정제조간접원가는 생산설비의 정상조업도에 기초하여 전환원가에 배부하는데, 실제조업도가 정상조업도와 유사한 경우에는 실제조업도를 사용할 수 있다. 변동제조간접원가는 생산설비의 실제 사용에 기초하여 각 생산단위에 배부한다. 해당 내용은 원가관리회계에서 더욱 자세히 다룬다.

(3) 기타 원가

기타 원가는 재고자산을 현재의 장소에 현재의 상태로 이르게 하는 데 발생한 범위 내에서만 취득원가에 포함된다. 취득원가가 아닌 발생기간의 비용으로 인식하여야 하는 원가의 예는 다음과 같다.

1) 고정제조간접원가는 공장 건물이나 기계장치의 감가상각비와 수선유지비 및 공장 관리비처럼 생산량과는 상관없이 비교적 일정한 수준을 유지하는 간접 제조원가를 말한다. 변동제조간접원가는 간접재료원가나 간접노무원가처럼 생산량에 따라 직접적으로 또는 거의 직접적으로 변동하는 간접 제조원가를 말한다.

① 재료원가, 노무원가 및 기타 제조원가 중 비정상적으로 낭비된 부분
② 후속 생산단계에 투입하기 전에 보관이 필요한 경우 이외의 보관원가
③ 재고자산을 현재의 장소에 현재의 상태로 이르게 하는데 기여하지 않은 관리간접원가
④ 판매원가

재고자산은 후불조건으로 취득할 수도 있다. **계약이 실질적으로 금융요소를 포함하고 있다면, 재고자산의 취득원가는 후불조건에 따른 미래현금흐름의 현재가치로 계산**한다. 해당 금융요소는 금융이 이루어지는 기간 동안 이자비용으로 인식한다.

예제 1 재고자산의 취득원가

20×1년 초 ㈜우리는 상품을 ₩100,000에 구입하고 대금은 3년후에 지급하기로 하였다. ㈜우리는 매년 말 5%의 표시이자를 지급하기로 하였으며, 취득시점의 유효이자율은 10%로 3기간 현재가치계수는 다음과 같다.

단일금액 현재가치계수	정상연금 현재가치계수
0.75	2.5

[물 음]
1. ㈜우리가 20×1년 초 매입한 상품의 취득원가를 계산하시오.
2. ㈜우리가 20×1년 수행해야할 회계처리를 제시하시오.

해답

1. 상품의 취득원가

- ₩100,000×0.75+100,000×5%×2.5=₩87,500

2. 회계처리

20×1년 1월 1일	(차)	매입	87,500	(대)	매입채무	100,000
		현재가치할인차금	12,500			
20×1년 12월 31일	(차)	이자비용	8,750[1]	(대)	현금	5,000
					현재가치할인차금	3,750

1) ₩87,500×10%

제 2 절 재고자산흐름의 결정

1. 판매가능재고자산의 구분

재고자산 당기매입분의 결정을 통해 판매가능재고자산의 금액이 결정되면, 판매가능재고자산을 판매분(매출원가)과 보유분(기말재고자산)으로 구분한다. 재고자산의 금액은 '수량×단위원가'로 계산되므로, 매출원가와 기말재고자산의 금액을 결정하기 위해서는 판매된 재고자산과 남아있는 재고자산의 수량과 단가를 각각 결정해야한다. 수량 결정의 방법에는 계속기록법과 실사법이 있으며, 단가를 결정하는 방법에는 개별법, 선입선출법, 가중평균법, 후입선출법이 있다.

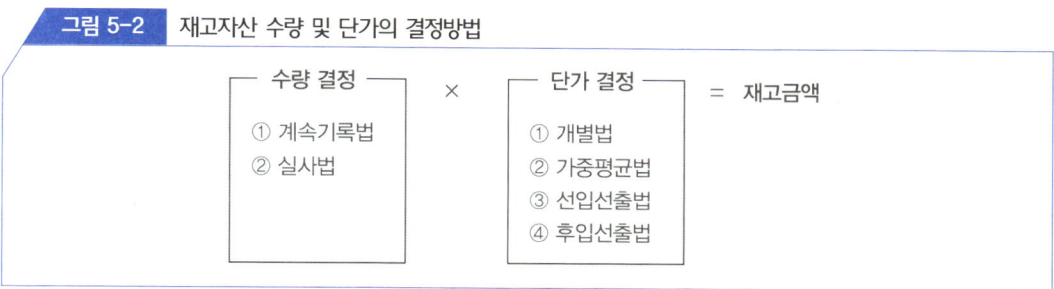

그림 5-2 재고자산 수량 및 단가의 결정방법

수량 결정	×	단가 결정	= 재고금액
① 계속기록법 ② 실사법		① 개별법 ② 가중평균법 ③ 선입선출법 ④ 후입선출법	

2. 수량의 결정

(1) 수량의 결정 방법

1) 계속기록법

계속기록법 하에서 기업은 재고자산의 구매와 판매시마다 세부적인 기록을 수행한다. 기업은 보유중인 재고자산의 수량이 얼마나 남아있는지를 기록을 통해 계속적으로 관리한다. 기업은 재고자산이 판매될 때마다 매출원가를 결정하여 기록한다. 계속기록법은 재고자산에 대해 즉각적인 정보를 제공해줄 수 있다는 장점이 있지만, 도난, 파손 등 기록되지 않은 재고자산의 변동이 존재할 경우, 장부상 기말재고 수량이 실제 기말 재고수량과 다를 수 있다는 단점이 있다.

2) 실사법(실지재고조사법)

실사법 하에서 기업은 보고기간 중에 재고자산의 구매는 매번 기록을 하지만, 판매를 기록하지 않는다. 보고기간 말이 되어서야 창고에 남아있는 재고자산을 조사하여, 기말재고자산의 수량을 파악하는 방법이다. 판매가능재고자산 중 기말재고자산의 결정 후 나머지 수량을 판매된 수량으로 결정한다. 실사법은 계속기록법에 비해 간단하고 관리비용이 저렴하다는 장점이 있으나, 정보의 적시성이 떨어지고, 도난, 증발, 파손 등에 의한 재고자산의 감소가 매출원가에 포함될 수도 있다는 단점이 존재한다.

3) 혼합법과 감모손실

계속기록법과 실사법은 각각 장단점이 존재하므로 실무에서는 계속기록법과 실사법을 병행한다. 기중 재고자산 수량의 변동을 계속기록법을 통해 관리하고, 기말 재고자산의 실사를 통해 실제 재고자산의 장부금액을 결정한다. 이를 통해 도난, 파손 등 장부상 수량과 실제 수량의 차이 원인을 규명하여 감모손실로 인식할 수 있다.

감모손실=(장부상수량−실제수량)×장부상 단위원가

(2) 기말 재고수량의 결정

회사는 기중에 계속기록법과 기말에 실사법을 병행하여 재고자산과 매출원가의 금액을 결정한다. 그러나 창고에 보관되어 있는 재고자산이 반드시 기말재고자산과 일치하는 것은 아니다. 예를 들어 창고외의 장소에서 보관하는 회사소유의 재고자산이 존재할 수 있으며, 창고에 보관중인 자산임에도 불구하고 회사의 소유가 아닐 수도 있다. 따라서 계속기록법과 실사법을 병행하는 경우에도 실제 재고자산의 소유권을 판단하여, 기말재고자산을 올바른 금액으로 수정하는 작업이 필요하다. 기말 재고자산을 수정하는 경우는 미착상품, 적송품, 타처보관재고 등이 있다.

3. 단위원가의 결정

판매분과 보유분의 수량을 결정한 뒤에는 각 수량의 단위원가(단가)가 얼마인지를 결정해야 매출원가와 기말재고자산금액을 산출할 수 있다. 즉, 판매한 수량의 개별 가격과 기말 재고로 보유중인 수량의 개별가격을 결정하는 작업이 필요하다. 만약 재고자산의 단가를 개별적으로 추적할 수 있다면 실제 원가금액으로 판매분과 보유분의 금액들을 결정할 수 있다. 그러나 유사한 성격의 재고자산이 대량으로 거래된다면 재고자산의 단가를 일일이 추적할 수 없으므로, 일정한 가정을 통하여 단가를 결정한다. 이 가정을 재고자산에 대한 '원가흐름의 가정'이라 한다.

(1) 개별법

판매분과 보유분의 재고자산의 개별적인 단가를 추적하여 원가를 측정하는 방법이다. 따라서 원가의 흐름이 실제 재고자산의 흐름과 동일하여, 정확한 매출원가와 기말재고자산을 계산할 수 있다. 재고자산의 개별적인 단가를 평가하는 것은 상당한 노력과 비용이 필요하므로, 선박, 귀금속, 특별주문품 등과 같이 수량은 적으면서, 개별 단가가 높은 경우에 적절하다.

(2) 가중평균원가법

가중평균원가법은 재고자산의 원가를 가중평균하여 단가를 결정하는 방법이다. 실사법으로 기록하는 경우에는 총평균원가법이라고 부르며, 계속기록법으로 기록하는 경우에는 이동평균원가법이 된다.

1) 총평균원가법

총평균원가법에서는 보고기간말에 판매가능재고자산 전체의 평균단가를 계산한다. 이에 판매분 수량과 보유분 수량을 곱하여 각각 매출원가와 기말재고자산을 구한다.

2) 이동평균원가법

이동평균원가법에서는 판매시점마다 새로운 단위당 평균단가를 계산하여, 매출원가와 잔존 재고자산의 원가를 계산한다.

(3) 선입선출법

선입선출법에서는 먼저 매입된 재고자산이 먼저 판매된다는 가정을 사용한다. 따라서 먼저 구입한 재고자산의 금액을 매출원가로 결정한 후, 판매가능재고에서 매출원가를 차감하면, 기말재고자산 금액을 계산할 수 있다. 그 반대의 경우도 가능하다.

(4) 후입선출법

후입선출법에서는 나중에 매입된 재고자산이 먼저 판매된다는 가정을 사용한다. 따라서 나중에 구입 재고자산의 금액을 매출원가로 결정하고, 기말재고자산은 가장 오래된 매입가격으로 평가한다. 따라서 원가의 실제흐름과 일치하지 않는 방법이며, 후입선출청산 등 경영자의 의도에따라 당기순이익을 조작할 수 있으므로, K-IFRS에서는 인정하지 않고 있다. 후입선출법에서는 계속기록법을 사용하는 경우와 실사법을 사용하는 경우의 결과가 다르게 도출된다.

참 고 후입선출청산

재고자산의 수량이 감소하게 된다면, 기초재고의 일부분이 매출원가에 포함된다. 만약 원가가 계속해서 상승하는 추세라면, 후입선출법에 의해 계산된 매출원가는 오히려 낮은 금액(기초재고자산)으로 산정된다. 이러한 현상을 후입선출청산이라고 하며, 기업은 의도적으로 기말재고자산의 보유량을 줄여 매출원가를 낮추고 당기순이익을 증가시키려고 할 것이므로 재무정보의 왜곡이 야기될 수 있다.

예제 2 재고자산 단위원가의 결정

㈜우리가 20×1년 초 보유중인 재고자산의 수량은 100개, 단가는 ₩100이다. 다음은 ㈜우리의 20×1년 재고자산 관련 거래이다.

일자	내역	수량(개)	단가(₩)
2월 3일	매입	100	200
4월 23일	매출	(50)	–
6월 19일	매입	100	300
7월 20일	매입	100	420
9월 5일	매출	(150)	
기말재고		200	

[물 음]

1. 개별법에 의한 매출원가와 기말재고자산금액을 계산하시오. (단, 4월 23일에 판매된 재고자산의 개별원가는 ₩100, 9월 5일에 판매된 재고자산 중 100개의 원가는 ₩300, 50개의 원가는 ₩420인 것으로 확인되었다.)
2. 총평균원가법에 의한 매출원가와 기말재고자산금액을 계산하시오.
3. 이동평균원가법에 의한 매출원가와 기말재고자산금액을 계산하시오.
4. 선입선출법에 의한 매출원가와 기말재고자산금액을 계산하시오.
5. 후입선출법－실지재고조사법에 의한 매출원가와 기말재고자산금액을 계산하시오.
6. 후입선출법－계속기록법에 의한 매출원가와 기말재고자산금액을 계산하시오.

해답

1. 개별법

구분		판매가능재고			매출원가			잔고		
일자	내역	수량(개)	단가(₩)	총액	수량(개)	단가(₩)	총액	수량(개)	단가(₩)	총액
1월 1일	기초	100	100	10,000	(50)	100	(5,000)	50	100	5,000
2월 3일	매입	100	200	20,000	–	–	–	100	200	20,000
6월 19일	매입	100	300	30,000	(100)	300	(30,000)	–	–	–
7월 20일	매입	100	420	42,000	(50)	420	(21,000)	50	420	21,000
계				102,000			56,000			46,000

- 매출원가 : ₩56,000
- 기말재고 : ₩46,000

2. 총평균법

- 판매가능재고의 평균단가 : (100개×@100＋100개×@200＋100개×@300＋100개×@420)÷400개＝@255
- 매출원가 : 200개×@255＝₩51,000
- 기말재고 : 200개×@255＝₩51,000

3. 이동평균법

구분		입출고			잔고		
일자	내역	수량(개)	단가(₩)	총액	수량(개)	단가(₩)	총액
1월 1일	기초				100	100	10,000
2월 3일	매입	100	200	20,000	200	150	30,000
4월 23일	매출	(50)	150	(7,500)	150	150	22,500
6월 19일	매입	100	300	30,000	250	210	52,500
7월 20일	매입	100	420	42,000	350	270	94,500
9월 5일	매출	(150)	270	(40,500)	200	270	54,000
기말재고		200			200	270	54,000

• 매출원가 : 50개×150+150개×270=₩48,000
• 기말재고 : ₩54,000

4. 선입선출법

구분		판매가능재고			매출원가			잔고		
일자	내역	수량(개)	단가(₩)	총액	수량(개)	단가(₩)	총액	수량(개)	단가(₩)	총액
1월 1일	기초	100	100	10,000	(100)	100	(10,000)	—	—	—
2월 3일	매입	100	200	20,000	(100)	200	(20,000)	—	—	—
6월 19일	매입	100	300	30,000	—	—	—	100	300	30,000
7월 20일	매입	100	420	42,000	—	—	—	100	420	42,000
계							30,000			72,000

• 매출원가 : ₩30,000
• 기말재고 : ₩72,000

5. 후입선출법 – 실지재고조사법

구분		판매가능재고			매출원가			잔고		
일자	내역	수량(개)	단가(₩)	총액	수량(개)	단가(₩)	총액	수량(개)	단가(₩)	총액
1월 1일	기초	100	100	10,000	—	—	—	100	100	10,000
2월 3일	매입	100	200	20,000	—	—	—	100	200	20,000
6월 19일	매입	100	300	30,000	(100)	300	(30,000)	—	—	—
7월 20일	매입	100	420	42,000	(100)	420	(42,000)	—	—	—
계							72,000			30,000

• 매출원가 : ₩72,000
• 기말재고 : ₩30,000

6. 후입선출법 – 계속기록법

• 매출원가 : 50개×@100(기초재고)+100개×@420(7월 20일 매입분)+50개×@300(6월 19일 매입분)
=₩62,000
• 기말재고 : ₩102,000(판매가능재고)−62,000(매출원가)=₩40,000

(5) 원가흐름 가정의 비교

물가가 상승하고 회사의 재고 수량이 늘어나는 예제 2의 상황에서는 선입선출법, 이동평균법, 총평균법, 후입선출법의 순서대로 기말재고 자산금액이 크다. 따라서 다음과 같은 관계가 성립한다.

그림 5-3 원가흐름의 가정 비교

	총평균법	이동평균법	선입선출법	후입선출법
매출원가	51,000	48,000	30,000	72,000
기말재고	51,000	54,000	72,000	30,000

기말재고 선입선출법 > 이동평균법 > 총평균법 > 후입선출법
매출원가 선입선출법 < 이동평균법 < 총평균법 < 후입선출법
당기순이익 선입선출법 > 이동평균법 > 총평균법 > 후입선출법

4. 재고자산의 기말평가 - 수량부족

감모손실이란 재고자산의 폐기, 증발, 감량, 도난, 분실 등 **판매 이외의 사유에 따라 발생하는 재고자산의 감소**를 말한다. 감모손실은 자산의 감소에 따른 손실이므로 재고자산을 차감하면서 당기손실로 기록한다. 회계처리는 다음과 같다.

(차)	재고자산감모손실	×××	(대) 재 고 자 산	×××

5. 재고자산의 기말평가 - 저가법

(1) 저가법의 의의

회사가 보유중인 재고자산은 진부화, 물리적 손상, 판매가격의 하락 등의 이유로 가치가 하락할 수 있다. 이 경우 재고자산을 통해 기업에 유입될 것이라 기대되는 미래경제적 효익이 감소하게 되므로 자산의 장부금액을 감소시켜야 목적적합한 정보를 제공할 수 있을 것이다. 이러한 **재고자산의 가치하락(손상)에 대한 평가를 저가법**이라고 한다. 저가법은 재고자산의 원가와 순실현가치 중 낮은 금액 재무상태표에 보고하는 방법이다.

재고자산 장부금액=min[취득원가, 순실현가능가치]×기말 실제 재고수량

① 취득원가

저가법과 관련한 검토는 보고기간말에 수행한다. 따라서 저가법 적용 직전의 취득원가는 원가흐름의 가정을 통하여 결정된 단위원가 금액이다.

② 순실현가능가치

순실현가능가치는 정상적인 영업과정의 예상 판매가격(실현가능가치)에서 예상되는 추가 완성원가와 판매비용을 차감한 금액을 말한다.

(2) 저가법의 적용

저가법 평가에 의해 재고자산평가충당금으로 계상할 금액은 다음과 같이 계산된다.

재고자산평가충당금 = 실제수량 × 장부상 단위원가 − 실제수량 × 순실현가능가치

원가에 비해 순실현가능가치가 낮은 금액을 다음과 같이 회계처리한다.

(차) 재고자산평가손실	×××	(대) 재고자산평가충당금	×××

한편, 재고자산의 손상이 발생하였던 원인이 해소되어 순실현가능가치가 상승한 명백한 증거가 존재한다면, 재고자산의 취득원가를 한도로하여 평가손실을 환입할 수 있다. 즉, 재고자산의 가치를 증가시켜 당기이익으로 인식한다. 재고자산평가손실 환입은 다음과 같이 회계처리한다.

(차) 재고자산평가충당금	×××	(대) 재고자산평가손실환입	×××

재고자산 평가충당금은 재고자산을 차감하는 방식으로 표시된다. 즉, 손실충당금과 같이 자산의 차감적 평가계정에 해당하며, 재무상태표에 재고자산과 재고자산 평가충당금을 구분하여 공시한다. 재고자산 평가손실은 보통 매출원가에 포함되어 당기비용으로 인식되며, 재고자산평가손실환입은 매출원가에서 차감하여 당기비용을 감소시킨다.

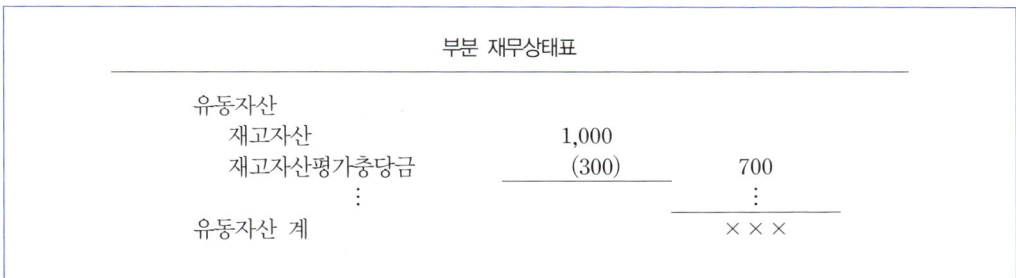

부분 재무상태표

유동자산		
재고자산	1,000	
재고자산평가충당금	(300)	700
⋮		⋮
유동자산 계		×××

그림 5-4 수량부족과 저가법평가

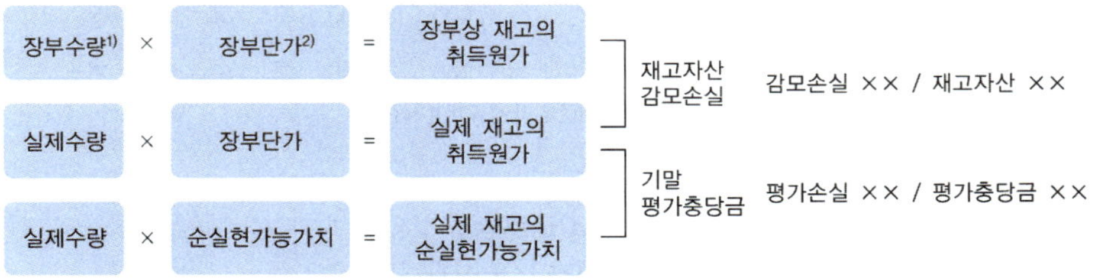

1) 계속기록법을 통해 결정된 장부상 기말 재고 수량
2) 원가흐름의 가정을 통해 결정된 장부상 기말 재고 단위원가

예제 3 재고자산의 기말평가

(1) 다음은 A사의 20×1년도 기말재고자산과 관련된 자료이다.

재고자산	수량		단위원가		
	장부재고	실지재고	단위당 취득원가	단위당 판매가격	단위당 처분부대비용
제품 A	200개	150개	₩300/개	₩320/개	₩50/개

(2) A사는 재고자산평가손실(환입)을 매출원가에서 조정하고 있으며, 재고자산감모손실은 별도의 영업외비용으로 처리하고 있다. A사의 재고자산평가충당금(제품)의 20×1년 기초잔액은 ₩5,000이다.

[물 음]

1. 제품 A와 관련한 재고자산 감모손실과 재고자산 평가손실(환입)을 계산하시오.
2. 재고자산의 기말평가와 관련된 회계처리를 수행하시오.
3. A사의 20×1년 12월 31일 재무상태표에 표시되는 재고자산을 제시하시오.

해답

1. 기말재고의 저가법 평가

장부수량 × 장부단가 = ₩60,000
200개 ₩300

감모손실
⊖₩15,000

실제수량 × 장부단가 = ₩45,000
150개 ₩300

평가충당금
⊖₩4,500

실제수량 × NRV = ₩40,500
150개 ₩270[1)]

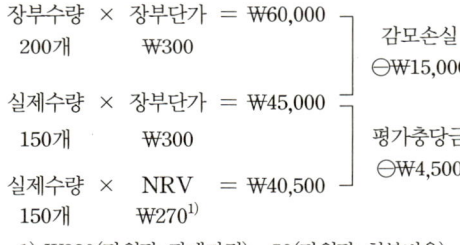

1) ₩320(단위당 판매가격) − 50(단위당 처분비용)

① 감모손실 : ₩15,000

② 평가손실(환입) : ₩4,500(기말 평가충당금) − 5,000(기초 평가충당금) = (−)₩500(평가충당금환입)

2. 회계처리

감모손실	(차) 감 모 손 실	15,000	(대) 재 고 자 산	15,000
평가손실(환입)	(차) 평 가 충 당 금	500	(대) 매 출 원 가	500[1)]

1) 평가손실(환입)은 매출원가에 가산(차감)

3. 부분재무상태표

부분 재무상태표
20×1년 12월 31일

유동자산			
재고자산	45,000		
재고자산평가충당금	(4,500)	40,500	

6. 매출원가의 계산

재고자산의 원가흐름을 통하여 비용으로 인식되는 금액은 다음의 항목이 포함된다.

① 판매된 재고자산의 원가
② 재고자산 감모손실
③ 재고자산 평가손실(환입)

재고자산 감모손실은 원가성이 있는 감모손실과 원가성이 없는 감모손실로 나눌 수 있으며, 회사의 회계정책에 따라 감모손실은 매출원가에서 제외할 수 있다. 이 경우, 감모손실은 영업외손익으로 분류된다.

매출원가인식	(차)	매 출 원 가	×××	(대)	재고자산(기초)	×××
	(차)	매 출 원 가	×××	(대)	매 입	×××
	(차)	재고자산(기말)	×××	(대)	매 출 원 가	×××
감모손실	(차)	감 모 손 실	×××	(대)	재 고 자 산	×××
평가손실(환입)	(차)	평 가 충 당 금	×××	(대)	매 출 원 가	×××

예제 4 매출원가의 계산

(1) A사의 20×1년 말 재고자산의 취득원가는 ₩100,000, 순실현가능가치는 ₩80,000이며, 20×1년말 재무상태표에 표시된 재고자산평가충당금은 ₩20,000이다. A사는 20×2년 중 재고자산을 ₩1,000,000에 매입하였다.

(2) 20×2년 말 장부상 재고자산 수량은 300단위지만 재고실사 결과 재고자산 수량은 280단위(단위당 취득원가 ₩400, 단위당 순실현가능가치 ₩350)였다.

(3) 회사는 재고자산으로 인한 당기비용 중 재고자산감모손실을 제외한 금액을 매출원가로 인식한다.(단, 20×1년 말 재고자산은 20×2년에 모두 판매되었다.)

[물 음]

1. 재고자산 감모손실과 재고자산 평가손실(환입)을 계산하시오.
2. A사가 20×2년 포괄손익계산서에 인식할 매출원가를 계산하시오.
3. 매출원가 인식과 관련하여 A사가 기말에 수행할 회계처리를 제시하시오.

해답

1. 기말재고의 저가법 평가

장부수량	×	장부단가	=	₩120,000		감모손실
300개		₩400				⊖₩8,000
실제수량	×	장부단가	=	₩112,000		
280개		₩400				평가충당금
실제수량	×	NRV	=	₩98,000		⊖₩14,000
280개		₩350				

① 감모손실 : ₩8,000

② 평가손실(환입) : ₩14,000(기말 평가충당금) − 20,000(기초 평가충당금) = (−)₩6,000(평가충당금 환입)

2. 매출원가

① 장부상 매출원가 : ₩100,000 + 1,000,000 − 300개 × @400(장부상재고원가) = ₩980,000

② 매출원가 : ₩980,000 − 6,000(평가손실환입) = ₩974,000

3. 회계처리

매출원가인식	(차)	매출원가	100,000	(대)	재고자산(기초)	100,000
	(차)	매출원가	1,000,000	(대)	매입	1,000,000
	(차)	재고자산(기말)	120,000	(대)	매출원가	120,000
감모손실	(차)	감모손실	8,000	(대)	재고자산	8,000
평가손실(환입)	(차)	평가충당금	6,000	(대)	매출원가	6,000

OX

01 재고자산을 후불조건으로 취득할 수도 있다. 계약이 실질적으로 금융요소를 포함하고 있다면, 해당 금융요소는 금융이 이루어지는 기간 동안 이자비용으로 인식한다.

02 FOB 선적지 인도조건 판매 중인 미착상품은 회사의 기말 재고자산에 포함되지 않는다.

03 FOB 도착지 인도조건 매입 중인 미착상품은 회사의 기말 재고자산에 포함되지 않는다.

04 FOB 도착지 인도조건 판매 중인 미착상품은 회사의 기말 재고자산에 포함되지 않는다.

05 FOB 선적지 인도조건 매입 중인 미착상품은 회사의 기말 재고자산에 포함되지 않는다.

06 물가가 지속적으로 상승하고 기말재고수량이 기초재고수량에 비해 증가하는 경우, 기말재고자산의 크기는 '선입선출법>이동평균법>총평균법>후입선출법'의 순서이다.

07 후입선출법은 물가가 상승할 경우, 당기순이익이 과소계상되며, 기말재고 자산이 과거의 금액으로 기록되어 자산이 적절히 평가되지 않는다. 또한 원가흐름의 가정과 실제물량흐름과 일치하지 않는다는 단점이 있다.

08 순실현가능가치는 측정일에 재고자산의 주된 (또는 가장 유리한) 시장에서 시장참여자 사이에 일어날 수 있는 그 재고자산을 판매하는 정상거래의 가격을 반영한다.

09 순실현가능가치의 상승으로 인한 재고자산 평가손실의 환입은 환입이 발생한 기간의 비용으로 인식된 재고자산 금액의 차감액으로 인식한다.

해답 및 해설

01 ○

02 ○

03 ○

04 × 아직 도착하지 않아 소유권을 이전하지 않았으므로 회사의 재고자산임.

05 × 선적시 소유권을 이전받았으므로 회사의 재고자산임.

06 ○

07 ○

08 × 공정가치에 대한 정의이다. 순실현가능가치는 정상적인 영업과정에서 재고자산의 판매를 통해 실현할 것으로 기대하는 순매각금액을 말함.

09 ○

01

다음은 A사의 재고자산 관련 자료이다.

(1) 모든 매입·매출거래는 현금거래이다. 기초 평가충당금은 없다.

(2) 상품의 단위당 판매가격은 ₩1,500이고, 20×1년 상품의 매입·매출에 관한 자료는 다음과 같다.

일자	구분	수량(개)	단위원가	금액
1월 1일	기 초 상 품	200	₩1,100	₩220,000
2월 28일	매 입	2,400	1,230	2,952,000
3월 5일	매 출	2,000		
8월 20일	매 입	2,600	1,300	3,380,000
12월 25일	매 출	1,500		
12월 31일	기 말 상 품	1,700		

(3) 상품의 원가흐름에 대한 가정으로 이동평균법을 적용하고 있다.

(4) 20×1년 12월 31일 상품에 대한 실사수량은 1,500개이며, 기말재고의 순실현가능가치는 개당 ₩1,000이다.

(5) A사는 재고자산 감모손실과 재고자산 평가손실(환입)을 매출원가에 포함한다.

[물 음]

1. 재고자산 감모손실과 재고자산 평가손실(환입)을 계산하시오.
2. A사가 20×2년 포괄손익계산서에 인식할 매출원가를 계산하시오.
3. 매출원가 인식과 관련하여 A사가 기말에 수행할 회계처리를 제시하시오.
4. A사의 20×1년 12월 31일 재무상태표에 표시되는 재고자산을 제시하시오.

해답

1. 재고자산 감모손실과 평가손실

① 이동평균법에 의한 기말 재고자산의 원가 계산

구분		거래			잔고		
일자	적요	수량	단가	총액	수량	단가	총액
1월 1일	기초재고	200	1,100	220,000			
2월 28일	매입	2,400	1,230	2,952,000	2,600	1,220	3,172,000
3월 5일	매출	(2,000)			600	1,220	732,000
8월 20일	매입	2,600	1,300	3,380,000	3,200	1,285	4,112,000
12월 25일	매출	(1,500)			1,700	1,285	2,184,500

② 기말재고자산 평가

장부수량 ×	장부단가	=	₩2,184,500		
1,700개	₩1,285				감모손실 ⊖₩257,000
실제수량 ×	장부단가	=	₩1,927,500		
1,500개	₩1,285				평가충당금 ⊖₩427,500
실제수량 ×	NRV	=	₩1,500,000		
1,500개	₩1,000				

2. 매출원가

① 장부상매출원가 : 2,100개×1,220(3월 5일 판매분)+1,500×1,285(12월 25일 판매분)=₩4,367,500
또는 (₩220,000+2,952,000+3,380,000)(판매가능재고)−2,184,500(장부상재고원가)

② 매출원가 : ₩4,367,500+257,000(감모손실)+427,500(평가손실)=₩5,052,000

3. 회계처리

매출원가인식	(차)	매출원가	220,000	(대)	재고자산(기초)	220,000
	(차)	매출원가	6,332,000	(대)	매입	6,332,000
	(차)	재고자산(기말)	2,184,500	(대)	매출원가	2,184,500
감모손실	(차)	감모손실	257,000	(대)	재고자산	257,000
평가손실(환입)	(차)	매출원가	427,500	(대)	평가충당금	427,500

4. 부분재무상태표

부분 재무상태표
20×1년 12월 31일

유동자산			
재고자산	1,927,500		
평가충당금	(427,500)	1,500,000	

| 1 | 취득원가

101 회사의 재고자산 취득과 관련한 자료는 다음과 같다. 이 경우 회사의 재고자산의 취득원가는 얼마인가?

매입가격 :	₩1,000,000	매입운임 :	₩50,000
하역료 :	₩20,000	매입할인 :	₩30,000
수입관세(환급가능한 금액 ₩15,000 포함) :			₩20,000
후속생산단계에 투입하기 전에 보관이 필요한 경우 이외의 보관원가 :			₩8,000
재료원가 중 비정상적으로 낭비된 부분 :			₩2,000

① ₩1,000,000　② ₩1,045,000
③ ₩1,053,000　④ ₩1,055,000

| 2 | 원가흐름의가정

102 20×1년초에 설립된 ㈜대한의 당기 재고자산 거래내역이 다음과 같고, 재고자산가격 결정방법으로 선입선출법을 적용할 경우, 계속기록법에 의한 매출원가와 실지재고조사법에 의한 기말재고액은? (단, 기말재고 수량은 120개이다.)

일자	적요	수량(단위)	단가	금액
2월 1일	매입	100개	₩100	₩10,000
4월 10일	매입	50개	120	6,000
8월 15일	매출	130개	200	26,000
11월 30일	매입	100개	110	11,000

	매출원가	기말재고액		매출원가	기말재고액
①	₩14,040	₩12,960	②	₩13,600	₩13,400
③	₩14,600	₩12,400	④	₩16,000	₩11,000

103 다음은 ㈜대한의 재고자산 자료이다. 이동평균법을 적용할 경우 기말재고액은?

일자	적요	수량(단위)	단위당 원가	단위당 매가
1월 1일	기초재고	200개	₩30	
2월 21일	매출	100개		₩40
4월 10일	매입	100개	36	
8월 15일	매출	120개		40
12월 31일	기말재고	80개	?	

① ₩2,400　　② ₩2,560
③ ₩2,640　　④ ₩2,880

104 ㈜한국은 재고자산에 대해 가중평균법을 적용하고 있으며, 20×1년 상품거래 내역은 다음과 같다. 상품거래와 관련하여 실지재고조사법과 계속기록법을 각각 적용할 경우, 20×1년도 매출원가는? (단, 상품과 관련된 감모손실과 평가손실은 발생하지 않았다.)

일자	적요	수량(단위)	단가	금액
1월 1일	기초재고	100	₩8	₩800
2월 5일	매입	300	₩9	₩2,700
6월 10일	매출	200		
9월 15일	매입	100	₩10	₩1,000
12월 31일	기말재고	300		

	실지재고조사법	계속기록법
①	₩1,800	₩1,700
②	₩1,750	₩1,700
③	₩1,700	₩1,750
④	₩1,800	₩1,750

105 ㈜한국은 상품의 매입원가에 20%를 가산하여 판매하고 있으며 계속기록법으로 재고자산을 회계처리하고 있다. 20×3년도 상품매매와 관련된 자료는 다음과 같다.

일자	적요	수량(단위)	단가
1월 1일	기초재고	1,000	200
2월 5일	매입	1,000	250
6월 10일	매입	1,000	300
9월 15일	매출	2,500	−
11월 20일	매입	1,000	400

㈜한국이 재고자산의 원가흐름가정으로 가중평균법을 적용하고 있다면 20×3년도 포괄손익계산서에 인식할 매출액은 얼마인가?

① ₩750,000
② ₩862,500
③ ₩870,000
④ ₩920,000

106 다음은 ㈜한국의 재고자산 자료이다. 총평균법을 적용하여 계산된 매출원가가 ₩23,000일 경우 5월 13일 매입분에 대한 단위당 매입원가는? (단, 재고자산감모손실과 재고자산평가손실은 없다.)

구분	수량(단위)	단위당 매입원가	단위당 판매가격
기초재고	100	₩100	
5월 13일 매입	300	??	
10월 9일 매출	200		₩200
기말재고	200		

① ₩100
② ₩110
③ ₩120
④ ₩130

| 3 | 기말재고자산평가

107 ㈜대한의 20×1년 기초상품재고는 ₩50,000이고 당기매입원가는 ₩80,000이다. 20×1년 말 기말상품재고는 ₩30,000이며, 순실현가능가치는 ₩25,000이다. 재고자산평가손실을 인식하기 전 재고자산평가충당금 잔액으로 ₩2,000이 있는 경우, 20×1년 포괄손익계산서에 인식할 재고자산평가손실은?

① ₩3,000
② ₩5,000
③ ₩7,000
④ ₩9,000

108 다음 자료는 ㈜대한의 20×1년 말 수정분개 전 재고자산 관련된 정보이다. ㈜대한은 도매업에 종사하고 재고자산평가는 상품 종목별로 저가기준을 적용한다고 할 때, ㈜대한이 인식할 20×1년 재고자산평가손실은?

종목	재고수량(단위)	단위당 취득원가	단위당 추정 판매가격	단위당 추정 판매비용
A	50	₩60	₩80	₩10
B	70	70	68	8
C	40	46	46	2

① ₩0　② ₩280
③ ₩620　④ ₩780

109 ㈜대한의 20×1년 말 상품 자료가 다음과 같다. 저가법 평가후 20×1년말 재무상태표에 표시되는 기말재고자산의 순장부금액은 얼마인가?

장부상 수량 :	1,000개	실제 수량 :	980개
장부상 단위원가 :	₩1,000	추정 판매금액 :	₩1,100
추정 판매비용 :	₩200		

① ₩882,000　② ₩980,000
③ ₩1,000,000　④ ₩1,078,000

110 다음은 ㈜한국의 20×1년 말 재고자산 관련 자료이다. ㈜한국의 20×1년 포괄손익계산서에 인식될 재고자산 감모손실과 평가손실은 각각 얼마인가? (단, 기초재고는 없으며, 단위원가 계산은 총평균법을 따른다.)

장부상 자료		실사 자료	
수량	단위당 장부금액	수량	순실현가능가치
80개	₩30	75개	₩20

	감모손실	평가손실
①	₩150	₩750
②	₩100	₩750
③	₩150	₩800
④	₩100	₩800

111 다음 자료를 이용하여 계산한 재고자산평가손익은? (단, 재고자산감모손실은 없음)

기초재고	₩ 9,000	당기매입액	₩ 42,000
매출원가	45,000	기말재고(순실현가능가치)	4,000

① 평가손실 ₩2,000　② 평가손실 ₩3,000
③ 평가이익 ₩2,000　④ 평가이익 ₩3,000

112 다음은 ㈜한국의 재고자산 관련 자료이다. 재고자산의 당기 매입액이 ₩400,000이라고 할 경우, 기말상품의 실사수량과 단위당 순실현가능가치는? (단, 재고자산감모손실은 실사수량과 장부상 재고수량의 차이로 인해 발생한 계정이며, 재고자산 평가손실은 취득원가와 순실현가능가치의 차이로 인해 발생한 계정이다)

기초상품 재고액	₩20,000	기초 재고자산평가충당금	없음
재고자산감모손실	₩20,000	재고자산평가손실	₩18,000
장부상 기말상품재고액	₩200,000(단위당 원가 ₩2,000)		

	기말상품 실사수량	기말 단위당 순실현가능가치
①	80개	₩1,800
②	80개	₩2,000
③	90개	₩1,800
④	90개	₩2,000

113 다음은 제조업을 영위하는 ㈜대한의 20×1년도 기말재고자산과 관련된 자료이다.

재고자산	장부재고	실지재고	단위당원가	단위당 순실현가능가치
원재료	500kg	400kg	₩50/kg	₩45/kg
제품	200개	150개	₩300/개	₩350/개

㈜대한은 재고자산감모손실과 재고자산평가손실(환입)을 매출원가에서 조정하고 있다. 재고자산평가충당금(제품)의 기초잔액이 ₩3,000존재할 때, ㈜대한의 20×1년도 매출원가에서 조정될 재고자산감모손실과 재고자산평가손실(환입)의 순효과는 얼마인가? (단, ㈜대한은 단일제품만을 생산·판매하고 있으며, 기초재공품과 기말재공품은 없다.)

① 매출원가 차감 ₩3,000　② 매출원가 가산 ₩5,000
③ 매출원가 가산 ₩15,000　④ 매출원가 가산 ₩17,000

114 다음은 상기업인 ㈜대한의 20×1년도 기말재고자산과 관련된 자료이다. 20×1년도 기초 재고자산평가충당금은 ₩0이다.

조	항목	장부수량	실제수량	단위당 원가	단위당 순실현가능가치
A	A1	150개	120개	₩400	₩350
	A2	200개	180개	₩350	₩450

㈜대한은 재고자산감모손실과 재고자산평가손실을 매출원가에 포함한다. ㈜대한이 항목별기준 저가법과 조별기준 저가법을 각각 적용할 경우, ㈜대한의 20×1년도 감모손실과 평가손실의 합계는 얼마인가?

	항목별기준	조별기준
①	₩25,000	₩25,000
②	₩25,000	₩19,000
③	19,000	25,000
④	19,000	19,000

115 ㈜우리는 상품재고자산의 단위원가 결정방법으로 매입 시마다 평균을 계산하는 가중평균법을 채택하고 있다. ㈜우리의 20×1년 상품재고자산과 관련된 자료는 다음과 같다.

	수량	단위원가
기초재고(1월 1일)	200개	₩100
매입(2월 10일)	200	200
매출(5월 1일)	300	
매입(12월 1일)	100	300
장부상 기말재고	200	
실사결과 기말재고	150	

20×1년 말 현재 상품재고자산의 단위당 순실현가능가치가 ₩200이라면 ㈜우리가 20×1년에 인식하여야 할 재고자산감모손실과 재고자산평가손실은 각각 얼마인가? (단, 20×1년 기초재고의 단위당 원가와 순실현가능가치는 동일하였다고 가정한다.)

	재고자산감모손실	재고자산평가손실
①	₩9,000	₩3,750
②	₩9,000	₩6,000
③	₩10,000	₩5,000
④	₩11,250	₩3,750

| 4 | 매출원가의 계산

116 20×1년 초 설립한 ㈜한국의 기말상품재고와 관련된 자료는 다음과 같다.

항목	취득원가	순실현가능가치
A	₩1,000	₩1,200
B	2,000	1,900

당기상품매입액이 ₩10,000일 때, 20×1년 말 재고자산 장부금액과 20×1년도 매출원가는? (단, 재고자산의 항목은 서로 유사하지 않으며, 재고자산 평가손익은 매출원가에 가감한다.)

	장부금액	매출원가
①	₩2,900	₩7,000
②	₩2,900	₩7,100
③	₩3,000	₩7,000
④	₩3,000	₩7,100

117 ㈜한국의 20×1년 말 재고자산의 취득원가는 ₩200,000, 순실현가능가치는 ₩160,000이다. 20×2년 중 재고자산을 ₩1,600,000에 매입하였다. 20×2년 말 장부상 재고자산 수량은 200단위지만 재고실사 결과 재고자산 수량은 190단위(단위당 취득원가 ₩2,200, 단위당 순실현가능가치 ₩1,900)였다. 회사는 재고자산으로 인한 당기비용 중 재고자산감모손실을 제외한 금액을 매출원가로 인식할 때, 20×2년 매출원가는? (단, 20×1년 말 재고자산은 20×2년에 모두 판매되었다.)

① ₩1,377,000
② ₩1,394,000
③ ₩1,399,000
④ ₩1,417,000

118 ㈜한국의 20×1년 기말재고자산 평가와 관련된 자료이다.

장부수량	실사수량	단위당 취득원가	단위당 순실현가능가치
1,000개	950개	₩1,000	₩900

- 기초재고자산은 ₩800,000이고, 당기매입액은 ₩5,000,000이다.
- ㈜한국은 재고자산감모손실과 재고자산평가손실(환입)을 매출원가로 분류한다.
- 재고자산평가충당금 기초잔액은 ₩100,000이다.

㈜한국의 20×1년도 포괄손익계산서상 매출원가는?

① ₩4,800,000
② ₩4,845,000
③ ₩4,855,000
④ ₩4,945,000

119 ㈜한국의 20×1년 재고자산 관련 자료는 다음과 같다.

• 기초재고액	₩10,000	• 재고자산 당기순매입액	₩100,000
• 기말 재고자산(장부수량)	100개	• 장부상 취득단가	₩500/개
• 기말 재고자산(실사수량)	90개	• 추정판매가액	₩450/개
• 현행대체원가	₩380/개	• 추정판매수수료	₩50/개

㈜한국은 재고자산감모손실 중 40 %를 정상적인 감모로 간주하며, 재고자산평가손실과 정상적 재고자산감모손실을 매출원가에 포함한다. ㈜한국이 20×1년 포괄손익계산서에 보고할 매출원가는? (단, 재고자산은 계속기록법을 적용하며 기초재고자산의 재고자산평가충당금은 ₩0이다)

① ₩60,000
② ₩71,000
③ ₩75,000
④ ₩79,000

120 ㈜한국의 20×1년 손익관련 자료는 다음과 같다고 할 경우, 20×1년도 ㈜한국의 당기순이익은?

• 매출액 ₩4,400,000
• 기초재고자산 ₩1,000,000
• 매입액 ₩3,000,000
• 20×1년 말 장부상 재고자산은 ₩2,500,000(2,500개,@₩1,000)이었으나, 실사결과 재고자산은 ₩1,800,000(2,000개, @₩900)이다.

① ₩1,700,000
② ₩1,800,000
③ ₩2,000,000
④ ₩2,200,000

121 20×1년 초에 설립된 ㈜한국의 재고자산은 상품으로만 구성되어 있다. 20×1년말 상품 관련 자료는 다음과 같고 항목별 저가기준으로 평가하고 있다. 20×1년 매출원가가 ₩250,000일 경우 당기 상품매입액은? (단, 재고자산평가손실은 매출원가에 포함되며 재고자산감모손실은 없다.)

구분	수량	단위당원가	단위당 추정 판매가격	단위당 추정 판매비용
상품 A	20개	₩100	₩120	₩15
상품 B	40	150	170	30
상품 C	30	120	120	20

① ₩251,000
② ₩260,600
③ ₩260,700
④ ₩261,200

| 5 | 말문제

122 재고자산에 관한 설명으로 옳지 않은 것은?

① 원가측정방법으로 소매재고법은 한국채택국제회계기준에서 허용되지 않는다.
② 정상적인 영업과정에서 판매를 위하여 보유중인 자산은 재고자산이다.
④ 재고자산의 판매시, 관련된 수익을 인식하는 기간에 재고자산의 장부금액을 비용으로 인식한다.
⑤ 매입운임은 재고자산의 취득원가에 포함된다.

123 재고자산에 관한 설명으로 옳지 않은 것은?

① 재고자산이란 정상적인 영업활동과정에서 판매를 목적으로 소유하고 있거나 판매할 자산을 제조하는 과정에 있거나 제조과정에 사용될 자산을 말한다.
② 재고자산의 취득원가는 매입원가, 전환원가 및 재고자산을 현재의 장소에 현재의 상태로 이르게 하는데 발생한 기타 원가 모두를 포함한다.
③ 재고자산의 매입원가는 매입가격에 수입관세와 매입운임, 하역료, 매입할인, 리베이트 등을 가산한 금액이다.
④ 표준원가법이나 소매재고법 등의 원가측정방법은 그러한 방법으로 평가한 결과가 실제 원가와 유사한 경우에 사용할 수 있다.

124 재고자산 회계처리에 관한 설명으로 옳지 않은 것은?

① 완성될 제품이 원가 이상으로 판매될 것으로 예상되더라도 생산에 투입하기 위해 보유한 원재료 가격이 현행대체원가 보다 하락한다면 평가손실을 인식한다.
② 후속 생산단계에 투입하기 전에 보관이 필요한 경우 이외의 보관원가는 재고자산의 취득원가에 포함할 수 없으며 발생기간의 비용으로 인식한다.
③ 재고자산을 후불조건으로 취득하는 경우 계약이 실질적으로 금융요소를 포함하고 있다면, 해당 금융요소는 금융이 이루어지는 기간 동안 이자비용으로 인식한다.
④ 재고자산을 순실현가능가치로 감액한 평가손실과 모든 감모손실은 감액이나 감모가 발생한 기간에 비용으로 인식한다.

125 다음 중 재고자산의 단위원가 결정방법이 아닌 것은?

① 개별법 ② 선입선출법
③ 이동평균법 ④ 정액법

126 한국채택국제회계기준은 재고자산 원가배분방법으로 후입선출법(LIFO)의 사용을 금지하였다. 그 이유는 후입선출법에 대한 여러 가지의 비판 때문일 것이다. 다음의 후입선출법에 대한 비판 중 타당하지 않은 것은?

① 물가가 지속적으로 상승하는 경제하에서 재무상태표의 재고자산금액이 재고자산의 공정가치와 큰 차이가 있을 수 있어서 재무제표이용자의 의사결정을 오도할 수 있다.
② 물가가 지속적으로 상승하는 경제하에서 오래전에 구입한 재고자산의 재고층(inventory layer)이 청산되면 수익비용대응 구조가 왜곡된다.
③ 물가가 지속적으로 상승하는 경제하에서 경영진이 재고자산의 매입을 중단하거나 연기하는 방법으로 당기순이익을 증가시키는 등 이익조정의 가능성이 높다.
④ 물가가 지속적으로 상승하는 경제하에서 후입선출법하에서의 당기순이익이 선입선출법하에서의 당기순이익보다 적어지는데, 이는 후입선출법이 수익비용의 대응을 왜곡하는 일례이다.

127 다음 중 후입선출법에 관한 설명으로 올바르지 않은 것은?

① 일반적인 기업의 경영활동에서 실제물량흐름이 후입선출일 가능성은 크지 않다.
② 인플레이션 상황에서 기말재고수량이 기초재고수량보다 적어지면 대단히 낮은 원가의 기초재고자산 분이 매출원가로 비용처리되어 순이익이 많아지므로 현금흐름이 향상된다.
③ 현행 판매수익에 현행 원가가 대응되므로 수익·비용이 적절하게 이루어진다.
④ 물가가 지속적으로 하락하는 경우, 경영진은 재고자산의 매입을 의도적으로 늘려 매출원가를 하향 조정할 수 있는 가능성이 있다.

128 재고자산의 회계처리에 관한 설명으로 옳지 않은 것은?

① 재고자산의 단위원가 결정방법으로 후입선출법은 허용되지 않는다.
② 재고자산에 대한 단위원가 결정방법의 적용은 동일한 용도나 성격을 지닌 재고자산에 대해서는 동일하게 적용해야 하나, 지역별로 분포된 사업장이나 과세방식이다른 사업장간에는 동일한 재고자산이라도 원칙적으로 다른 방법을 적용한다.
③ 재고자산은 서로 유사하거나 관련 있는 항목들을 통합하여 적용하는 것이 적절하지 않는 한 항목별로 순실현가능가치로 감액하는 저가법을 적용한다.
④ 재고자산의 감액을 초래했던 상황이 해소되거나 경제상황의 변동으로 순실현가능가치가 상승한 명백한 증거가 있는 경우에는 최초의 장부금액을 초과하지 않는 범위내에서 평가손실을 환입한다.

129 물가가 지속적으로 상승하고 재고수량이 점차 증가하는 상황에서, 후입선출법을 사용하는 상황과 비교하여 선입선출법을 사용할 경우, 다음의 각 항목에 미치는 영향을 분석한 것으로 올바른 것은?

	매출원가	기말재고	당기순이익
①	증가	감소	증가
②	증가	감소	감소
③	감소	증가	증가
④	감소	증가	감소

130 재고자산에 대한 설명으로 옳은 것은?(단, 재고자산 감모손실 및 재고자산평가손실은 없다.)

① 선입선출법 적용시 물가가 지속적으로 상승한다면, 계속기록법에 의한 기말재고자산 금액이 실지재고조사법에 의한 기말재고자산 금액보다 작다.
② 선입선출법 적용시 물가가 지속적으로 상승한다면, 계속기록법에 의한 기말재고자산 금액이 실지재고조사법에 의한 기말재고자산 금액보다 크다.
③ 컴퓨터 제조기업이 고객관리 목적으로 사용하고 있는 자사가 제조한 컴퓨터는 재고자산이다.
④ 부동산매매기업이 정상적인 영업과정에서 판매를 목적으로 보유하는 건물은 재고자산으로 분류된다.

131 재고자산의 회계처리에 관한 설명으로 옳지 <u>않은</u> 것은?

① 회사가 실지재고조사법만을 사용하더라도 재고자산평가손실을 파악할 수 없다.
② 물가가 지속적으로 상승하는 경우 선입선출법 하의 기말재고자산금액은 평균법 하의 기말재고자산 금액보다 작지 않다.
③ 보유하고 있는 재고자산이 확정판매계약의 이행을 위한 것이라면 동 재고자산의 순실현가능가치는 그 계약가격을 기초로 한다.
④ 보유하고 있는 재고자산의 순실현가능가치 총합계액이 취득원가 총합계액을 초과하더라도 재고자산평가손실은 계상될 수 있다.

| 6 | 매출총이익법

132 기초상품재고액이 ₩98,000, 기말상품재고액이 ₩105,000, 당기상품매입액이 ₩560,000, 매출총이익이 ₩106,000이라면 상품매출액은?

① ₩561,000
② ₩659,000
③ ₩665,000
④ ₩696,000

133 ㈜한국은 취득원가에 20 %의 이윤을 가산하여 상품을 전액 외상판매하고 있다. ㈜한국의 기초상품재고액 ₩300,000, 당기 상품 매입액 ₩2,700,000, 기말상품재고액 ₩500,000으로 파악되었다. 기초외상매출금 잔액이 ₩1,200,000이고, 당기 현금회수액이 ₩3,500,000이라면 기말의 외상매출금 잔액은?

① ₩400,000
② ₩500,000
③ ₩600,000
④ ₩700,000

134 다음의 자료를 이용하여 계산된 기말상품재고액은?

(1) 기초상품재고액은 ₩120,000이다.
(2) 당기의 상품 총매입액은 ₩1,300,000이고 당기의 상품 총매출액은 ₩1,700,000이다.
(3) 당기의 매출에누리와 환입은 ₩180,000이고, 매입에누리와 환출은 ₩100,000이다.
(4) 당기의 판매운임은 ₩30,000이고 매입운임은 ₩40,000이다.
(5) 당기 매출총이익은 ₩310,000이다.

① ₩90,000
② ₩120,000
③ ₩150,000
④ ₩180,000

135 20×1년 말 화재로 인해 창고에 보관 중인 상품이 모두 소실되었다. 상품과 관련된 자료는 다음과 같다. 화재로 인해 소실된 상품의 추정금액은?

기초상품	₩1,500	총매입액	₩2,200
매입환출	300	매입운임	200
총매출액	3,700	매출운임	300
매출에누리	200	과거 평균매출총이익률	20%

① ₩500 ② ₩600
③ ₩700 ④ ₩800

136 ㈜대한의 20×1년도 매입채무와 관련된 자료이다. 자료를 이용하여 계산한 ㈜대한의 20×1년도 매입채무 상환액은 얼마인가?

• 당기매출액	₩3,000,000	• 기초상품재고액	₩1,000,000
• 기말상품재고액	500,000	• 기초 매입채무	600,000
• 기말 매입채무	800,000	• 매출총이익율	10%
• 당기매입액 중 외상매입 비율	50%		

① ₩700,000 ② ₩800,000
③ ₩850,000 ④ ₩900,000

137 다음은 ㈜대한의 20×1년도 회계자료 중 일부이다. 이를 이용하여 물음에 답하시오.

• 당기현금매출액	₩50,000	• 매출총이익	₩90,000
• 기초매출채권	80,000	• 매출채권회수액	260,000
• 기초상품재고	120,000	• 당기상품매입액	200,000
• 기말상품재고	110,000		

㈜대한의 20×1년 말 재무상태표에 표시될 매출채권은 얼마인가? (단, 대손상각은 고려하지 않는다.)

① ₩60,000 ② ₩70,000
③ ₩80,000 ④ ₩90,000

| 7 | 재무비율분석

138 ㈜대한의 기초재고자산은 ₩300, 기말재고자산은 ₩500, 유동부채는 ₩500, 매출총이익은 ₩6,000, 유동비율은 200%, 매출총이익률은 60%인 경우, 재고자산회전율과 당좌비율은? (단, 재고자산 회전율은 매출원가를 평균재고자산으로 나누어 구한다.)

	재고자산회전율	당좌비율(%)
①	10	50
②	10	100
③	25	50
④	25	100

139 실지재고조사법을 적용하고 있는 ㈜한국은 20×1년 재무제표를 작성하는 중에 20×1년 기말 재고자산이 ₩100 과대평가되었음을 확인하였다. 기말 재고자산 이외 다른 자산, 부채의 오류는 없다고 할 경우, 이와 같은 오류가 20×1년 ㈜한국의 재무제표에 미치는 영향으로 옳지 않은 것은?

① 기말재고자산 과대평가
② 매출원가 과소평가
③ 당기순이익 과소평가
④ 기말 이익잉여금 과대평가

140 재무상태표에 표시되는 기말 재고자산 금액이 오류로 인하여 과소계상되었다. 이러한 오류가 존재하지 않는 경우(A)와 오류가 존재하는 경우(B)에 유동비율 및 매출총이익률 각각에 대한 비교로 옳은 것은?

	유동비율	매출총이익률
①	A < B	A > B
②	A > B	A > B
③	A < B	A < B
④	A > B	A < B

해답 및 해설

101	②	102	②	103	③	104	④	105	①	106	③	107	①	108	④	109	①	110	①
111	①	112	③	113	④	114	②	115	④	116	②	117	①	118	②	119	②	120	④
121	②	122	①	123	③	124	①	125	④	126	④	127	②	128	②	129	③	130	④
131	①	132	②	133	④	134	③	135	④	136	④	137	②	138	②	139	③	140	②

101 • ₩1,000,000＋50,000＋20,000－30,000＋5,000(환급가능한 관세는 제외)＝₩1,045,000

102 • 선입선출법의 경우에는 계속기록법이나 실지재고조사법에 의한 금액이 동일하다.
• 매출원가 : 100개×@100(2월 1일 매입분)＋30개×@120(4월 10일 매입분)＝₩13,600
• 기말재고액 : 20개×@120(4월 10일 매입분)＋100개×@110(11월 30일 매입분)＝₩13,400

103

구분		입출고			잔고		
일자	적요	수량	단가	총액	수량	단가	총액
1월 1일	기초재고	200	30	₩6,000	200	30	₩6,000
2월 21일	매출	100			100	30	₩3,000
4월 10일	매입	100	36	₩3,600	200	33[1)]	₩6,600
8월 15일	매출	120			80	33	**₩2,640**

1) ₩6,600÷200개

104 1. 실지재고조사법-총평균법

① 총평균단가 : (₩800＋2,700＋1,000)÷(100개＋300개＋100개)＝₩9

② 매출원가 : 200개×@9＝₩1,800

2. 계속기록법-이동평균법

① 평균단가의 계산

구분		입출고			잔고		
일자	적요	수량	단가	총액	수량	단가	총액
1월 1일	기초재고	100	8	₩800	100	8	₩800
2월 5일	매입	300	9	₩2,700	400	8.75[1)]	₩3,500
6월 10일	매출	200			200	8.75	₩1,750
9월 15일	매입	100	10	₩1,000	300	9.17[2)]	₩2,750

1) ₩3,500÷400개　　2) ₩2,750÷300개

② 매출원가 : 200개×@8.75＝₩1,750

105

구분		입출고			잔고		
일자	적요	수량	단가	총액	수량	단가	총액
1월 1일	기초재고	1,000	200	₩200,000	1,000	200	₩200,000
2월 5일	매입	1,000	250	250,000	2,000	225	450,000
6월 10일	매입	1,000	300	300,000	3,000	250[1]	750,000
9월 15일	매출	(2,500)			500	250	125,000
11월 20일	매입	1,000	400	400,000	1,500	350[2]	525,000

1) ₩750,000÷3,000개 2) ₩525,000÷1,500개

∴ 매출원가 : ₩250/개×2,500개=₩625,000 ⇨ 매출액 : ₩625,000×120%=₩750,000

106
- 총평균단위원가 : ₩23,000÷200개(판매수량)=₩115
- 판매가능재고 총액 : ₩115×(100개+300개)=₩46,000
- 5월 13일 매입금액 : ₩46,000−10,000(기초재고금액)=₩36,000
- 5월 13일 매입 단가 : ₩36,000÷300개=₩120

107
- 기말 재고자산평가충당금 : ₩30,000(기말상품재고의 취득원가)−25,000(순실현가능가치)=₩5,000
- 재고자산평가손실 : ₩5,000(기말 평가충당금)−2,000(기초 평가충당금 잔액)=₩3,000

108
- A 저가법 평가 : 없음(단위당 취득원가 ₩60보다 단위당 순실현가능가치 ₩70이 더 큼)
- B 저가법 평가 : 70개×[@70(단위당 취득원가)−(@68−8)(단위당 순실현가능가치)]=₩700
- C 저가법 평가 : 40개×[@46(단위당 취득원가)−(@46−2)(단위당 순실현가능가치)]=₩80
- 평가손실 : ₩700+80=₩780

109
- 980개(실제수량)×(₩1,100−200)(순실현가능가치)=₩882,000

110
- 저가법 평가

장부수량 80개	×	장부단가 ₩30	= ₩2,400	감모손실 ⊖₩150
실제수량 75개	×	장부단가 ₩30	= ₩2,250	
				평가충당금 ⊖₩750
실제수량 75개	×	NRV ₩20	= ₩1,500	

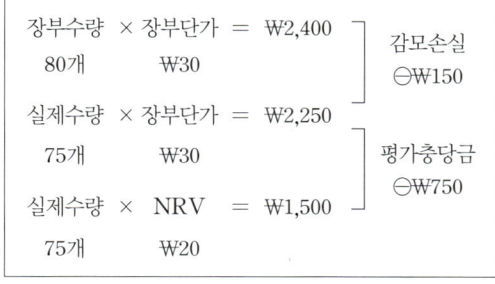

111
- 기말재고 원가 : ₩9,000(기초재고)+42,000(당기매입)−45,000(매출원가)=₩6,000
- 평가손익 : ₩6,000(원가)−4,000(순실현가능가치)=₩2,000(손실)

112 • 기말 상품 장부상 수량 : ₩200,000(장부상 기말상품재고액)÷@2,000(단위당 원가)=100개
• 기말재고자산의 평가

장부수량	×	장부단가	=	₩200,000		감모손실
100개		₩2,000				⊖₩20,000
실제수량	×	장부단가	=	₩180,000		
??개		₩2,000				평가충당금 ⊖₩18,000
실제수량	×	NRV	=	₩162,000		
??개		??				

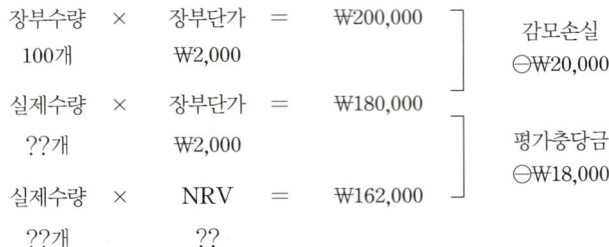

• 실사수량 : ₩180,000÷@2,000(장부상단가)=90개
• 순실현가능가치 : ₩162,000÷90개=₩1,800

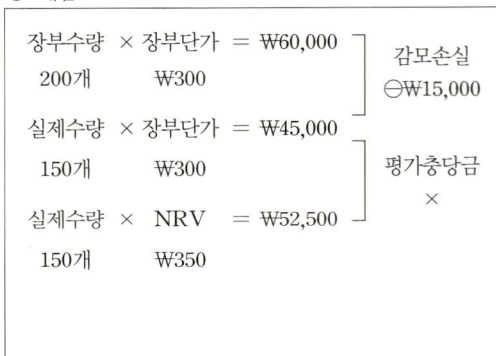

113 ① 제품

장부수량	× 장부단가	=	₩60,000		감모손실
200개	₩300				⊖₩15,000
실제수량	× 장부단가	=	₩45,000		
150개	₩300				평가충당금 ×
실제수량	× NRV	=	₩52,500		
150개	₩350				

② 원재료

장부수량	× 장부단가	=	₩25,000		감모손실
500kg	₩50				⊖₩5,000
실제수량	× 장부단가	=	₩20,000		
400kg	₩50				평가충당금 ×[1)]
실제수량	× NRV	=	₩18,000		
400kg	₩45				

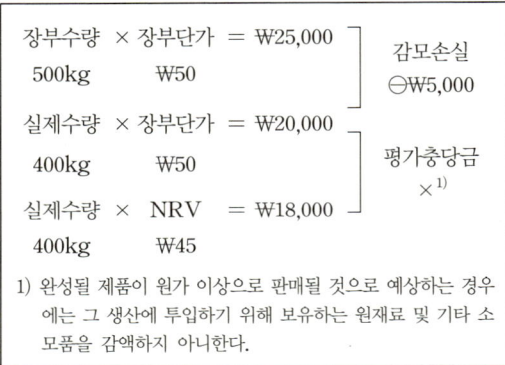

1) 완성될 제품이 원가 이상으로 판매될 것으로 예상하는 경우에는 그 생산에 투입하기 위해 보유하는 원재료 및 기타 소모품을 감액하지 아니한다.

③ 답안 : ₩15,000(제품 감모손실)+5,000(원재료 감모손실)−3,000(평가충당금환입)=₩17,000 가산

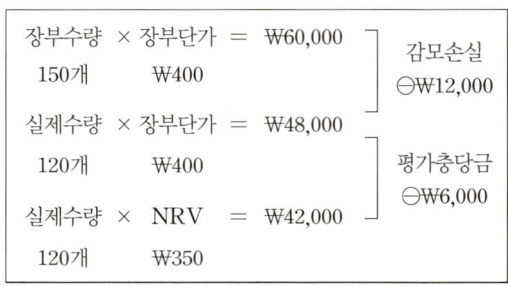

114 1. 항목별 기준

① A1

장부수량	× 장부단가	=	₩60,000		감모손실
150개	₩400				⊖₩12,000
실제수량	× 장부단가	=	₩48,000		
120개	₩400				평가충당금 ⊖₩6,000
실제수량	× NRV	=	₩42,000		
120개	₩350				

② A2

장부수량	× 장부단가	=	₩70,000		감모손실
200개	₩350				⊖₩7,000
실제수량	× 장부단가	=	₩63,000		
180개	₩350				평가충당금 ×
실제수량	× NRV	=	₩81,000		
180개	₩450				

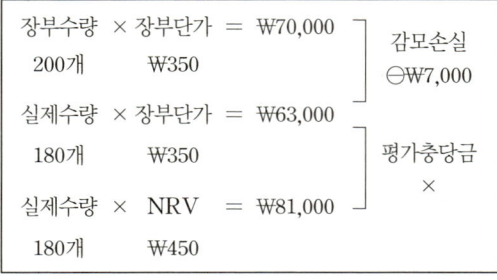

③ 합계 : ₩12,000+6,000+7,000=₩25,000

2. 조별 기준

① A 평가손실

실제수량 × 장부단가 = ₩48,000+63,000=111,000	평가충당금	
실제수량 × NRV = ₩42,000+81,000=123,000	×	

② 합계 : (₩12,000+7,000)(감모손실)=₩19,000

115 ① 원가흐름의 가정

일자	적요	수량	단가	총액
1월 1일	기초재고	200	100	20,000
2월 10일	매입	200	200	40,000
	소계	400	150[1]	60,000
5월 1일	매출	(300)	150	45,000
	판매후 잔고	100	150	15,000
12월 1일	매입	100	300	30,000
기말 잔고		200	225[2]	45,000

1) ₩60,000÷400개　　2) ₩45,000÷200개

② 감모손실 및 평가손실

장부수량 × 장부단가 = ₩45,000
200개　₩225
　　　　감모손실 ₩11,250
실제수량 × 장부단가 = ₩33,750
150개　₩225
　　　　평가충당금 ₩3,750
실제수량 × NRV = ₩30,000
150개　₩200

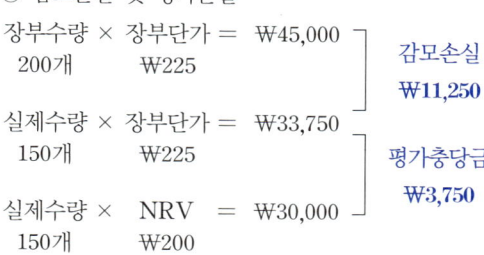

116 • 판매한 재고의 원가 : ₩0(기초재고)+10,000(매입)−(1,000+2,000)(기말재고 취득원가)=₩7,000
• 평가손실 B : ₩2,000(취득원가)−1,900(순실현가능가치)=₩100
(A는 순실현가능가치가 더 크므로 평가손실이 발생하지 않음)
• 기말재고자산 : ₩1,000(A의 취득원가)+1,900(B의 순실현가능가치)=₩2,900
• 매출원가 : ₩7,000+100=₩7,100

117 • 기말재고의 평가 : 매출원가의 계산

재고자산

기초재고 200,000	장부상매출원가[1] 1,360,000
당기매입 1,600,000	200개×₩2,200

평가충당금

−	기초 충당금 40,000
기말 충당금 57,000	평가손실 17,000

200개 × 2,200
　　감모손실 22,000
190개 × 2,200
　　평가충당금 57,000
190개 × 1,900

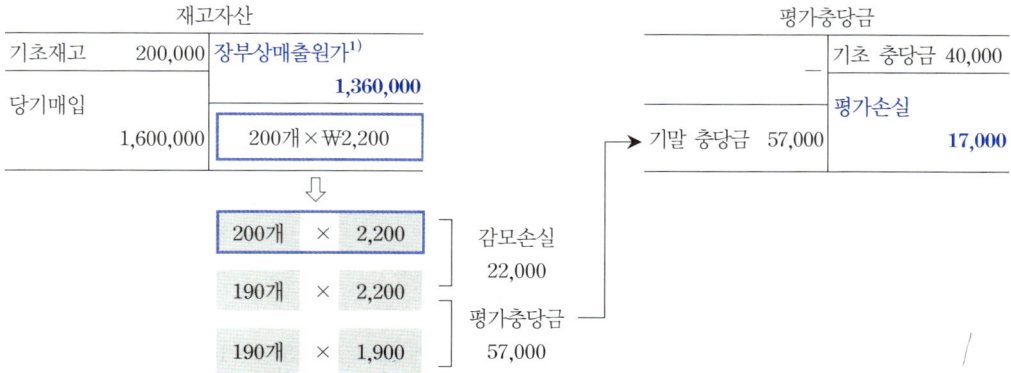

1) ₩200,000+1,600,000−200개×2,200

• 20×2년 매출원가 : ₩1,360,000(장부상매출원가)+17,000(평가손실)=₩1,377,000

118 • 기말재고의 평가 & 매출원가의 계산

재고자산

기초재고	800,000	장부상매출원가[1]	4,800,000
당기매입	5,000,000	1,000개×₩1,000	

평가충당금

평가손실환입	**5,000**	기초충당금	100,000
기말 충당금	95,000		–

⇩

1,000개 × 1,000 ┐ 감모손실 50,000
950개 × 1,000 ┘
950개 × 1,000 ┐ 평가충당금 95,000 → 기말 충당금
950개 × 900 ┘

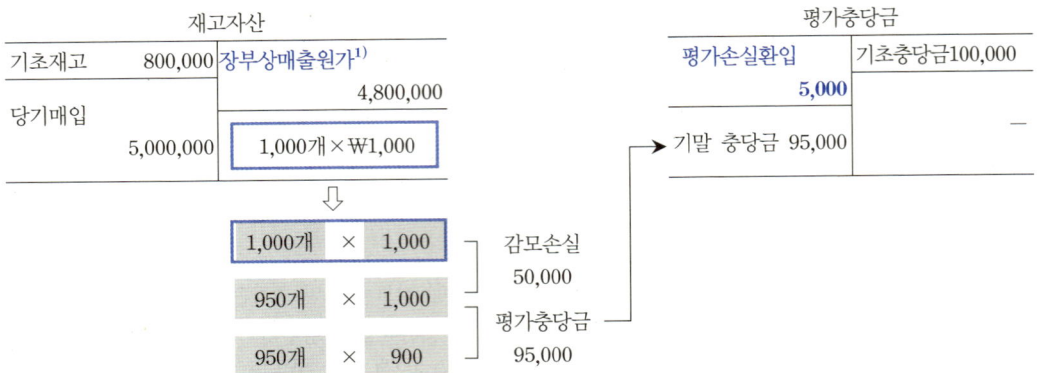

1) ₩800,000+5,000,000−1,000개×1,000

• 매출원가 : ₩4,800,000(장부상매출원가)+50,000(감모손실)−5,000(평가손실환입)=₩4,845,000
또는 다음과 같이 계산할 수도 있다.
: ₩700,000(기초재고 순액)+5,000,000(당기매입)−950개×900=₩4,845,000

119 • 기말재고의 평가 & 매출원가의 계산

재고자산

기초재고	10,000	장부상매출원가[1]	**60,000**
당기매입	100,000	100개×₩500	

평가충당금

	–	기초 충당금	–
기말 충당금	9,000	평가손실	**9,000**

⇩

100개 × 500 ┐ 감모손실 5,000
90개 × 500 ┘
90개 × 500 ┐ 평가충당금 9,000 → 기말 충당금
90개 × 400[2] ┘

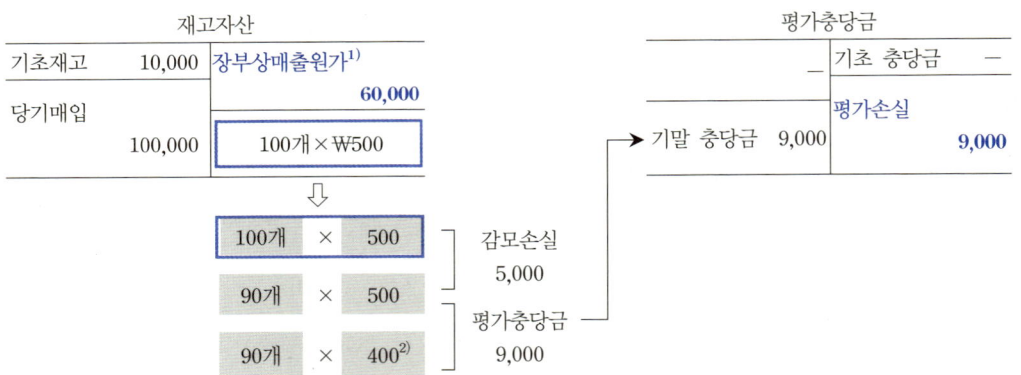

1) ₩10,000+100,000−100개×500
2) 순실현가능가치 : ₩450(판매가액)−50(판매수수료)

• 20×2년 매출원가 : ₩60,000(장부상매출원가)+5,000×40%(정상감모손실)+9,000(평가손실)=₩71,000

120 • 비용처리되는 재고자산의 금액 : ₩1,000,000(기초재고자산)+3,000,000(매입액)−1,800,000(기말재고자산 순액)=₩2,200,000
• 당기순이익 : ₩4,400,000(매출액)−2,200,000=₩2,200,000

121 • 기말 재고자산 평가 후 순장부금액 : 20개×100(A)+40개×140(B)+30개×100(C)=₩10,600
• 상품매입액 : ₩250,000+10,600=₩260,600
(20×1년초에 설립된 회사이므로 기초재고자산은 없다.)

122 ① 원가측정방법으로 소매재고법은 그 평가결과가 실제원가와 유사한 경우에 편의상 사용할 수 있다.

123 ③ 매입할인이나 리베이트는 취득원가에서 차감한다.

124 ① 완성될 제품이 원가 이상으로 판매될 것으로 예상된다면 생산에 투입하기 위해 보유한 원재료는 저가법을 적용하지 아니한다.
② 후속 생산단계에 투입하기 전에 보관이 필요한 경우의 보관원가는 자산의 원가에 가산할 수 있다.

125 ④ 정액법은 유형자산 감가상각의 방법 중 하나이다.

126 ① 물가가 지속적으로 상승하는 경제하에서는 기말재고자산은 과거의 원가로 기록된다. 따라서 재무상태표의 재고자산금액이 재고자산의 공정가치와 큰 차이가 있을 수 있다.
②, ③ 물가가 지속적으로 상승하는 상황에서 재고자산의 수량이 감소하게 된다면, 기초재고의 일부분이 매출원가에 포함된다. 이 경우 후입선출법에 의해 계산된 매출원가에는 오래전에 구매한 재고자산의 원가가 포함되어 낮은 금액으로 원가가 인식된다. 이러한 현상을 후입선출청산이라고 하며, 이를 통해 기업은 의도적으로 기말재고자산의 보유량을 줄여 매출원가를 낮추고 당기순이익을 증가시키려고 할 것이므로 재무정보의 왜곡이 야기될 수 있다.
④ 물가가 지속적으로 상승하는 경제하에서 후입선출법하에서의 당기순이익이 선입선출법하에서의 당기순이익보다 적어지는 것은 옳다. 그러나 후입선출법은 가장 최근에 구매한 자산의 원가를 매출원가로 인식하므로 오히려 수익비용의 대응이 적절히 이루어진다.

127 ② 물가가 상승하는 상황에서 기말재고수량이 적어지면, 낮은 가격의 기초재고자산이 매출원가화 되어 매출원가가 감소한다. 매출원가가 감소한다고 하여 회사의 현금흐름이 증가하지는 않는다. 그러나 순이익의 증가로 인해 법인세 부담액이 늘어나므로 회사의 현금흐름이 오히려 감소할 수 있다.

128 ② 성격과 용도 면에서 유사한 재고자산에는 동일한 단위원가 결정방법을 적용하여야 하며, 성격이나 용도 면에서 차이가 있는 재고자산에는 서로 다른 단위원가 결정방법을 적용할 수 있다.
예를 들어, 동일한 재고자산이 동일한 기업내에서 영업부문에 따라 서로 다른 용도로 사용되는 경우도 있다. 그러나 재고자산의 지역별 위치나 과세방식이 다르다는 이유만으로 동일한 재고자산에 다른 단위원가 결정방법을 적용하는 것이 정당화될 수는 없다.

129 • 선입선출법을 사용하는 경우, 후입선출법을 사용하는 경우보다 기말재고자산이 더 크다. 따라서 매출원가는 더 작으며, 당기순이익은 더 커진다.

130 ①, ② 선입선출법은 계속기록법이나 실지재고조사법의 결과가 동일하다.
③ 사용하고 있는 자산은 유형자산으로 분류된다.

131 ① 재고자산 평가손실은 실제수량에 대한 장부금액과 순실현가능가치의 차이로 계산된다. 실지재고조사법을 통해 창고 실사시 진부화여부의 판단을 통해 순실현가능가치를 파악할 수 있다. 따라서 장부상 수량을 알지 못한다고 하더라도 재고자산 평가손실을 계산할 수 있다.

④ 저가법은 항목별(item basis)로 적용한다. 그러나 경우에 따라서는 서로 유사하거나 관련있는 항목들을 통합하여 조별(category basis)로 적용하는 것이 적절할 수 있다. 그러나 모든 재고자산에 대해 저가법을 적용(total inventory basis)하는 것은 적절하지 아니하다. 따라서 총계기준 장부금액이 순실현가능가치보다 작다고 하더라도 재고자산 평가손실은 계상될 수 있다.

132 • 매출원가 : ₩98,000(기초상품재고액)+560,000(당기상품매입액)−105,000(기말상품재고액)=₩553,000
• 매출액 : ₩553,000+106,000(매출총이익)=₩659,000

133

재고자산

기초	300,000	매출원가	2,500,000[1)]
매입	2,700,000	기말	500,000

매출채권

기초	1,200,000	현금회수액	3,500,000
외상매출	3,000,000[2)]	기말	???

1) ₩300,000+2,700,000−500,000
2) ₩2,500,000×(1+20%)

∴ 기말매출채권 : ₩1,200,000+3,000,000−3,500,000=₩700,000

134 • 당기순매입액 : ₩1,300,000−100,000(매입에누리 및 환출)+40,000(매입운임)=₩1,240,000
• 매출액 : ₩1,700,000−180,000(매출에누리 및 환입)=₩1,520,000
(판매운임은 매출액에서 차감하지 않고 별도의 비용으로 처리한다.)
• 매출원가 : ₩1,520,000−310,000(매출총이익)=₩1,210,000
• 기말상품 : ₩120,000+1,240,000(순매입액)−1,210,000(매출원가)=₩150,000

135 ① 매출원가 : (₩3,700−200(매출에누리))(순매출액)×(1−20%)=₩2,800
② 기말재고자산(상품소실액) : ₩1,500(기초상품)+(2,200+200−300)(순매입액)−2,800(매출원가)=₩800

136 ① 매출총이익법의 적용

매입채무

상환액	????	기초	600,000
기말	800,000	외상매입	1,100,000[3)]

재고자산

기초	1,000,000	매출원가	2,700,000[1)]
매입	2,200,000[2)]	기말	500,000

1) ₩3,000,000(매출액)×(1−10%)
2) ₩2,700,000+500,000−1,000,000
3) ₩2,200,000×50%(외상매입비율)

② 상환액 : ₩600,000+1,100,0000−800,000=₩900,000

137

매입채무

	매입 200,000

재고자산

기초 120,000	매출원가 210,000[1]
매입 200,000	기말 110,000

매출채권

기초 80,000	회수 260,000
매출 250,000[2]	기말 **70,000**[3]

1) ₩120,000(기초재고)+200,000(당기매입)−110,000(기말재고)
2) ① 총 매출액 : ₩210,000(매출원가)+90,000(매출총이익)=₩300,000
   ② 외상매출액 : ₩300,000(총 매출액)−50,000(현금매출액)=₩250,000
3) ₩80,000(기초매출채권)+250,000(당기외상매출)−260,000(매출채권 회수액)

∴ 기말 매출채권 : **₩70,000**

138
- 매출액 : ₩6,000(매출총이익)÷60%(매출총이익률)=₩10,000
- 매출원가 : ₩10,000(매출액)×(1−60%)(원가율)=₩4,000
- 재고자산회전율 : ₩4,000÷[(500+300)/2](평균재고)=10회
- 유동비율 : 유동자산÷500(유동부채)=200%
  ∴ 유동자산 : ₩1,000
- 당좌비율 : [₩1,000(유동자산)−500(재고자산)](기말 당좌자산)÷500(유동부채)=100%

139
- 기말 재고자산을 많이 인식한 만큼 매출원가를 적게 인식하였을 것이다. 따라서 비용이 적게 인식됨에 따라 당기순이익과 기말 이익잉여금은 과대평가 되었을 것이다.

140
- 기말 재고자산이 과소계상되면 매출원가는 과대계상된다. 재고자산이 더 적게 남아있어, 더 팔렸다고 회계처리하였으므로 매출원가가 과대계상된다.
- 재고자산이 과소계상되므로 유동자산이 과소계상된다. 따라서 유동비율은 오류가 존재하는 경우 더 작다.
- 매출원가가 과대계상되므로 매출총이익이 과소계상된다. 따라서 매출총이익률은 오류가 존재하는 경우 더 작다.

Chapter **06**

유형자산

제 1 절 유형자산의 기초

1. 유형자산의 정의

유형자산이란 재화나 용역의 생산이나 제공, 타인에 대한 임대 또는 관리활동에 사용할 목적으로 보유하는 물리적 형태가 있는 자산을 말한다. 보통 유형자산은 한 회계기간을 초과하여 사용할 것이 예상된다. 유형자산의 종류는 토지, 건물, 기계장치, 공구, 비품 등이 있다. 예비부품, 대기성장비 및 수선용구와 같은 항목도 유형자산으로 분류될 수 있다.

2. 유형자산 회계의 개요

(1) 최초인식

유형자산의 최초 취득시점에 취득원가를 결정하고 장부에 인식한다. 또한 사용 중에 추가적인 지출이 발생하는 경우 자산의 원가에 포함시키거나 당기비용으로 처리한다.

(2) 후속측정

① 감가상각 : 자산을 사용함에 따라 자산으로부터 얻는 경제적 효익을 비용처리한다. 감가상각 대상금액을 내용연수 동안 체계적이고 합리적인 방법으로 배분하여 비용으로 인식한다.

② 재평가 : 유형자산은 최초 인식 후 그 측정방법을 원가모형과 재평가모형 중 하나를 회계정책으로 선택하여 적용하여야 한다. 재평가모형에서는 유형자산의 공정가치가 유의적으로 변동한 경우, 유형자산을 공정가치로 재평가하여 가치변동을 장부에 반영한다.

③ 손상 : 자산의 손상징후가 발생하면, 손상검토 후 손상차손을 인식한다.

(3) 제거

① 처분 또는 폐기 : 처분손익 및 폐기손실을 인식하며 유형자산을 장부에서 제거한다.

② 매각예정비유동자산으로 분류 : 유형자산을 더 이상 사용하지 않게 되어 매각을 계획하고 있는 경우, 감가상각을 중단하고 매각예정비유동자산으로 분류한다.

제 2 절 원가의 인식

1. 최초 원가

유형자산으로 인식되기 위해서는 다음의 인식기준을 모두 충족하여야 한다. 인식기준을 충족하는 시점에 제공한 대가의 공정가치로 인식한다.

① 자산으로부터 발생하는 미래경제적효익이 기업에 유입될 가능성이 높다.
② 자산의 원가를 신뢰성 있게 측정할 수 있다.

하수처리정화시설 같이 안전 또는 환경상의 이유로 취득하는 유형자산은 그 자체로는 직접적인 미래경제적효익을 얻을 수 없지만, 다른 자산에서 미래경제적효익을 얻기 위하여 필요할 수 있다. 이러한 유형자산은 당해 유형자산을 취득하지 않았을 경우보다 관련 자산으로부터 미래경제적효익을 더 많이 얻을 수 있게 해주기 때문에 지출시점에 비용으로 처리하지 않고, 자산으로 인식할 수 있다.

2. 후속 원가

(1) 수익적 지출

일상적인 수선·유지와 관련하여 발생하는 원가는 인식기준을 충족하지 못하므로, 해당 유형자산의 장부금액에 포함하여 인식하지 아니한다. 이러한 원가는 발생시점에 당기손익으로 인식한다. 일상적인 수선·유지과정에서 발생하는 원가는 주로 노무비와 소모품비로 구성되며 사소한 부품원가가 포함될 수도 있다. 이러한 지출의 목적은 보통 유형자산의 '수선과 유지'로 설명된다.

(2) 자본적 지출

일부 유형자산의 경우 주요 부품이나 구성요소의 정기적 교체가 필요할 수 있다. 예를 들면, 용광로의 경우 일정시간 사용 후에 내화벽돌의 교체가 필요할 수 있으며, 항공기의 경우에도 좌석과 취사실 등의 내부설비를 항공기 동체의 내용연수 동안 여러 번 교체할 필요가 있을 수 있다. 이러한 원가가 인식기준을 충족하는 경우에는 이를 해당 유형자산의 장부금액에 포함하여 인식한다. 자본적 지출로 인해 대체되는 기존 부분의 장부금액은 제거한다.

제 3 절 원가의 구성요소

1. 취득금액에 포함되는 원가

(1) 구입가격

구입가격은 관세 및 환급불가능한 취득 관련 세금을 가산하고 매입할인과 리베이트 등을 차감한 금액을 말한다.

(2) 직접관련원가

직접관련원가란 경영진이 의도하는 방식으로 자산을 가동하는 데 필요한 장소와 상태에 이르게 하는 데 직접 관련되는 원가를 말한다. 직접관련원가의 예는 다음과 같다.

> ① 유형자산의 매입 또는 건설과 직접적으로 관련되어 발생한 종업원급여
> ② 설치장소 준비 원가
> ③ 최초의 운송 및 취급 관련 원가
> ④ 설치원가 및 조립원가
> ⑤ 유형자산이 정상적으로 작동되는지 여부를 시험하는 과정에서 발생하는 원가. 단, 시험과정에서 생산된 재화(예 장비의 시험과정에서 생산된 시제품)의 원가는 당해 원가에서 제외한다.
> ⑥ 전문가에게 지급하는 수수료

(3) 복구원가

복구원가란 자산을 해체, 제거하거나 부지를 복구하는 데 소요될 것으로 최초에 추정되는 원가를 말한다. 회사가 자산을 해체, 제거하거나 부지를 복구할 의무는 해당 유형자산을 취득한 시점에 또는 해당 유형자산을 특정기간 동안 재고자산 생산 이외의 목적으로 사용한 결과로서 발생한다. 복구원가의 구성요소 및 회계처리방법은 「회계학」에서 별도로 설명한다.

2. 취득금액에서 제외되는 원가

(1) 취득과 관련이 없는 원가

다음의 원가는 취득원가에서 제외한다.

> ① 새로운 시설을 개설하는 데 소요되는 원가
> ② 광고 및 판촉비 등 새로운 상품과 서비스를 소개하는 데 소요되는 원가
> ③ 교육훈련비 등 새로운 지역에서 또는 새로운 고객층을 대상으로 영업을 하는 데 소요되는 원가
> ④ 관리 및 기타 일반간접원가

(2) 취득 이후의 직접관련원가

유형자산이 경영진이 의도하는 방식으로 가동될 수 있는 장소와 상태에 이른 후에는 원가를 더 이상 인식하지 않는다. 따라서 유형자산을 사용하거나 이전하는 과정에서 발생하는 원가는 당해 유형자산의 장부금액에 포함하여 인식하지 아니한다. 다음과 같은 원가는 유형자산의 장부금액에 포함하지 아니한다.

① 유형자산이 경영진이 의도하는 방식으로 가동될 수 있으나 아직 실제로 사용되지는 않고 있는 경우 또는 가동수준이 완전조업도 수준에 미치지 못하는 경우에 발생하는 원가
② 유형자산과 관련된 산출물에 대한 수요가 형성되는 과정에서 발생하는 가동손실과 같은 초기 가동손실
③ 기업의 영업 전부 또는 일부를 재배치하거나 재편성하는 과정에서 발생하는 원가

(3) 부수적인 영업활동과 관련된 손익

유형자산을 경영진이 의도하는 방식으로 가동하는 데 필요한 장소와 상태에 이르게 하기 위해 필요한 활동은 아니지만 건설이나 개발이 진행되는 동안 또는 그 이전단계에서 부수적인 영업활동이 이루어질 수 있다. 예를 들어 건설이 시작되기 전에 건설용지를 주차장 용도로 사용함에 따라 수익이 획득될 수 있다. 부수적인 영업은 유형자산을 취득하기 위해 필요한 활동이 아니므로 그러한 수익과 관련 비용은 당기손익으로 인식하고 각각 수익과 비용항목으로 구분하여 표시한다.

그림 6-1 유형자산의 시점별 취득원가

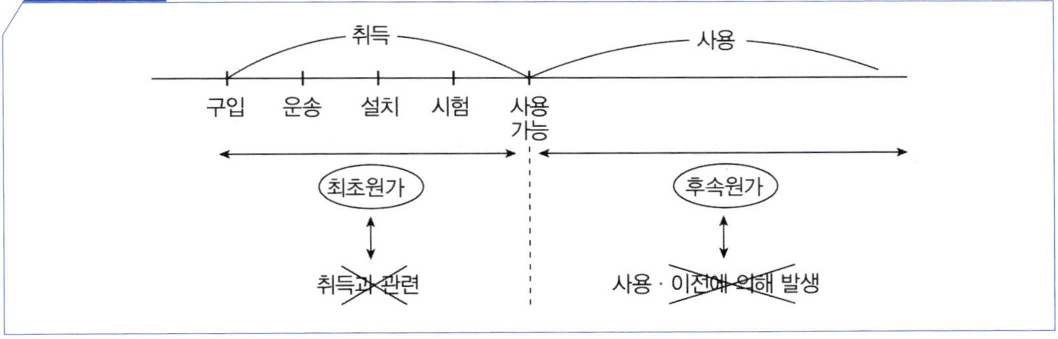

제 4 절 원가모형

1. 감가상각

(1) 감가상각의 기초

1) 감가상각의 의의

판매목적으로 보유하는 재고자산은 판매를 통해 경제적 효익의 창출에 기여하므로, 판매시점에 재고자산을 비용 처리하여 관련 수익과 비용을 대응시킨다. 반면, 유형자산은 사용되면서 회사의 경제적효익의 창출에 기여한다. 따라서 사용하는 기간 동안 관련 수익과 비용을 대응시킬 필요가 있는데 이 과정을 감가상각(depreciation)이라고 한다.

따라서 감가상각은 사용에 따른 유형자산의 가치감소분을 반영해주는 절차가 아니다. 감가상각은 '자산의 원가를 자산의 내용연수에 걸쳐 체계적이고 합리적인 방법으로 배분하는 과정'을 의미한다.

그림 6-2 수익-비용의 대응원칙

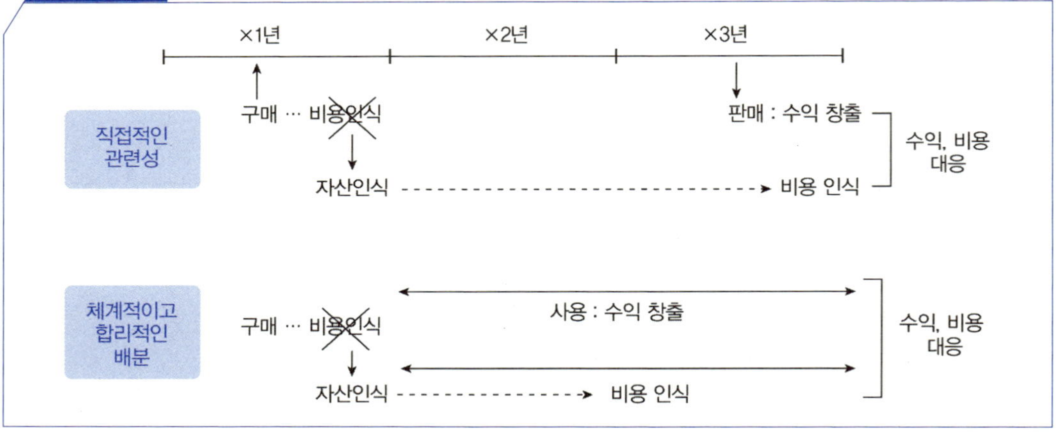

2) 감가상각의 개시와 중단

유형자산의 감가상각은 자산이 사용가능한 때부터 시작한다. 즉, 경영진이 의도하는 방식으로 자산을 가동하는 데 필요한 장소와 상태에 이른 때부터 시작한다. 감가상각은 자산이 매각예정자산으로 분류되는 날과 자산이 제거되는 날 중 이른 날에 중지한다. 따라서 유형자산이 운휴 중이거나 적극적인 사용상태가 아니어도, 감가상각이 완전히 이루어지기 전까지는 감가상각을 중단하지 않는다. 그러나 유형자산의 사용정도에 따라 감가상각을 하는 경우에는 생산활동이 이루어지지 않을 때 감가상각액을 인식하지 않을 수 있다.

3) 감가상각의 적용

유형자산의 원가는 그 유형자산을 구성하고 있는 유의적인 부분에 배분하여 각 부분별로 감가상각한다. 예를 들면, 항공기 동체와 엔진을 별도로 구분하여 감가상각하는 것이 적절할 수 있다. 유형자산의 일부를 별도로 구분하여 감가상각하는 경우에는 동일한 유형자산을 구성하고 있는 나머지 부분도 별도로 구분하여 감가상각한다. 나머지 부분은 개별적으로 유의적이지 않은 부분들로 구성된다. 유형자산의 전체원가에 비교하여 해당 원가가 유의적이지 않은 부분도 별도로 분리하여 감가상각할 수 있다.

4) 감가상각의 기록 및 표시

체계적이고 합리적인 방법으로 배분된 감가상각액은 다음과 같이 회계처리한다.

(차) 감 가 상 각 비	×××	(대) 감가상각누계액	×××

감가상각비는 다른 자산의 장부금액에 포함되는 경우가 아니라면 당기손익으로 인식한다. 감가상각누계액은 재고자산평가충당금이나 손실충당금과 같이 자산의 차감항목으로 표시한다.

(2) 감가상각의 결정요소

그림 6-3 감가상각의 결정요소

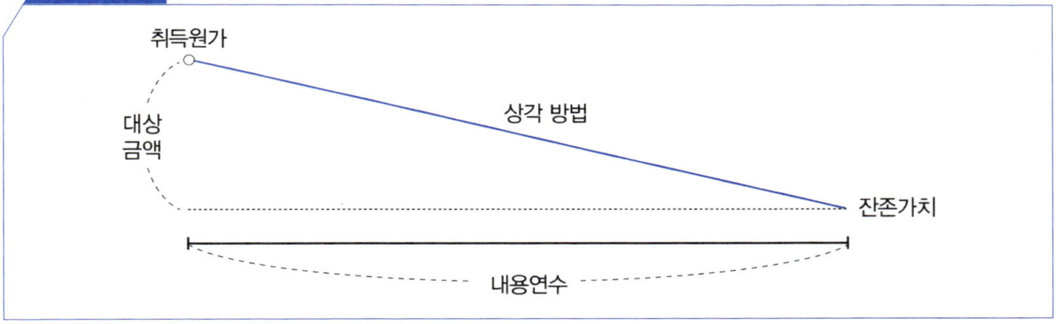

1) 내용연수

내용연수란 자산이 사용가능될 것으로 기대되는 기간을 의미한다. 유형자산의 내용연수는 자산으로부터 기대되는 효용에 따라 결정된다. 내용연수는 자산에서 얻을 것으로 기대되는 생산량이나 이와 유사한 단위 수량으로도 표현될 수 있다. 예를 들어, 트럭의 내용연수는 10만km 등의 단위로 나타낼 수 있다.

내용연수는 물리적 수명만을 의미하는 것은 아니다. 자산의 사용 개시부터 자산의 노후정도, 관리와 유지비용 등에 의해 자산의 효익이 비용보다 작아 자산을 사용할 수 없게 되는 물리적 기간을 경제적 내용연수라고 한다. 그러나 기업의 정책 등으로 인해 유형자산을 경제적 내용연수 이전에도 사용을 중지할 수 있으므로 회계상의 내용연수는 경제적 내용연수보다 짧을 수 있다. 따라서 회계상의 내용연수를 유사한 자산에 대한 기업의 경험에 비추어 추정하여야 한다.

2) 감가상각대상금액

감가상각대상금액이란 **유형자산의 취득원가에서 잔존가치를 차감한 금액**을 말한다. 이 중 잔존가치는 자산이 내용연수 종료시점에 자산의 처분으로부터 현재 획득할 금액에서 추정 처분부대원가를 차감한 금액의 추정치를 의미한다.

유형자산의 공정가치가 장부금액을 초과하더라도 잔존가치가 장부금액을 초과하지 않는 한 감가상각액을 계속 인식한다. 유형자산을 수선하고 유지하는 활동을 하더라도 감가상각의 필요성이 부인되는 것은 아니다. 감가상각은 자산의 가치감소분을 반영하는 회계처리가 아니기 때문이다.

유형자산의 잔존가치는 해당 자산의 장부금액과 같거나 큰 금액으로 증가할 수도 있다. 이 경우에는 자산의 잔존가치가 장부금액보다 작은 금액으로 감소될 때까지는 유형자산의 감가상각액은 영(0)이 된다.

3) 감가상각방법

① 정액법

정액법은 해마다 일정액의 감가상각비를 계상하는 방법이다. 감가상각대상금액을 내용연수로 나누어 계산한다. 매 연도에 인식하는 감가상각비가 동일하다.

② 연수합계법

정액법과 동일하게 감가상각대상금액에 상각률을 적용하여 감가상각비를 계산한다. 다만 연도별 상각률은 내용연수의 합계를 분모로 하고, 상각기간의 기초 잔존내용연수를 분자로 하여 계산한다. 매 연도에 인식하는 감가상각비가 감소하므로 체감잔액법 중에 하나이다.

③ 생산량비례법

감가상각을 시간 경과에 따라 계산하는 것이 아니라, 생산량에 비례하여 계산하는 방법이다. 감가상각대상금액에 상각률을 적용하여 감가상각비를 계산하는데, 상각률은 누적 생산량을 추정 총생산량으로 나누어 구한다. 상각률의 기준치는 생산량이 아닌 다른 물리적 기준치(예 사용시간 등)를 사용할 수도 있다.

④ 정률법

정률법에서는 기초 장부금액의 고정된 비율만큼 경제적 효익을 자산으로부터 얻는다고 가정한다. 따라서 유형자산의 기초 장부가액에 일정한 상각률을 곱하여 연도별 감가상각비를 계산한다. 등비수열을 통해 내용연수 종료시까지 적용될 상각률을 역산하여 적용한다. 체감잔액법 중에 하나이다.

⑤ 이중체감법

이중체감법에서는 기초 장부금액에 상각률을 적용하여 감가상각비를 계산한다. 이중체감법의 상각률은 정액법에서의 상각률을 2배, 즉 2÷내용연수로 계산된다. 체감잔액법 중에 하나이다.

[표 6-1] 감가상각방법의 비교

구분	계산방식	상각률
정액법	감가상각대상금액 × 상각률	$\frac{1}{\text{내용연수}}$
연수합계법		$\frac{\text{기초 시점의 잔존내용연수}}{\text{연수의 합계}(=1+2+\cdots+\text{내용연수})}$
생산량비례법		$\frac{\text{누적 생산량}}{\text{추정 총 생산량}}$
정률법	기초장부금액 × 상각률	$1-\sqrt[n]{\frac{\text{잔존가치}}{\text{취득금액}}}$
이중체감법		$\frac{2}{\text{내용연수}}$

예제 1 감가상각방법 별 감가상각액

㈜우리는 20×1년 1월 1일 기계장치를 ₩1,000,000에 취득하고 내용연수를 5년, 잔존가치를 ₩100,000으로 추정하였다. 감가상각방법이 각각 다음과 같다고 할 경우, ㈜우리가 20×1년과 20×2년에 인식할 감가상각비를 계산하시오.

① 정액법
② 연수합계법
③ 생산량비례법 (총 추정 생산량 800개, 20×1년 중 생산량 120개, 20×2년 중 생산량 300개)
④ 정률법(상각률은 36.9%)
⑤ 이중체감법

해답

① 정액법

연 도	감가상각대상금액*	상각률	감가상각비
20×1년	₩900,000	1/5년	₩180,000
20×2년	900,000	1/5년	180,000

* 감가상각대상금액 : ₩1,000,000(취득금액)−100,000(잔존가치)

② 연수합계법

연 도	감가상각대상금액	상각률	감가상각비
20×1년	₩900,000	5/15*	₩300,000
20×2년	900,000	4/15	240,000

* 1+2+3+4+5=15

③ 생산량비례법

연 도	감가상각대상금액	상각률	감가상각비
20×1년	₩900,000	120개 / 800개	₩135,000
20×2년	900,000	300개 / 800개	337,500

④ 정률법

연 도	기초장부금액	상각률	감가상각비	기말장부금액
20×1년	₩1,000,000	36.9%	₩369,000	₩631,000
20×2년	631,000	36.9%	232,839	398,161

⑤ 이중체감법

연 도	기초장부금액	상각률	감가상각비	기말장부금액
20×1년	₩1,000,000	2/5	₩400,000	₩600,000
20×2년	600,000	2/5	240,000	360,000

(3) 감가상각의 응용

1) 기중취득 자산의 감가상각

실무상 유형자산의 취득은 기초에만 발생하지 않으며, 기중 어느 때라도 취득이 발생할 수 있다. 기중 취득 경우, 기중 취득시점부터 보고기간말까지의 기간만 사용하므로 사용기간 동안의 감가상각비만 인식해야한다. 사용기간 동안의 감가상각비를 계산하는 절차를 감가상각비의 기간안분이라고 하며, 취득일을 기준으로 1년간의 감가상각비를 구한 후 각 회계연도에 월수기준으로 배분하는 작업을 수행한다.

그림 6-4 감가상각비의 기간안분

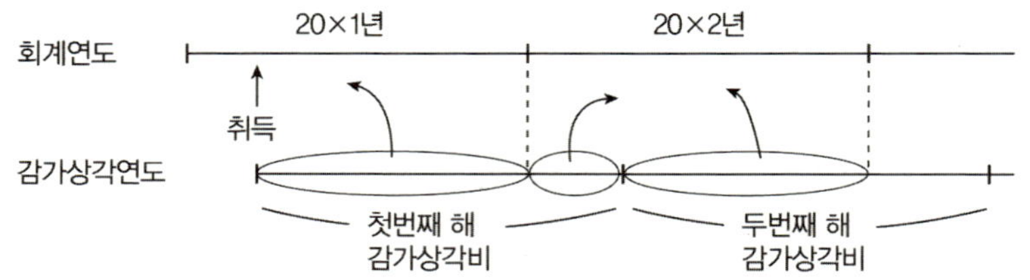

예제 2 기중취득자산의 감가상각

㈜우리는 20×1년 4월 1일 기계장치를 ₩1,000,000에 취득하고 내용연수를 5년, 잔존가치를 ₩100,000으로 추정하였다. 감가상각방법이 각각 다음과 같다고 할 경우, ㈜우리가 20×1년과 20×2년에 인식할 감가상각비를 계산하시오.

① 정액법
② 연수합계법
③ 생산량비례법 (총 추정 생산량 800개, 20×1년 중 생산량 120개, 20×2년 중 생산량 300개)
④ 정률법(상각률은 36.9%)
⑤ 이중체감법

해답

① 정액법

연도별 감가상각비		20×1년	20×2년
첫번째해 감가상각비	180,000	₩180,000×9/12	₩180,000×3/12
두번째해 감가상각비	180,000		180,000×9/12
계		₩135,000	₩180,000

② 연수합계법

연도별 감가상각비		20×1년	20×2년
첫번째해 감가상각비	300,000	₩300,000×9/12	₩300,000×3/12
두번째해 감가상각비	240,000		240,000×9/12
계		₩225,000	₩255,000

③ 생산량비례법

연 도	감가상각대상금액	상각률	감가상각비
20×1년	₩900,000	120개 / 800개	₩135,000
20×2년	900,000	300개 / 800개	337,500

생산량 비례법은 감가상각과 물리적 시간에 상관관계가 없으므로 월할상각하지 않는다.

④ 정률법

연도별 감가상각비		20×1년	20×2년
첫번째해 감가상각비	369,000	₩369,000×9/12	₩369,000×3/12
두번째해 감가상각비	232,839		232,839×9/12
계		₩276,750	₩266,879

한편, 정률법은 다음과 같이 월할 안분을 하지 않아도 감가상각비를 구할 수 있다.

연 도	기초장부금액	상각률	월할상각	감가상각비	기말장부금액
20×1년	₩1,000,000	36.9%	9/12	₩276,750	₩723,250
20×2년	723,250	36.9%	—	**266,879**	456,371

⑤ 이중체감법

연도별 감가상각비		20×1년	20×2년
첫번째해 감가상각비	400,000	₩400,000×9/12	₩400,000×3/12
두번째해 감가상각비	240,000		240,000×9/12
계		₩300,000	**₩280,000**

한편, 이중체감법은 다음과 같이 월할안분을 하지 않아도 감가상각비를 구할 수 있다.

연 도	기초장부금액	상각률	월할상각	감가상각비	기말장부금액
20×1년	₩1,000,000	2/5	9/12	₩300,000	₩700,000
20×2년	700,000	2/5	—	280,000	420,000

2. 손상회계

(1) 손상회계의 의의

손상이란 자산의 가치가 유의적으로 하락하여 자산으로부터 유입되리라 예상되는 미래경제적효익이 감소된 경우를 말한다. 손상이 발생했음에도 불구하고 자산을 그대로 감가상각만 수행한다면, 자산이 실제가치보다 크게 보고되어 유용한 재무정보를 제공하지 못하게 될 것이다. 따라서 손상이 발생하면 자산의 장부금액을 감소시키고 당기손실로 인식하는 회계처리가 필요하다. 이를 손상회계라고 한다.

(2) 손상징후

매 보고기간말마다 자산손상을 시사하는 징후가 있는지를 검토한다. 만약 그러한 징후가 있다면 당해 자산의 회수가능액을 추정하고 장부금액과 비교하여 손상검사를 수행한다. 자산의 손상징후가 있는지를 검토할 때에는 외부정보와 내부정보를 고려한다.

(3) 손상검사

손상징후가 발생한 경우 자산의 회수가능액을 측정하여 장부금액과 비교하고 손상을 인식할 필요성이 있는지 검토를 해야하는데 이 절차를 손상검사라고 한다. 회수가능액이 장부금액보다 작다면, 자산의 장부금액을 회수가능액으로 감소시키면서 그 차이를 당기손익으로 인식하는데 이를 손상차손이라 한다.

손상차손＝회수가능액－장부금액

(4) 회수가능액의 측정

회수가능액은 다음과 같이 측정된다.

회수가능액=max [순공정가치, 사용가치]

회수가능액은 자산의 처분부대원가를 차감한 공정가치(순공정가치)와 사용가치 중 큰 금액으로 정의한다. 유형자산은 사용뿐만 아니라 처분을 통해서도 경제적 효익의 회수를 도모할 수 있다. 따라서 합리적인 경영자라면, 둘 중 큰 가치를 선택할 것이므로 순공정가치와 사용가치 중 큰 금액을 통해 경제적 효익을 회수할 것이다. 회수가능액을 측정할 때에 항상 순공정가치와 사용가치 모두를 추정할 필요는 없으며, 둘 중 하나라도 측정이 가능하면 그 금액을 회수가능액으로 한다.

(5) 손상차손의 적용

1) 손상차손의 인식

자산의 회수가능액이 장부금액에 미달하는 경우 자산의 장부금액을 회수가능액으로 감소시킨다. 이때 당해 감소금액은 원가모형일 경우 손상차손에 해당하며 당기손익으로 인식한다. 손상차손의 회계처리는 다음과 같다.

(차) 손 상 차 손	×××	(대) 손상차손누계액	×××

손상차손누계액은 유형자산의 차감적 평가계정으로서 차감하는 방식으로 표시한다.

부분 재무상태표

유형자산	1,000	
감가상각누계액	(300)	
손상차손누계액	(100)	600
⋮		⋮

2) 손상차손 인식 후 감가상각

손상차손 인식 후에는 장부금액이 수정되어 감가상각대상금액이 달라진다. 따라서 손상 후 감가상각대상금액을 자산의 잔여내용연수에 걸쳐 체계적인 방법으로 배분하기 위해서, 손상차손을 인식한 후에 감가상각액 또는 상각액을 조정한다.

3) 손상차손의 환입

매 보고기간말마다 자산에 대해 과거에 인식한 손상차손환입을 시사하는 징후가 있는지를 검토한다. 징후가 있는 경우 당해 자산의 회수가능액을 추정한다. 손상차손의 인식시점 이후 회수가능액을 결정하는 데 사용된 추정치에 변화가 있는 경우에 환입이 가능하며, 이 경우 자산의 장부금액을 회수가능액으로 증가시키는데 이를 손상차손의 환입이라 한다. 원가모형의 경우 자산의 손상차손환입은 즉시 당기손익으로 인식한다.

(차) 손상차손누계액	×××	(대) 손 상 차 손 환 입	×××

한편, 자산의 손상차손환입으로 증가된 장부금액은 과거에 손상차손을 인식하기 전 장부금액의 감가상각 또는 상각 후 잔액을 초과할 수 없다. 또한, 손상차손의 경우와 마찬가지로 손상차손 환입을 인식한 후에 감가상각액 또는 상각액을 조정한다.

3. 제거

유형자산의 장부금액은 ① 처분하는 때와 ② 사용이나 처분을 통하여 미래경제적효익이 기대되지 않을 때에 제거한다. 처분손익의 인식시점은 자산을 처분하는 시점이며, 유형자산의 제거로 인하여 발생하는 손익은 다음과 같이 계산된다.

처분손익＝순매각금액－장부금액

순매각금액이란 매각으로 인해 수령하는 대가에서 판매부대비용을 차감한 금액이며, 장부금액은 처분시점까지의 감가상각을 반영한 금액을 말한다. 만약 기중에 처분이 이루어졌다면 처분시점까지 월할 계산한 감가상각비를 반영하여 장부금액을 산출한다. 처분외의 사유로 제거하는 경우에도 제거시점까지 감가상각을 수행한 후 제거 시의 손익을 계산한다.

예제 3 유형자산의 제거

회사는 20×1년 7월 1일 보유중인 설비를 현금 ₩8,000에 판매하였으며, ₩500의 처분부대원가가 발생하였다. 해당 설비는 20×1년 1월 1일 ₩10,000에 취득하였으며, 내용연수 5년, 잔존가치 ₩0, 정액법으로 감가상각하였다.

[물 음]

회사가 20×1년 7월 1일에 수행할 회계처리를 제시하시오.

해답

20×1년 7월 1일	(차) 감 가 상 각 비	1,000[1]	(대) 감가상각누계액	1,000
	(차) 현 금	7,500[2]	(대) 설 비	10,000
	감가상각누계액	1,000		
	처 분 손 실	1,500		

1) ₩10,000÷5년×6月/12月

2) ₩8,000(처분금액)－500(처분부대원가)

제 5 절 재평가모형

1. 재평가모형의 기초

(1) 재평가모형의 의의

기업은 최초 인식 후에는 원가모형이나 재평가모형 중 하나를 회계정책으로 선택하여 유형자산 분류별로 동일하게 적용하여야 한다. 제4절에서 살펴본 원가모형의 경우, 유형자산은 원가에서 감가상각누계액과 손상차손누계액을 차감한 금액으로 평가한다. 본 절에서 배울 재평가모형은 유형자산을 재평가일의 공정가치에서 재평가일 이후의 감가상각누계액과 손상차손누계액을 차감한 금액으로 평가한다.

(2) 재평가모형의 적용

재평가는 보고기간말에 자산의 장부금액이 공정가치와 중요하게 차이가 나지 않도록 주기적으로 수행한다. 재평가의 빈도는 재평가되는 유형자산의 공정가치 변동에 따라 달라진다. 재평가된 자산의 공정가치가 장부금액과 중요하게 차이가 나는 경우에는 추가적인 재평가가 필요하다. 유의적이고 급격한 공정가치의 변동 때문에 매년 재평가가 필요한 유형자산이 있는 반면에, 공정가치의 변동이 경미하여 3년이나 5년마다 재평가하는 것으로 충분한 유형자산도 있다.

특정 유형자산을 재평가할 때, 해당 자산이 포함되는 유형자산 분류 전체를 재평가한다. 즉, 유형자산별로 선택적 재평가를 하거나 서로 다른 기준일의 평가금액이 혼재된 재무보고를 하는 것을 방지하기 위하여 동일한 분류 내의 유형자산은 동시에 재평가한다. 그러나 재평가가 단기간에 수행되며 계속적으로 갱신된다면, 동일한 분류에 속하는 자산을 순차적으로 재평가할 수 있다.

2. 재평가손익의 인식

재평가손익은 장부금액과 공정가치의 차이로 계산된다.

재평가손익＝공정가치－장부금액

만약 자산의 장부금액이 재평가로 인하여 증가된 경우에 그 증가액은 기타포괄손익으로 인식하고 재평가잉여금의 과목으로 자본에 가산한다. 자산의 장부금액이 재평가로 인하여 감소된 경우에 그 감소액은 재평가손실의 과목으로 당기손익으로 인식한다.

〈재평가잉여금의 인식〉

(차) 유 형 자 산	×××	(대) 재평가잉여금(OCI)	×××

〈재평가손실의 인식〉

(차) 재평가손실(NI)	×××	(대) 유 형 자 산	×××

OX

01 예비부품, 대기성장비 및 수선용구와 같은 항목은 재고자산으로 분류한다.

02 안전 또는 환경상의 이유로 취득하는 유형자산은 그 자체로는 직접적인 미래경제적효익을 얻을 수 없으므로, 자산으로 인식할 수 없다.

03 취득한 기계장치에 대한 취등록세 및 보유기간 중 발생된 재산세는 기계장치의 취득원가에 포함하여 가산한다.

04 자가건설한 유형자산의 원가에는 내부이익과 비정상적인 원가라고 하더라도 취득원가에 포함한다.

05 정기적인 종합검사과정에서 발생하는 원가가 인식기준을 충족하는 경우, 직전에 이루어진 종합검사에서의 원가와 관련되어 남아 있는 장부금액을 제거한다. 이러한 회계처리는 종합검사와 관련된 원가를 분리한 경우에만 가능하다.

06 유형자산을 구성하는 원가 중 일부가 유의적인 경우에만 전체 원가와 구분하여 감가상각할 수 있다.

07 유형자산이 운휴 중이거나 적극적인 사용상태가 아니어도, 감가상각이 완전히 이루어지기 전까지는 감가상각을 중단하지 않는다.

08 잔존가치 및 내용연수는 매 회계연도말에 재검토하고 재검토결과 추정치가 종전의 추정치와 다르다면 그 차이는 회계추정의 변경으로 처리한다.

09 기업은 매 보고기간 말마다 자산손상을 시사하는 징후가 있는지 검토하고 그러한 징후가 없다고 하더라도 회수가능액이 장부금액에 미달하는지 여부를 검토해야한다.

10 순공정가치란 측정일에 시장참여자 사이의 정상거래에서 자산을 매도하면서 수취하거나 부채를 이전하면서 지급하게 될 가격을 말한다.

11 손상차손환입으로 인식할 수 있는 한도금액은 과거에 당기손익으로 인식한 손상차손금액이다.

12 유형자산의 재평가모형에서, 특정 유형자산을 재평가할 때, 해당 자산이 포함되는 유형자산 분류 전체를 재평가한다.

13 유형자산은 매기 말 공정가치를 추정하여 재평가하여야 한다.

14 유형자산의 재평가시 기타포괄손익으로 인식한 재평가잉여금은, 감가상각시에는 이익잉여금으로 대체할 수 있으나, 처분시에는 이익잉여금으로 대체할 수 없다.

해답 및 해설

01 × 예비부품, 대기성장비 및 수선용구와 같은 항목은 유형자산의 정의를 충족하면 이 기준서에 따라 인식한다. 그렇지 않다면 그러한 항목은 재고자산으로 분류함.

02 × 안전 또는 환경상의 이유로 취득하는 유형자산은 당해 유형자산을 취득하지 않았을 경우보다 관련 자산으로부터 미래경제적효익을 더 많이 얻을 수 있게 해주기 때문에 자산으로 인식할 수 있음.

03 × 재산세는 보유를 위하여 지출한 것이므로 취득원가에 포함되지 않음.

04 × 내부이익과 비정상적인 원가는 자산의 원가에 포함하지 않음.

05 × 이러한 회계처리는 해당 유형자산을 매입하거나 건설할 때 종합검사와 관련된 원가를 분리하여 인식하였는지 여부와 관계가 없음.

06 × 유형자산을 구성하는 원가 중 일부가 유의적이지 않은 경우에도 구분하여 감가상각할 수 있음

07 ○ 감가상각은 자산이 매각예정자산으로 분류되는 날과 자산이 제거되는 날 중 이른 날에 중지함.

08 ○

09 × 손상의 징후가 없으면 회수가능액을 검토하지 않아도 됨

10 × 공정가치에 대한 설명이며, 순공정가치는 공정가치에서 처분부대원가를 차감한 금액임.

11 × 손상차손 후 장부금액의 한도는 과거에 손상차손을 인식하기 전 장부금액의 감가상각후 잔액을 한도로 함.

12 ○

13 × 재평가의 빈도는 재평가되는 유형자산의 공정가치 변동에 따라 달라진다. 재평가된 자산의 공정가치가 장부금액과 중요하게 차이가 나는 경우에 추가적인 재평가가 필요함.

14 × 처분시에도 이익잉여금으로 대체할 수 있음.

01

다음은 A사의 기계장치 관련 자료이다.

(1) A사는 20×1년 10월 1일에 기계장치를 ₩500,000에 구입하여 즉시 제품생산에 투입하였다. 취득시점에서 이 기계장치의 내용연수는 3년, 잔존가치는 ₩20,000으로 추정하였다.
(2) A사는 이 기계장치에 대해 원가모형을 적용하여 연수합계법으로 감가상각을 한다.
(3) 20×3년 4월 1일 기계장치를 ₩200,000에 처분하였다.
(4) 감가상각비는 월할 계산하며, 이 기계장치에 대한 취득시점 이후 자산손상은 없었다.

[물 음]

1. A사가 20×2년 포괄손익계산서에 인식할 감가상각비를 계산하시오.
2. A사가 20×3년 포괄손익계산서에 인식할 유형자산처분이익을 계산하시오.
3. 20×1년 초부터 20×3년까지 A사가 기계장치와 관련하여 수행할 회계처리를 제시하시오.

해답

1. 감가상각비의 계산

① 20×1년 감가상각비 : (₩500,000−20,000)×3/(1+2+3)×3月/12月=₩60,000

② 20×2년 감가상각비

1월 1일 ~ 9월 30일	(₩500,000−20,000)×3/(1+2+3)×3月/12月=	₩180,000
10월 1일 ~ 12월 31일	(₩500,000−20,000)×2/(1+2+3)×3月/12月=	40,000
		₩220,000

2. 유형자산처분손익

① 20×3년 감가상각비(1/1~4/1) : (₩500,000−20,000)×2/(1+2+3)×3月/12月=₩40,000

② 20×3년 4월 1일 기계장치 장부금액 : ₩500,000−60,000(20×1년 감가상각비)−220,000(20×2년 감가상각비)−40,000(20×3년 감가상각비)=₩180,000

③ 유형자산 처분손익 : ₩200,000(처분금액)−180,000(장부금액)=₩20,000

3. 회계처리

20×1년 10월 1일	(차)	기계장치	500,000	(대)	현금	500,000
20×1년 12월 31일	(차)	감가상각비	60,000	(대)	감가상각누계액	60,000
20×2년 12월 31일	(차)	감가상각비	220,000	(대)	감가상각누계액	220,000
20×3년 4월 1일	(차)	감가상각비	40,000	(대)	감가상각누계액	40,000
	(차)	현금	200,000	(대)	기계장치	500,000
		감가상각누계액	320,000		기계장치처분이익	20,000

02

다음은 A사의 기계장치 관련 자료이다.

(1) A사는 20×1년 1월 1일 기계장치(취득원가 ₩550,000, 잔존가치 ₩10,000, 내용연수 10년)를 취득하여 정액법으로 감가상각하고, 원가모형을 적용하고 있다.

(2) 20×2년 말 동 기계장치의 회수가능액이 ₩300,000으로 추정되어 손상을 인식하였다.

(3) 20×4년 말 기계장치의 회수가능액이 ₩340,000으로 회복되었다.

[물 음]

1. A사가 재무제표에 인식할 다음의 금액들을 각각 계산하시오.
   ① 20×2년 포괄손익계산서의 손상차손
   ② 20×3년 포괄손익계산서의 감가상각비
   ③ 20×3년 재무상태표의 기계장치장부금액
   ④ 20×4년 포괄손익계산서의 손상차손환입
2. A사의 20×4년 부분재무상태표에 표시될 기계장치를 제시하시오.
3. 20×1년 초부터 20×4년까지 A사가 기계장치와 관련하여 수행할 회계처리를 제시하시오.

해답

1. 유형자산의 감가상각 및 손상

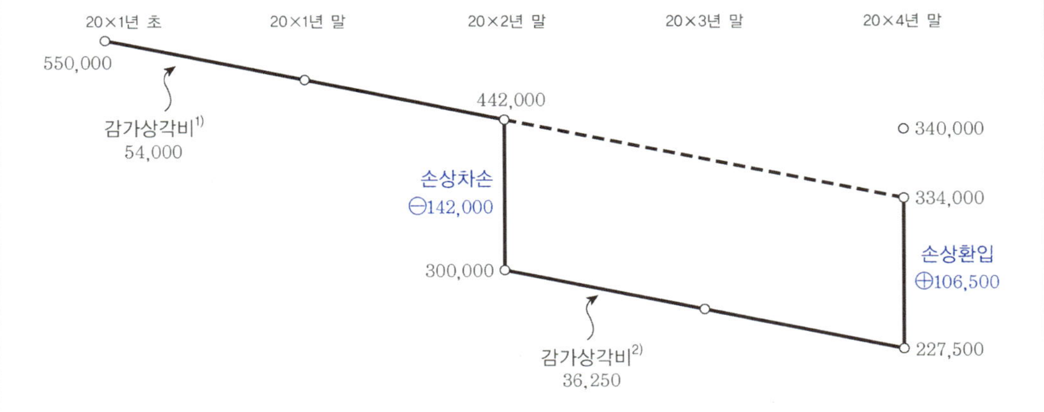

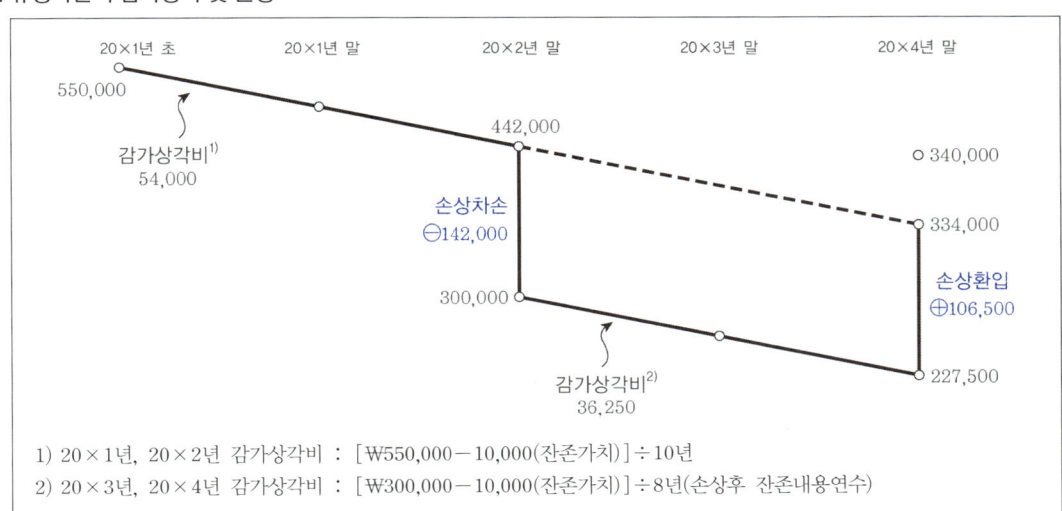

1) 20×1년, 20×2년 감가상각비 : [₩550,000－10,000(잔존가치)]÷10년
2) 20×3년, 20×4년 감가상각비 : [₩300,000－10,000(잔존가치)]÷8년(손상후 잔존내용연수)

① 20×2년 손상차손 : ₩300,000(회수가능액)－442,000(손상 전 장부금액)＝(－)₩142,000
② 20×3년 감가상각비 : [₩300,000－10,000(잔존가치)]÷8년(손상후 잔존내용연수)＝₩36,250
③ 20×3년 기계장치 장부금액 : ₩300,000－36,250＝₩263,750
④ 20×4년 말 손상차손환입 : min[₩340,000(회수가능액), 334,000(상각후원가)](손상차손환입의 한도)－227,500
＝₩106,500

2. 부분재무상태표

부분 재무상태표
20×4년 12월 31일

비유동자산			
기계장치	₩550,000		
감가상각누계액	(180,500)[1]		
손상차손누계액	(35,500)[2]	334,000	

1) 감가상각누계액 : ₩54,000 × 2년 + 36,250 × 2년
2) 손상차손누계액 : ₩142,000 − 106,500

3. 회계처리

20×1년 1월 1일	(차) 기계장치	550,000	(대) 현금	550,000
20×1년 12월 31일	(차) 감가상각비	54,000	(대) 감가상각누계액	54,000
20×2년 12월 31일	(차) 감가상각비	54,000	(대) 감가상각누계액	54,000
	(차) 손상차손	142,000	(대) 손상차손누계액	142,000
20×3년 12월 31일	(차) 감가상각비	36,250	(대) 감가상각누계액	36,250
20×4년 12월 31일	(차) 감가상각비	36,250	(대) 감가상각누계액	36,250
	(차) 손상차손누계액	106,500	(대) 손상차손환입	106,500

Chapter **06** 객관식문제

| 1 | 취득원가

141 다음 중 유형자산의 취득원가에 포함되지 않은 것은?

① 손상된 유형자산의 원상회복을 위한 지출
② 유형자산을 사용하여 생산하는 제품의 품질을 향상시키기 위한 지출
③ 유형자산의 내용연수를 연장시키기 위한 지출
④ 유형자산의 생산능력을 증대시키기 위한 지출

142 유형자산의 취득과 관련하여 경영진이 의도하는 방식으로 자산을 가동하는 데 필요한 장소와 상태에 이르게 하는 데 직접 관련되는 원가가 아닌 것은?

① 유형자산의 매입 또는 건설과 직접적으로 관련되어 발생한 종업원급여
② 설치장소 준비 원가
③ 유형자산이 정상적으로 작동되는지 여부를 시험하는 과정에서 발생하는 원가
④ 새로운 시설을 개설하는 데 소요되는 원가

143 다음 중 유형자산의 취득원가에 포함되는 것은?

① 유형자산의 매입 또는 건설과 직접적으로 관련되어 발생한 종업원급여
② 새로운 시설을 개설하는 데 소요되는 원가
③ 광고 및 판촉비 등 새로운 상품과 서비스를 소개하는 데 소요되는 원가
④ 교육훈련비 등 새로운 지역에서 또는 새로운 고객층을 대상으로 영업을 하는 데 소요되는 원가

144 다음 중 유형자산의 취득원가에 포함되는 것은?

① 유형자산이 경영진이 의도하는 방식으로 가동될 수 있으나 아직 실제로 사용되지는 않고 있는 경우 또는 가동수준이 완전조업도 수준에 미치지 못하는 경우에 발생하는 원가
② 유형자산과 관련된 산출물에 대한 수요가 형성되는 과정에서 발생하는 가동손실과 같은 초기 가동손실
③ 기업의 영업 전부 또는 일부를 재배치하거나 재편성하는 과정에서 발생하는 원가
④ 전문가에게 지급하는 수수료

145 ㈜한국은 제품 생산을 위하여 외국으로부터 설비자산을 ₩30,000에 수입하였다. 매입시 운송비 ₩5,000과 관세 ₩8,000을 지불하였으며, 관세 중 ₩4,000은 환급가능한 관세에 해당한다. 설비자산의 시험가동으로 인해 ₩10,000의 시운전비가 발생하였다. 시운전 중 결함을 발견하여, 판매처로부터 ₩1,000의 에누리 받기로 하였다. 이 경우, 설비의 취득원가는?

① ₩32,000 ② ₩40,000
③ ₩48,000 ④ ₩52,000

| 2 | 원가모형 – 감가상각

146 감가상각방법에 관한 설명으로 옳지 <u>않은</u> 것은?

① 정액법은 유형자산의 미래경제적 효익이 시간의 경과에 따라 일정하게 소비되는 경우에 적합한 방법이다.
② 정률법에 의한 감가상각비 계산은 장부금액 또는 미상각잔액을 대상으로 하지만, 정액법은 취득원가에서 잔존가치를 차감한 금액을 대상으로 계산한다.
③ 정률법은 상각 초기에는 많은 금액이 상각되고 기간이 경과함에 따라 점차 상각액이 감소하는 체감잔액법이다.
④ 기업은 모든 유형자산에 대해 단일의 감가상각방법을 선택하여 적용하고, 감가상각방법이 선택된 이후에는 특별한 사유가 없는 한 계속적으로 적용해야 한다.

147 유형자산 감가상각에 관한 설명으로 옳지 <u>않은</u> 것은?

① 감가상각은 자산이 사용가능한 때부터 시작한다.
② 감가상각방법은 자산의 미래경제적효익이 소비될 것으로 예상되는 형태를 반영하여 정액법, 체감잔액법 및 생산량비례법을 적용한다.
③ 감가상각을 통하여 상각자산의 기말 공정가치 감소분을 계산할 수 있다.
④ 유형자산의 내용연수는 자산으로부터 기대되는 효용에 따라 결정된다.

148 ㈜한국은 20×1년 7월 1일 차량운반구를 ₩10,000에 취득하였다. 차량운반구의 내용연수는 5년, 잔존가치는 ₩2,000이며, 이중체감법으로 감가상각한다. 이 경우, 20×2년도 감가상각비는? (단, 감가상각은 월할로 계산한다.)

① ₩2,000 ② ₩3,200
③ ₩3,600 ④ ₩4,000

149 ㈜한국은 20×1년 초에 기계장치(내용연수 4년, 잔존가치 ₩200,000)를 ₩2,000,000에 취득하였다. 정률법의 상각률은 0.4인 경우 1차 년도에 인식할 감가상각비가 가장 크게 계상되는 방법은?

① 정액법 ② 정률법
③ 연수합계법 ④ 이중체감법

150 ㈜대한은 20×1년 1월 1일에 건물을 취득하였다. 20×2년 말 감가상각누계액이 ₩128,000이다. 건물의 잔존가치는 취득원가의 20%이고 내용연수는 10년, 정액법을 사용하여 감가상각한다고 할 경우, 건물의 취득원가는 얼마인가?

① ₩1,000,000 ② ₩900,000
③ ₩800,000 ④ ₩640,000

151 ㈜대한이 보유하고 있는 비품 관련 20×1년 말 재무상태표에 표시된 항목은 다음과 같다.

부분재무상태표

비 품	₩100,000	
감가상각누계액	(40,000)	
	₩ 60,000	

비품은 20×1년 초에 구입한 것이며, 정률법을 이용하여 감가상각하고 있다. 이 경우, 20×2년 말 비품의 순장부금액은?

① ₩24,000 ② ₩36,000
③ ₩60,000 ④ ₩64,000

152 20×1년 1월 1일에 취득한 기계장치의 취득원가는 ₩1,200,000이며, 잔존가치는 ₩240,000이 다. 정액법으로 상각할 경우 20×1년도 감가상각비가 ₩240,000이라면 최초 취득시 기계장치의 경제적내용연수는 몇년인가?

① 2년 ② 3년
③ 4년 ④ 5년

153 ㈜대한은 20×1년 10월 1일 내용연수 5년의 기계장치를 취득하였다. 이 기계장치는 이중체감법을 사용하여 감가상각하며, 감가상각률은 40%이다. 20×2년도에 인식한 감가상각비는 ₩360,000이다. 20×3년도에 인식할 기계장치의 감가상각비는 얼마인가? 단, 계산 방식에 따라 단수차이로 인해 오차가 있는 경우, 가장 근사치를 선택한다.

① ₩144,000
② ₩216,000
③ ₩256,000
④ ₩360,000

154 ㈜용암은 20×1년 10월 1일에 기계장치를 현금으로 구입하여 즉시 제품생산에 투입하였다. 취득시점에서 이 기계장치의 내용연수는 3년, 잔존가치는 ₩12,000으로 추정하였다. ㈜용암은 이 기계장치에 대해 원가모형을 적용하여 연수합계법으로 감가상각을 하고 있는데, 20×1년 말에 인식한 감가상각비는 ₩60,000이었다. 20×2년 12월 31일 기계장치의 장부금액은 얼마인가? (단, 감가상각비는 월할 계산하며, 이 기계장치에 대한 취득시점 이후 자산손상은 없었다.)

① ₩160,000
② ₩200,000
③ ₩212,000
④ ₩260,000

| 3 | 원가모형 – 감가상각방법의 변경

155 ㈜한국은 20×1년 1월 1일에 기계장치를 ₩1,000,000(잔존가치는 ₩100,000이고 내용연수는 5년으로 추정하였으며, 감가상각은 연수합계법 적용)에 취득하여 사용하기 시작하였다. 그리고 20×2년 초에 감가상각방법을 연수합계법에서 정액법으로 변경하였다. ㈜한국이 20×2년도에 인식할 감가상각비는?

① ₩150,000
② ₩225,000
③ ₩300,000
④ ₩450,000

156 ㈜한국은 20×1년 초 차량운반구를 ₩10,000(내용연수5년, 잔존가치 ₩0)에 취득하여 정액법으로 감가상각한다. ㈜한국은 20×2년부터 동 차량운반구의 자산의 미래경제적효익이 소비될 것으로 예상되는 형태를 반영하는 방법은 연수합계법인 것으로 판단하였다. 차량운반구에 원가모형을 적용한다고 가정할 경우, 20×2년 말 재무상태표에 표시되는 동 차량운반구의 장부금액은?

① ₩6,000
② ₩5,200
③ ₩4,800
④ ₩4,200

157 ㈜대한은 20×1년 1월 1일에 기계장치를 ₩1,000,000에 취득(내용연수 5년, 잔존가치 ₩100,000)하고 연수합계법으로 감가상각하였다. ㈜대한은 20×3년초에 기계장치의 생산력 증대를 위해 ₩200,000을 지출하였으며 이로 인해 잔존가치는 변함이 없으나 내용연수는 2년 더 연장되었다. ㈜대한이 20×3년초에 감가상각방법을 정액법으로 변경하였다면, 동 기계장치와 관련하여 ㈜대한이 20×3년도에 인식해야할 감가상각비는 얼마인가? (단, ㈜대한은 기계장치에 대하여 원가모형을 적용하며, 감가상각은 월할계산한다.)

① ₩72,000　　② ₩82,000
③ ₩92,000　　④ ₩112,000

| 4 | 원가모형 – 처분

158 ㈜대한은 20×1년 초 기계장치를 구입(취득원가 ₩8,500, 잔존가치 ₩500, 내용연수 4년)하고 감가상각방법으로 연수합계법을 적용하였다. ㈜대한이 해당 기계장치를 20×2년 말 ₩2,500에 처분하였을 때, 처분손익은?

① 손실 ₩400　　② 손실 ₩300
③ 손실 ₩200　　④ 이익 ₩300

159 ㈜한국은 20×1년 1월 1일 기계장치를 ₩3,000,000에 취득하여 정률법(상각률 0.30)으로 감가상각하고 있다. 이 기계를 20×2년 7월 1일에 ₩2,000,000에 처분하였다면, 유형자산처분이익은?

① ₩215,000　　② ₩350,000
③ ₩530,000　　④ ₩800,000

160 ㈜한국은 20×1년 1월 1일 기계장치를 ₩2,000,000에 구입하여 원가모형을 적용하기로 하였다. 이 기계장치의 내용연수는 5년이고 잔존가치는 ₩200,000으로 추정되며, 월할기준을 적용하여 정액법으로 감가상각한다. ㈜한국이 20×3년 6월 30일에 동 자산을 ₩800,000에 매각할 경우 유형자산 처분손익은?

① ₩120,000 손실　　② ₩80,000 이익
③ ₩300,000 손실　　④ ₩200,000 손실

161 ㈜대한은 20×1년 7월 1일에 기계장치를 ₩2,000,000에 취득하였다. 기계장치의 내용연수는 4년, 잔존가치는 없으며, 연수합계법으로 감가상각하고 있다. ㈜대한은 동 자산에 대하여 원가모형을 적용하고 있다. ㈜대한이 20×3년 4월 1일에 이 기계를 ₩700,000에 처분하였다면, ㈜대한이 인식할 처분손익은 얼마인가? (단, 감가상각비는 월할 계산하며, 취득 이후 자산손상은 없었다.)

① 처분이익 ₩100,000
② 처분이익 ₩200,000
③ 처분손실 ₩50,000
④ 처분손실 ₩100,000

162 ㈜한국은 20×1년 7월 초 설비자산(내용연수 4년, 잔존가치 ₩2,000, 연수합계법으로 감가상각)을 ₩20,000에 취득하였다. 20×3년 초 ₩10,000을 지출하여 설비자산의 내용연수를 6개월 더 연장하고, 잔존내용연수는 3년으로 재추정하였으며, 잔존가치는 변화가 없다. 20×4년 초 설비자산을 ₩15,000에 처분하였을 때 인식할 처분이익은? (단, 감가상각은 월할상각하며, 원가모형을 적용한다.)

① ₩1,167
② ₩2,167
③ ₩3,950
④ ₩4,950

163 ㈜대한은 20×1년 1월 1일에 ₩1,200,000에 취득한 기계장치(내용연수 5년, 잔존가치 ₩0, 감가상각방법 연수합계법)를 20×3년 1월 1일에 처분하였다. 처분금액은 ₩600,000이라고 할 경우, 기계장치의 처분시의 회계처리로 옳은 것은?

①	(차) 현금	600,000	(대) 기계장치	1,200,000
	감가상각누계액	240,000		
	처분손실	360,000		
②	(차) 현금	600,000	(대) 기계장치	1,200,000
	감가상각누계액	400,000		
	처분손실	200,000		
③	(차) 현금	600,000	(대) 기계장치	1,200,000
	감가상각누계액	480,000		
	처분손실	120,000		
④	(차) 현금	600,000	(대) 기계장치	1,200,000
	감가상각누계액	720,000	처분이익	120,000

164 ㈜한국은 20×5년 1월 1일 기계장치를 ₩400,000에 취득하여 정률법(상각률 0.25)으로 감가상각하고 있다. 이 기계를 20×6년 7월 1일에 처분하면서 인식한 유형자산 처분이익이 ₩37,500이라면 처분금액은 얼마인가?

① ₩225,000　② ₩262,500
③ ₩300,000　④ ₩337,500

| 5 | 원가모형 - 손상

165 ㈜한국은 20×1년 초 기계장치를 ₩1,200,000에 매입하고 내용연수 4년, 잔존가치 ₩0, 정액법으로 감가상각한다. 20×1년 말 기계장치의 손상징후가 발견되어 회수가능액을 추정한 결과, 순공정가치는 ₩400,000, 사용가치는 ₩500,000으로 측정되었다. ㈜한국이 20×1년에 기계장치와 관련하여 인식할 손상차손은?

① ₩400,000　② ₩500,000
③ ₩600,000　④ ₩700,000

166 ㈜한국은 20×1년 4월 1일에 기계장치(내용연수 5년, 잔존가치 ₩0)를 ₩200,000에 취득하여 정액법으로 감가상각하고 있다. 20×1년 말에 동 기계장치에 손상이 발생하였다. 20×1년 말 기계장치의 순공정가치와 사용가치가 다음과 같을 때 20×2년 기계장치의 감가상각비는? (단, 동 기계장치에 대해 원가모형을 적용하고 있다.)

구분	순공정가치	사용가치
금액	₩150,000	₩153,000

① ₩36,000　② ₩38,250
③ ₩38,688　④ ₩40,000

167 ㈜한국은 20×1년 초, 기계장치(내용연수 5년, 잔존가치 ₩0)를 ₩100,000에 취득하였다. ㈜한국은 당해 기계장치에 대하여 원가모형을 적용하고 있으며, 감가상각방법으로 정액법을 사용한다. 20×1년 말 동 기계장치의 회수가능액이 ₩40,000으로 하락하여 손상차손을 인식하였다. 그러나 20×2년 말 동 기계장치의 회수가능액이 ₩70,000으로 회복되었다고 할 경우, 20×2년 말에 인식할 손상차손환입액은?

① ₩20,000　② ₩30,000
③ ₩40,000　④ ₩50,000

168 취득원가가 ₩8,000인 토지의 전기 말 공정가치는 ₩6,000이며 처분부대원가는 ₩500이고 사용가치는 ₩6,000이었다. 당기 말 토지의 회수가능액은 ₩8,500으로 회복되었다. 전기 말 토지의 회수가능액과 당기 말 손상차손환입액은?

	회수가능액	손상차손환입
①	₩5,500	₩1,000
②	₩5,500	₩2,000
③	₩6,000	₩1,000
④	₩6,000	₩2,000

169 ㈜한국은 20×1년 1월 1일 취득원가 ₩1,000,000, 내용연수 5년, 잔존가치 ₩0인 기계장치를 취득한 후 정액법으로 감가상각을 해 오던 중 20×2년 12월 31일 손상검사를 통해 회수가능액이 ₩360,000으로 추정되어 손상차손을 인식하였다. 원가모형을 채택하고 있는 ㈜한국의 20×3년 12월 31일 감액된 유형자산의 회수가능액이 ₩420,000으로 회복된 경우, ㈜한국의 20×3년 말 재무상태표에 표시될 손상차손누계액은?

① ₩80,000
② ₩160,000
③ ₩240,000
④ ₩320,000

| 6 | 재평가모형

170 ㈜대한은 20×1년초에 토지(유형자산)를 ₩1,000,000에 취득한 후 매년 재평가모형을 적용하여 평가하고 있다. 20×1년말과 20×2년말 토지의 공정가치가 각각 ₩800,000과 ₩1,200,000이었다면, ㈜대한이 20×2년도 포괄손익계산서에 인식할 당기손익은?

① ₩400,000 손실
② ₩200,000 손실
③ ₩200,000 이익
④ ₩400,000 이익

해답 및 해설

141	①	142	④	143	①	144	④	145	③	146	④	147	③	148	②	149	④	150	③
151	②	152	③	153	②	154	③	155	①	156	③	157	④	158	①	159	①	160	③
161	③	162	③	163	④	164	③	165	①	166	①	167	②	168	④	169	①	170	③

141 자산의 원상회복이나 성능유지를 위한 수익적 지출은 발생한 시기의 당기손익으로 인식한다. 자산의 경제적 효익을 증가시키는 자본적 지출만 자산의 원가에 포함한다.

142 유형자산의 원가가 아닌 예는 다음과 같다.

(1) 새로운 시설을 개설하는 데 소요되는 원가

(2) 새로운 상품과 서비스를 소개하는 데 소요되는 원가(예 광고 및 판촉활동과 관련된 원가)

(3) 새로운 지역에서 또는 새로운 고객층을 대상으로 영업을 하는 데 소요되는 원가(예 직원 교육훈련비)

(4) 관리 및 기타 일반간접원가

143 • 유형자산의 취득과 직접 관련하여 발생한 원가만 취득원가에 포함된다.

144 • 유형자산이 경영진이 의도하는 방식으로 가동될 수 있는 장소와 상태에 이른 후에는 원가를 더 이상 인식하지 않는다. 따라서 유형자산을 사용하거나 이전하는 과정에서 발생하는 원가는 당해 유형자산의 장부금액에 포함하여 인식하지 아니한다. 예를 들어 다음과 같은 원가는 유형자산의 장부금액에 포함하지 아니한다.

(1) 유형자산이 경영진이 의도하는 방식으로 가동될 수 있으나 아직 실제로 사용되지는 않고 있는 경우 또는 가동수준이 완전조업도 수준에 미치지 못하는 경우에 발생하는 원가

(2) 유형자산과 관련된 산출물에 대한 수요가 형성되는 과정에서 발생하는 가동손실과 같은 초기 가동손실

(3) 기업의 영업 전부 또는 일부를 재배치하거나 재편성하는 과정에서 발생하는 원가

145 ₩30,000＋5,000＋8,000－4,000(환급가능한 관세)＋10,000－1,000＝₩48,000

146 ③ 정률법이나 이중체감법과 같이 기초장부금액에 상각률을 곱하는 방법을 적용하면, 감가상각에 의해 자산의 장부금액이 감소하므로 매기간 인식하는 감가상각비도 감소한다.

④ 유형자산의 잔존가치와 내용연수는 적어도 매 회계연도말에 재검토한다. 재검토결과 추정치가 종전 추정치와 다르다면 회계추정의 변경으로 회계처리한다.

147 ③ 감가상각은 자산의 가치가 감소한 부분을 반영하기 위한 절차가 아니다. 감가상각이 필요한 이유는 자산이 창출한 수익에 비용을 대응시키기 위해서이다.

148 • 20×1년 감가상각비 : ₩10,000×2/5(상각률)×6/12＝₩2,000

• 20×2년 감가상각비 : (₩10,000－2,000)(20×2년 초 장부금액)×2/5＝₩3,200

149 ① 정액법 : (₩2,000,000－200,000)÷4년＝₩450,000

② 정률법 : ₩2,000,000×0.4＝₩800,000

③ 연수합계법 : (₩2,000,000－200,000)×4/(1＋2＋3＋4)＝₩720,000

④ 이중체감법 : ₩2,000,000×2/4＝₩1,000,000

150 • 감가상각비 : ₩128,000÷2년＝₩64,000

• (취득원가－취득원가×20%)×80%÷10년＝₩64,000

⇨ 취득원가 : ₩800,000

151 • 정률법 상각률 : ₩40,000(20×1년 감가상각비)÷100,000(취득원가)＝40%

• 20×2년 감가상각비 : ₩60,000(20×2년 초 장부금액)×40%＝₩24,000

• 20×2년말 장부금액 : ₩60,000－24,000＝₩36,000

152 • 20×1년 감가상각비 : (₩1,200,000－240,000)÷내용연수＝₩240,000

∴ 내용연수 : 4년

153 • 20×2년 초 장부금액×40%＝₩360,000(20×2년 감가상각비)

∴ 20×2년 초 장부금액 : ₩900,000

• 20×3년 감가상각비 : (₩900,000－360,000)×40% 또는 ₩360,000×(1－40%)＝₩216,000

154 • 20×1년 감가상각비 : (취득원가－12,000)×3년/(1＋2＋3)×3月/12月＝₩60,000

∴ 취득원가 : ₩492,000

• 20×2년 감가상각비

1월 1일 ~ 9월 30일	(₩492,000－12,000)×3년/(1＋2＋3)×9月/12月＝	₩180,000
10월 1일 ~ 12월 31일	(₩492,000－12,000)×2년/(1＋2＋3)×3月/12月＝	40,000
		₩220,000

• 20×2년 말 장부금액 : ₩492,000－60,000－220,000＝₩212,000

155 • 20×1년 감가상각비 : (₩1,000,000－100,000)×5/(1＋2＋3＋4＋5)＝₩300,000

• 20×2년 초 장부금액 : ₩1,000,000－300,000(20×1년 감가상각비)＝₩700,000

• 20×2년 감가상각비 : (₩700,000－100,000)÷4년(잔존내용연수)＝₩150,000

156 • 20×1년 감가상각비 : ₩10,000÷5년＝₩2,000

• 20×2년 초 장부금액 : ₩10,000－2,000(20×1년 감가상각비)＝₩8,000

• 20×2년 감가상각비 : ₩8,000÷4년(잔존내용연수)/(1＋2＋3＋4)＝₩3,200

• 20×2년 말 장부금액 : ₩8,000－3,200＝₩4,800

157 • 20×1년 감가상각비 : (₩1,000,000－100,000)×5/(1＋2＋3＋4＋5)＝₩300,000
• 20×2년 감가상각비 : (₩1,000,000－100,000)×4/(1＋2＋3＋4＋5)＝₩240,000
• 20×2년 말 장부금액 : ₩1,000,000－300,000－240,000＋200,000(자본적지출)＝₩660,000
• 20×3년 감가상각비 : (₩660,000－100,000)÷(3년＋2년)＝₩112,000

158 • 20×1년 감가상각비 : (₩8,500－500)×4/(1＋2＋3＋4)＝₩3,200
• 20×2년 감가상각비 : (₩8,500－500)×3/(1＋2＋3＋4)＝₩2,400
• 20×2년 장부금액 : ₩8,500－3,200－2,400＝₩2,900
• 처분손익 : ₩2,500(처분금액)－2,900(장부금액)＝(－)₩400(손실)

159 • 20×1년 감가상각비 : ₩3,000,000×0.3＝₩900,000
• 20×2년 감가상각비 : (₩3,000,000－900,000)×0.3×6/12＝₩315,000
• 20×2년 7월 1일 장부금액 : ₩3,000,000－900,000－315,000＝₩1,785,000
• 처분손익 : ₩2,000,000－1,785,000＝₩215,000

160 • 20×1년 감가상각비 : (₩2,000,000－200,000)÷5년＝₩360,000
• 20×2년 감가상각비 : (₩2,000,000－200,000)÷5년＝₩360,000
• 20×3년 감가상각비 : (₩2,000,000－200,000) ÷ 5년×6/12＝₩180,000
• 20×3년 6월 30일 장부금액 : ₩2,000,000－360,000－360,000－180,000＝₩1,100,000
• 처분손익 : ₩800,000－1,100,000＝(－)₩300,000(손실)

161 • 20×3년 4월 1일 유형자산 장부금액

취득원가		₩2,000,000
20×1년 7월 1일 ~ 20×2년 6월 30일	₩2,000,000×4/10＝	(800,000)
20×2년 7월 1일 ~ 20×3년 4월 1일	₩2,000,000×3/10×9/12＝	(450,000)
		₩750,000

• 처분손익 : ₩700,000(처분금액)－750,000＝(－)₩50,000(손실)

162 • 20×3년 1월 1일 유형자산 장부금액

취득원가		₩20,000
20×1년 7월 1일 ~ 20×2년 6월 30일	(₩20,000－2,000)×4/10 ＝	(7,200)
20×2년 7월 1일 ~ 20×2년 12월 31일	(₩20,000－2,000)×3/10×6/12 ＝	(2,700)
		₩10,100

• 20×4년 1월 1일 유형자산 장부금액

자본적 지출 후 20×3년 초 장부금액	₩10,100＋10,000＝	₩20,100
20×3년 1월 1일 ~ 20×3년 12월 31일	(₩20,100－2,000)×3/(1＋2＋3)＝	(9,050)
		₩11,050

• 처분손익 : ₩15,000(처분금액)－11,050＝₩3,950

163 • 처분시점의 감가상각누계액 : 1,200,000×5/15(20×1년 감가상각비)+1,200,000×4/15(20×2년 감가상각비)=₩720,000

• 처분손익 : ₩600,000(처분금액)−(1,200,000−720,000)(자산의 순장부금액)=₩120,000

• 회계처리

(차)	현 금	600,000	(대) 기 계 장 치	1,200,000
	감가상각누계액	720,000	처 분 이 익	120,000

164 • 20×5년 7월 1일 장부금액

취득원가		₩400,000
20×5년 1월 1일 ~ 20×5년 12월 31일	₩400,000×0.25=	(100,000)
20×6년 1월 1일 ~ 20×6년 7월 1일	(₩400,000−100,000)×0.25×6/12=	(37,500)
		₩262,500

• 처분금액−262,500(장부금액)=₩37,500(처분손익)

∴ 처분금액 : ₩300,000

165 • 20×1년 말 장부금액 : ₩1,200,000−1,200,000÷4년=₩900,000

• 손상차손 : max[₩400,000, ₩500,000](회수가능액)−900,000(장부금액)=(−)₩400,000

166 • ₩153,000(20×1년 말 손상인식 후 장부금액=회수가능액)÷4.25년*=₩36,000

* 5년(최초 내용연수)−9개월(20×2년 초 현재 잔존내용연수)

167 • 기계장치의 손상과 환입

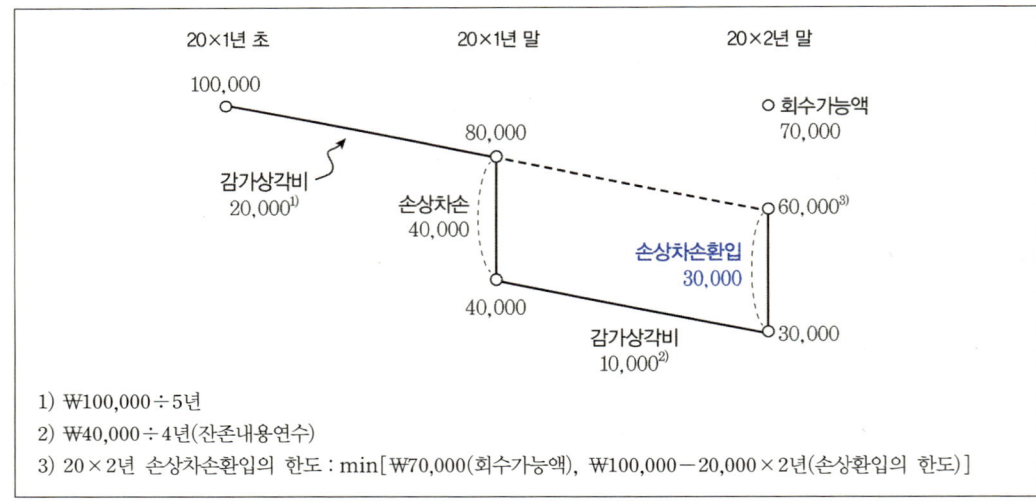

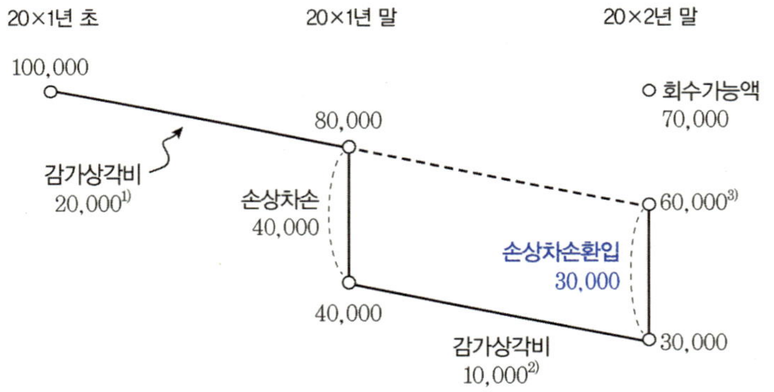

1) ₩100,000÷5년

2) ₩40,000÷4년(잔존내용연수)

3) 20×2년 손상차손환입의 한도 : min[₩70,000(회수가능액), ₩100,000−20,000×2년(손상환입의 한도)]

168 • 전기말 회수가능액 : max[(₩6,000－500)(순공정가치), 6,000(사용가치)]＝₩6,000

• 손상차손환입 : min[₩8,500(회수가능액), ₩8,000(취득원가)](손상환입의 한도)－6,000(장부금액＝전기말 회수가능액)＝₩2,000

169 • 기계장치의 손상과 환입

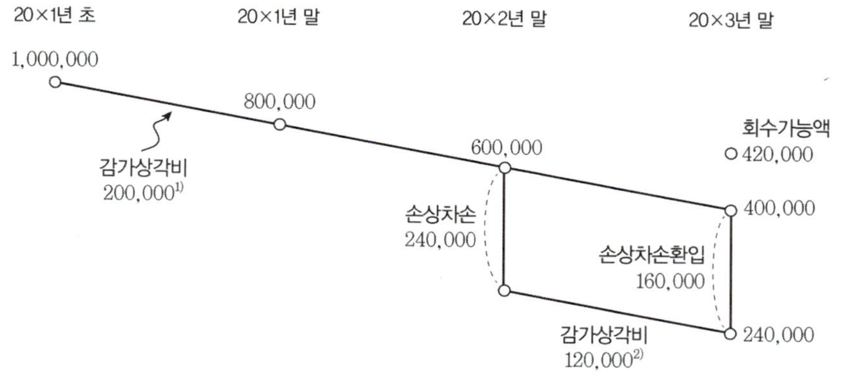

1) ₩1,000,000÷5년

2) ₩360,000÷3년

• 손상차손누계액 : ₩240,000(손상차손)－160,000(손상차손환입)＝₩80,000

170 • 20×1년 말 평가손익 : ₩800,000(공정가치)－1,000,000(장부금액)＝(－)₩200,000(재평가손실)

• 20×2년 말 자산 가치증가분 : ₩1,200,000(공정가치)－800,000(장부금액)＝₩400,000

• 당기손익으로 인식할 평가이익 : min[₩200,000(전기에 당기손익으로 인식한 평가손실), ₩400,000(가치증가분)]＝₩200,000

Chapter 07

금융자산

제 1 절 금융자산의 의의

1. 금융상품의 발행자와 투자자

금융상품이란 거래당사자 일방에게 금융자산을 발생시키고 동시에 다른 거래상대방에게 금융부채나 지분상품을 발생시키는 모든 계약을 의미한다. 즉, 상품의 발행자와 투자자입장에서 금융상품의 회계처리를 비교해보면 다음과 같다.

그림 7-1 금융상품의 거래당사자

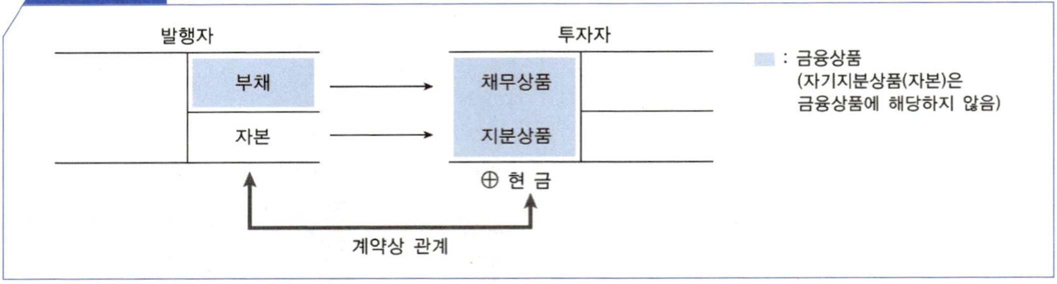

2. 금융자산별 분류

(1) 상각후원가(AC) 측정 금융자산

다음 두 가지 조건을 모두 충족한다면 금융자산을 상각후원가로 측정한다.

① 계약상 현금흐름을 수취하기 위해 보유하는 것이 목적인 사업모형 하에서 금융자산을 보유한다.

② 금융자산의 계약 조건에 따라 특정일에 원리금 지급만으로 구성되어 있는 현금흐름이 발생한다.

(2) 기타포괄손익-공정가치(FVOCI) 측정 금융자산

다음 두 가지 조건을 모두 충족한다면 금융자산을 기타포괄손익－공정가치로 측정한다.

① 계약상 현금흐름의 수취와 금융자산의 매도 둘 다를 통해 목적을 이루는 사업모형 하에서 금융자산을 보유한다.

② 금융자산의 계약 조건에 따라 특정일에 원리금 지급만으로 구성되어 있는 현금흐름이 발생한다.

(3) 당기손익-공정가치(FVPL) 측정 금융자산

금융자산은 상각후원가로 측정하거나 기타포괄손익－공정가치로 측정하는 경우가 아니라면, 당기손익－공정가치로 측정한다. 당기손익－공정가치 항목으로 분류되는 금융자산의 예는 다음과 같다.

① 공정가치 기준으로 관리하고 그 성과를 평가하는 금융자산의 포트폴리오

② 단기매매목적으로 보유하는 금융자산

㉠ 주로 단기간에 매각하거나 재매입할 목적으로 취득하거나 부담한다.

㉡ 최초 인식시점에 공동으로 관리하는 특정 금융상품 포트폴리오의 일부로 운용 형태가 단기적 이익 획득 목적이라는 증거가 있다.

㉢ 파생상품이다.

제 2 절 현금 및 현금성자산

1. 현금

일상생활에서의 현금은 일반적으로 지폐, 주화 등을 의미한다. 그러나 재무회계에서의 현금은 지폐나 주화뿐만 아니라 다음의 항목들을 포함한다.

- 타인발행수표 등
- 은행이 예금자의 계좌에 예금으로 인정하는 상품
- 국내통화로 자유롭게 전환될 수 있는 외국통화

① 통화대용증권

통화대용증권이란 수표, 송금환, 우편환증서, 기일도래 공사채의 만기이자표, 배당금 지급통지표 등 언제나 현금과 교환할 수 있는 것을 포함한다. 수표란 발행인이 지급인(금융기관)에 대하여, 소지인에게 일정한 금액의 지급을 위탁하는 유가증권을 의미한다. 수표를 보유한 소지인은 즉시 현금을 요구할 수 있기 때문에 현금과 유사한 성격을 갖는다. 송금환과 우편환증서 역시 수표와 유사한 방식의 거래가 이루어진다.

공사채이자표란 공채·사채가 지급하는 표시이자에 대한 증서이며, 만기일이 도래하였다면 지급인(금융기관)에 현금 지급을 요구할 수 있다. 배당금 지급통지표는 주주가 받을 배당금을 지급인(금융기관)에 지급하였다는 증서이며, 주주는 해당 증서로 지급인에게 현금 지급을 요구할 수 있다. 모두 현금과 유사한 성격을 갖는다.

② 당좌예금

당좌예금이란 기업이 계좌의 예금잔액을 근거로 수표 또는 어음을 발행하여, 동 수표 또는 어음의 소지인에 대한 현금지급사무를 은행에 위임하고자 개설하는 예금이다. 기업이 현금의 보관이나 출납의 번거로움과 위험을 은행에 위탁하기 위한 계좌로써, 저축을 목적으로 하는 보통예금과는 차이가 있다.

참 고 **당좌차월**

당좌차월은 은행과 계약한 일정 한도 이내에서 당좌예금의 잔액을 초과하여 예금주가 당좌수표를 발행한 금액을 말한다. 당좌차월은 일종의 차입금이므로 다른 보유현금과 상계하지 않고 단기차입금으로 분류한다.

2. 금융상품

금융상품이란 금융회사가 취급하는 정형화된 상품을 말하며, 대표적인 예로는 정기예금, 정기적금 등이 있다.[1] 기한이 보고기간말로부터 1년 이내에 도래하는 금융상품 중 현금성자산에 속하지 아니하는 금융상품은 단기금융상품(유동자산)으로 분류한다. 또한 금융상품 중 보고기간말로부터 1년 이후에 만기가 도래하는 금융상품은 장기금융상품(비유동자산)으로 분류한다.

3. 현금성자산

현금성자산이란 아무런 제약없이 쉽게 현금으로 전환할 수 있는 자산이다. 현금성자산은 작은 거래비용으로 쉽게 현금으로 전환할 수 있고 가치변동의 위험이 중요하지 않은 금융자산으로서, 취득시점에 만기(또는 상환일)가 3개월 이내에 도래하는 금융자산을 말한다. 현금성자산의 예는 다음과 같다.

- 양도성 예금증서, 환매채
- 정부나 국가기관이 발행한 단기 국공채
- 신용등급이 높은 우량회사의 단기어음

그림 7-2 현금·금융상품 및 현금성 자산

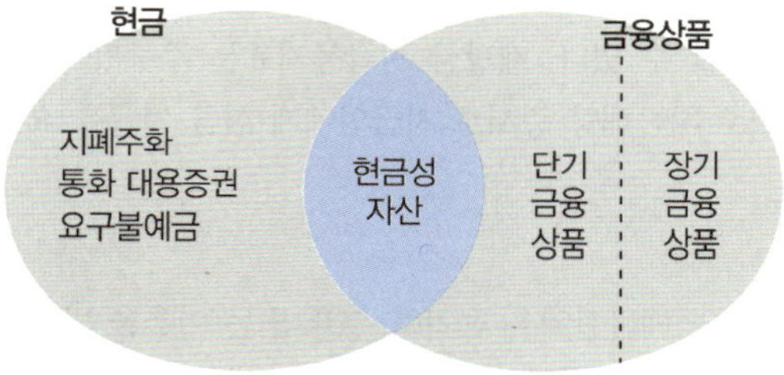

1) 본 장에서 다루는 금융상품은 협의의 금융상품을 의미하며, 기준서에서의 금융상품에 대한 정의(광의의 금융상품)와는 다르다. 기준서에서 언급하는 금융상품은 제14장 금융자산에서 다루도록 한다.

예제 1 현금 및 현금성자산

다음의 자료를 이용하여 20×1년 12월 31일 회사의 현금 및 현금성자산의 잔액을 계산하시오.

• 기일도래 사채 이자표	₩1,000	• 배당금 지급표	₩5,000
• 자기앞수표	2,000	• 지폐 및 동전	6,000
• 우표	3,000	• 선일자수표	7,000
• 당좌수표	4,000	• 당좌차월	8,000
• 환매채(20×1년 1월 31일 취득, 20×2년 1월 31일 만기)			9,000
• 양도성예금증서(20×1년 11월 31일 취득, 20×2년 1월 31일 만기)			10,000

해답

₩1,000+2,000+4,000+5,000+6,000+10,000=₩28,000

4. 은행계정조정표

은행계정조정표는 은행이 기록한 당좌예금의 기말잔액과 기업이 기록한 당좌예금의 기말잔액을 일치시키는 표이다. 은행과 기업은 각자 자신이 보유하고 있는 자료에만 의존해 계정의 기말잔액을 계산하기 때문에 같은 당좌예금계정의 기말잔액이 상이할 수 있다. 따라서 차이 원인을 분석하여, 은행 측 기말잔액과 회사 측 기말잔액을 일치시킬 필요가 있다. 다음은 잔액의 차이 원인이다.

① 은행측 원인

- 미기입예금 : 회사 측에서 입금하였으나 은행에서 입금처리하지 않은 현금
- 미인출수표 : 수표를 발행했으나 수취인이 은행에서 인출하지 않은 현금
- 오류 : 매출채권 회수금액의 기입오류 등

② 회사측 원인

- 미통지예금 : 은행이 예금주 대신 수취하였으나, 회사가 장부에 기록하지 않은 현금
- 미통지 인출 : 회사가 장부에 기록하지 않은 은행수수료, 이자비용 등
- 부도수표 : 회사는 거래처로부터 받은 수표를 예금으로 기록하였으나, 회수 결과 부도처리된 수표
- 오류 : 매출채권 회수금액의 기입오류 등

그림 7-3 은행계정조정표

은행측 조정표		회사측 조정표	
구분	금액	구분	금액
은행측 기말잔액	×××	회사측 기말잔액	×××
미기입 예금	+ ×××	미통지 예금	+ ×××
미인출 수표	− ×××	미통지 인출	− ×××
기타 오류	± ×××	부도수표	− ×××
		기타 오류	± ×××
올바른 기말잔액	×××	올바른 기말잔액	×××

=

예제 2 은행계정조정표

다음은 회사의 당좌예금과 관련하여 발생한 오류내역이다. 회사의 장부상 당좌예금의 잔액이 ₩20,000이라고 할 경우, 올바른 당좌예금의 잔액을 계산하시오.

• 미기입 예금	₩1,000	• 미통지 인출	₩4,000
• 미인출 수표	2,000	• 부도수표	5,000
• 미통지 예금	3,000	• 회사의 출금 과대계상	6,000

해답

₩20,000+3,000−4,000−5,000+6,000* =₩20,000

* 출금 과대계상분은 차감을 과다하게 한 것이므로 잔액에 가산해주어야 한다.

제 3 절 금융자산의 회계처리

1. 최초인식과 측정

(1) 인식시점

금융자산은 금융부채와 같이 금융상품의 계약 당사자가 되는 때에만 재무상태표에 인식한다. 다만, 금융자산의 정형화된 매입이나 매도는 매매일 또는 결제일에 인식한다.

(2) 측정

금융자산은 최초인식시 **공정가치**로 측정한다. 최초 인식 시 금융자산의 공정가치의 최선의 추정치는 일반적으로 거래가격(transaction price) 즉, 제공한 대가의 공정가치이다. 그러나 최초 인식 시 금융자산의 공정가치가 거래가격과 다른 경우에는 그 차이를 당기손익으로 인식한다.
금융자산의 발행과 직접 관련되는 거래원가는 최초 인식하는 공정가치에 가산하여 측정한다. 다만, 당기손익-공정가치 측정 금융자산의 경우에는 거래원가는 당기손익으로 인식한다.

(차)	금융자산	×××	(대)	현금	×××
				당기손익	×××
(차)	금융자산 (비용)	×××	(대)	현금	×××

예제 3 금융자산의 최초인식

㈜우리는 거래상대방에게 현금 ₩1,000을 지급하면서 금융자산을 취득하였다. 그러나 해당 금융자산의 공정가치는 ₩950이었으며, 취득으로 인해 ₩30의 거래원가가 발생하였다.

[물 음]

다음의 각 경우에 금융자산의 계약일에 해야 할 회계처리를 제시하시오.

① 상각후원가 측정 금융자산인 경우

② 당기손익－공정가치 측정 금융자산인 경우

해답

① 상각후원가 측정 금융자산인 경우

(차)	A C 금 융 자 산	950[2]	(대)	현 금	1,000[1]
	계 약 손 실	50[3]			

1) ₩1,000(발행금액)
2) ₩950(금융자산의 공정가치)
3) ₩950(금융자산의 공정가치)－1,000(취득금액)

(차)	A C 금 융 자 산	30	(대)	현 금	30

② 당기손익－공정가치 측정 금융자산인 경우

(차)	F V P L 금 융 자 산	950[2]	(대)	현 금	1,000[1]
	계 약 손 실	50[3]			

1) ₩1,000(발행금액)
2) ₩950(금융자산의 공정가치)
3) ₩950(금융자산의 공정가치)－1,000(취득금액)

(차)	비 용	30	(대)	현 금	30

2. 후속측정

각 금융자산별 후속측정을 요약하면 다음과 같다. 구체적인 내용은 제4절과 5절에서 학습한다.

구 분	유효이자율법	측정
당기손익－공정가치 측정 금융자산	적용하지 않음	공정가치 평가(당기손익처리)
기타포괄손익－공정가치 측정 금융자산	적용함	공정가치 평가(기타포괄손익처리)
상각후원가 측정 금융자산	적용함	상각후원가

제 4 절 지분상품

1. 당기손익-공정가치 측정 금융자산(FVPL)

(1) 취득

금융자산은 최초인식시 공정가치로 측정한다. FVPL금융자산의 발행과 직접 관련되는 거래원가는 당기손익으로 인식한다.

(차)	FVPL금융자산	×××	(대)	현금	×××
				당기손익	×××
(차)	비용	×××	(대)	현금	×××

(2) 보유손익-현금배당

지분상품의 보유로 인해 배당을 수령할 경우 배당선언일에 배당수익을 인식한다. 배당과 관련한 회계처리는 다음과 같다.

〈배당선언일〉

(차)	미수배당금	×××	(대)	배당수익	×××

〈배당수령일〉

(차)	현금	×××	(대)	미수배당금	×××

(3) 기말평가

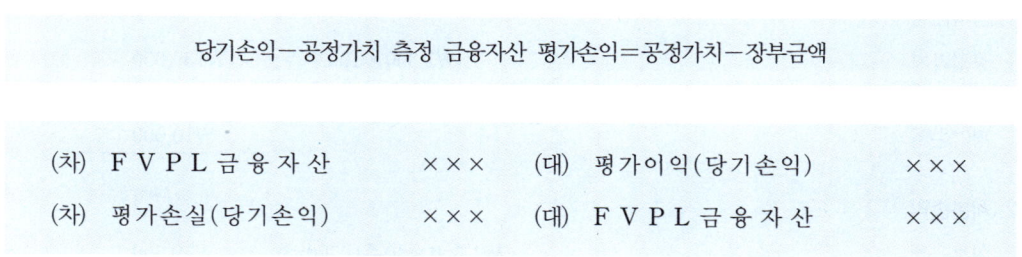

당기손익-공정가치 측정 금융자산은 공정가치로 평가하고 공정가치 변동분은 당기손익으로 인식한다.

당기손익-공정가치 측정 금융자산 평가손익=공정가치-장부금액

(차)	FVPL금융자산	×××	(대)	평가이익(당기손익)	×××
(차)	평가손실(당기손익)	×××	(대)	FVPL금융자산	×××

(4) 처분

처분 시 처분금액과 장부금액의 차이는 당기손익으로 인식한다. 처분과 관련하여 발생하는 거래원가는 매각금액에서 차감하여 수령한 순매각금액을 기준으로 처분손익을 계산한다.

당기손익—공정가치 측정 금융자산 처분손익=순매각금액—장부금액

(차)	현금	×××	(대)	FVPL금융자산	×××
	처분손익	×××			

예제 4 당기손익-공정가치 측정 금융자산의 취득, 평가, 처분

(1) 20×1년 3월 1일 ㈜우리는 ㈜나라의 주식 100주(주당 액면금액 ₩500)를 주당 ₩1,200에 취득하고 당기손익—공정가치 측정 금융자산으로 분류하였다. 취득시 거래비용 ₩1,000이 발생하였다.

(2) 20×1년 9월 30일 ㈜나라는 중간배당 ₩3,000을 이사회에서 승인하고 즉시 현금으로 지급하였다. 중간배당의 배당기준일은 20×1년 6월 30일이다.

(3) 20×1년 12월 31일 현재 ㈜나라의 주식의 주당 공정가치는 ₩1,300이다.

(4) 20×2년 2월 1일 ㈜우리는 ㈜나라의 주식 40주를 주당 ₩1,500에 처분하였다. 처분시 거래수수료 ₩500이 발생하였다.

[물 음]

1. 20×1년말 ㈜우리가 ㈜나라 주식에 대해서 인식할 당기손익—공정가치 측정 금융자산 평가손익을 계산하시오.
2. 20×2년 ㈜우리가 ㈜나라 주식의 처분시 인식할 당기손익—공정가치 측정 금융자산 처분손익을 계산하시오.
3. ㈜우리가 ㈜나라주식에 대해서 수행할 회계처리를 각 일자별로 제시하시오.

해답

1. 평가손익

공정가치	₩1,300×100주=	₩130,000
장부금액	₩1,200×100주=	(120,000)
평가손익		₩10,000

2. 처분손익

처분금액	₩1,500×40주—500=	₩59,500
장부금액	₩1,300(전기말 공정가치)×40주=	(52,000)
평가손익		₩7,500

3. 회계처리

20×1년 3월 1일	(차) FVPL금융자산	120,000	(대) 현 금	120,000
	(차) 거 래 비 용	1,000	(대) 현 금	1,000
20×1년 9월 30일	(차) 현 금	3,000	(대) 배 당 수 익	3,000
20×1년 12월 31일	(차) FVPL금융자산	10,000	(대) 평가이익(당기손익)	10,000
20×2년 2월 1일	(차) 현 금	59,500	(대) FVPL금융자산	52,000
			처 분 이 익	7,500

2. 기타포괄손익-공정가치 선택 지분상품(FVOCI)

(1) 취득

금융자산은 최초인식시 공정가치로 측정한다. FVOCI 금융자산의 발행과 직접 관련되는 거래원가는 취득원가에 가산한다.

(차) FVOCI금융자산	×××	(대) 현금(거래가격)	×××
		당 기 손 익	×××
(차) FVOCI금융자산	×××	(대) 현금(거래원가)	×××

(2) 보유손익-배당

기타포괄손익-공정가치 측정 항목으로 선택한 지분상품의 배당관련 회계처리는 당기손익-공정가치 측정 항목과 동일하므로 별도의 설명을 생략한다.

(3) 기말평가

① 평가손익 인식액

기타포괄손익-공정가치 측정 금융자산은 공정가치로 평가하고 공정가치 변동분은 기타포괄손익으로 인식한다.

기타포괄손익-공정가치 측정 금융자산 평가손익 인식액=공정가치-장부금액

(차) FVOCI금융자산 ××× (대) 평가이익(기타포괄손익) ×××

또는

(차) 평가이익(기타포괄손익) ××× (대) FVOCI금융자산 ×××

② 평가손익 누계액

매 기간 인식한 평가손익은 재무상태표의 기타포괄손익누계액으로 대체된다. 기말 재무상태표에 누적된 기타포괄손익누계액은 다음과 같다.

기타포괄손익－공정가치 측정 금융자산 평가손익 누계액＝공정가치－취득원가

그림 7-4 평가손익 누계액

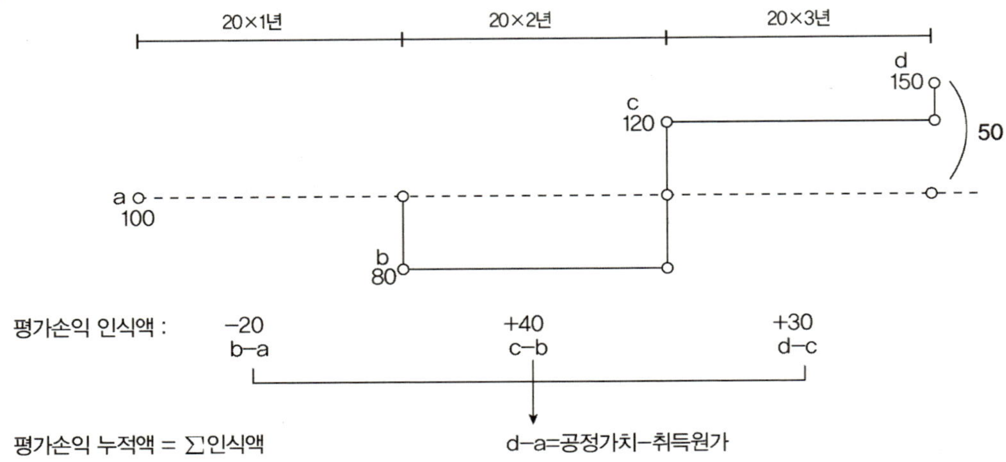

예제 5 기타포괄손익-공정가치 측정 금융자산의 평가

(1) 20×1년 3월 1일 ㈜우리는 ㈜나라의 주식 10주(주당 액면금액 ₩500)를 주당 ₩900에 취득하고 기타포괄손익－공정가치 측정 금융자산으로 지정하기로 선택하였다. 취득시 거래비용 ₩1,000이 발생하였다.

(2) ㈜나라주식의 시점별 공정가치는 다음과 같다.

구분	20×1년 말	20×2년 말	20×3년 말
공정가치	₩12,000	₩7,000	₩11,000

[물 음]

1. ㈜우리가 ㈜나라 주식에 대해서 인식할 다음의 금액들을 계산하시오.

구분	20×2년 말	20×3년 말
기타포괄손익－공정가치 측정 금융자산 평가손익	①	③
기타포괄손익－공정가치 측정 금융자산 평가손익 누계액	②	④

2. 20×3년 말까지 ㈜우리가 ㈜나라 주식에 대해서 수행할 회계처리를 각 일자별로 제시하시오.

해답

1. 평가손익 인식액 및 평가손익 누계액

구분	20×2년 말	20×3년 말
기타포괄손익－공정가치 측정 금융자산 평가손익	① (－)₩5,000	③ ₩4,000
기타포괄손익－공정가치 측정 금융자산 평가손익 누계액	② (－)₩3,000	④ ₩1,000

① 20×2년 말 평가손익 인식액 : ₩7,000(공정가치)－12,000(장부금액－전기말 공정가치)＝ (－)₩5,000
② 20×2년 말 평가손익 누계액 : ₩7,000(공정가치)－[₩900×10주＋1,000(거래원가)](취득원가)＝(－)₩3,000
③ 20×3년 말 평가손익 인식액 : ₩11,000(공정가치)－7,000(장부금액－전기말 공정가치)＝ ₩4,000
④ 20×3년 말 평가손익 누계액 : ₩11,000(공정가치)－[₩900×10주＋1,000(거래원가)](취득원가)＝₩1,000

2. 회계처리

20×1년 1월 1일	(차) FVOCI금융자산	9,000	(대) 현 금	9,000
	(차) FVOCI금융자산	1,000	(대) 현금(거래비용)	1,000
20×1년 12월 31일	(차) FVOCI금융자산	2,000	(대) 평가이익(기타포괄손익)	2,000
20×2년 12월 31일	(차) 평가손실(기타포괄손익)	5,000	(대) FVOCI금융자산	5,000
20×3년 12월 31일	(차) FVOCI금융자산	4,000	(대) 평가이익(기타포괄손익)	4,000

별 해

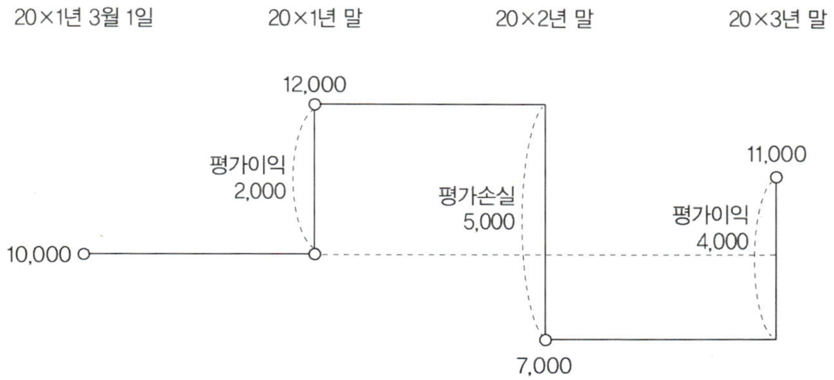

(4) 처분

기타포괄손익－공정가치 측정 지분상품은 처분직전 처분금액으로 평가한다. 처분금액이야말로 공정가치의 정의[2])를 가장 정확히 표현할 수 있는 금액이기 때문이다. 처분금액으로 평가시 처분금액과 장부금액의 차이는 기타포괄손익으로 인식한다. 처분시 평가손익은 다음과 같이 계산된다.

기타포괄손익－공정가치 측정 금융자산 평가손익＝처분금액－장부금액

그 후 처분금액으로 평가된 금융자산의 장부금액을 제거하면서 처분금액을 회수한다. 따라서 당기손익으로 인식되는 처분손익은 없다. 이러한 회계처리를 하는 이유는 기타포괄손익－공정가치 측정 항목으로 분류한 금융자산의 공정가치 변동에 따른 손익이 어떠한 경우에도 당기손익으로 재분류되지 않게 하기 위함이다.

(차)	FVOCI금융자산	×××	(대)	평가이익(기타포괄손익)	×××
(차)	현 금	×××	(대)	FVOCI금융자산	×××

예제 6 기타포괄손익-공정가치 측정 금융자산의 처분

(1) 20×1년 1월 1일 ㈜우리는 ㈜나라의 주식 100주(주당 액면금액 ₩500)를 주당 ₩1,000에 취득하고 기타포괄손익－공정가치 측정 금융자산으로 지정하기로 선택하였다.

(2) 20×1년 5월 31일 ㈜우리는 ㈜나라의 주식 40주를 주당 ₩1,200에 처분하였다.

(3) ㈜나라주식의 20×1년 말 공정가치는 주당 ₩1,400이다.

[물 음]

1. ㈜나라주식과 관련한 회계처리가 20×1년 ㈜우리의 기타포괄손익에 미치는 영향을 계산하시오.
2. ㈜우리가 각 일자에 수행해야할 회계처리를 제시하시오.

해답

1. 처분손익과 평가손익

① 처분시 평가손익 : 40주×₩1,200(처분금액)－40주×₩1,000(장부금액)＝₩8,000

② 기말 평가손익 : 60주×₩1,400(공정가치)－60주×₩1,000(장부금액)＝₩24,000

2. 회계처리

20×1년 1월 1일	(차)	FVOCI금융자산	100,000	(대)	현 금	100,000
20×1년 5월 31일	(차)	FVOCI금융자산	8,000	(대)	평가이익(OCI)	8,000
	(차)	현 금	48,000	(대)	FVOCI금융자산	48,000
20×1년 12월 31일	(차)	FVOCI금융자산	24,000	(대)	평가이익(OCI)	24,000

2) 측정일에 시장참여자 사이의 정상거래에서 자산을 매도할 때 받거나 부채를 이전할 때 지급하게 될 가격

제 5 절 채무상품

1. 당기손익-공정가치 측정 금융자산

(1) 취득

금융자산은 최초인식시 공정가치로 측정한다. 금융자산의 발행과 직접 관련되는 거래원가는 당기손익으로 인식한다. 한편, 이자지급일 사이에 취득하여 거래가격에 표시이자의 기간경과분(경과이자)이 포함된 경우에는 금융자산과 경과이자를 별도로 분리하여 회계처리하여야 한다. 경과이자는 미수이자의 과목으로하여 회계처리한다.

(차)	FVPL금융자산	×××	(대)	현금	×××
	미수이자	×××			×××
(차)	당기손익	×××	(대)	현금(거래원가)	×××

(2) 보유손익-이자

당기손익－공정가치 측정 금융자산의 경우, 채무상품의 보유로 인해 수령하는 이자는 표시이자만 이자수익으로 인식한다. 만약 보유하지 않은 기간에 대한 이자를 수령하였다면 미수이자를 제거한다.
이자수익 인식시 유효이자율법을 통한 상각은 하지 않는다. 왜냐하면 기말 공정가치 평가로 인해 유효이자율법을 적용하는 경우와 안하는 경우, 당기손익에 미치는 영향은 같기 때문이다.

표시이자＝기초 액면금액 잔액×표시이자율

(차)	현금	×××	(대)	이자수익	×××
				미수이자	×××

(3) 기말평가

당기손익－공정가치 측정 금융자산의 기말 평가시 공정가치와 장부금액의 차이는 당기손익으로 인식한다. 만약 이자지급일이 보고기간 말과 다르다면 공정가치에 표시이자의 기간경과분(경과이자)가 포함되어 있을 수도 있으므로, 공정가치에서 경과이자를 제외하고 평가손익을 계산하여야 한다.

평가손익 : 공정가치(경과이자 제외)－장부금액

(차)	FVPL금융자산	×××	(대)	평가손익(당기손익)	×××

(4) 처분

처분시 처분금액과 장부금액의 차이는 당기손익으로 인식한다. 만약 이자지급일 사이에 처분을 한다면 처분금액에 경과이자에 대한 대가가 포함되어 있을 수 있으므로, 경과이자를 제외한 금액을 기준으로 처분손익을 계산하여야 한다.

(차)	현 금	×××	(대)	FVPL금융자산	×××
				미 수 이 자	×××
				처 분 이 익	×××

예제 7 당기손익-공정가치 측정 금융자산 채무상품

(1) 20×1년 9월 30일 ㈜우리는 ㈜나라가 발행한 사채를 ₩96,000에 취득하고 당기손익 공정가치 측정 금융자산으로 분류하였다. 취득금액에는 표시이자의 기간경과분에 대한 대가가 포함되어 있다.

(2) ㈜나라가 발행한 사채의 발행일은 20×1년 4월 1일이며, 만기는 3년이다. 액면금액은 ₩100,000이며, 표시이자는 8%로서 매년 3월 31일마다 지급한다.

(3) 20×1년 12월 31일 동 사채의 공정가치는 ₩101,000(경과이자 포함)이다.

(4) 20×2년 3월 31일 표시이자 ₩8,000을 수령하였다.

(5) 20×2년 7월 1일 동 사채를 ㈜만세에게 ₩99,000을 받으면서 처분하였다. 처분금액에는 경과이자에 대한 대가가 포함되어 있다.

[물 음]

1. ㈜우리가 ① 20×1년에 인식할 당기손익－공정가치 측정 금융자산 평가손익과 ② 20×2년에 인식할 당기손익－공정가치 측정 금융자산 처분손익을 각각 계산하시오.
2. ㈜우리가 각 일자에 수행해야할 회계처리를 제시하시오.

해답

1. 평가손익과 처분손익

① 20×1년 평가손익

공정가치	₩101,000－8,000×9/12 ＝	₩95,000
장부금액	₩96,000－8,000×6/12 ＝	(92,000)
평가손익		₩3,000

② 20×2년 처분손익

처분금액	₩99,000−8,000×3/12 =	₩97,000
장부금액	전기말 공정가치 =	(95,000)
평가손익		₩2,000

2. 회계처리

20×1년 9월 30일	(차) FVPL금융자산	92,000	(대) 현금	96,000
	미수이자	4,000		
20×1년 12월 31일	(차) 미수이자	2,000[1]	(대) 이자수익	2,000
	(차) FVPL금융자산	3,000	(대) 평가이익(당기손익)	3,000
	1) ₩8,000×3/12			
20×2년 3월 31일	(차) 미수이자	2,000	(대) 이자수익	2,000
	(차) 현금	8,000	(대) 미수이자	8,000
20×2년 7월 1일	(차) 미수이자	2,000	(대) 이자수익	2,000
	(차) 현금	97,000	(대) FVPL금융자산	95,000
			처분이익	2,000
	(차) 현금	2,000	(대) 미수이자	2,000

2. 상각후원가 측정 금융자산

(1) 취득

당기손익－공정가치 측정금융자산과 마찬가지로 경과이자에 대한 대가를 별도로 분리하여 회계처리한다. 거래원가가 발생하는 경우에는 금융자산의 원가로 처리한다.

(차)	AC금융자산	×××	(대)	현금	×××
	미수이자	×××			
(차)	AC금융자산	×××	(대)	현금(거래원가)	×××

(2) 보유손익-이자

상각후원가 측정 금융자산은 만기까지 보유하여 이자수익을 얻기 위한 목적으로 취득한 자산이다. 따라서 만기이전에 처분했을 때 수령하는 금액인 공정가치로 평가하는 것은 유용한 정보를 제공하지 못할 것이다. 따라서 상각후원가 측정 금융자산은 공정가치의 변동과 관계없이 원가로 평가한다.

한편, 채무상품은 만기일까지 취득금액과 액면금액의 차이인 할인발행 또는 할증발행차금을 상각하여, 자산의 장부금액을 가감하고 이자수익을 인식하여야한다. 즉, 유효이자율법으로 상각하여야 하며, 매 기말 유효이자율법에 의해 상각한 후의 장부금액을 총장부금액이라고 한다. 유효이자율법에 의한 상각액은 다음과 같이 계산된다.

실질이자＝상각후원가 측정 금융자산 기초장부금액×유효이자율
표시이자＝액면금액×표시이자율
상각후원가 측정 금융자산 상각액＝실질이자－표시이자

(차)	현금	×××	(대)	이자수익	×××
	AC금융자산	×××			

예제 8 상각후원가 측정 금융자산

(1) 20×1년 1월 1일 ㈜우리는 만기 3년, 액면금액 ₩10,000, 표시이자율 6%의 상각후원가 측정 금융자산을 ₩9,000에 취득하였다.

(2) 시장이자율은 10%이며, 10%, 3년, 현재가치계수는 0.75, 정상연금현재가치계수는 2.5이다.

[물 음]

1. ㈜우리가 20×2년에 인식할 상각후원가 측정 금융자산 손상차손을 계산하시오.
2. ㈜우리가 각 일자에 해야 할 회계처리를 제시하시오.

해답

• 각 일자별 총 장부금액

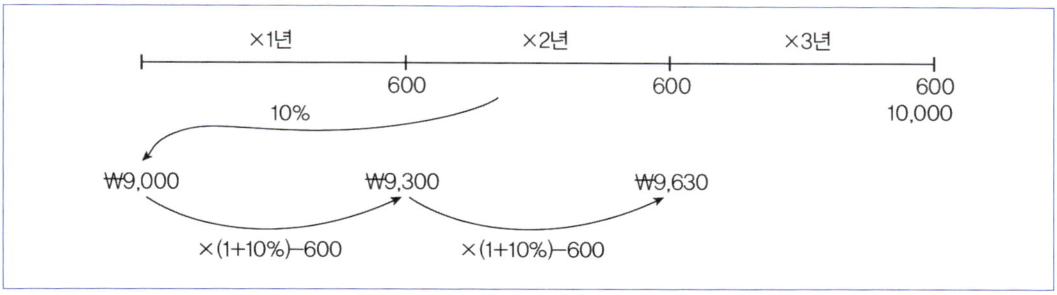

1. 손상차손

• ₩500(20×2년 전체기간 기대신용손실) − 300(20×1년 12개월 기대신용손실) = ₩200

2. 회계처리

20×1년 1월 1일	(차)	A C 금 융 자 산	9,000	(대) 현 금	9,000
20×1년 12월 31일	(차)	현 금	600	(대) 이 자 수 익	900[1)]
		A C 금 융 자 산	300		
		1) ₩9,000 × 10%			
20×2년 12월 31일	(차)	현 금	600	(대) 이 자 수 익	930[1)]
		A C 금 융 자 산	330		
		1) ₩9,300 × 10%			

(3) 처분

처분시 처분금액과 장부금액의 차이만큼 발생한 처분손익은 당기순이익으로 인식한다. 처분시 장부금액은 상각후원가이므로 처분손익은 다음과 같이 계산된다.

상각후원가 측정 금융자산 처분손익＝순 처분금액－상각후원가

(차)	현　　　금	×××	(대)	A C 금 융 자 산	×××
				처　분　이　익	×××

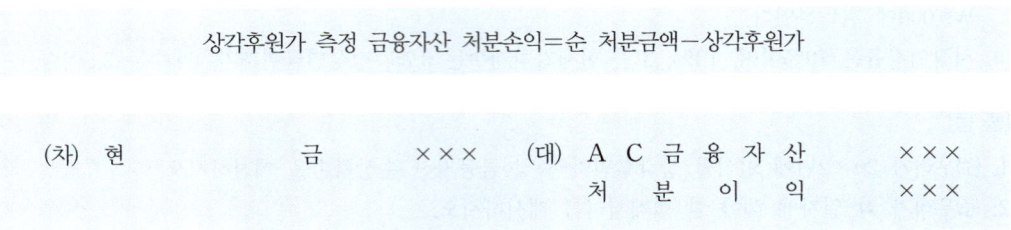

예제 9 상각후원가 측정 금융자산의 처분

(1) 20×1년 1월 1일 ㈜우리는 만기 3년, 액면금액 ₩10,000, 표시이자율 6%의 상각후원가 측정 금융자산을 ₩9,000에 취득하였다.

(2) 20×2년 1월 1일 해당 상각후원가 측정 금융자산을 ₩9,800에 처분하였다.

(3) 시장이자율은 10%이며, 10%, 3년, 현재가치계수는 0.75, 정상연금현재가치계수는 2.5이다.

[물 음]

1. ㈜우리가 20×2년에 인식할 상각후원가 측정 금융자산 처분손익을 계산하시오.
2. ㈜우리가 각 일자에 해야 할 회계처리를 제시하시오.

해답

1. 처분손익

① 각 일자별 총 장부금액

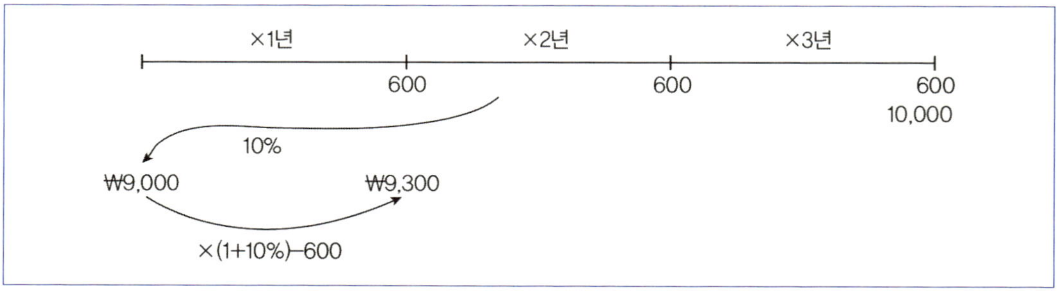

② 처분손익 : ₩9,800－9,300＝₩500

2. 회계처리

20×1년 1월 1일	(차)	AC금융자산	9,000	(대)	현금	9,000
20×1년 12월 31일	(차)	현금	600	(대)	이자수익	900[1]
		AC금융자산	300			
		1) ₩9,000×10%				
20×2년 1월 1일	(차)	현금	9,800	(대)	AC금융자산	9,300
					처분이익	500

3. 기타포괄손익-공정가치 측정 금융자산

(1) 보유손익-이자

기타포괄손익−공정가치 측정 금융자산도 채무상품이므로 유효이자율법으로 장부금액을 상각하며 이자수익을 인식한다.

〈유효이자율법 상각 회계처리〉

(차)	현금	×××	(대)	이자수익	×××
	FVOCI금융자산	×××			

(2) 기말평가

① 평가손익 누계액

보고기간말에는 공정가치로 재무상태표에 보고하고, 공정가치와 장부금액의 차이를 기타포괄손익−공정가치 측정 금융자산 평가손익의 과목으로 기타포괄손익으로 인식한다.

기타포괄손익−공정가치 측정 금융자산 평가손익 인식액=공정가치−장부금액

(차)	FVOCI금융자산	×××	(대)	평가이익(기타포괄손익)	×××

② 평가손익 누계액

매 기간 인식한 평가손익은 재무상태표의 기타포괄손익누계액으로 대체된다. 기말 재무상태표에 누적된 기타포괄손익누계액은 다음과 같다.

기타포괄손익−공정가치 측정 금융자산 평가손익 누계액=공정가치−상각후원가

그림 7-5 평가손익 누계액

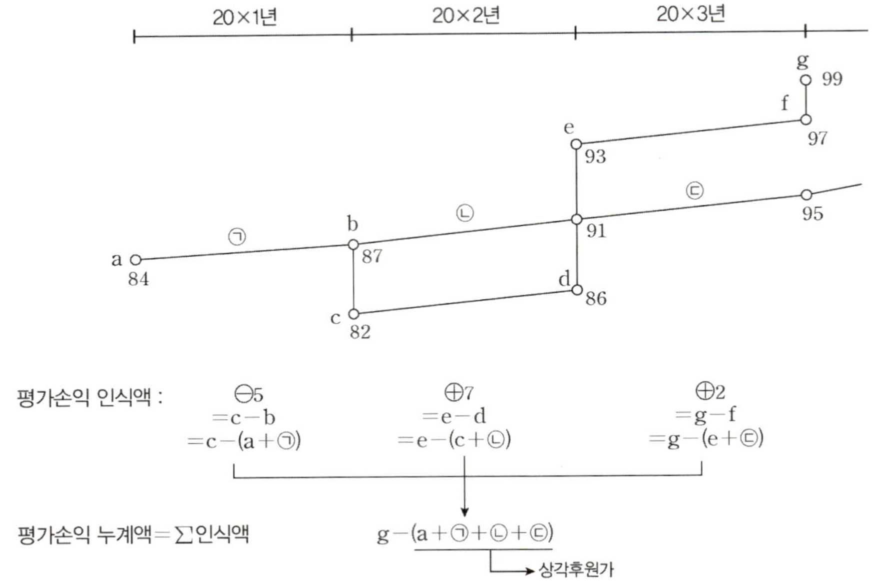

예제 10 기타포괄손익-공정가치 측정 금융자산의 손상

(1) 20×1년 1월 1일 ㈜우리는 만기 3년, 액면금액 ₩10,000, 표시이자율 6%의 기타포괄손익−공정가치 측정 금융자산을 ₩9,000에 취득하였다. 금융자산에 적용되는 유효이자율은 10%이다.

(2) 20×1년말과 20×2년말의 공정가치는 각각 다음과 같다.

구분	20×1년말	20×2년말
공정가치	₩9,500	₩9,400

[물 음]

1. ㈜우리가 ㈜나라 주식에 대해서 인식할 다음의 금액들을 계산하시오.

구분	20×1년 말	20×2년 말
기타포괄손익−공정가치 측정 금융자산 평가손익	①	③
기타포괄손익−공정가치 측정 금융자산 평가손익 누계액	②	④

2. ㈜우리가 각 일자에 해야 할 회계처리를 제시하시오.

해답

• 각 일자별 총 장부금액

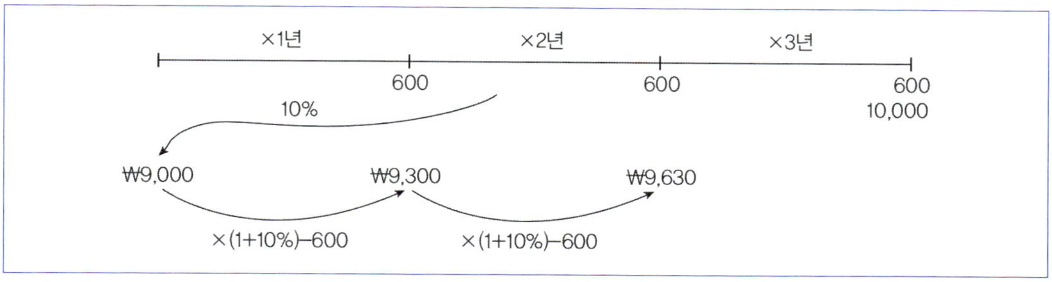

1. 평가손익

구분	20×1년 말	20×2년 말
기타포괄손익－공정가치 측정 금융자산 평가손익	① ₩500	③ (－)₩230
기타포괄손익－공정가치 측정 금융자산 평가손익 누계액	② ₩500	④ ₩270

② 20×1년 말 평가손익 누계액 : ₩9,500(기말 공정가치)－9,300(상각후원가)＝₩200
① 20×1년 말 평가손익 인식액 : ₩200(당기말 평가손익누계액)－0(전기말 평가손익누계액)＝₩200
④ 20×2년 말 평가손익 누계액 : ₩9,400(기말 공정가치)－9,630(상각후원가)＝(－)₩230
③ 20×2년 말 평가손익 인식액 : (－)₩230(당기말 평가손익누계액)－200(전기말 평가손익누계액)＝(－)₩430

2. 회계처리

20×1년 1월 1일	(차)	FVOCI금융자산	9,000	(대)	현금	9,000
20×1년 12월 31일	(차)	현금	600	(대)	이자수익	900[1]
		FVOCI금융자산	300			
	(차)	FVOCI금융자산	200[2]	(대)	평가이익(OCI)	200

1) ₩9,000 × 10%
2) ₩9,500(공정가치)－9,300(장부금액)

20×2년 12월 31일	(차)	현금	600	(대)	이자수익	930[1]
		FVOCI금융자산	330			
	(차)	평가손실(OCI)	430[2]	(대)	FVOCI금융자산	430

1) ₩9,300 × 10%
2) ₩9,400(공정가치)－9,830(장부금액)

(3) 처분

기타포괄손익-공정가치 측정 채무상품의 처분시, 처분직전 처분금액으로 평가한다. 처분금액으로 평가시 처분금액과 장부금액의 차이는 기타포괄손익으로 인식한다. 평가 후 장부에 인식되어 있는 기타포괄손익누계액은 다음과 같이 계산된다.

기타포괄손익-공정가치 측정 금융자산 평가손익 누계액=처분금액-상각후원가

그 후 처분금액으로 평가된 금융자산의 장부금액을 제거하면서 처분금액을 회수한다. 미실현손익(기타포괄손익누계액)은 **재분류조정의 방법**을 통하여 당기순이익으로 인식한다. 재분류조정에 의해서 기타포괄손익-공정가치 측정 금융자산 처분손익은 순 처분금액과 상각후원가의 차이로 계산된다.

기타포괄손익-공정가치 측정 금융자산 처분손익=처분금액-상각후원가

(차)	FVOCI금융자산	×××	(대)	평가이익(기타포괄손익)	×××
(차)	현 금	×××	(대)	FVOCI금융자산	×××
(차)	재분류조정(기타포괄손익)	×××	(대)	처 분 손 익	×××

예제 11 기타포괄손익-공정가치 측정 금융자산의 처분

(1) 20×1년 1월 1일 ㈜우리는 만기 3년, 액면금액 ₩10,000, 표시이자율 6%의 기타포괄손익-공정가치 측정 금융자산을 ₩9,000에 취득하였다.
(2) 20×1년 12월 31일 기타포괄손익-공정가치 측정 금융자산의 공정가치는 ₩9,500이다.
(3) 20×2년 12월 31일 해당 상각후원가 측정 금융자산을 ₩9,800에 처분하였다.
(3) 시장이자율은 10%이며, 10%, 3년, 현재가치계수는 0.75, 정상연금현재가치계수는 2.5이다.

[물 음]

1. ㈜우리가 20×2년에 인식할 기타포괄손익-공정가치 측정 금융자산 처분손익을 계산하시오.
2. ㈜우리가 각 일자에 해야 할 회계처리를 제시하시오.

해답

1. 처분손익

① 각 일자별 총 장부금액

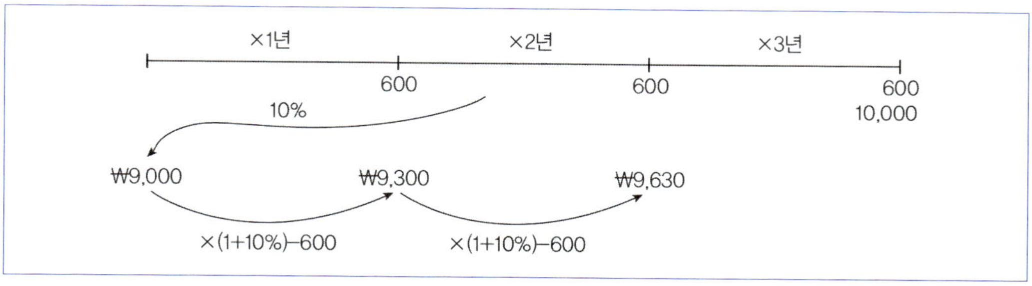

② 처분손익 : ₩9,800(처분금액)−9,630(상각후원가)=₩170

2. 회계처리

20×1년 1월 1일	(차)	FVOCI금융자산	9,000	(대)	현 금	9,000
20×1년 12월 31일	(차)	현 금	600	(대)	이 자 수 익	900[1]
		FVOCI금융자산	300			
	(차)	FVOCI금융자산	200	(대)	평가이익(OCI)	200

1) ₩9,000×10%
2) ₩9,500(공정가치)−9,300(장부금액)

20×2년 12월 31일	(차)	현 금	600	(대)	이 자 수 익	930[1]
		FVOCI금융자산	330			
	(차)	평가손실(OCI)	30[2]	(대)	FVOCI금융자산	30
	(차)	현 금	9,800	(대)	FVOCI금융자산	9,800
	(차)	평가손실(OCI)	170[3]	(대)	처 분 이 익	170

1) ₩9,300×10%
2) ₩9,800(처분금액)−[9,500(전기말 공정가치)+330](평가전 장부금액)
3) ₩9,800(처분금액)−9,630(상각후원가)=₩170

OX

01 금융상품은 상품을 인도하고 대가를 수수하였을 때 재무제표에 인식한다.

02 취득일에 공정가치와 거래가격의 차이가 발생한다면 그 차이를 당기손익으로 인식해야한다.

03 자기지분상품을 발행하는 경우 해당 지분상품의 발행자의 입장에서 금융상품이다.

04 거래가격이란 금융자산이나 금융부채의 취득, 발행 또는 처분이 없었다면 발생하지 않았을 직접 관련된 원가를 말한다.

05 기타포괄손익—공정가치 측정 금융자산(채무상품)의 공정가치 변동에 따른 손익은 기타포괄손익으로 인식하며, 당해 누적손익은 관련된 금융자산이 제거되는 시점에 재분류조정으로 자본에서 당기손익으로 재분류한다.

06 금융자산은 최초분류 후 어떠한 경우에도 다른 범주로 분류를 변경할 수 없다.

해답 및 해설

01 × 계약당사자가 되었을 때 인식함.

02 ○

03 × 지분상품의 투자자의 입장에서는 금융상품에 해당하나, 자기지분상품을 발행하는 경우는 금융상품에 해당하지 않는다.

04 × 거래가격이란 제공하거나 수취한 대가의 공정가치를 말한다. 해당 설명은 거래원가에 대한 설명이다.

05 ○

06 × 사업모형이 변경된다면 다른 범주로 재분류가 가능하다.

01

다음은 A사 의 금융자산과 관련한 자료이다. 자료를 이용하여 독립적인 물음에 답하시오.

(1) 20×1년 7월 1일, A사는 B사의 주식 100주를 주당 ₩100에 취득하며, 구입과 관련하여 거래수수료 ₩500을 현금으로 지급하였다. 취득일 현재 주식의 1주당 공정가치는 ₩110, 주당 액면금액은 ₩50이다.
(2) 20×1년 12월 31일, B사의 주식 1주당 공정가치는 ₩120이다.
(3) 20×2년 3월 21일, B사로부터 현금배당 ₩400을 수령하였다.
(4) 20×2년 5월 30일, A사는 B사의 주식 40주를 주당 ₩150에 처분하였다.
(5) 20×2년 12월 31일, 잔여주식의 주당 공정가치는 ₩140이다.

[물 음]

1. A사가 해당 지분상품을 당기손익－공정가치 측정 금융자산으로 분류했다고 할 경우, 해당 지분상품이 20×1년과 20×2년 당기순이익에 미치는 영향을 구하고, 각 일자에 해야할 회계처리를 제시하시오.
2. A사가 해당 지분상품의 평가손익을 기타포괄손익으로 인식하기로 선택했다고 할 경우, 해당 지분상품이 20×1년과 20×2년 기타포괄손익에 미치는 영향을 구하고, 각 일자에 해야할 회계처리를 제시하시오.

해답

• 시점별 사건 및 금액들의 정리

20×1년 7월 1일	20×1년 말	20×2년 3월 18일	20×2년 5월 30일	20×2년 말
취득금액 @100 공정가치 @110[1] 거래수수료 ₩500[1]	공정가치 @120[2]	현금배당 ₩400	처분금액 @150	공정가치 @140

1) 최초 인식시점에 금융자산을 공정가치로 측정하며, 당기손익－공정가치 측정 금융자산이 아닌 경우에 해당 금융자산의 취득과 직접 관련되는 거래원가는 공정가치에 가감한다(K－IFRS 1109호 문단 5.1.1).
2) 자산이나 부채의 공정가치를 측정하기 위하여 사용하는 주된 (또는 가장 유리한) 시장의 가격에는 거래원가를 조정하지 않는다. 거래원가는 다른 기준서에 따라 회계처리한다. 거래원가는 자산이나 부채의 특성이 아니라 거래에 특정된 것이어서 자산이나 부채를 어떻게 거래하는지에 따라 달라진다(K－IFRS 1113호 문단 25).

1. 당기손익-공정가치 측정 금융자산(지분상품)

① 20×1년 당기손익에 미치는 영향

취득 시 평가손익	(₩110－100)×100주 ＝	₩1,000
취득 시 거래원가		(500)
기말 평가손익	(₩120－110)×100주 ＝	1,000
		₩1,500

② 20×2년 당기손익에 미치는 영향

배당수익		₩400
처분이익	₩150×40주(처분금액)－120×40주(장부금액) ＝	1,200
평가이익	₩140×60주[1](공정가치)－120×60주(장부금액) ＝	1,200
		₩2,800

1) 100주－40주(처분수량)

[별해] 회계처리

20×1년 1월 1일	(차) FVPL금융자산	11,000	(대) 현금	10,000
			평가이익(당기손익)	1,000
	(차) 지급수수료	500	(대) 현금	500
20×1년 12월 31일	(차) FVPL금융자산	1,000	(대) 평가이익(당기손익)	1,000
20×2년 3월 21일	(차) 현금	400	(대) 배당수익	400
20×2년 5월 30일	(차) 현금	6,000	(대) FVPL금융자산	4,800
			처분이익	1,200
20×2년 12월 31일	(차) FVPL금융자산	1,200	(대) 평가이익(당기손익)	1,200

2. 기타포괄손익-공정가치 측정 금융자산(지분상품)

① 20×1년 기타포괄손익에 미치는 영향(기말평가손익) : ₩120×100주－(110×100주＋500)＝₩500

* 취득시 평가이익은 당기손익으로 인식하며, 거래원가는 취득원가에 포함한다.

② 20×2년 기타포괄손익에 미치는 영향

처분시 평가손익	₩150×40주(처분금액)－120×40주(장부금액) ＝	₩1,200
기말 평가손익	₩140×60주(공정가치)－120×60주(장부금액) ＝	1,200
		₩2,400

[별해] 회계처리

20×1년 1월 1일	(차) FVOCI지분상품	11,000	(대) 현금	10,000
			평가이익(당기손익)	1,000
	(차) FVOCI지분상품	500	(대) 현금	500
20×1년 12월 31일	(차) FVOCI지분상품	500	(대) 평가이익(기포익)	500
20×2년 3월 21일	(차) 현금	400	(대) 배당수익	400
20×2년 5월 30일	(차) FVOCI지분상품	1,200	(대) 평가이익(기포익)	1,200
	(차) 현금	6,000	(대) FVOCI지분상품	6,000
20×2년 12월 31일	(차) FVOCI지분상품	1,200	(대) 평가이익(기포익)	1,200

02

다음은 A사가 취득한 사채 관련 자료이다.

(1) A사는 20×1년 1월 1일에 다음과 같은 조건의 사채를 취득하였다.

• 발 행 일 : 20×1년 1월 1일	• 액면금액 : ₩1,000,000
• 표시이자율 : 연 8%	• 이자지급 : 매년 12월 31일
• 만 기 일 : 20×4년 12월 31일	• 상환조건 : 만기일에 일시상환

(2) 취득시점의 시장이자율은 연 10%이며, 해당 사채의 20×1년 말 및 20×2년말 공정가치는 각각 ₩960,000, ₩950,000이다.

(3) 20×3년 1월 1일, A사는 동 사채를 ₩940,000에 처분하였다.

10% 4기간 단일금액현재가치계수와 정상연금현재가치계수는 각각 0.6830, 3.1698이다. 소수점 이하 첫째 자리에서 반올림하시오.

[물 음]

1. A사가 해당 채무상품을 당기손익－공정가치 측정 금융자산으로 분류하였다고 할 경우, 다음의 물음에 답하시오.
   ① 동 사채가 A사의 20×2년 당기순이익에 미치는 영향을 계산하시오.
   ② 20×3년 동 사채의 처분시 인식할 금융자산처분손익을 계산하시오.
   ③ 동 사채와 관련하여 A사가 각 일자에 해야 할 회계처리를 제시하시오.

2. A사가 해당 채무상품을 상각후원가 측정 금융자산으로 분류하였다고 할 경우, 다음의 물음에 답하시오.
   ① 동 사채가 A사의 20×2년 당기순이익에 미치는 영향을 계산하시오.
   ② 20×3년 동 사채의 처분시 인식할 금융자산처분손익을 계산하시오.
   ③ 동 사채와 관련하여 A사가 각 일자에 해야 할 회계처리를 제시하시오.

3. A사가 해당 채무상품을 기타포괄손익－공정가치 측정 금융자산으로 분류하였다고 할 경우, 다음의 물음에 답하시오.
   ① 동 사채가 A사의 20×2년 기타포괄손익에 미치는 영향을 계산하시오.
   ② 20×3년 동 사채의 처분시 인식할 금융자산처분손익을 계산하시오.
   ③ 동 사채와 관련하여 A사가 각 일자에 해야 할 회계처리를 제시하시오.

해답

• 미래현금흐름 및 상각후원가의 정리

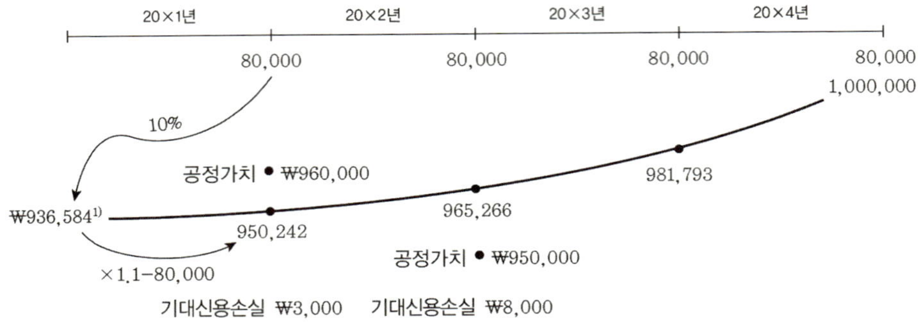

1) 20×1년 1월 1일 채무상품의 현재가치(유효이자율 할인) : ₩1,000,000×0.6830+80,000×3.1698

1. 당기손익-공정가치 측정 금융자산(채무상품)

① 20×2년 당기순이익에 미치는 영향

이자수익	표시이자 =	₩80,000
평가손익	₩950,000(공정가치)−960,000(장부금액)=	(10,000)
		₩70,000

② 20×3년 처분손익 : ₩940,000(처분금액)−950,000(장부금액=전기말공정가치)=(−)₩10,000(손실)

③ 회계처리

20×1년 1월 1일	(차) FVPL금융자산	936,584	(대) 현 금	936,584
20×1년 12월 31일	(차) 현 금	80,000	(대) 이 자 수 익	80,000
	(차) FVPL금융자산	23,416	(대) 평가이익(당기손익)	23,416
20×2년 12월 31일	(차) 현 금	80,000	(대) 이 자 수 익	80,000
	(차) 평가손실(당기손익)	10,000	(대) FVPL금융자산	10,000
20×3년 1월 1일	(차) 현 금	940,000	(대) FVPL금융자산	950,000
	처 분 손 실	10,000		

2. 상각후원가 측정 금융자산(채무상품)

① 20×2년 당기순이익에 미치는 영향(이자수익) : ₩950,242×10%=₩95,024

② 20×3년 처분손익 : ₩940,000(처분금액)−965,266(장부금액=상각후원가)=(−)₩25,266(손실)

③ 회계처리

20×1년 1월 1일	(차) A C 금 융 자 산	936,584	(대) 현 금	936,584
20×1년 12월 31일	(차) 현 금	80,000	(대) 이 자 수 익	93,658
	A C 금 융 자 산	13,658		
20×2년 12월 31일	(차) 현 금	80,000	(대) 이 자 수 익	95,024
	A C 금 융 자 산	15,024		
20×3년 1월 1일	(차) 현 금	940,000	(대) A C 금 융 자 산	965,266
	처 분 손 실	25,266		

3. 기타포괄손익-공정가치 측정 금융자산(채무상품)

① 20×2년 기타포괄손익에 미치는 영향

	20×1년 말	20×2년 말
공정가치	₩960,000	₩950,000
상각후원가	(950,242)	965,266
기포익누계액	₩9,758	₩ (15,266)
기포익인식액	₩(25,024)	

② 20×3년 처분손익 : ₩940,000(처분금액)－965,266(상각후원가)＝(－)₩25,266(손실)

③ 회계처리

20×1년 1월 1일	(차) FVOCI금융자산	936,584	(대) 현 금	936,584
20×1년 12월 31일	(차) 현 금	80,000	(대) 이 자 수 익	93,658
	FVOCI금융자산	13,658		
	(차) FVOCI금융자산	9,758	(대) 평가이익(기포익)	9,758
20×2년 12월 31일	(차) 현 금	80,000	(대) 이 자 수 익	95,024
	FVOCI금융자산	15,024	FVOCI금융자산	
	(차) 평가손실(기포익)	25,024	(대) FVOCI금융자산	25,024
20×3년 1월 1일	(차) 평가손실(기포익)	10,000[1]	(대) FVOCI금융자산	10,000
	(차) 현 금	940,000	(대) FVOCI금융자산	940,000
	(차) 처 분 손 실	25,266	(대) 재분류조정(기포익)	25,266[2]

1) 처분전 평가 : ₩940,000(처분금액)－950,000(처분직전 장부금액)

2) (－)₩15,266(전기말 기타포괄손익 누계액)－10,000(처분직전 평가손익)

| 1 | 현금및현금성자산

171 재무상태표에 현금및현금성자산으로 분류되는 것으로만 묶인 것은?

① 미수금, 배당금지급통지서, 지점전도금
② 당좌예금, 보통예금, 우표
③ 타인발행수표, 당좌예금, 배당금지급통지서
④ 우편환증서, 가계수표, 당좌개설보증금

172 회계기간 말 재무상태표의 현금및현금성자산으로 표시될 수 있는 것은?

① 취득시 상환일이 3개월 이내에 도래하고, 결산일 현재 상환일이 2개월 남은 환매채
② 보관 중인 수입인지
③ 결산일 3개월 전에 취득하고, 결산일 현재 만기가 1개월 이내에 도래하는 국공채
④ 종업원의 가불증서

173 다음 자료를 이용할 경우 재무상태표에 계상할 현금및현금성자산은?

지폐	₩30,000	우표	₩10,000
우편환증서	1,000	임차보증금	50,000
타인발행당좌수표	2,000		

① ₩33,000　② ₩42,000
③ ₩83,000　④ ₩92,000

174 다음은 2013년 12월 31일 현재 ㈜한국이 보유하고 있는 항목들이다. ㈜한국이 2013년 12월 31일의 재무상태표에 현금및현금성자산으로 표시할 금액은?

• 지급기일이 도래한 공채이자표	₩5,000	• 당좌거래개설보증금	₩3,000
• 당좌차월	₩1,000	• 수입인지	₩4,000
• 선일자수표 (2014년 3월 1일 이후 통용)	₩2,000	• 지폐와 동전 합계	₩50,000
• 2013년 12월 20일에 취득한 만기 2014년 2월 20일인 양도성예금증서			₩2,000
• 2013년 10월 1일에 취득한 만기 2014년 3월 31일인 환매채			₩1,000

① ₩56,000 ② ₩57,000
③ ₩58,000 ④ ₩59,000

175 다음 자료에 의하면 현금및현금성자산은 얼마인가?

지폐 :	₩10,000	주화 :	₩5,000
타인발행수표 :	₩100,000	받을 어음 :	₩300,000
기일도래 공채 이자표 :	₩50,000	배당금지급 통지표 :	₩30,000
우편환 :	₩12,000	송금환 :	₩8,000
우표 :	₩5,000	수입인지 :	₩3,000
환매채(만기 5개월) :	₩100,000	정기예금(만기 1개월) :	₩200,000

① ₩415,000 ② ₩418,000
③ ₩420,000 ④ ₩515,000

| 2 | 은행계정조정표

176 ㈜한국의 당좌예금 장부상 잔액은 ₩20,000이고 거래은행에서 보내온 거래명세서 상의 잔액은 ₩24,000으로 일치하지 않는다. 차이의 원인을 규명하던 중 다음과 같은 사실들이 확인되었다. 당좌예금의 잔액으로 옳은 것은?

- 기중에 발행한 수표 ₩15,000이 아직 은행에서 인출되지 않았다.
- 은행측에서 당좌거래 수수료 ₩2,000을 부과하고 이를 당좌예금계좌에서 차감하였는데, 회사에서는 아직 미정리상태이다.
- 거래처로부터 받아 예금한 수표 ₩9,000이 부도되었으나 회사장부에는 아직 이를 반영하지 않았다.

① ₩9,000　　② ₩10,000
③ ₩19,000　　④ ₩20,000

177 ㈜한국의 20×1년 말 현재 당좌예금 잔액은 ₩2,000이고, 은행 측 잔액증명서상 잔액은 ₩2,200이다. 기말 현재 그 차이원인이 다음과 같을 때 올바른 당좌예금 잔액은?

- ㈜한국이 발행한 수표 ₩150이 미인출 상태이다.
- 거래처 A로부터 입금된 ₩300을 ㈜한국은 ₩30으로 잘못 기록하였다.
- 거래처 B에 대한 외상판매대금 ₩400을 은행이 추심하였고, 추심수수료 ₩20이 인출되었다. 그러나 ㈜한국은 추심 및 추심수수료를 인식하지 못하였다.
- ㈜한국이 인식하지 않은 20×1년의 이자비용, 이자수익은 각각 ₩800, ₩200이다.

① ₩1,050　　② ₩1,350
③ ₩1,450　　④ ₩2,050

178 ㈜한국은 20×1년 12월 말 결산 시 당좌예금잔액을 조회한 결과 은행으로부터 ₩13,500이라는 통보를 받았다. 은행과 회사측 장부금액과의 차이는 다음과 같다.

은행측 미기입예금	₩2,550	미결제수표	₩4,050
미통지출금(차입금이자)	800	미통지입금	1,000
발행한 수표 ₩2,100을 회사장부에 ₩1,200으로 잘못 기록함			

20×1년 12월 말 은행계정조정 전 ㈜한국의 당좌예금 계정의 장부금액은?

① ₩8,700　　② ₩11,300
③ ₩12,700　　④ ₩14,100

179 ㈜한국은 20×1년 12월 31일 자금담당직원이 회사자금을 횡령하고 잠적한 사건이 발생하였다. 12월 31일 현재 회사 장부상 당좌예금계정 잔액을 검토한 결과 ₩96,000이었으며, 은행측 당좌예금계정 잔액을 조회한 결과 ₩60,000으로 확인되었다. 회사측 잔액과 은행측 잔액이 차이가 나는 이유는 다음과 같다고 할 경우 자금담당직원이 회사에서 횡령한 것으로 추정할 수 있는 금액은 얼마인가?

• 은행미기입예금	₩60,000	• 은행수수료	₩10,000
• 기발행 미인출수표	50,000	• 미통지입금	46,000
• 타사발행수표를 ㈜한국의 당좌예금 계좌에서 차감한 금액			22,000

① ₩22,000　② ₩26,000
③ ₩32,000　④ ₩40,000

180 20×1년 말 현재 ㈜한국의 장부상 당좌예금 잔액은 ₩11,800이며, 은행측 잔액증명서상 잔액은 ₩12,800이다. 은행계정조정표 작성과 관련된 자료가 다음과 같다면, 은행측 미기입예금은?

- 거래처에서 송금한 ₩1,500이 은행에 입금 처리되었으나 아직 은행으로부터 통보받지 못했다.
- 은행이 부과한 은행수수료 ₩200이 아직 회사 장부에 미정리된 상태이다.
- 발행한 수표 중 ₩1,100이 아직 은행에서 인출되지 않았다.
- 거래처로부터 받아 예입한 수표 ₩600이 부도처리 되었으나 은행으로부터 통보받지 못했다.
- 나머지 잔액 차이는 모두 은행측 미기입예금에 의한 것으로 확인되었다.

① ₩300　② ₩400
③ ₩600　④ ₩800

181 현금과 관련된 내부통제절차의 예로 적절하지 않은 것은?

① 현금수취액은 지체없이 은행에 예입한다.
② 현금거래보다는 온라인송금 및 인터넷뱅킹을 이용한다.
③ 경비지출은 신용카드나 체크카드를 사용한다.
④ 현금출납장 기록업무는 현금출납담당자가 수행한다.

| 3 | 금융자산의 분류와 최초인식

182 금융자산에 관한 설명으로 옳은 것은?

① 금융자산은 보유기간에 따라 상각후원가측정 금융자산, 기타포괄손익－공정가치 측정 금융자산, 당기손익－공정가치 금융자산으로 분류한다.

② 최초 인식시점에 금융자산은 공정가치로 측정하며, 해당 금융자산의 취득과 직접 관련되는 거래원가는 공정가치에 차감한다.

③ 당기손익－공정가치 측정 금융자산인 경우 금융자산의 취득과 직접 관련되는 거래원가는 공정가치에 가산한다.

④ 금융자산의 정형화된 매입 또는 매도는 매매일이나 결제일에 인식하거나 제거한다.

183 다음 거래로 취득한 금융자산의 분류와 취득원가는?

> • ㈜한국은 한국거래소에서 투자목적으로 ㈜서울의 주식 1주를 ₩10,000에 구입하고 수수료 ₩1,000을 지급하였다. ㈜한국은 당해 주식을 단기간 내에 매각할 예정이다.

① 당기손익－공정가치측정 금융자산 ₩10,000　② 당기손익－공정가치측정 금융자산 ₩11,000
③ 당기손익－공정가치측정 금융자산 ₩11,000　④ 기타포괄손익－공정가치측정 금융자산 ₩11,000

| 4 | FVPL금융자산-지분상품

184 (주)대한은 20×1년 2월 1일, 단기간 시세차익을 목적으로 상장회사인 (주)공덕의 보통주 100주(액면금액: 주당 ₩5,000)를 ₩500,000에 취득하였다. 20×1년 12월 31일, 보유중인 (주)공덕 주식의 주당 공정가치는 ₩5,500이다. 20×2년 9월 1일, (주)공덕의 주식 중 100주를 주당 ₩6,000에 처분하였다. ㈜공덕의 보통주와 관련한 회계처리가 ㈜대한의 20×1년 및 20×2년 당기순이익에 미친 영향은 각각 얼마인가?

	20×1년 당기순이익	20×2년 당기순이익		20×1년 당기순이익	20×2년 당기순이익
①	₩ 0	₩50,000	②	₩ 0	₩100,000
③	₩50,000	₩50,000	④	₩50,000	₩100,000

185 ㈜한국은 20×1년 7월 초 ㈜대한의 주식 1,000주(액면가액 ₩7,000)를 주당 ₩7,500에 매입하여 당기손익－공정가치 측정 금융자산으로 분류하였다. 동 주식의 취득시 ₩100,000의 거래수수료를 지출하였다. ㈜한국은 20×1년 9월 초 ㈜대한의 주식 400주를 주당 ₩8,500에 처분하였고, 20×1년 말 ㈜대한 주식의 주당 공정가치는 ₩8,000이다. 동 주식과 관련하여 ㈜한국이 20×1년 포괄손익계산서에 인식할 당기손익은?

① ₩600,000　② ₩700,000
③ ₩800,000　④ ₩900,000

| 5 | FVPL금융자산-채무상품

186 ㈜우리는 20×1년 7월 1일에 동 일자로 발행된 ㈜대한의 사채(액면가액 ₩200,000, 3년 만기, 이자는 매년 6월 말과 12월 말에 지급)를 단기매매차익을 얻기 위하여 ₩190,000에 취득하였다. 동 사채의 액면이자율은 연 10%, 시장이자율은 연 12%이다. 동 사채의 20×1년 말 이자지급 후 공정가치는 ₩195,000이다. ㈜우리가 동 사채 취득 및 보유로 인해 20×1년도에 인식할 당기이익은 얼마인가? (단, 사채취득과 관련한 거래비용은 없으며, 사채이자는 월수를 기준으로 계산한다.)

① ₩13,000 ② ₩15,000
③ ₩17,000 ④ ₩25,000

187 20×1년 4월 1일 (주)대한은 단기시세차익을 위하여 (주)울산이 발행한 사채를 ₩102,000(액면금액: ₩100,000, 표시이자율: 12%, 매년 9월 30일 지급)에 취득하였다. 20×1년 12월 31일: 보유중인 (주)울산 사채의 공정가치는 ₩98,000이다. 20×2년 7월 1일 동 사채를 경과이자를 포함하여 ₩100,000에 처분하였다고 할 경우, 위 거래가 (주)대한의 20×2년도 당기순이익에 미치는 영향은?

① ₩2,000 증가 ② ₩4,000 증가
③ ₩6,000 증가 ④ ₩8,000 증가

| 6 | FVOCI선택 지분상품

188 다음의 ㈜민국 주식에 대한 ㈜한국의 회계처리로 옳지 않은 것은?

> • ㈜한국은 20×1년 1월 15일 ㈜민국의 주식을 ₩1,000,000에 취득하면서 공정가치로 평가하고 그 평가손익을 기타포괄손익으로 인식하기로 선택하였다.
> • ㈜민국 주식의 공정가치는 20×1년 12월 31일 ₩900,000이고 20×2년 12월 31일 ₩1,200,000이다.
> • 20×3년 1월 10일에 ㈜민국 주식을 ₩1,300,000에 처분하였다.

① 20×1년 12월 31일 기타포괄손익－공정가치측정금융자산평가손실이 ₩100,000 인식된다.
② 20×2년 12월 31일 기타포괄손익－공정가치측정금융자산평가이익이 ₩200,000 인식된다.
③ 20×2년 12월 31일 기타포괄손익－공정가치측정금융자산의 장부가액은 ₩1,200,000이다.
④ 20×3년 1월 10일 기타포괄손익－공정가치측정금융자산의 처분과 관련하여 인식할 당기손익은 없다.

189 다음의 ㈜민국 주식에 대한 ㈜한국의 회계처리로 옳지 않은 것은?

> • ㈜한국은 20×1년 1월 15일 ㈜민국의 주식을 ₩110,000에 취득하면서 공정가치로 평가하고 그 평가손익을 기타포괄손익으로 인식하기로 선택하였다.
> • ㈜민국 주식의 공정가치는 20×1년 12월 31일 ₩97,000이고 20×2년 12월 31일 ₩120,000이다.

① 20×1년 포괄손익계산서에는 기타포괄손익－공정가치측정금융자산평가손실이 ₩13,000 인식된다.
② 20×1년 말 재무상태표에는 기타포괄손익－공정가치측정금융자산이 ₩97,000 표시된다.
③ 20×2년 포괄손익계산서에는 기타포괄손익－공정가치측정금융자산평가이익이 ₩23,000 인식된다.
④ 20×2년 말 재무상태표에는 기타포괄손익－공정가치측정금융자산평가손익누계액이 ₩23,000 표시된다.

190 ㈜대한은 20×1년 7월 20일에 거래소에 상장되어 있는 ㈜민국 주식 100주를 1주당 ₩200에 취득하고 공정가치로 평가하고 그 평가손익을 기타포괄손익으로 인식하기로 선택하였다. 20×1년 9월 20일에 ㈜민국의 주식 전부를 주당 ₩300에 처분하였다고 할 때 동 주식으로 인해 ㈜대한의 20×1년도 포괄손익계산서의 당기순이익과 20×1년 말 재무상태표의 자본은 각각 얼마나 증감하는가?

① 당기순이익 : 변화없음, 자본 : 변화없음
② 당기순이익 : 변화없음, 자본 : ₩10,000 증가
③ 당기순이익 : ₩10,000 증가, 자본 : 변화없음
④ 당기순이익 : ₩10,000 증가, 자본 : ₩10,000 증가

191 다음은 ㈜대한의 금융자산과 관련된 자료이다. 이와 관련하여 ㈜대한이 해야할 회계처리로 올바른 설명은?

> • ㈜대한은 20×1년 6월 30일 장기투자목적으로 상장법인 ㈜민국의 보통주 200주를 1주당 ₩6,000에 취득하여 공정가치로 평가하고 그 평가손익을 기타포괄손익으로 인식하기로 결정하였다.
> • 20×1년말 ㈜민국 보통주의 주당 공정가치는 ₩7,000이었다.
> • ㈜민국은 20×2년 12월 중 주거래은행으로부터 당좌거래 정지처분을 받았으며, 20×2년말 현재 ㈜민국의 보통주 공정가치는 주당 ₩4,000이었다.
> • ㈜민국은 20×3년에 구조조정으로 유동성 문제를 해결하였으며, ㈜민국 보통주의 주당 공정가치는 20×3년말 현재 ₩8,000으로 회복되었다.
> • 20×4년에 ㈜대한은 보유중인 ㈜민국의 보통주 100주를 주당 ₩6,000에 처분하였다.

① 20×2년에 당기손익으로 인식할 손상차손은 ₩400,000이다.
② 20×2년에 손상차손 인식시 20×1년에 인식했던 기타포괄손익누계액 ₩200,000은 재분류조정한다.
③ 20×3년에 기타포괄손익으로 인식할 평가이익은 ₩800,000이다.
④ 20×4년 처분시 당기손익으로 인식할 처분이익은 ₩200,000이다.

192 ㈜한국은 20×1년초 만기보유목적으로 ㈜대한이 발행한 사채를 ₩1,049,732에 구입하여 상각후원가로 측정한다. 발행조건이 다음과 같을 때, 20×2년 초 동 금융자산의 장부금액은? (단, 계산된 금액은 소수점 이하의 단수차이가 발생할 경우 근사치를 선택한다.)

• 액면금액	₩1,000,000	• 표시이자율	연 12%(매년 말 지급)
• 발행일 유효이자율	연 10%	• 만기	3년(만기 일시상환)

① ₩1,034,705
② ₩1,043,764
③ ₩1,055,699
④ ₩1,064,759

193 ㈜한국은 20×1년 1월 1일에 액면금액 ₩1,000,000(액면이자율 연 8%, 유효이자율 연 10%, 이자지급일 매년 12월 31일, 만기 3년)의 사채를 ₩950,258에 발행하였다. ㈜민국은 이 사채를 발행과 동시에 전액 매입하여 상각후원가 측정 금융자산으로 분류하였다. 다음 설명 중 옳지 않은 것은? (단, 거래비용은 없고 유효이자율법을 적용하며, 소수점 발생 시 소수점 아래 첫째 자리에서 반올림한다)

① ㈜한국의 20×1년 12월 31일 재무상태표상 사채할인발행차금 잔액은 ₩34,716이다.
② ㈜민국이 20×2년 1월 1일에 현금 ₩970,000에 동 사채 전부를 처분할 경우 금융자산 처분이익 ₩19,742을 인식한다.
③ ㈜민국은 20×1년 12월 31일 인식할 이자수익 중 ₩15,026을 상각후원가 측정 금융자산으로 인식한다.
④ ㈜한국이 20×1년 12월 31일 인식할 이자비용은 ₩95,026이다.

194 ㈜한국은 액면금액 ₩500,000, 표시이자율 연 8%(매년 말 지급)의 사채를 명목상 발행일인 20×1년 1월 1일에 구입하여 상각후원가 측정 금융자산으로 분류하였다. 사채의 명목상 발행일의 유효이자율은 10%이며, 만기는 3년이다. 사채와 관련된 회계처리가 ㈜한국의 20×2년 당기순이익에 미친 영향은? (10%, 3기간 단일금액현재가치계수와 정상연금현재가치계수는 각각 0.75, 2.50이다.)

① ₩48,250
② ₩47,250
③ ₩46,250
④ ₩45,250

195 (주)한국은 20×1년 초에 3년 후 만기가 도래하는 사채(액면금액 ₩1,000,000, 표시이자율 연 10%, 유효이자율 연 12%, 이자는 매년 말 후급)를 ₩951,963에 취득하고 상각후원가측정금융자산으로 분류하였다. 20×2년 1월 1일, 동 사채의 50%를 ₩500,000에 처분하였다고 할 경우, 동 사채에 대한 회계처리가 ㈜한국의 20×2년 당기순이익에 미치는 영향은?(단, 금액은 소수점 첫째자리에서 반올림하며 단수차이가 있으면 가장 근사치를 선택한다.)

① ₩16,900 ② ₩50,000
③ ₩57,972 ④ ₩74,872

196 ㈜대한은 ㈜한국이 발행한 다음의 사채를 20×1년 1월 1일에 공정가치로 취득하고 상각후원가 측정 금융자산으로 분류하였다.

• 액면금액	₩1,000,000	• 표시이자율	연 8%
• 발행일 유효이자율	연 10%	• 발행일	20×1년 1월 1일
• 만기일	20×3년 12월 31일	• 이자지급일	매년 12월 31일

20×3년 1월 1일 ㈜대한은 동 사채를 ₩990,000에 처분하였다고 할 경우, 처분시점에 ㈜대한이 인식할 상각후원가 측정 금융자산 처분손익은 얼마인가?

기간	단일금액 ₩1의 현재가치		정상연금 ₩1의 현재가치	
	8%	10%	8%	10%
3	0.80	0.75	2.57	2.50

① ₩5,000 ② ₩8,500
③ ₩25,000 ④ ₩28,500

197 (주)한국은 20×1년 1월 1일에 액면금액 ₩1,000,000(액면이자율 연 8 %, 유효이자율 연 10 %, 이자지급일 매년 12월 31일, 만기 3년)의 사채를 ₩950,258에 발행하였다. (주)민국은 이 사채를 발행과 동시에 전액 매입하여 상각후원가 측정 금융자산으로 분류하였다. 다음 설명 중 옳지 않은 것은? (단, 거래비용은 없고 유효이자율법을 적용하며, 소수점 발생 시 소수점 아래 첫째 자리에서 반올림한다)

① (주)한국의 20×1년 12월 31일 재무상태표상 사채할인발행차금 잔액은 ₩34,716이다.
② (주)민국이 20×2년 1월 1일에 현금 ₩970,000에 동 사채 전부를 처분할 경우 금융자산 처분이익 ₩19,742을 인식한다.
③ (주)민국은 20×1년 12월 31일 인식할 이자수익 중 ₩15,026을 상각후원가 측정 금융자산으로 인식한다.
④ (주)한국이 20×1년 12월 31일 인식할 이자비용은 ₩95,026이다.

| 8 | FVOCI채무상품

198 20×1년 1월 1일, ㈜우리는 다음과 같은 조건으로 발행된 채무상품을 ₩18,600,000에 취득하여 기타포괄손익-공정가치 측정 금융자산으로 분류하였다.

• 액면금액 :	₩20,000,000	• 액면이자 : 연 5%, 매년 12월 31일 지급	
• 발 행 일 :	20×1년 1월 1일	• 만 기 :	3년
• 유효이자율 :	연 8%		

동 금융자산의 20×1년말 이자수취 후 공정가치가 ₩18,800,000인 경우 ㈜우리가 20×1년에 인식해야 할 기타포괄손익-공정가치 측정 금융자산평가손익은 얼마인가?

① ₩291,000 평가손실
② ₩288,000 평가손실
③ ₩285,000 평가손실
④ ₩200,000 평가손실

199 20×1년 1월 1일, ㈜우리는 다음과 같은 조건으로 발행된 채무상품을 ₩90,000에 취득하여 기타포괄손익-공정가치 측정 금융자산으로 분류하였다.

• 액면금액 :	₩100,000	• 액면이자 :	연 6%, 매년 말 지급
• 발 행 일 :	20×1년 1월 1일	• 만 기 :	3년
• 유효이자율 :	연 10%		

동 금융자산의 20×1년말과 20×2년 말 이자수취 후 공정가치가 각각 ₩94,000, ₩95,000인 경우 ㈜우리가 20×2년에 인식해야 할 기타포괄손익-공정가치 측정 금융자산평가손익은 얼마인가?

① ₩1,000 평가이익
② ₩300 평가손실
③ ₩1,300 평가손실
④ ₩2,300 평가손실

200 20×1년 1월 1일, ㈜대한은 다음과 같은 조건의 채무상품을 ₩935,000에 취득하여 기타포괄손익-공정가치 측정 금융자산으로 분류하였다.

• 액면금액 :	₩1,000,000	• 액면이자 :	연 8%, 매년 말 지급
• 발 행 일 :	20×1년 1월 1일	• 만 기 :	4년
• 유효이자율 :	연 10%		

동 금융자산의 20×1년 말과 20×2년 말 공정가치가 각각 ₩940,000, 970,000인 경우, ㈜대한이 20×2년 재무상태표의 자본에 표시할 기타포괄손익누계액은 얼마인가?

① (−)₩15,150
② ₩6,650
③ ₩8,500
④ ₩15,150

201 20×1년 1월 1일, ㈜우리는 다음과 같은 조건으로 발행된 채무상품을 ₩950,000에 취득하여 기타포괄손익－공정가치 측정 금융자산으로 분류하였다.

• 액면금액 :	₩1,000,000	• 액면이자 :	연 8%, 매년 말 지급
• 발 행 일 :	20×1년 1월 1일	• 만 기 :	3년
• 유효이자율 :	연 10%		

동 금융자산의 20×1년 말 이자수취 후 공정가치가 ₩970,000인 경우 동 사채와 관련한 회계처리가 ㈜우리의 20×1년 포괄손익계산서의 당기순이익과 기타포괄손익에 미치는 영향은 얼마인가?

	당기순이익	기타포괄손익		당기순이익	기타포괄손익
①	₩80,000	₩5,000	②	₩80,000	₩20,000
③	₩95,000	₩5,000	④	₩95,000	₩20,000

202 ㈜한국은 20×1년 초 타사발행 사채A(액면금액 ₩500,000, 액면이자율 연 8%, 유효이자율 연 10%, 이자 매년 말 후급)를 ₩460,000에 취득하고, 이를 '기타포괄손익－공정가치측정금융자산'으로 분류하였다. 사채 A의 20×1년 기말 공정가치는 ₩520,000이며, 20×2년 초 사채A의 50%를 ₩290,000에 처분하였다. 사채A와 관련하여 ㈜한국이 인식할 20×1년 평가이익과, 20×2년 처분이익은?

① 평가이익 ₩54,000, 처분이익 ₩30,000
② 평가이익 ₩54,000, 처분이익 ₩57,000
③ 평가이익 ₩60,000, 처분이익 ₩30,000
④ 평가이익 ₩60,000, 처분이익 ₩57,000

203 다음은 ㈜한국의 금융자산과 관련된 자료이다.

- ㈜한국은 20×1년 1월 1일 액면금액 ₩1,000,000(만기 3년, 표시이자율 연 8%, 매년말 이자지급)의 채무증권을 ₩950,000(유효이자율 연 10%)에 취득하여 기타포괄손익－공정가치 측정 금융자산으로 분류하였다.
- 20×1년 12월 31일 현재 동 채무증권의 공정가치는 ₩925,000이다.
- ㈜한국은 20×2년 12월 31일에 표시이자를 수령 후, 동 채무증권을 ₩980,000(미수이자 미포함)에 매각하였다.

㈜한국이 20×2년 12월 31일 인식할 기타포괄손익－공정가치 측정 금융자산처분손익은? (단, 단수차이로 인해 오차가 있다면 가장 근사치를 선택한다.)

① ₩1,500 손실
② ₩1,500 이익
③ ₩3,000 이익
④ ₩4,500 이익

| 9 | 지분상품의 비교

204 ㈜한국은 20×3년 10월 7일 상장회사인 ㈜대한의 보통주식을 ₩30,000에 취득하고, 취득에 따른 거래비용 ₩300을 지급하였다. 20×3년 말 ㈜대한의 보통주식 공정가치는 ₩35,000이었다. ㈜한국은 20×4년 1월 20일 ㈜대한의 보통주식을 ₩34,000에 매도하였다. ㈜대한의 보통주식을 당기손익–공정가치 측정 금융자산 혹은 기타포괄손익–공정가치 선택 지분상품으로 분류한 경우, ㈜한국의 회계처리에 관한 설명으로 옳은 것은?

① 당기손익–공정가치 측정 금융자산으로 분류한 경우나 기타포괄손익–공정가치 측정 항목으로 선택한 경우 취득원가는 동일하다.
② 기타포괄손익–공정가치 측정 항목으로 선택한 경우나 당기손익–공정가치 측정 금융자산으로 분류한 경우 20×3년말 공정가치 변화가 당기손익에 미치는 영향은 동일하다.
③ 당기손익–공정가치 측정 금융자산으로 분류한 경우 20×3년 총포괄이익은 기타포괄손익–공정가치 측정 항목으로 선택한 경우보다 ₩300 더 작다.
④ 해당 주식을 당기손익–공정가치 측정 금융자산으로 분류한 경우나, 기타포괄–공정가치 측정 항목으로 선택한 경우 모두 20×4년 총포괄손익에 미치는 영향은 동일하다.

205 ㈜한국은 20×1년 A주식과 B주식을 매입하고, 각각 기타포괄손익–공정가치측정금융자산과 당기손익–공정가치측정금융자산으로 분류하였다. ㈜한국은 20×1년 말 A주식과 B주식을 보유하고 있으며, 두 주식에 대한 취득원가와 공정가치는 다음과 같다. 20×1년 말 재무제표에 미치는 영향으로 옳지 않은 것은? (단, 취득한 주식은 발행기업에 유의한 영향을 미치지 않는다.)

구분	취득원가	20×1년 말 공정가치
A주식	₩100,000	₩90,000
B주식	60,000	70,000

① 당기순이익 ₩10,000 증가한다.
② 기타포괄손익이 ₩10,000 감소한다.
③ 이익잉여금은 변하지 않는다.
④ 총포괄손익은 변하지 않는다.

206 다음은 ㈜한국이 보유하고 있는 금융자산에 관한 자료이다. 20×2년 말 금융자산평가손익이 총포괄손익에 미치는 영향은? (단, 기타포괄손익–공정가치측정금융자산은 중대한 영향력을 행사할 수 없다)

구분	20×1년 취득원가	20×1년 말 공정가치	20×2년 말 공정가치
당기손익–공정가치측정금융자산	₩1,200,000	₩1,100,000	₩1,400,000
기타포괄손익–공정가치측정금융자산	₩1,000,000	₩1,500,000	₩1,700,000

① ₩200,000
② ₩300,000
③ ₩500,000
④ ₩900,000

207 ㈜갑은 20×1년 7월 1일 주식 A 10주를 수수료 ₩100을 포함한 ₩1,100에 취득하여 당기손익－공정가치 측정 금융자산으로 분류하였다. 또한 ㈜갑은 20×1년 10월 1일에 주식 B 10주를 수수료 ₩200을 포함한 ₩2,200에 취득하여 기타포괄손익－공정가치 측정 금융자산으로 분류하였다. 각 주식의 1주당 공정가치는 다음과 같다.

	20×1년말	20×2년말	20×3년말
주식 A	₩120	－	－
주식 B	₩230	₩200	₩240

㈜갑은 20×2년 2월 5일에 주식 A를 주당 ₩130에 전부 처분하였으며, 20×4년 1월 5일에 주식 B를 주당 ₩260에 전부 처분하였다. 주식 A와 관련하여 인식할 20×1년도의 당기손익 및 20×2년 2월 5일의 처분이익(당기손익)과, 주식 B와 관련하여 인식할 20×1년도의 기타포괄손익 및 20×4년 1월 5일의 처분이익(당기손익)은 얼마인가? (단, 손상차손은 없다.)

	주식 A		주식 B	
	당기손익	처분이익	기타포괄손익	처분이익
①	₩100	₩100	₩300	₩400
②	₩100	₩100	₩100	₩0
③	₩200	₩300	₩0	₩200
④	₩200	₩100	₩100	₩200

| 10 | 채무상품의 비교

208 20×1년 1월 1일에 ㈜대한은 ㈜한국이 동 일자에 발행한 액면가액 ₩1,000,000, 표시이자율 연 8%(이자는 매년말 후급)의 3년 만기 사채를 ₩950,000에 취득하였다. 취득 당시 유효이자율은 연 10%이었다. 동 사채의 20×1년말과 20×2년 말 공정가치는 각각 ₩970,000, ₩990,000이다. 20×3년초에 동 사채를 ₩995,000에 처분하였다고 할 경우, ㈜대한의 동 사채에 대한 회계처리로서 옳지 <u>않은</u> 것은?

① 당기손익－공정가치 측정 금융자산으로 분류되었다면, 20×2년 당기순이익은 ₩100,000 증가한다.
② 기타포괄손익－공정가치 측정 금융자산으로 분류되었다면, 20×2년 당기순이익은 ₩96,500 증가한다.
③ 상각후원가 측정 금융자산으로 분류되었다면, 20×3년 당기순이익은 ₩13,500 증가한다.
④ 기타포괄손익－공정가치 측정 금융자산으로 분류되었다면, 20×3년 당기순이익은 ₩5,000 증가한다.

| 11 | 금융자산의 비교

209 ㈜대한이 20×1년도에 취득한 지분상품과 채무상품에 관한 자료는 다음과 같다.

> A. 지분상품
> - 20×1년 2월 1일 : ㈜대한은 단기간 시세차익을 목적으로 상장회사인 ㈜대한의 보통주 100주(액면금액 : 주당 ₩5,000)를 ₩500,000에 취득하였다.
> - 20×1년 9월 1일 : ㈜대한은 3월에 취득한 ㈜대한의 주식 중 55주를 주당 ₩6,000에 처분하였다.
> - 20×1년 12월 31일 : 보유중인 ㈜대한 주식의 주당 공정가치는 ₩5,500이다.
>
> B. 채무상품
> - 20×1년 9월 1일 : ㈜대한은 단기시세차익을 위하여 ㈜울산이 발행한 사채를 ₩102,000(액면금액 : ₩100,000, 표시이자율 : 연 12%, 매년말 지급)에 경과이자와 함께 취득하였다.
> - 20×1년 12월 31일 : 보유중인 ㈜울산 사채의 공정가치는 ₩98,000이다.

위 거래가 ㈜대한의 20×1년도 당기순이익에 미치는 영향은?

① ₩14,000 감소　　② ₩52,500 감소
③ ₩79,500 증가　　④ ₩85,500 증가

210 ㈜한국은 20×1년 1월 1일 A주식 100주를 주당 ₩10,000에 취득하여 기타포괄손익－공정가치 측정 항목으로 선택하였으며, 20×1년 4월 1일 3년 만기 B회사채(20×1년 1월 1일 액면발행, 액면가액 ₩1,000,000, 표시이자율 4%, 매년 말 이자지급)를 ₩1,010,000에 취득하여 상각후원가측정금융자산으로 분류하였다. 20×1년 말 A주식의 공정가치는 주당 ₩9,500이고, B회사채의 공정가치는 ₩1,050,000이다. ㈜한국의 A주식과 B회사채 보유가 20×1년 당기손익 및 기타포괄손익에 미치는 영향은?

① 당기손익 ₩40,000 감소, 기타포괄손익 ₩30,000 증가
② 당기손익 ₩40,000 증가, 기타포괄손익 ₩50,000 감소
③ 당기손익 ₩30,000 증가, 기타포괄손익 불변
④ 당기손익 ₩30,000 증가, 기타포괄손익 ₩50,000 감소

해답 및 해설

171	③	172	①	173	①	174	②	175	①	176	①	177	④	178	③	179	④	180	④
181	④	182	④	183	①	184	③	185	①	186	②	187	①	188	②	189	④	190	②
191	③	192	①	193	②	194	①	195	④	196	②	197	②	198	②	199	④	200	②
201	③	202	②	203	①	204	④	205	③	206	③	207	②	208	④	209	④	210	④

171 • 현금에는 지폐와 주화, 통화대용증권 및 요구불예금이 포함된다. 우표, 수입인지, 미수금, 당좌개설 보증금, 직원가불금 차용증서 등은 현금의 정의를 충족하지 못한다.

172 • 취득일부터 만기가 3개월 이내인 유동성이 매우 높은 금융상품은 현금성자산으로 분류된다.

173 • ₩30,000(지폐)+1,000(우편환증서)+2,000(타인발행당좌수표)=₩33,000
• 우표는 소모품, 임차보증금은 비유동자산으로 분류한다.

174 • ₩5,000(공채이자표)+50,000(지폐와동전)+2,000(양도성예금증서)=₩57,000
• 취득일로부터 상환일 또는 만기가 3개월 이내인 경우의 금융상품만 현금성자산으로 분류되므로 만기가 6개월인 환매채는 현금성자산에 포함되지 않는다.

175 • ₩10,000+5,000+100,000+50,000+30,000+12,000+8,000+200,000=₩415,000

176 • 회사측 잔액의 수정 : ₩20,000−2,000(수수료)−9,000(부도수표)=₩9,000
• 은행측 잔액의 수정 : ₩24,000−15,000(미인출 수표)=₩9,000

177 • 회사측 잔액의 수정 : ₩2,000+270(입금오류)+(400−20)(추심대금 및 수수료)−800(이자비용)+200(이자수익)=₩2,050
• 은행측 잔액의 수정 : ₩2,200−150(미인출 수표)=₩2,050

178 • ₩13,500(은행측 수정전 잔액)+2,550(은행측 미기입예금)−4,050(미결제 수표)=₩12,000(올바른 잔액)
• 회사측 수정전 잔액−800(미통지출금)+1,000(미통지입금)−900(출금오류)=₩12,000(올바른 잔액)
∴ 회사측 수정전 잔액=₩12,700

179 • 은행계정 조정표

은행측 조정	금액	회사측 조정	금액
수정전 은행측 잔액	₩60,000	수정전 회사측 잔액	₩96,000
미기입 예금	60,000	은행수수료	(10,000)
미인출 수표	(50,000)	미통지 입금	46,000
오류	22,000	횡령액	(?????)
올바른 잔액	₩92,000	올바른 잔액	₩92,000

∴ 횡령액 : ₩40,000

180 • ₩11,800(회사측 수정전 잔액)+1,500(미통지입금)−200(수수료)−600(부도수표)=₩12,500(올바른잔액)
• ₩12,800(은행측 수정전 잔액)−1,100(미인출수표)+미기입예금=₩12,500
∴ 미기입예금=₩800

181 • 현금출납 담당자가 스스로 자기의 출납 기록을 기재한다면 부정의 위험이 높아진다. 출납과 기록을 분리하여야 현금유용의 가능성이 줄어든다.

182 ① 금융자산은 (1) 금융자산의 관리를 위한 사업모형과 (2) 금융자산의 계약상 현금흐름 특성에 의해 분류한다.
② 금융자산의 취득과 직접 관련되는 거래원가는 공정가치에 가산한다.
③ 당기손익−공정가치 측정 금융자산의 취득과 직접 관련되는 거래원가는 비용처리한다.
④ 매매일이나 결제일 둘 중에 선택할 수 있다.

183 • 단기매매목적으로 취득한 금융자산은 당기손익−공정가치 측정 금융자산으로 분류한다. 당기손익−공정가치 측정 금융자산의 취득과 직접 관련되는 거래원가는 비용처리하므로 취득원가는 취득금액 ₩10,000이다.

184 • 20×1년 당기순이익(기말 평가손익) : 100주×5,500(기말 공정가치)−500,000(취득원가)=₩50,000
• 20×2년 당기순이익(처분손익) : 100주×6,000(처분금액)−100주×5,500(장부금액=기말 공정가치)=₩50,000

185 • 처분손익 : 400주 x 8,500(처분금액)−400주×7,500(취득원가)=₩400,000
• 기말평가손익 : 600주×8,000(기말 공정가치)−600주×7,500(취득원가)=₩300,000
• 당기손익 : (−)₩100,000(취득시 거래수수료 비용처리)+400,000+300,000=₩600,000

186 • 이자수익 : ₩200,000(액면금액)×10%×6/12=₩10,000
• 평가손익 : ₩195,000(공정가치)−190,000=₩5,000
• 당기손익에 미치는 영향 : ₩10,000(이자수익)+5,000(평가손익)=₩15,000(이익)

187 • 이자수익 : ₩100,000×12%×6/12=₩6,000
• 처분손익 : (₩100,000−6,000)(경과이자 제외 처분금액)−98,000(장부금액)=(−)₩4,000(손실)
• 당기손익 : ₩6,000−4,000=₩2,000

188 • 20×1년 평가손실 : ₩900,000(공정가치)−1,000,000(장부금액)=(−)₩100,000
• 20×2년 평가이익 : ₩1,200,000(공정가치)−900,000(장부금액)=₩300,000
• 20×3년 처분시 평가이익 : ₩1,300,000(처분금액)−1,200,000(장부금액)=₩100,000

189 • 20×1년 평가손익 : ₩97,000−110,000=(−)₩13,000(손실)
• 20×1년 말 금융자산 장부금액 : ₩97,000(기말 공정가치)
• 20×2년 평가손익 : ₩120,000−97,000=₩23,000
• 20×2년 평가손익 누계액 : ₩120,000(기말 공정가치)−110,000(취득원가)=₩10,000

190 1. 회계처리

평가	(차) FVOCI지분상품	100주×@100*	(대) 평가이익(기포익)	10,000
제거	(차) 현 금	100주×@300	(대) FVOCI지분상품	100주×@300

* ₩300(처분금액) − 200(장부금액)

2. 재무제표에 미치는 영향

① 당기손익 : 변화없음

② 자본 : ₩10,000(기타포괄손익) 증가

191 • FVOCI선택 지분상품은 손상회계의 대상이 아니며, 공정가치 변동 손익은 기타포괄손익으로 인식한다. 처분시에도 처분손익을 인식하지 않으며, 처분금액과의 차이는 기타포괄손익으로 인식한다.

①, ② 20×2년말 평가손실(기타포괄손익) : ₩4,000×200주 − ₩7,000×200주(장부금액 − 전기말공정가치)
= (−)₩600,000

③ 20×3년 평가이익(기타포괄손익) : ₩8,000×200주 − 4,000×200주 = ₩800,000

④ 처분시 평가이익(기타포괄손익) : ₩6,000×100주 − ₩8,000×100주(장부금액) = (−)₩200,000

192 • ₩1,049,732(기초장부금액) + (1,049,732×10% − 120,000)(상각액) = ₩1,034,705

193 1. 시점별 금액들의 정리 및 유효이자율법 상각

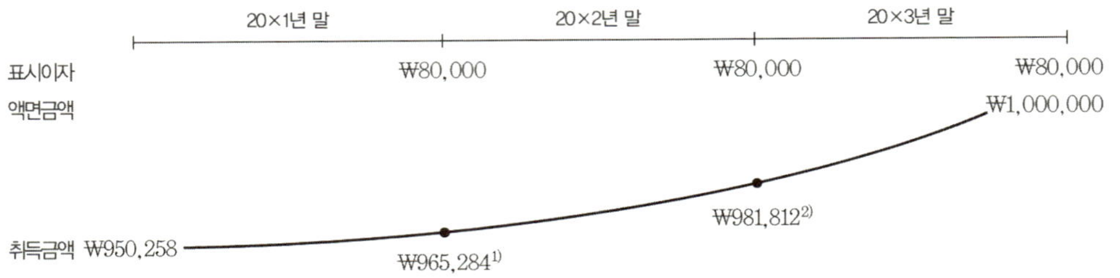

1) ₩950,258×1.1 − 80,000

2) ₩965,284×1.1 − 80,000

2. 답안의 분석

① 발행자의 20×1년 말 사채할인발행차금 잔액 : ₩1,000,000 − 965,284 = ₩34,716

② 투자자의 20×2년 초 처분시 처분손익 : ₩970,000 − 965,284 = ₩4,716

③ 투자자의 20×1년 상각액 : ₩950,258×10% − 80,000 = ₩15,026

④ 발행자의 20×1년 이자비용 : ₩950,258×10% = 95,026

194 1. 시점별 금액들의 정리 및 유효이자율법 상각

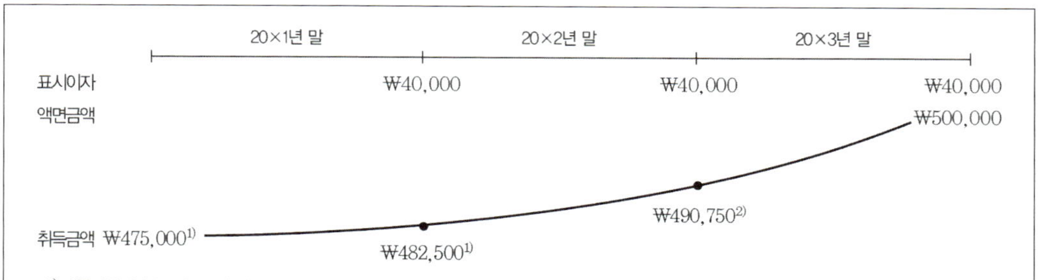

1) ₩500,000×0.75+40,000×2.5

2. 20×2년 당기순이익에 미치는 영향 : 이자수익 : ₩482,500×10%=₩48,250

195
- 20×1년 말 장부금액 : ₩951,963 × (1+12%)−100,000=₩966,199
- 20×2년 초 처분손익 : ₩500,000(처분금액)−966,199×50%(장부금액)=₩16,900
- 20×2년 말 이자수익 : ₩966,199×50%(처분 후 잔존 금융자산)×12%=₩57,972
- 20×2년 당기순이익 : ₩16,900+57,972=₩74,872

196
- 사채의 취득금액 : ₩1,000,000×0.75+80,000×2.5=₩950,000
- 20×1년 말 사채 총장부금액 : ₩950,000×(1+10%)−80,000=₩965,000
- 20×2년 말 사채 총장부금액 : ₩965,000×(1+10%)−80,000=₩981,500
- 처분이익 : ₩990,000(처분금액)−981,500(상각후원가)=₩8,500

197
- 사채의 발행일에 취득하고, 거래수수료가 없다면, 발행자와 투자자의 회계처리는 대칭적이다.

① 20×1년 말 사채할인발행차금 : ₩1,000,000(액면금액)−965,284*(20×1년 말 장부금액)=₩34,716

* ₩950,258×(1+10%)−80,000

② 처분손익 : ₩970,000(처분금액)−965,284(20×1년 말 장부금액)=₩4,716

③ 유효이자율법 상각액 : ₩950,258×10%−80,000=₩15,026

④ 이자비용 : ₩950,258×10%=₩95,026

198
- 시점별 금액들의 정리 및 유효이자율법 상각

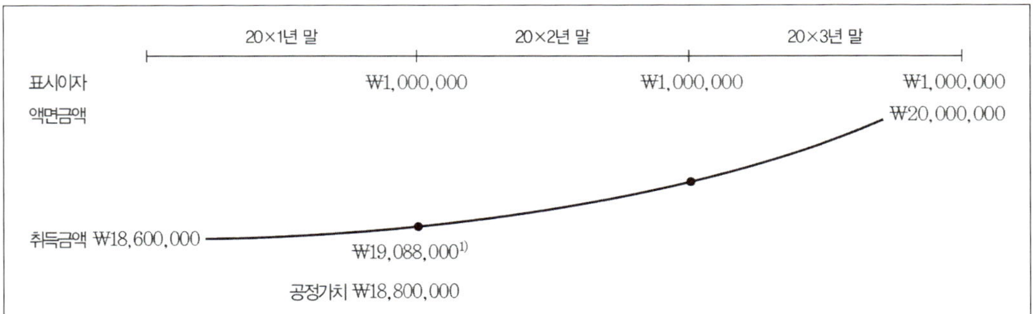

1) ₩18,600,000×1.08−1,000,000

• 20×1년 기타포괄손익－공정가치 측정 금융자산 평가손익 : ₩18,800,000(공정가치)－19,088,000＝(－) ₩288,000

199 • 20×1년 말 상각후원가 : ₩90,000×(1＋10%)－6,000＝₩93,000
• 20×2년 말 상각후원가 : ₩93,000×(1＋10%)－6,000＝₩96,300
• 20×1년 말 기타포괄손익누계액 : ₩94,000(공정가치)－93,000(상각후원가)＝₩1,000
• 20×2년 말 기타포괄손익누계액 : ₩95,000(공정가치)－96,300(상각후원가)＝(－)₩1,300
• 20×2년 기타포괄손익 인식액 : (－)₩1,300(20×2년말 누계)－1,000(20×1년 말 누계)＝(－)₩2,300

200 • 20×1년 말 상각후원가 : ₩935,000×(1＋10%)－80,000＝₩948,500
• 20×2년 말 상각후원가 : ₩948,500×(1＋10%)－80,000＝₩963,350
• 20×2년 말 기타포괄손익누계액 : ₩970,000(공정가치)－963,350(상각후원가)＝₩6,650

201 • 20×1년 당기순이익(이자수익) : ₩950,000×10%＝₩95,000
• 20×1년 기타포괄손익 : ₩970,000(공정가치)－[950,000×(1＋10%)－80,000]＝₩5,000

202 • 20×1년 말 상각후원가 : ₩460,000＋(460,000×10%－40,000)＝₩466,000
• 20×1년 평가손익 : ₩520,000(공정가치)－466,000(장부금액)＝₩54,000
• 20×2년 처분손익 : ₩290,000(처분금액)－466,000(상각후원가)×50%＝₩57,000

203 1. 시점별 금액들의 정리 및 유효이자율법 상각

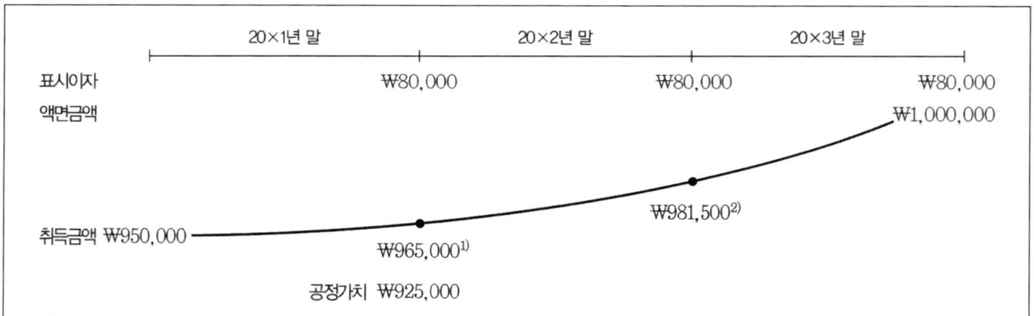

1) ₩950,000×1.1－80,000
2) ₩965,000×1.1－80,000

2. 처분손익의 계산

처분금액	₩980,000
상각후원가	(981,500)
처분손익	₩(1,500)

204 문항별 해설

구분	당기손익-공정가치 측정 금융자산	기타포괄손익-공정가치 선택 지분상품	비교
① 취득원가	₩30,000	₩30,000+300	₩300 차이
② 20×3년 공정가치평가손익	₩5,000(당기손익)	₩4,700(기타포괄손익)	₩300 차이
③ 20×3년 총포괄손익	(−)₩300(거래비용)+5,000 =₩4,700(당기손익)	₩4,700 (평가손익−기타포괄손익)	동일
④ 20×4년 총포괄손익 (처분시 발생손익)	₩34,000(처분금액)−35,000 =₩(−)1,000(당기손익)	₩(−)1,000(기타포괄손익)	동일

205 1. 20×1년 말 회계처리

A주식	(차) 평가손실(OCI)	10,000	(대) FVOCI지분상품	10,000
B주식	(차) FVPL금융자산	10,000	(대) 평가이익(NI)	10,000

2. 답안의 분석

① 당기순이익 : ₩10,000 증가

② 기타포괄손익 : ₩10,000 감소

③ 이익잉여금 : ₩10,000 증가 (당기손익의 마감으로 인해 이익잉여금에 영향을 미친다.)

④ 총포괄손익 : ₩10,000(당기손익)−10,000(기타포괄손익)=₩0(영향없음)

206 1. 당기손익−공정가치측정금융자산 : ₩1,400,000(공정가치)−1,100,000(장부금액)=₩300,000

2. 기타포괄손익−공정가치측정금융자산 : ₩1,700,000(공정가치)−1,500,000(장부금액)=₩200,000

3. 총포괄손익 : ₩300,000+200,000=₩500,000

207 1. 주식 A

① 20×1년 당기손익

취득수수료		₩(100)
기말 평가손익	10주×@120(기말 공정가치)−1,000(수수료 제외 취득원가)	200
		₩100

② 20×2년 처분손익 : 10주×@130(처분금액)−1,200(장부금액)=₩100

2. 주식 B

① 20×1년 기타포괄손익(기말 평가손익) : 10주×@230(공정가치)−2,200(장부금액)=₩100

② 20×2년 처분손익 : 없음(FVOCI지분상품의 처분시 당기손익은 인식되지 않음)

208 1. 시점별 금액들의 정리 및 유효이자율법 상각

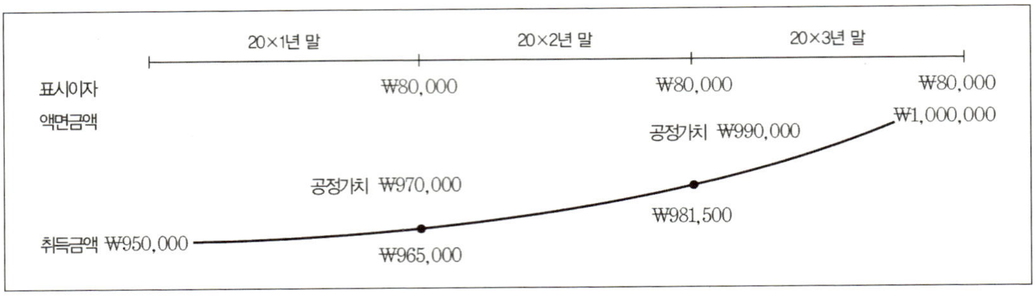

2. 문항의 해설

① 20×2년 당기손익에 미치는 영향 : ₩80,000(이자수익)+20,000(평가손익)=₩100,000

② 20×2년 당기손익에 미치는 영향 : ₩96,500(이자수익)

③, ④ 처분손익 : ₩995,000(처분금액)－(981,500)(상각후원가)=₩13,500

(상각후원가 측정금융자산과 기타포괄손익－공정가치 측정금융자산의 처분손익은 동일)

[별해] 회계처리

1. FVPL금융자산

20×1년 말	(차) FVPL금융자산	20,000	(대) 평가이익(NI)	20,000[1]
	1) ₩970,000(공정가치)－950,000(장부금액)			
20×2년 말	(차) FVPL금융자산	20,000	(대) 평가이익(NI)	20,000[1]
	1) ₩990,000(공정가치)－970,000(장부금액)			
20×3년 초	(차) 현금	995,000	(대) FVPL금융자산	990,000[1]
			처분이익	5,000
	1) 장부금액=전기말 공정가치			

2. FVOCI금융자산

20×1년 말	(차) 현금	80,000	(대) 이자수익	95,000[1]
	FVOCI금융자산	15,000		
	(차) FVOCI금융자산	5,000	(대) 평가이익(OCI)	5,000[2]
	1) ₩950,000×10%			
	2) ₩970,000(공정가치)－965,000(장부금액)			
20×2년 말	(차) 현금	80,000	(대) 이자수익	96,500[1]
	FVOCI금융자산	16,500		
	(차) FVOCI금융자산	3,500	(대) 평가이익(OCI)	3,500[2]
	1) ₩965,000×10%			
	2) ₩990,000(공정가치)－(970,000+16,500)(장부금액)			
20×3년 초	(차) FVOCI금융자산	5,000	(대) 평가이익(OCI)	5,000[1]
	(차) 현금	995,000	(대) FVOCI금융자산	995,000
	(차) 재분류조정(OCI)	13,500	처분이익	13,500[2]
	1) ₩995,000(처분금액)－990,000(장부금액)			
	2) ₩5,000 +3,500 +5,000			

3. AC금융자산

20×1년 말	(차) 현 금	80,000	(대) 이 자 수 익	95,000[1]
	A C 금 융 자 산	15,000		
	1) ₩950,000 × 10%			
20×2년 말	(차) 현 금	80,000	(대) 이 자 수 익	96,500[1]
	A C 금 융 자 산	16,500		
	1) ₩965,000 × 10%			
20×3년 초	(차) 현 금	995,000	(대) A C 금 융 자 산	981,500
			처 분 이 익	13,500

209 1. A 지분상품이 당기순이익에 미치는 영향

① 처분손익 : 55주 × ₩6,000(처분금액) − 55주 × ₩5,000(장부금액) = ₩55,000

② 평가손익 : 45주(잔여주식수) × ₩5,500(공정가치) − 45주 × ₩5,000(장부금액) = ₩22,500

2. B 채무상품이 당기순이익에 미치는 영향

① 이자수익 : ₩100,000 × 12% × 4/12 = ₩4,000(보유기간동안의 표시이자)

② 평가손익 : ₩98,000(공정가치) − (102,000 − 100,000 × 12% × 8/12)(취득원가) = ₩4,000

3. 당기손익 : ₩55,000 + 22,500 + 4,000 + 4,000 = ₩85,500

210 1. A주식 (기타포괄손익−공정가치 측정 금융자산) 평가손익 : 100주 × @9,500(공정가치) − 100주 × 10,000(취득원가) = (−)₩50,000(기타포괄손익)

2. B주식 (상각후원가측정금융자산) 이자수익

① 취득원가 : ₩1,010,000 − 1,000,000 × 4% × 3/12(경과이자) = ₩1,000,000

* 액면금액과 취득금액이 동일하므로 유효이자율과 표시이자율이 동일함을 유추할 수 있음

② 이자수익 : ₩1,000,000(장부금액) × 4% × 9/12 = ₩30,000(당기손익)

Chapter 08

부채와 자본

제 1 절 금융부채

1. 금융부채의 기초

(1) 금융부채의 의의

금융부채란 은행 차입금, 매입채무와 같이 금융자산을 양도해야하는 의무가 있는 부채이다. 차입금, 매입채무는 이미 4장 수취채권과 지급채무에서 공부하였으므로 이 단원에서는 사채를 위주로 학습한다.

(2) 금융부채의 최초인식과 측정

금융부채는 금융상품의 계약당사자가 되는 때에만 재무상태표에 인식한다. 금융부채는 최초 인식 시 공정가치로 측정한다.

최초 인식 시 금융상품의 공정가치의 최선의 추정치는 일반적으로 거래가격(transaction price) 즉, 제공하거나 수취한 대가의 공정가치이다. 그러나 최초 인식 시 금융부채의 공정가치가 거래가격과 다른 경우에는 그 차이를 당기손익으로 인식한다.

금융부채의 발행과 직접 관련되는 거래원가는 최초 인식하는 공정가치에 차감하여 측정한다.

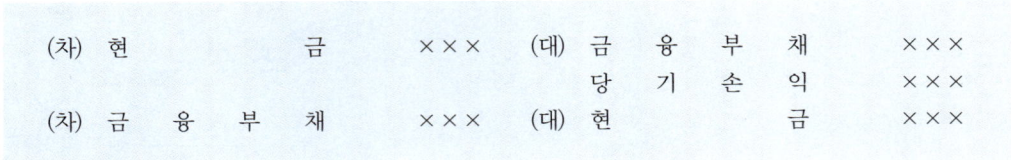

(차)	현 금	×××	(대)	금 융 부 채	×××
				당 기 손 익	×××
(차)	금 융 부 채	×××	(대)	현 금	×××

그림 8-1 공정가치와 거래가격

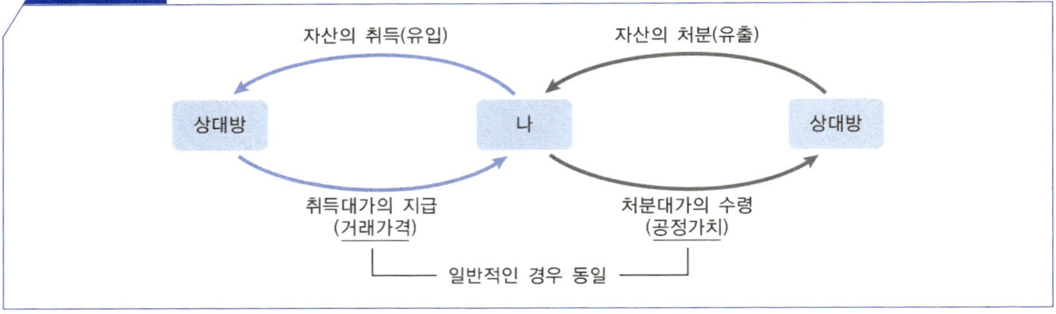

예제 1 금융부채의 최초인식

㈜우리는 거래상대방에게 현금 ₩1,000을 수령하면서 금융부채를 발행하였다. 그러나 해당 금융부채의 공정가치는 ₩950이었으며, 발행으로 인해 ₩30의 거래원가가 발생하였다. ㈜우리는 동 금융부채를 상각후원가측정금융부채로 처리한다.

[물 음]

㈜우리가 금융부채의 계약일에 해야 할 회계처리를 제시하시오.

해답

(차)	현 금	1,000[1]	(대)	금 융 부 채	950[2]
				계 약 이 익	50[3]

1) ₩1,000(발행금액)
2) ₩950(금융부채의 공정가치)
3) ₩1,000(발행금액) − 950(금융부채의 공정가치)

(차)	금 융 부 채	30	(대)	현 금	30

2. 사채

(1) 사채의 기초

1) 의의

사채는 회사가 자금을 조달할 목적으로 발행하는 증서로써 지정된 만기일에 정해진 금액(액면금액)을 지급하고, 만기일까지 액면금액에 일정한 이자율(표시이자율)을 곱한 금액(표시이자)를 정기적으로 지급할 것을 약속하는 채무를 말한다. 사채의 종류로써는 보증/무보증사채, 담보/무담보사채, 전환/신주인수권부사채, 일시상환/연속상환사채 등이 있다. 본 장에서는 무보증, 무담보 사채를 위주로 학습한다.

2) 차입금과 사채의 비교

일반적인 은행차입금은 차입할 금액을 결정한 후, 채무자의 신용도를 평가하여 매달 지급할 이자를 결정한다. 또한 해당 차입금은 은행(채권자)이 타인에게 양도가 불가능하다는 특징이 있다. 반면에 사채는 일정한 만기일까지 일정한 금액을 지급할 것이 약속되어 미래현금흐름이 고정되어 있고, 발행자(채무자)의 신용도에 따라 발행금액을 조정한다. 또한, 일정한 증서의 형태를 띠고 있기 때문에 양도가 가능하다.

그림 8-2 은행차입금과 사채의 비교

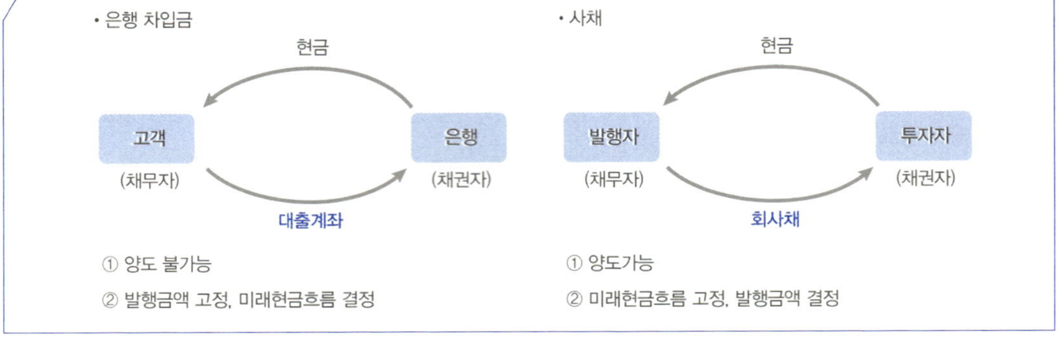

(2) 발행금액의 결정

발행자가 사채를 발행하기 위해서는 사채를 구매할 투자자가 필요하다. 사채의 발행가격은 투자자가 사채에 대해 투자할 용의가 있는 금액으로 결정되며, 이는 사채의 공정가치 즉, 미래현금흐름을 적절한 이자율로 할인한 금액으로 결정된다. 이전까지는 적절한 이자율이 주어진 변수라 가정하고 논의가 이루어졌으나, 실은 시장이자율을 의미한다.

1) 시장이자율

시장이자율이란 사채의 투자자가 사채의 투자를 통해 얻고자하는 수익률을 말한다. 시장이자율은 관련 시장에서 형성되는 동종 또는 유사한 채권채무의 이자율 등을 기초로 하여 산정된다. 시장이자율은 무위험 화폐성자산에 대한 수익률(즉 무위험이자율)과 현금흐름에 내재된 불확실성을 부담하는 데 대한 가격(즉 위험프리미엄)이 포함되어 있다.

시장이자율=무위험 이자율+위험프리미엄

2) 시장이자율과 발행금액

그렇다면 왜 시장이자율이 적절한 할인율이 되어 발행금액을 결정하는 것일까? 그 이유는 투자자가 사채를 취득할 때 '미래현금흐름을 시장이자율로 할인한 금액'으로 취득한다면, 사채의 보유기간동안 시장이자율만큼의 수익률을 획득할 수 있기 때문이다. 미래현금흐름을 시장이자율로 할인한 금액을 사채의 공정가치라고 하며, 발행금액은 발행시점의 공정가치로 결정된다.[1)]

예를 들어 ㈜우리는 ㈜나라증권이 발행하는 사채를 구입하려고 한다. ㈜나라증권이 발행하는 사채는 만기 1년이며 액면금액 ₩110이고 표시이자는 없다. 시장에서 ㈜나라증권에 대해 기대하는 수익률이 10%라고 할 경우, 해당 사채에 대해 회사가 투자할 금액은 다음과 같이 계산된다.

1) 왜냐하면 발행금액 역시 투자자와 발행자가 '사채'라는 증권를 거래하는 것이며, 거래는 대부분의 경우 거래시점의 공정가치로 이루어지기 때문이다.

$$\text{수익률} = \frac{₩110 - x(\text{투자수익})}{₩x(\text{투자금액})} \Rightarrow x = \frac{₩110}{1+\text{수익률}}$$

얻고자 하는 수익률이 10%라고 한다면, 현재의 발행금액 x은 1년 뒤 미래현금흐름 ₩110을 투자수익률로 할인한 ₩100으로 계산된다.

그림 8-3 시장이자율과 발행금액

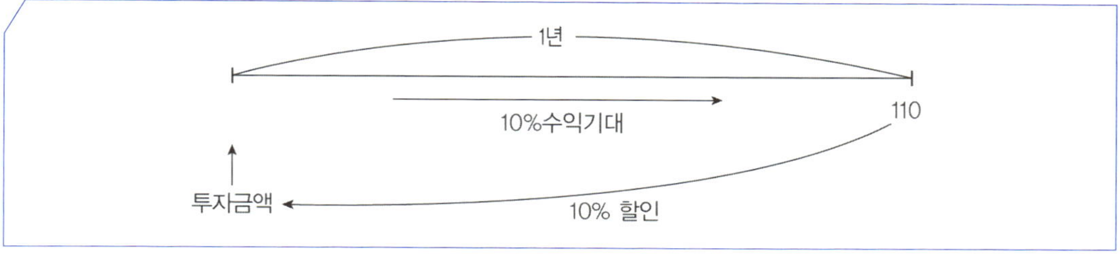

(3) 사채의 회계처리

1) 액면발행

사채의 액면발행시 사채의 액면금액만을 사채로 회계처리한다. 후속적으로 유효이자율법을 적용하는 경우, 실질이자와 표시이자가 동일하므로 사채의 장부금액을 상각할 금액은 없다.

〈사채의 발행〉

(차)	현 금	×××	(대)	사 채	×××

〈이자비용의 인식〉

(차)	이 자 비 용	×××	(대)	현 금	×××

예제 2 액면발행

20×1년 1월 1일 ㈜우리는 만기 3년, 표시이자율 10%인 액면금액 ₩10,000의 사채를 발행한다. 사채 발행 시의 시장이자율이 10%이며, 3년, 10%의 현재가치계수는 0.75, 정상연금현재가치계수는 2.5이다.

[물 음]

1. ㈜우리가 발행한 사채의 각 연도말 장부금액을 계산하시오.
2. ㈜우리가 각 일자별로 수행해야할 회계처리를 제시하시오.

해답

1. 각 연도말 장부금액

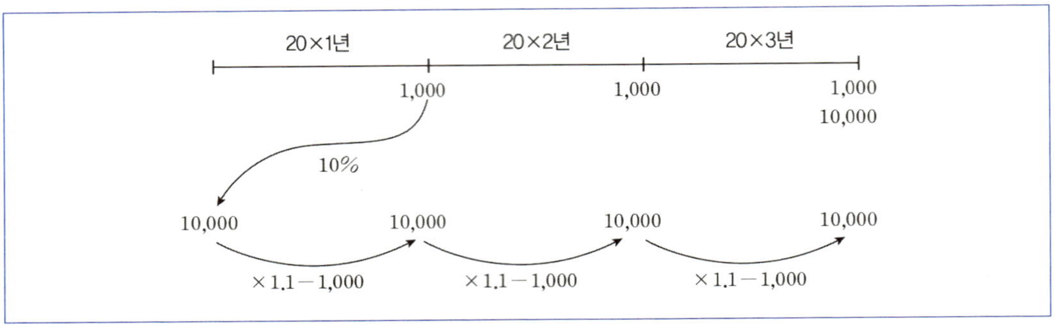

2. 회계처리

20×1년 1월 1일	(차)	현 금	10,000	(대)	사 채	10,000
20×1년 12월 31일	(차)	이 자 비 용	1,000	(대)	현 금	1,000
20×2년 12월 31일	(차)	이 자 비 용	1,000	(대)	현 금	1,000
20×3년 12월 31일	(차)	이 자 비 용	1,000	(대)	현 금	1,000
	(차)	사 채	10,000	(대)	현 금	10,000

2) 할인발행

할인발행의 경우 사채의 액면금액과 발행금액의 차이를 사채할인발행차금이라는 계정을 사용하여 표시한다. 사채할인발행차금은 사채의 차감적 평가계정이다. 후속적으로 유효이자율법 상각 시 실질이자와 표시이자의 차이를 사채할인발행차금을 상각하는 방식으로 사채원금에 가산한다.

〈사채의 발행〉

(차)	현 금	×××	(대)	사 채	×××
	사채할인발행차금	×××			

〈이자비용의 인식〉

(차)	이 자 비 용	×××	(대)	현 금	×××
				사채할인발행차금	×××

예제 3 할인발행

20×1년 1월 1일 ㈜우리는 만기 3년, 표시이자율 8%인 액면금액 ₩10,000의 사채를 발행한다. 사채 발행 시의 시장이자율이 10%이며, 3년, 10%의 현재가치계수는 0.75, 정상연금현재가치계수는 2.5이다.

[물 음]

1. ㈜우리가 발행한 사채의 각 연도말 장부금액을 계산하시오.
2. ㈜우리가 각 일자별로 수행해야할 회계처리를 제시하시오.

해답

1. 각 연도말 장부금액

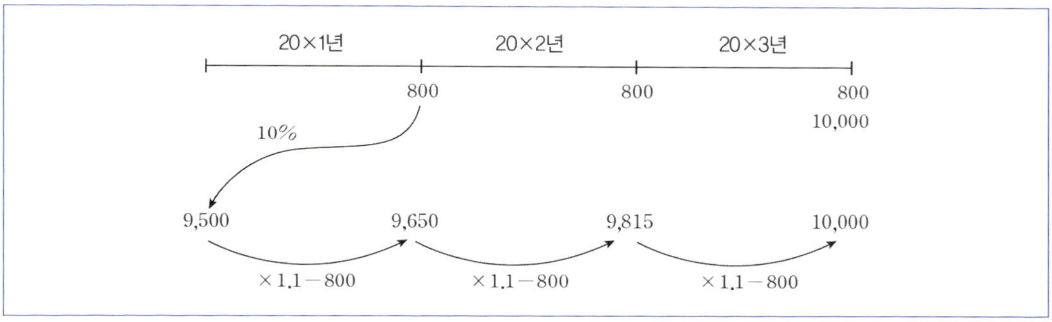

2. 회계처리

20×1년 1월 1일	(차)	현금	9,500	(대)	사채	10,000
		사채할인발행차금	500			
20×1년 12월 31일	(차)	이자비용	950	(대)	현금	800
					사채할인발행차금	150
20×2년 12월 31일	(차)	이자비용	965	(대)	현금	800
					사채할인발행차금	165
20×3년 12월 31일	(차)	이자비용	985[2]	(대)	현금	800
					사채할인발행차금	185[1]
	(차)	사채	10,000	(대)	현금	10,000

1) 끝수차이조정=₩10,000(사채의 액면금액)−9,815(상각전 장부금액)
2) 이자비용=₩800(표시이자)+185(사채할인발행차금)

3) 할증발행

할증발행의 경우 사채의 액면금액과 발행금액의 차이를 사채할증발행차금이라는 계정을 사용하여 표시한다. 사채할인발행차금은 사채의 부가적 평가계정이다. 후속적으로 유효이자율법 상각 시 실질이자와 표시이자의 차이를 사채할증발행차금을 상각하는 방식으로 사채원금에서 차감한다.

〈사채의 발행〉

(차)	현 금	×××	(대)	사 채	×××
				사채할증발행차금	×××

〈이자비용의 인식〉

(차)	이 자 비 용	×××	(대)	현 금	×××
	사채할증발행차금	×××			

예제 4 할증발행

20×1년 1월 1일 ㈜우리는 만기 3년, 표시이자율 12%인 액면금액 ₩10,000의 사채를 발행한다. 사채 발행 시의 시장이자율이 10%이며, 3년, 10%의 현재가치계수는 0.75, 정상연금현재가치계수는 2.5이다.

[물 음]

1. ㈜우리가 발행한 사채의 각 연도말 장부금액을 계산하시오.
2. ㈜우리가 각 일자별로 수행해야할 회계처리를 제시하시오.

해답

1. 각 연도말 장부금액

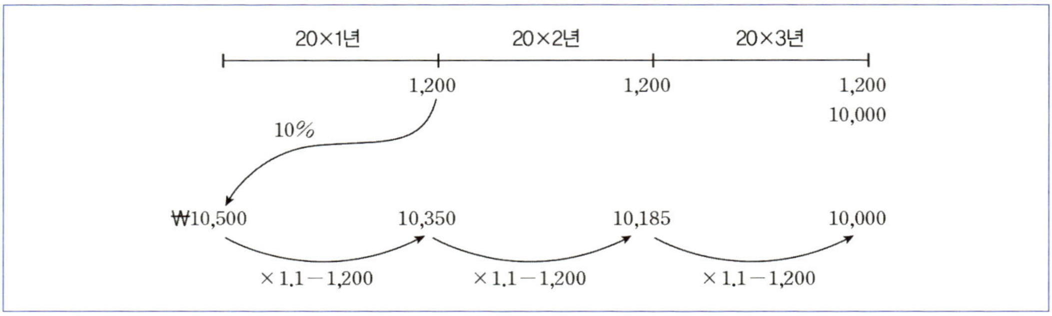

2. 회계처리

20×1년 1월 1일	(차) 현 금	10,500	(대)	사 채	10,000
				사채할증발행차금	500
20×1년 12월 31일	(차) 이 자 비 용	1,050	(대)	현 금	1,200
	사채할증발행차금	150			
20×2년 12월 31일	(차) 이 자 비 용	1,035	(대)	현 금	1,200
	사채할증발행차금	165			
20×3년 12월 31일	(차) 이 자 비 용	1,015[2]	(대)	현 금	1,200
	사채할증발행차금	185[1]			
	(차) 사 채	10,000	(대)	현 금	10,000

1) 끝수차이조정＝₩10,000(사채의 액면금액)－9,815(상각전 장부금액)
2) 이자비용＝₩800(표시이자)＋185(사채할인발행차금)

(4) 사채의 조기상환

사채를 만기에 액면금액으로 상환하는 경우에는 만기시의 사채의 장부금액과 상환금액이 일치하므로 상환손익이 발생하지 않는다. 그러나 사채를 만기 전에 상환할 경우, 사채의 장부금액과 상환금액이 일치하지 않으므로 사채상환손익이 발생한다.

사채의 상환손익＝사채의 장부금액－사채의 상환금액(＝공정가치)

〈사채의 조기상환〉

(차) 현 금	×××	(대)	사 채	×××
			사 채 상 환 이 익	×××

예제 5 조기상환

(1) 20×1년 1월 1일 ㈜우리는 만기 3년, 표시이자율 8%인 액면금액 ₩10,000의 사채를 ₩9,500에 발행하였다. 동 사채에 적용되는 유효이자율은 10%이다.
(2) 20×3년 1월 1일 사채의 공정가치가 ₩9,700로 감소하여 사채를 조기상환하기로 결정하였다.

[물 음]

1. 사채상환손익을 계산하시오.
2. 사채상환시점의 회계처리를 제시하시오.

해답

1. 상환손익

① 상환시점의 장부금액 : [₩9,500×(1+10%)−800]×(1+10%)−800]=₩9,815

② 사채의 상환손익=₩9,815(장부금액)−9,700(상환금액)=₩115

2. 회계처리

20×3년 1월 1일	(차)	사 채	10,000	(대)	현 금	9,700
					사채할인발행차금	185[1]
					사 채 상 환 이 익	115

1) ₩10,000(액면금액)−9,815(장부금액)

제 2 절 충당부채

1. 충당부채의 정의

매입채무나 미지급비용과 같은 일반적인 부채는 지출의 시기와 금액이 확실하다. 물론 미지급비용도 지급시기 또는 금액을 추정할 필요가 있는 경우가 있지만 일반적으로 불확실성이 크지는 않다. 이에 반해 충당부채란 지출의 시기 또는 금액이 불확실한 부채를 말한다. 따라서 충당부채는 결제에 필요한 미래지출의 시기 또는 금액의 불확실성으로 인하여 매입채무와 미지급비용과 같은 기타 부채와 구별되며, 별도로 공시할 필요가 있다.

2. 충당부채의 인식기준

충당부채는 다음의 요건을 모두 충족하는 경우에 인식한다.

① 과거사건의 결과로 현재의무(법적의무 또는 의제의무)가 존재한다.
② 당해 의무를 이행하기 위하여 경제적효익을 갖는 자원이 유출될 가능성이 높다.
③ 당해 의무의 이행에 소요되는 금액을 신뢰성 있게 추정할 수 있다.

(1) 현재의무

① 법적의무와 의제의무

법적의무란 ㉠ 명시적 또는 묵시적 조항에 따른 계약, ㉡ 법률, ㉢ 기타 법적 효력 중 하나에 의하여 발생하여, 의무의 이행을 법적으로 강제할 수 있는 의무를 의미한다.

의제의무란 다음을 모두 충족하는 기업의 행위에 따라 발생하는 의무를 말한다. 의제의무의 성립요건은 다음과 같다.

㉠ 과거의 실무관행, 발표된 경영방침 또는 구체적이고 유효한 약속 등을 통하여 기업이 특정 책임을 부담하겠다는 것을 상대방에게 표명함

㉡ 위 ㉠의 결과 기업이 당해 책임을 이행할 것이라는 정당한 기대를 상대방이 가지게 함[2]

② 과거사건

현재의무를 발생시키는 과거사건을 의무발생사건이라고 한다. 의무발생사건이 되기 위해서는 당해 사건으로부터 발생된 의무를 이행하는 것 외에는 현실적인 대안이 없어야 한다. 재무제표는 미래 시점의 예상 재무상태가 아니라 보고기간말의 재무상태를 표시하는 것이므로, 미래영업을 위하여 발생하게 될 원가에 대하여는 충당부채를 인식하지 아니한다. 재무상태표에 인식되는 부채는 보고기간말에 존재하는 부채에 국한한다.

2) 의무는 언제나 당해 의무의 이행대상이 되는 상대방이 존재하지만, 의무의 상대방이 누구인지 반드시 알아야 하는 것은 아니며 경우에 따라서는 일반 대중도 상대방이 될 수 있다. 의무는 기업이 자신의 책임을 이행할 것이라는 정당한 기대를 상대방이 가질 수 있을 정도로 충분히 구체적인 방법으로 보고기간말 이전에 상대방에게 의사 전달되어야만 의제의무를 발생시키는 것으로 본다.

③ 미래행위와 독립적

미래행위를 통하여 미래의 지출을 회피할 수 있는 지출은 현재의무가 아니며 충당부채도 인식하지 아니한다. 따라서 충당부채로 인식되기 위해서는 과거사건으로 인한 의무가 기업의 미래행위와 독립적이어야 한다.

예를 들어, 불법적인 환경오염으로 인한 범칙금이나 환경정화비용의 경우에는 기업의 미래행위에 관계없이 당해 의무의 이행에 경제적효익을 갖는 자원의 유출이 수반되므로 충당부채를 인식한다. 반면, 법에서 정하는 환경기준을 충족시키기 위해서 공장에 특정 정화장치를 설치하기 위한 비용지출을 계획하고 있거나 그런 비용지출이 필요한 경우에는 공장운영방식을 바꾸는 등의 미래행위를 통하여 미래의 지출을 회피할 수 있으므로 당해 지출은 현재의무가 아니며 충당부채도 인식하지 아니한다.

④ 후속적 사건의 검토

어떤 사건은 발생 당시에는 현재의무를 발생시키지 아니하나 추후에 의무를 발생시킬 수 있다. 법규가 제·개정됨으로써 의무가 발생하거나 기업의 행위(충분할 정도로 구체적인 대외공표)에 따라 추후에 의제의무가 발생하는 경우가 있기 때문이다.

예를 들어, 발생한 환경오염에 대하여 지금 당장 복구할 의무가 없는 경우에도 추후 새로운 법규가 그러한 환경오염을 복구하도록 강제하거나 기업이 그러한 복구의무를 의제의무로서 공식적으로 수용한다면, 당해 법규의 제·개정시점 또는 기업의 공식적인 수용시점에 그 환경오염은 의무발생사건이 된다.

⑤ 불분명한 의무

드문 경우이지만 현재의무의 존재여부가 불분명한 경우가 있다. 이러한 경우 이용할 수 있는 모든 증거를 고려하여 보고기간 말에 현재의무가 존재할 가능성이 존재하지 아니할 가능성보다 높은 경우에는(즉, 존재할 가능성이 50% 초과인 경우)에는 과거사건이 현재의무를 발생시킨 것으로 간주한다. 예를 들어 입법 예고된 법규의 세부사항이 아직 확정되지 않은 경우에는 당해 법규안대로 제정될 것이 거의 확실한 때에만 의무가 발생한 것으로 보며, 그러한 의무는 법적의무로 간주한다.

(2) 경제적효익을 갖는 자원의 유출가능성

① 유출 가능성

부채로 인식하기 위해서는 의무의 이행을 위하여 경제적효익을 갖는 자원의 유출가능성이 높아야 한다. 특정 사건이 발생할 가능성이 발생하지 아니할 가능성보다 높은 경우(즉, 발생할 가능성이 50% 초과인 경우)에 자원의 유출 또는 기타 사건의 가능성이 높다고 본다.

② 다수의 유사한 의무

제품보증 또는 이와 유사한 계약 등 다수의 유사한 의무가 있는 경우 의무이행에 필요한 자원의 유출가능성은 당해 유사한 의무 전체를 고려하여 결정한다. 비록 개별항목의 의무이행에 필요한 자원의 유출가능성이 높지 않더라도 전체적인 의무이행을 위하여 필요한 자원의 유출가능성이 높을 경우에는 충당부채를 인식한다.

(3) 의무에 대한 신뢰성 있는 추정

추정치를 사용하는 것은 재무제표 작성의 필수적인 과정이며 재무제표의 신뢰성을 손상시키지 아니한다. 충당부채의 성격상 다른 재무상태표 항목에 비하여 불확실성이 더 크므로 그에 대한 추정치의 사용은 특히 필수적이다. 극히 드문 경우를 제외하고는 가능한 결과의 범위를 결정할 수 있으므로 충당부채를 인식할 때 충분히 신뢰성 있는 금액을 추정할 수 있다.

3. 우발부채

(1) 우발부채의 정의

일반적으로 모든 충당부채는 결제에 필요한 지출의 시기나 금액이 불확실하므로 우발적이라고 할 수 있다. 그러나 불확실한 미래사건의 발생 여부에 의해서만 부채나 자산의 존재가 확인되기 때문에 재무제표에 인식할 수 없는 경우에 한정하여 '우발'이라는 용어를 사용한다. 또한 부채의 인식기준을 충족하지 못하기 때문에 부채로 인식하지 아니하는 경우에 '우발부채'라는 용어를 사용한다. 우발부채의 종류는 다음과 같다.

① 과거사건에 의하여 발생하였으나, 기업이 전적으로 통제할 수는 없는 하나 이상의 불확실한 미래사건의 발생 여부에 의하여서만 그 존재가 확인되는 잠재적 의무
② 과거사건에 의하여 발생하였으나, 다음 ㉠ 또는 ㉡의 경우에 해당하여 인식하지 아니하는 현재의무
㉠ 당해 의무를 이행하기 위하여 경제적효익을 갖는 자원이 유출될 가능성이 높지 아니한 경우
㉡ 당해 의무를 이행하여야 할 금액을 신뢰성 있게 측정할 수 없는 경우

[표 8-1] 충당부채와 우발부채

구분	충당부채	우발부채
현재 의무	현재의무	잠재적 의무
유출가능성	유출가능성이 높음	유출가능성이 높지 않음
신뢰성있는 측정	신뢰성있는 측정이 가능함	신뢰성있는 측정이 불가능함

(2) 우발부채의 인식

우발부채는 부채로 인식하지 아니하며, 주석에 공시한다. 다만, 의무를 이행하기 위하여 경제적효익을 갖는 자원의 유출가능성이 아주 낮다면, 주석공시도 하지 않는다.

(3) 우발부채의 후속검토

우발부채는 당초에 예상하지 못한 상황에 따라 변화할 수 있으므로, 경제적효익을 갖는 자원의 유출가능성이 높아졌는지 여부를 결정하기 위하여 지속적으로 검토한다. 과거에 우발부채로 처리하였더라도 미래경제적효익의 유출가능성이 높아진 경우에는 그러한 가능성의 변화가 발생한 기간의 재무제표에 충당부채로 인식한다.

예제 6 충당부채의 인식

다음은 ㈜우리의 충당부채 관련 자료이다.

(1) 기업은 해저유전을 운영하고 있으며, 그에 관한 면허계약에 의하면 석유 생산 종료시에는 유정굴착장치를 제거하고 해저를 원상 복구하여야 한다. 보고기간말에 굴착장치는 건설되었으나 석유는 채굴되지 않은 상태이다.

(2) 법인세 제도의 변경으로 인하여 기업은 다수의 종업원을 교육훈련할 필요가 있다. 그러나 보고기간말 현재 종업원에 대해 어떠한 교육훈련도 하지 않고 있다.

(3) 20×0년에 피로연 후에 10명이 입원하였는데, 기업이 판매한 제품에서 식중독이 일어났을 가능성이 있다. 기업에게 손해배상소송이 청구되었으나, 기업은 그러한 책임에 대해 이의를 제기하였다. 법률전문가는 20×0년 12월 31일로 종료하는 연차재무제표의 발행승인일까지는 기업의 책임이 밝혀지지 않을 가능성이 높다고 조언하였다. 그러나 20×1년 12월 31일로 종료하는 연차재무제표를 작성할 때에는 법률전문가는 기업이 책임지게 될 가능성이 높다고 조언하였다.

(4) 기술적인 이유로 5년마다 대체할 필요가 있는 내벽을 갖고 있는 용광로가 있다. 보고기간말에 이 내벽은 3년 동안 사용되었다.

(5) 항공사는 법률에 따라 항공기를 3년에 한 번씩 분해수리하여야 한다.

[물 음]

각 상황별로 ㈜우리가 충당부채를 인식하여야 하는지 여부를 판단하고 그 근거를 간단히 서술하시오.

해답

1. 복구충당부채
   - ① 의무발생사건 : 유정굴착장치의 건설
   - ② 발생가능성 : 복구하여야 하므로 가능성이 높음
   - ③ 충당부채의 인식 : 유정굴착장치 제거 및 그 장치건설로 인한 해저손상부분의 원상 복구에 관련된 원가에 대한 최선의 추정치로 충당부채를 인식

2. 교육훈련비
   - ① 의무발생사건 : 교육훈련이 발생하지 않았으므로 의무는 없음
   - ② 충당부채의 인식 : 하지 않음

3. 소송사건

   〈20×0년 말〉
   - ① 의무발생사건 : 현재의무는 없음
   - ② 충당부채의 인식 : 해당사항 없음

〈20×1년 말〉

① 의무발생사건 : 이용가능한 증거에 근거하여 볼 때 현재의무가 존재

② 발생가능성 : 패소할 가능성이 높음

③ 충당부채의 인식 : 의무를 이행하기 위한 금액에 대한 최선의 추정치로 충당부채를 인식

4. 수선원가

① 의무발생사건 : 예상 수선원가는 기업의 미래행위에 대해 독립적으로 존재하지 아니하므로 현재의무가 존재하지 않음

② 충당부채의 인식 : 하지 않음

5. 법률에 따른 수선원가

① 의무발생사건 : 법률적인 이유에 의한 예상수선원가라고 하더라도 현재의무는 존재하지 않음

② 충당부채의 인식 : 하지 않음

제 3 절 자본

1. 자본의 의의

(1) 자본의 정의

회계학에서 광의의 자본(capital)은 채권자지분(stockholder's equity)인 타인자본과 소유주지분(owner's equity)인 자기자본으로 구성된다. K－IFRS에서의 자본은 소유주지분만을 의미하며, 기업의 자산에서 모든 부채를 차감한 후의 잔여지분으로 정의하고 있다. 따라서 자본의 금액은 자산과 부채 금액의 측정에 따라 결정된다.

(2) 자본의 구성요소

K－IFRS의 개념체계에서는 자본을 납입자본, 이익잉여금, 기타자본요소로 구분하며 재무상태표에는 소분류하여 표시할 수 있음을 언급한다. 그러나 구체적인 자본 항목들에 대한 규정은 하지 않고 있다. 왜냐하면 자본의 구성요소는 각 국가별로 상법 규정에 따라 상이하기 때문이다. 따라서 우리나라의 상법에 따른 자본의 구성요소들을 살펴보면 다음과 같다.

[표 8-2] 상법상 자본의 구성

계정구분	내역	
Ⅰ. 자본금	발행된 보통주와 우선주의 액면금액	자본거래
Ⅱ. 자본잉여금	주식발행초과금, 감자차익, 자기주식처분이익 등 자본거래이익	
Ⅲ. 자본조정	주식할인발행차금, 감자차손, 자기주식처분손실, 자기주식 등 자본거래 손실	
Ⅳ. 이익잉여금	적립금, 미처분이익잉여금 등 손익거래에 의한 실현손익의 변동 누계액	손익거래
Ⅴ. 기타포괄손익누계액	재평가잉여금 등 손익거래에 의한 미실현손익의 변동 누계액	

(3) 자본의 변동원인

1) 자본거래

자본거래란 소유주로서의 자격을 행사하는 **소유주(주주)와의 거래**를 의미한다. 자본거래의 종류는 주식의 발행(증자), 주식의 소각(감자), 자기주식의 취득과 처분이 있으며, 자본거래로 인해 발생한 손익은 같은 원인에서 발생한 손익과 우선 상계한다. 상계 후 잔액이 이익이라면 자본의 (+)로, 상계 후 잔액이 손실이라면 자본의 (−)로 표시한다. 자본거래의 결과는 납입자본과 기타자본구성요소로 적절히 구분하여 표시한다.

2) 손익거래

손익거래란 **자본거래 이외의 모든 거래**를 의미한다. 거래상대방이 존재하는 거래뿐만 아니라 기타 사건에 의해서 발생한 자본의 변동도 손익거래의 범주에 포함된다. 손익거래의 결과는 실현된 손익거래인 당기순이익과 미실현된 손익거래인 기타포괄손익으로 구분된다. 당기순이익과 기타포괄손익은 각각 재무상태표 계정인 이익잉여금(손실인 경우에는 이월결손금이라고 불린다.)과 기타포괄손익누계액으로 대체된다. 이익잉여금은 추후 배당, 자본거래손실의 보전, 적립금 적립의 목적으로 활용된다.

2. 자본거래 - 증자와 감자

(1) 유상증자

주권상장시장에 등록되어 있는 주식의 액면금액은 보통 ₩5,000이다. 그러나 액면금액이란 주식 권면에 기재되어있는 금액일 뿐 발행 시 주주가 실제로 납입한 금액이나 주식의 공정가치를 의미하는 것은 아니다. 주식을 액면금액보다 할증발행하는 경우에는 자본거래이익이 발생하며 이를 주식발행초과금으로 기록한다. 반대의 경우는 자본거래 손실이 발생하며 이를 주식할인발행차금으로 인식한다. 주식발행초과금과 주식할인발행차금은 우선 상계한다.

주식발행초과금(+) 또는 주식할인발행차금(−)=주식 발행금액−주식 액면금액

한편, 주식을 발행하는 경우 금융수수료, 인지세 등의 발행과 관련한 거래원가가 발생할 경우, (사채의 발행과 마찬가지로) 주식의 발행금액에서 거래원가를 차감한다.

〈할증발행〉

(차)	현금	×××	(대)	자본금	×××
				주식발행초과금	×××

〈할인발행〉

(차)	현금	×××	(대)	자본금	×××
	주식할인발행차금	×××			

〈거래수수료의 발생〉

(차)	주식발행초과금	×××	(대)	현금	×××

(2) 무상증자

앞에서 살펴본 유상증자는 주식발행과 동시에 회사의 자본금과 자본총계가 증가하게 된다. 무상증자의 경우에도 주식을 발행하므로 자본금은 증가한다. 그러나 회사에 유입되는 자원이 없으므로 자본총계는 증가하지 않는다. 자본총계가 증가하는 실질적 증자(유상증자)와 비교하여 형식적 증자라 한다. 무상증자는 상기에서 살펴 본 자본잉여금이나 다음절에서 설명할 이익준비금을 재원으로 하여 자본에 전입하고 주식을 발행한다.

(차)	주식발행초과금	×××	(대)	자본금	×××
	이익준비금	×××			

(3) 유상감자

유상감자란 주주들에게 대가를 지급하면서 주식을 취득하여 소각하는 것을 말한다. 유상감자 경우에는 자본총계가 감소하므로 실질적 감자라고 한다. 주식의 소각 시 자본거래에 의한 손익이 발생하는데 이익일 경우 감자차익, 손실일 경우에는 감자차손이라는 계정을 사용하며, 서로 우선상계한다. 감자차손익을 인식하는 방법은 ① 원가법과 ② 액면금액법이 있다. 우리나라 상법에서는 유상감자에 대해 원가법을 채택하고 있으며, 원가법에 의한 감자차손익 금액은 다음과 같다.

감자차익(+) 또는 감자차손(−)=주식 액면금액−주식 감자대가

〈감자차손의 발생〉

(차)	자본금	×××	(대)	현금	×××
	감자차손	×××			

〈감자차손의 발생〉

(차)	자본금	×××	(대)	현금	×××
				감자차익	×××

(4) 무상감자

무상감자란 주주에게 아무런 대가없이 주식을 회수하여 소각하는 것을 말한다. 보통 결손금이 누적된 회사가 이월결손금을 소각할 목적으로 수행한다. 유상감자와는 달리 자본총계가 변동하지 않으므로 형식적 감자라고도 불린다. 발행한 주식수가 감소하므로 자본금을 없애면서 자본의 (−)계정인 이월결손금을 없애는 회계처리가 수행된다.

(차)	자본금	×××	(대)	이월결손금	×××

예제 7 유상증자 및 감자

다음은 ㈜우리의 20×1년 증자와 감자 관련 거래이다.

(1) 20×1년 2월 1일 회사는 액면금액 ₩500의 보통주 10주를 주당 ₩700에 발행하였으며, 주식의 발행과 관련한 거래원가가 ₩500이 발생하였다.

(2) 20×1년 4월 1일 회사는 추가적으로 유상증자를 실시하여 액면금액 ₩500의 보통주 10주를 주당 ₩300에 발행하였으며, 역시 거래원가가 ₩500이 발생하였다.

(3) 20×1년 5월 1일 회사는 액면금액 ₩500의 보통주 10주를 주당 ₩700에 취득하여 소각하였다.

(4) 20×1년 9월 1일 회사는 액면금액 ₩500의 보통주 10주를 주당 ₩200에 소각하였다.

[물 음]

회사가 각 일자에 해야 할 회계처리를 제시하시오.

해답

20×1년 2월 1일	(차)	현금	7,000[1]	(대)	자본금	5,000[2]
					주식발행초과금	2,000[3]
	(차)	주식발행초과금	500[4]	(대)	현금	500

1) 주식 발행금액 : 10주×₩700
2) 주식 액면금액 : 10주×₩500
3) 자본거래 이익 : ₩7,000(발행금액)－5,000(액면금액)
4) 주식발행비용은 주식의 발행금액에서 차감한다.

20×1년 4월 1일	(차)	현금	3,000[1]	(대)	자본금	5,000
		주식발행초과금	1,500[2]			
		주식할인발행차금	500[3]			
	(차)	주식할인발행차금	500[4]	(대)	현금	500

1) 주식 발행금액 : 10주×₩300
2) 주식발행초과금 장부 잔액
3) 주식발행초과금 우선 상계 후 자본거래 손실 : ₩2,000(자본거래 손실)－1,500(주식발행초과금 상계액)
4) 주식발행비용은 주식의 발행금액에서 차감한다.

20×1년 5월 1일	(차)	자본금	5,000[2]	(대)	현금	7,000[1]
		감자차손	2,000[3]			

1) 감자대가 : 10주×₩700
2) 주식 액면금액 : 10주×₩500
3) 자본거래 손실 : ₩5,000(액면금액)－7,000(감자대가)

20×1년 9월 1일	(차)	자본금	5,000	(대)	현금	2,000[1]
					감자차손	2,000[2]
					감자차익	1,000[3]

1) 감자대가 : 10주×₩200
2) 감자차손 장부 잔액
3) 감자차손 우선 상계 후 자본거래 이익

3. 자본거래 - 자기주식 거래

(1) 자기주식의 의의

자기주식이란 회사가 자신이 발행한 주식을 취득하여 소각하지 않고 보유하고 있는 것을 말한다. 자기주식에 취득에 대해 어떠한 회계처리를 하여야 하는 가에 대한 이론적 논의는 다양하다.

자기주식의 취득시 자산으로 회계처리 할 수 있다면, 자기주식을 발행하여 보유 주식을 늘리면 무한정으로 기업의 총자산과 자본을 늘릴 수 있다는 모순이 있다. 따라서 자기주식은 자본의 차감항목으로 인식한다. 또한 자기주식은 의결권, 배당권 등과 같은 권리가 없기 때문에 발행주식으로 인정하지 않는 것이 옳다.

(2) 자기주식의 평가방법(취득)

자기주식은 금융자산으로 인식할 수 없으며, 자본에서 차감하도록 표시한다. 상법에서는 **원가법**으로 처리하도록 회계처리하도록 규정하고 있다.

(차) 자기주식	×××	(대) 현금	×××

(3) 자기주식의 처분

자기주식의 처분 시에는 자기주식 처분손익이 발생한다. 이익의 경우에는 자본의 (+)항목으로, 손실의 경우에는 자본의 (−)항목으로 기재하며 서로 우선 상계한다.

> 자기주식처분이익(+) 또는 자기주식처분손실(−)=자기주식 처분금액−자기주식 취득금액

(차) 현금	×××	(대) 자기주식	×××
자기주식처분손실	×××		

(4) 자기주식의 소각

자기주식을 소각하는 경우는 유상감자와 유사한 회계처리가 발생한다. 이 경우 감자대가는 자기주식의 취득금액이 될 것이다.

> 감자차익(+) 또는 감자차손(−)=주식 액면금액−자기주식 취득금액

(차) 자본금	×××	(대) 자기주식	×××
감자차손	×××		

예제 8 자기주식

다음은 ㈜우리의 자기주식과 관련한 거래이다.

(1) 20×1년 1월 1일 ㈜우리는 액면금액 ₩500인 보통주 100주를 ₩700에 발행하여 설립되었다.

(2) 20×1년 12월 2일 ㈜우리는 발행주식 중 10주를 ₩800에 매입하였다.

(3) 20×2년 2월 1일 자기주식 3주를 주당 ₩700에 제3자에게 처분(재발행)하였다.

(4) 20×2년 4월 1일 자기주식 2주를 소각하였다.

[물 음]

자기주식과 관련하여 회사가 각 일자에 해야 할 회계처리를 제시하시오.

해답

20×1년 12월 2일	(차)	자기주식	8,000	(대)	현금	8,000[1]
		1) 자기주식 취득금액 : ₩800×10주				
20×2년 2월 1일	(차)	현금	2,100[2]	(대)	자기주식	2,400[1]
		자기주식처분손실	300[3]			
		1) 자기주식 취득금액 : ₩800×3주				
		2) 처분금액 : ₩700×3주				
		3) 자기주식처분손실 : ₩2,100(자기주식 처분금액)−2,400(자기주식 취득금액)				
20×2년 4월 1일	(차)	자본금	1,000[2]	(대)	자기주식	1,600[1]
		감자차손	600[3]			
		1) 자기주식 취득금액 : ₩800×2주				
		2) 액면금액 : ₩500×2주				
		3) 감자차손 : ₩1,000(액면금액)−1,600(자기주식 취득금액)				

4. 손익거래 – 이익잉여금

(1) 이익잉여금의 기초

1) 이익잉여금의 의의

이익잉여금은 기업의 유보된 이익(retained earning)을 말한다. 즉, 기업의 영업활동을 통해 벌어들인 이익 중 배당으로 인해 회사 밖으로 유출되거나, 자본으로 대체되지 않고 사내에 유보된 것을 말한다. 이익잉여금의 구성요소는 처분된 이익잉여금과 미처분 이익잉여금으로 구성된다.

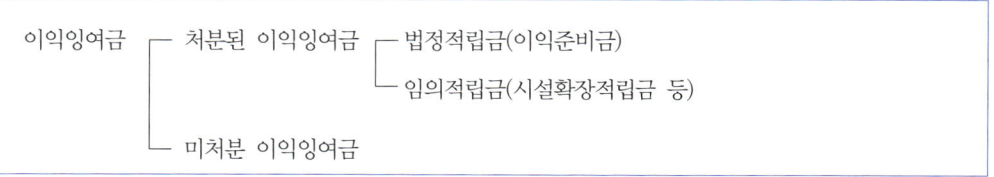

- 이익잉여금
  - 처분된 이익잉여금
    - 법정적립금(이익준비금)
    - 임의적립금(시설확장적립금 등)
  - 미처분 이익잉여금

2) 이익잉여금의 처분

이익잉여금의 처분이란 미처분 이익잉여금을 주주총회 결의 등에 의해 사용(처분)하는 것을 말한다. 이익잉여금의 처분의 방법은 다음과 같다.

① 현금, 현물, 주식 배당 등 배당 지급
② 법정적립금, 임의적립금 등 적립금 대체
③ 감자차손 주식할인발행차금 등 자본거래 손실의 상각

〈배당〉

(차)	이 익 잉 여 금	×××	(대) 현 금	×××

〈적립금의 적립〉

(차)	이 익 잉 여 금	×××	(대) 사 업 확 장 적 립 금	×××
			결 손 보 전 적 립 금	×××

〈자본거래손실의 상각〉

(차)	이 익 잉 여 금	×××	(대) 감 자 차 손	×××
			자 기 주 식 처 분 손 실	×××

(2) 적립금

적립금이란 이익잉여금의 처분으로 인해 이익잉여금의 내부에서 대체된 금액을 말한다. 적립금은 관련 법의 규정에 따라 적립해야하는 법정적립금과 기업의 임의대로 일정한 목적을 위하여 적립한 임의적립금으로 구성된다.

1) 법정적립금

법의 규정에 따라 적립한 법정적립금을 말하며 우리나라의 상법에서는 이익준비금을 적립하도록 규정하고 있다. 이익준비금이란 자본금의 50%에 달할 때 까지 금전에 의한 이익배당액의 10% 이상의 금액을 적립하도록 규정한 준비금이다. 이익준비금은 결손보전(이월결손금 소각)이나 자본전입(무상증자)의 목적 외에는 사용할 수 없다.

2) 임의적립금

임의적립금은 기업의 임의적인 판단에 의하여 이익잉여금의 일부를 처분을 통해 적립한 것을 말한다. 임의적립금의 종류는 사업확장 적립금, 결손보전 적립금, 자가보험 적립금 등이 있다. 이들 적립금의 적립 목적은 대부분 미처분이익잉여금의 배당을 제한하고자 설정되는 적립금이다. 왜냐하면 처분하지 않은 거액의 이익잉여금이 재무상태표에 표시될 경우 주주로부터 배당의 압박을 받을 것이기 때문이다.[3)]

---

3) 임의적립금을 적립한다는 것은 자본계정의 대체일 뿐 그로 인해 해당 목적에 쓰일 자금이 별도로 마련된다는 의미는 아니다.

(3) 현금배당

배당이란 주주들의 납입자본을 토대로 영업활동을 수행하여 획득한 이익을 주주들에게 보상의 의미로 지급하는 투자에 대한 보상을 의미한다. 배당은 주식배당을 제외한 나머지는 이익준비금의 적립대상이다.

배당은 '배당선언일(결의일)'에 주주총회에서 결의함으로써 확정된다. 배당의 대상이 되는 주주는 '배당기준일'에 주식을 보유한 주주들이며, '배당지급일'에 실제로 배당의 지급이 이루어진다.

그림 8-4 배당관련 일자

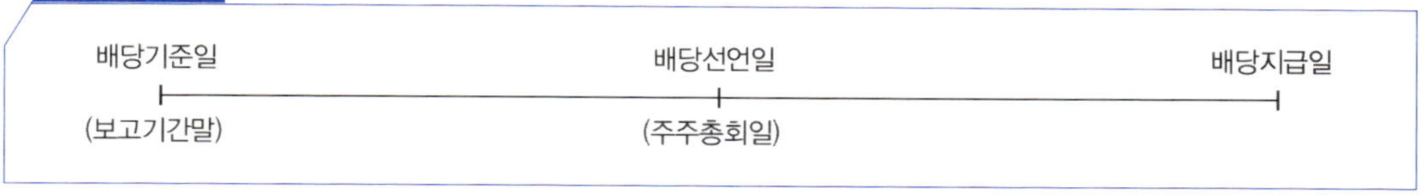

가장 일반적인 형태를 갖는 배당으로써 현금으로 지급한다. 현금배당은 배당선언일에 미지급배당금이라는 부채의 계정과목으로 회계처리를 한다. 배당지급일에는 배당금을 지급하면서 미지급배당금이라는 부채를 제거한다.

〈배당선언일〉

(차) 이 익 잉 여 금	×××	(대) 미 지 급 배 당 금	×××

〈배당금지급일〉

(차) 미 지 급 배 당 금	×××	(대) 현 금	×××

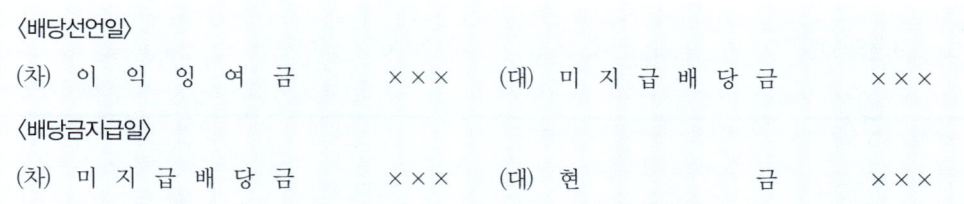

참 고 **배당성향, 배당률, 배당수익률**

- 배당성향 : 현금 배당금 / 당기순이익
- 배당률: 주당 배당금 / 액면금액
- 배당수익률: 주당 배당금 / 주가

예제 9 현금배당

(1) ㈜우리는 액면금액 ₩500의 보통주 100주를 발행하고 있으며, 이익준비금 잔액은 ₩0이다.

(2) 20×2년 3월 15일 주총에서 배당률 5%의 현금 배당을 결의하였다. 배당기준일은 20×1년 12월 31이며, 배당지급일은 20×2년 4월 30일이다.

[물 음]

㈜우리가 각 일자에 해야 할 회계처리를 하시오.

해답

20×1년 12월 31일			분개 없음			
20×2년 3월 15일	(차)	미처분이익잉여금	2,750	(대)	미지급배당금	2,500[1]
					이익준비금	250[2]
20×2년 4월 30일	(차)	미지급배당금	2,500	(대)	현금	2,500

1) 배당결의액 : ₩500×100주×5%

2) 이익준비금 적립액 : ₩2,500×10%

OX

01 금융부채의 공정가치와 발행금액(거래가격)이 다른 경우에는 부채의 발행금액을 부채의 최초인식금액으로 한다.

02 사채의 표시이자율보다 시장이자율이 큰 경우에는 사채는 할인발행된다.

03 동일한 회사가 동일한 조건으로 사채를 발행한다고 하더라도 발행금액이 동일하지 않다.

04 금융부채는 반드시 유효이자율법으로 상각하여 상각후원가로 평가한다.

05 유효이자율법에 의해 상각하는 경우, 사채할인발행차금 상각액은 만기일이 다가올수록 체증하지만, 사채할증발행차금 상각액은 체감한다.

06 사채 발행 후에도 시장이자율은 변동하지 않으므로 발행자가 부담하는 이자율은 변동하지 않는다.

07 현재의무를 이행하기 위하여 소요되는 지출 금액에 영향을 미치는 미래사건이 발생할 것이라는 충분하고 객관적인 증거가 있는 경우에는 그러한 미래사건을 감안하여 충당부채 금액을 추정한다.

08 현재의무를 발생시키는 의무발생사건이 되기 위해서는 당해 사건으로부터 발생된 의무를 이행하는 것 외에는 현실적인 대안이 없어야 한다. 이러한 경우는 의무의 이행을 법적으로 강제할 수 있는 경우만 해당한다.

09 법에서 정하는 환경기준을 충족시키기 위해서 또는 상업적 압력 때문에 공장에 특정 정화장치를 설치하기 위한 비용지출을 계획하고 있거나 그런 비용지출이 필요한 경우에는 충당부채로 인식한다.

10 제품보증 또는 이와 유사한 계약 등 다수의 유사한 의무가 있는 경우 개별항목의 의무이행에 필요한 자원의 유출가능성이 높지 않더라도 전체적인 의무이행을 위하여 필요한 자원의 유출가능성이 높을 경우에는(기타 인식기준이 충족된다면) 충당부채를 인식한다.

11 우발부채는 주석에 부채로 인식한다.

12 손익거래에 의한 자본의 변동은 모두 당기순이익으로 인식된다.

13 유상증자 시 지출한 주식발행비용은 당기순이익으로 처리한다.

해답 및 해설

01 × 부채의 공정가치로 인식하고 발행금액과의 차액은 당기손익으로 인식함.

02 ○

03 ○ 시간의 경과에 따라서 회사의 주변상황과 위험이 달라지므로 시장이자율이 변동하여 발행금액이 달라짐.

04 × 당기손익인식금융부채 등의 부채는 유효이자율법으로 상각하지 않음.

05 × 사채할증발행차금 상각액도 체증함

06 × 사채 발행후에 시장이자율은 계속해서 변동한다. 그러나 발행자가 부담하는 이자율은 변동하지 않음.

07 ○

08 × 현재의무는 법적 의무 뿐만아니라 의제의무도 해당된다. 즉 의제의무와 관련해서는 기업이 당해 의무를 이행할 것이라는 정당한 기대를 상대방이 가지게 되는 경우도 의무발생사건이 될 수 있음.

09 × 공장운영방식을 바꾸는 등의 미래행위를 통하여 미래의 지출을 회피할 수 있으므로 당해 지출은 현재의무가 아니며 충당부채도 인식하지 아니함.

10 ○

11 × 우발부채는 주석에 공시한다. 주석에 공시하는 것은 부채로 인식하는 것이 아니다.

12 × 손익거래에 의한 자본변동의 결과는 포괄손익으로 인식되며 포괄손익은 당기순이익과 기타포괄손익 항목으로 구성됨.

13 × 주식발행비용은 주식발행금액을 차감하여 자본의 감소로 처리된다.

01

(1) 20×1년 1월 1일, A사는 만기 3년, 액면금액 ₩100,000의 사채를 발행하였다. 사채의 표시이자율은 8%로 매년 12월 31일에 지급한다.

(2) 사채의 발행일 현재 시장이자율은 10%로, 10%, 3기간, 현가계수는 0.7513이며 6%, 3기간, 연금현가계수는 2.4868이다.

[물 음]

1. A사가 유효이자율법을 적용하는 경우 사채발행일부터 사채의 만기일까지 해야 할 회계처리를 제시하시오.
2. 만일 A사가 20×2년 1월 1일 동사채를 ₩98,000에 상환하였다고 할 경우, 사채상환손익을 계산하고, 사채상환 시점에 수행할 회계처리를 제시하시오.

해답

1. 회계처리

20×1년 1월 1일	(차)	현 금	95,024	(대)	사 채	100,000
		사채할인발행차금	4,976			
20×1년 12월 31일	(차)	이 자 비 용	9,502[1)]	(대)	현 금	8,000
					사채할인발행차금	1,502
		1) ₩95,024×10%				
20×2년 12월 31일	(차)	이 자 비 용	9,653[1)]	(대)	현 금	8,000
					사채할인발행차금	1,653
		1) (₩95,024×(1+10%)−8,000)×10%				
20×3년 12월 31일	(차)	이 자 비 용	9,821[1)]	(대)	현 금	8,000
					사채할인발행차금	1,821
	(차)	사 채	100,000	(대)	현 금	100,000
		1) 끝수조정				

2. 사채 중도상환

① 상환손익 : (₩95,024+1,502)(사채 장부금액)−98,000=(−)₩1,474(손실)

② 회계처리

20×2년 1월 1일	(차)	사 채	100,000	(대)	사채할인발행차금	3,474
		사 채 상 환 손 실	1,474		현 금	98,000

02

(1) 20×1년 1월 1일, A사는 만기 3년, 액면금액 ₩100,000의 사채를 발행하였다. 사채의 표시이자율은 8%로 매년 12월 31일에 지급한다.

(2) 사채의 발행일 현재 시장이자율은 6%로, 6%, 3기간, 현가계수는 0.8396이며 6%, 3기간, 연금현가계수는 2.6730이다.

[물 음]

1. A사가 유효이자율법을 적용하는 경우 사채발행일부터 사채의 만기일까지 해야 할 회계처리를 제시하시오.
2. 만일 A사가 20×2년 1월 1일 동사채를 ₩110,000에 상환하였다고 할 경우, 사채상환손익을 계산하고, 사채상환시점에 수행할 회계처리를 제시하시오.

해답

1. 회계처리

20×1년 1월 1일	(차)	현 금	105,344	(대)	사 채	100,000
					사채할증발행차금	5,344
20×1년 12월 31일	(차)	이 자 비 용	6,321[1]	(대)	현 금	8,000
		사채할증발행차금	1,679			
		1) ₩105,344×6%				
20×2년 12월 31일	(차)	이 자 비 용	6,220[1]	(대)	현 금	8,000
		사채할증발행차금	1,780			
		1) (₩105,344×(1+10%)−8,000)×10%				
20×3년 12월 31일	(차)	이 자 비 용	6,115[1]	(대)	현 금	8,000
		사채할증발행차금	1,885			
	(차)	사 채	100,000	(대)	현 금	100,000
		1) 끝수조정				

2. 사채 중도상환

① 상환손익 : (₩105,344−1,679)(사채 장부금액)−110,000=(−)₩6,335(손실)

② 회계처리

20×2년 1월 1일	(차)	사 채	100,000	(대)	현 금	110,000
		사채할증발행차금	3,665			
		사 채 상 환 손 실	6,335			

03

다음은 A사의 20×1년 관련 거래이다.

(1) 20×1년 2월 1일, A사는 보통주식 1,000주를 액면발행하고 회사를 설립하였다. A사 보통주식의 주당 액면금액은 ₩500이다.
(2) 20×1년 5월 13일, A사는 유상증자를 실시하고 보통주식 500주를 발행하였다. 보통주식의 주당 발행금액은 ₩800이며, 주권인쇄비와 증권회사 수수료 등으로 ₩20,000은 현금지급하였다.
(3) 20×1년 9월 8일, A사는 보통주식 200주를 주당 ₩600에 취득하고 즉시 소각하였다.
(4) 20×1년 10월 15일, 자기주식 100주를 주당 ₩600에 취득하였다.
(5) 20×1년 10월 20일, 자기주식 20주를 주당 ₩500에 처분하였다.
(6) 20×1년 10월 25일, 자기주식 40주를 주당 ₩700에 처분하였다.
(7) 20×1년 중 중간배당으로 ₩20,000을 지급하였으며, 20×1년도 당기순이익은 ₩50,000으로 보고하였다.
(8) 20×2년 3월 19일에 개최된 정기주주총회에서 ₩40,000의 현금배당을 결의하고, 이익준비금을 ₩4,000 적립하였다. 현금배당은 20×2년 4월 20일에 지급하였다.

[물 음]

A사가 각 일자에 해야 할 회계처리를 제시하시오.

해답

20×1년 2월 1일	(차)	현금	500,000	(대)	자본금	500,000
20×1년 5월 13일	(차)	현금	380,000	(대)	자본금	250,000
					주식발행초과금	130,000
		1) 500주×@800－20,000(주식발행비용)				
20×1년 9월 8일	(차)	자본금	100,000	(대)	현금	120,000
		감자차손	20,000			
20×1년 10월 15일	(차)	자기주식	60,000	(대)	현금	60,000
20×1년 10월 20일	(차)	현금	10,000	(대)	자기주식	12,000
		자기주식처분손실	2,000			
20×1년 10월 25일	(차)	현금	28,000	(대)	자기주식	24,000
					자기주식처분손실	2,000
					자기주식처분이익	2,000
20×1년 중간배당	(차)	중간배당액	20,000	(대)	현금	20,000
20×1년 12월 31일	(차)	집합손익	50,000	(대)	중간배당액	20,000
					이익잉여금	30,000
20×2년 3월 19일	(차)	이익잉여금	40,000	(대)	미지급배당금	40,000
	(차)	이익잉여금	4,000	(대)	이익준비금	4,000
20×2년 4월 20일	(차)	미지급배당금	40,000	(대)	현금	40,000

Chapter 08 객관식문제

| 1 | 사채의 발행

211 사채에 관한 설명으로 옳은 것은?

① 사채의 유효이자율은 사채소유자에게 현금으로 지급해야 할 이자계산에 사용된다.
② 사채가 할인발행되는 경우, 사채발행자가 사채 만기일에 상환해야 하는 금액은 액면금액보다 작다.
③ 사채가 할증발행되는 경우, 사채발행자가 사채 만기일에 상환해야 하는 금액은 액면금액보다 크다.
④ 사채 발행시 사채의 유효이자율이 표시이자율보다 낮다면, 사채는 할증발행된 것이다.

212 ㈜민국은 20×1년 1월 1일 액면금액 ₩1,000,000, 액면이자율 연 5%(매년 말 이자지급), 3년 만기인 회사채를 발행하고 상각후원가측정금융부채로 분류하였다. 사채발행당시 시장이자율은 연 8%이었으며, 사채할인발행차금에 대하여 유효이자율법으로 상각한다. 한편, ㈜민국이 동 사채를 발행하는 과정에서 직접적인 사채발행비 ₩47,000이 발생한 경우, 20×1년 1월 1일 현재 사채의 발행금액은 얼마인가? (단, 8%, 3기간 기간 말 단일금액 ₩1의 현가계수는 0.8며, 8%, 3기간 정상연금 ₩1의 현가계수는 2.50이다. 법인세 효과는 고려하지 않는다.)

① ₩878,000　② ₩925,000
③ ₩972,000　④ ₩1,000,000

| 2 | 유효이자율법 상각

213 사채발행과 관련한 내용으로 옳지 않은 것은?

① 사채할인발행차금을 유효이자율법으로 상각하는 경우, 사채할인발행차금 상각액은 만기까지 증가한다.
② 사채할증발행차금을 유효이자율법으로 상각하는 경우, 사채할증발행차금 상각액은 만기까지 증가한다.
③ 할인발행된 사채의 이자비용은 만기까지 증가한다.
④ 할증발행된 사채의 이자비용은 만기까지 증가한다.

214 ㈜대한은 20×1년 초 다음의 사채를 ₩95,024에 발행하였다.

• 액면금액 :	₩100,000	• 만 기 일 :	20×3년 12월 31일
• 액면이자율 :	연 8%	• 이자지급 :	매년 말에 지급

위 사채에 적용되는 유효이자율이 10%일 경우, 20×1년 말 이자지급 후 사채의 장부금액은 얼마인가?

① ₩95,682 ② ₩96,526
③ ₩97,682 ④ ₩98,326

215 ㈜한국은 20×1년 1월 1일 자금의 조달을 위해 액면가액 ₩10,000, 표시이자율 6%, 만기 3년, 매년 말 이자지급 조건의 사채를 발행하였다. 사채 발행시 시장이자율이 10%였다면 20×2년에 인식할 사채관련 이자비용은? (단, 사채발행 시 사채의 현재가치는 아래의 현재가치표를 이용하여 계산하고, 계산과정에서 현재가치계수 이외의 소수점 이하는 소수 첫째자리에서 반올림한다.)

기간	6%		10%	
	단일금액	정상연금	단일금액	정상연금
3년	0.84	2.67	0.75	2.5

① ₩600 ② ₩900
③ ₩930 ④ ₩1,000

216 ㈜대한은 20×1년 1월 1일에 액면가액 ₩1,000,000(이자는 매년도 말에 후불로 지급)의 사채를 ₩940,000에 발행하였다. ㈜대한은 20×1년 12월 31일에 사채와 관련하여 유효이자율법에 따라 다음과 같이 분개하였다고 할 경우, 사채의 연간 유효이자율과 표시이자율은 각각 몇 %인가?

(차) 이 자 비 용	112,800	(대) 현 금	100,000
		사채할인발행차금	12,800

	유효이자율	표시이자율
①	12%	10%
②	12%	11%
③	14%	10%
④	14%	11%

217 ㈜한국은 20×1년 1월 1일 액면금액 ₩1,000,000, 만기 3년의 사채를 유효이자율 연 10%를 적용하여 ₩925,390에 발행하였다. 20×1년 말 사채의 장부금액이 ₩947,929라면, 이 사채의 표시이자율은?

① 7% ② 8%
③ 9% ④ 10%

| 3 | 총이자비용

218 ㈜우리는 20×1년 1월 1일에 사채 (액면금액 ₩200,000, 표시이자율 8%, 만기 3년, 이자지급일 매년 말)를 발행하였다. 사채발행일에 동 사채에 적용되는 유효이자율은 12%이며, 3기간 12% 단일금액 현재가치계수와 정상연금현재가치 계수는 각각 0.71, 2.40이다. 동 사채를 조기상환하지 않았다고 할 경우, ㈜우리가 만기까지 인식할 총 이자비용은?

① ₩19,600 ② ₩27,600
③ ₩43,600 ④ ₩67,600

219 ㈜한국은 2011년 1월 1일에 액면 ₩50,000의 사채(만기 3년)를 ₩47,600에 발행하였다. 동 사채로 인하여 만기까지 인식해야 할 이자비용 총액이 ₩15,900이라면 사채의 표시이자율은?

① 7% ② 8%
③ 9% ④ 10%

| 4 | 사채의 상환

220 ㈜한국은 20×1년 1월 1일 액면금액 ₩10,000의 사채(3년 만기, 표시이자율 6%)를 할인발행하였다. 20×1년 12월 31일의 사채 장부금액은 ₩9,300이고, 20×2년에 발생한 이자비용은 ₩950이다. 20×3년 1월 1일, ㈜한국이 동 사채를 ₩9,800에 조기상환한 경우, 사채상환일에 ㈜한국이 수행해야 할 회계처리로 옳은 것은?

①	(차) 사채	10,000	(대) 현금	9,800
				상환이익	200
②	(차) 사채	10,000	(대) 사채할인발행차금	200
				현금	9,800
③	(차) 사채	10,000	(대) 사채할인발행차금	350
	사채상환손실	150		현금	9,800
④	(차) 사채	10,000	(대) 사채할인발행차금	700
	사채상환손실	500		현금	9,800

221 ㈜한국은 20×1년 12월 31일 장부금액 ₩91,322(액면금액 ₩100,000, 액면이자율 5%, 이자지급일 매년 12월 31일 후급, 만기 20×3년 12월 31일)인 사채를 20×2년 12월 31일 현금이자를 포함하여 총 ₩101,000에 상환하였다. ㈜한국이 사채상환과 관련하여 인식할 손익은? (단, 발행 당시 사채의 유효이자율은 10%이고, 금액은 소수점 첫째자리에서 반올림한다)

① 사채상환손실 ₩546
② 사채상환손실 ₩684
③ 사채상환손실 ₩726
④ 사채상환이익 ₩684

222 ㈜대한은 20×1년 초 액면금액 ₩1,000,000의 사채(만기 3년, 액면이자율 10%, 이자는 매년 말 지급)를 12%의 유효이자율로 발행하였다. ㈜대한은 액면금액 전부를 20×3년 1월 1일에 ₩950,000에 조기상환하였다. 사채의 조기상환손익은? (단, 현가계수는 아래 표를 이용한다. 계산금액은 소수점 첫째자리에서 반올림하며, 단수차이가 있으면 가장 근사치를 선택한다.)

기간 \ 할인율	단일금액 ₩1의 현재가치		정상연금 ₩1의 현재가치	
	10%	12%	10%	12%
1	0.9091	0.8929	0.9091	0.8929
2	0.8264	0.7972	1.7355	1.6901
3	0.7513	0.7118	2.4868	2.4018

① ₩32,190 이익
② ₩16,210 이익
③ ₩1,980 이익
④ ₩50,000 손실

| 5 | 종합문제

223 ㈜한국은 20×1년 1월 1일에 액면금액 ₩10,000의 사채(표시이자율 9 %, 매년 12월 31일 이자지급, 만기 3년)를 ₩9,750에 발행하였다. 발행일의 유효이자율은 10%이며 ㈜한국의 보고기간 말은 12월 31일이다. 해당 사채에 관한 설명으로 옳은 것은?

① 사채의 발행일로부터 만기일까지 부담하는 총 이자비용은 ₩2,700이다.
② 20×1년도 포괄손익계산서에 보고되는 이자비용은 ₩900이다.
③ 20×1년도 재무상태표에 보고되는 사채의 장부금액은 ₩9,810이다.
④ 포괄손익계산서에 보고되는 이자비용은 매년 증가한다.

224 20×1년 1월 1일 ㈜한국은 액면금액 ₩1,000,000의 사채를 ₩900,000에 할인 발행하였다. 이 사채의 발행에 적용된 유효이자율은 10%, 액면이자율은 6%(이자지급 : 매년 말 지급)이다. 이와 관련된 설명 중 옳지 않은 것은?

① 20×1년도 사채의 실질이자는 ₩90,000이다.
② 20×1년도 사채할인발행차금의 상각액은 ₩30,000이다.
③ 20×1년도 말 사채의 장부금액은 ₩930,000이다.
④ 20×2년 1월 1일 이 사채를 ₩935,000에 상환한다면 ₩5,000의 상환이익이 발생한다.

225 ㈜한국은 20×1년 1월 1일, 액면금액 ₩1,000,000의 사채를 ₩951,963에 발행하였다. 사채의 이자지급일은 매년말, 만기는 3년이다. 다음은 ㈜한국이 발행한 사채의 사채할인발행차금 상각표이다. 이를 통하여 알 수 있는 내용으로 옳은 것은? (단, 계산된 금액은 소수점이하 첫째자리에서 반올림한다.)

일자	실질이자	표시이자	상각액	장부금액
20×1년 1월 1일				₩951,963
20×1년 12월 31일	??	₩100,000	₩14,236	??

① 사채 발행시 적용된 유효이자율은 연 10%이다.
② 사채 발행시 인식할 사채할인발행차금은 ₩33,801이다.
③ 20×1년 말 사채장부금액은 ₩966,199이다.
④ 20×2년 말 사채와 관련하여 인식하는 이자비용은 ₩100,000이다.

| 6 | 충당부채의 인식기준

226 ㈜한국은 보증기간 내에 제조상 결함이 발견된 경우, 제품을 수선하거나 새 제품으로 교환해 주는 제품 보증 정책을 취하고 있다. 이에 대한 회계처리 방법으로 옳지 않은 것은?

① 경제적효익을 갖는 자원의 유출가능성이 높고 금액을 신뢰성있게 추정할 수 있는 경우, 충당부채로 인식한다.
② 경제적효익을 갖는 자원의 유출가능성이 높으나 금액을 신뢰성있게 추정할 수 없는 경우, 충당부채로 인식한다.
③ 경제적효익을 갖는 자원의 유출가능성이 높지 않으나 아주 낮지도 않은 경우, 우발부채로 공시한다.
④ 경제적효익을 갖는 자원의 유출가능성이 아주 낮은 경우, 공시하지 아니한다.

227 다음 중 충당부채, 우발부채 및 우발자산에 대한 설명으로 옳지 않은 것은 어느 것인가?

① 충당부채로 인식되기 위해서는 과거사건으로 인한 의무가 기업의 미래행위와 독립적이어야 한다. 따라서 향후 배출할 오염물질을 정화하기 위한 정화처리시설의 예상설치원가는 충당부채로 인식한다.
② 충당부채는 부채로 인식하는 반면, 우발부채와 우발자산은 부채와 자산으로 인식하지 않는다.
③ 당초에 다른 목적으로 인식된 충당부채를 어떤 지출에 대하여 사용하게 되면 다른 두 사건의 영향이 적절하게 표시되지 않으므로 당초 충당부채에 관련된 지출에 대해서만 그 충당부채를 사용한다.
④ 의무발생사건이 되기 위해서는 당해 사건으로부터 발생된 의무를 이행하는 것 외에는 실질적인 대안이 없어야 한다. 이러한 경우는 의무의 이행을 법적으로 강제할 수 있거나 기업이 당해 의무를 이행할 것이라는 정당한 기대를 상대방이 가지는 경우에만 해당한다.

228 20×1년에 제품의 결함으로 인하여 피해를 입었다고 주장하는 고객이 ㈜한국을 상대로 손해배상청구 소송을 제기하였다. 법률전문가는 20×1년 재무제표가 승인되는 시점까지는 회사의 책임이 밝혀지지 않을 가능성이 높다고 조언하였다. 그러나 20×2년 말 현재 ㈜한국에 소송이 불리하게 진행 중이며, 법률전문가는 ㈜한국이 배상금을 지급하게 될 가능성이 높다고 조언하였다. ㈜한국의 충당부채 또는 우발부채 인식과 관련된 설명으로 옳지 않은 것은?

① 충당부채는 현재의 의무가 존재하고, 경제적 효익을 갖는 자원이 유출될 가능성이 높으며, 당해 금액을 신뢰성 있게 추정할 수 있을 경우에 인식한다.
② 20×1년의 경우 현재의 의무가 없고, 배상금을 지급할 가능성이 아주 낮다고 하더라도 우발부채로 공시할 의무는 있다.
③ 20×2년 말에는 현재 의무가 존재하고 배상금에 대한 지급가능성이 높으므로, 배상금을 신뢰성 있게 추정할 수 있다면 충당부채를 인식해야 한다.
④ 만약 20×2년 말에 배상금을 신뢰성 있게 추정할 수 없다면 이를 충당부채로 인식하지 않고 우발부채로 공시한다.

| 7 | 개별 자본거래

229 다음 중 자본의 구성항목은 변동이 없고, 주당 액면금액의 변동만 발생하는 자본거래는?

① 유상증자　　② 주식분할
③ 무상증자　　④ 주식배당

230 순자산을 증가시키는 자본거래에 해당하는 것은?

① 주식을 할인발행한 경우
② 유통중인 자기주식을 액면금액 이상으로 취득한 경우
③ 이익준비금을 자본전입한 경우
④ 주식배당을 한 경우

231 다음 중 증자 거래와 관련된 내용으로 옳은 것은?

① 청약발행시 선수령한 신주청약증거금은 부채로 처리하며, 실제 잔금납입시 주식을 발행하는 회계처리를 수행한다.
② 현물출자로 인해 발행하는 주식의 발행금액은 자산의 공정가치로만 측정할 수 있다.
③ 출자전환시 발행하는 주식의 발행금액은 주식의 공정가치로 하며, 부채의 장부금액과의 차이를 당기손익으로 인식한다.
④ 신주발행시 발생하는 거래수수료는 비용으로 처리한다.

232 ㈜우리는 20×1년 초 보통주 100주(주당 액면금액 ₩5,000, 주당 발행금액 ₩7,000)를 발행하였다. 발행시 주식발행비가 ₩20,000만큼 발생하였다고 할 경우, 주식발행으로 인한 자본총계의 증감액은 얼마인가?

① ₩480,000 ② ₩500,000
③ ₩680,000 ④ ₩700,000

233 ㈜한국은 액면금액 ₩500인 주식 10주를 주당 ₩600에 발행하였는데, 주식발행비로 ₩500이 지출되었다. 위의 주식발행이 ㈜한국의 재무제표에 미치는 영향에 대한 설명으로 옳은 것은? (단, 법인세 효과는 무시한다)

① 순이익이 ₩500 감소한다.
② 이익잉여금이 ₩500 감소한다.
③ 자산총액이 ₩6,000 증가한다.
④ 자본총액이 ₩5,500 증가한다.

234 주식배당과 무상증자에 관한 설명으로 옳지 않은 것은?

① 주식배당과 무상증자의 재원은 모두 미처분이익잉여금이다.
② 주식배당과 무상증자 후 모두 발행주식수가 증가한다.
③ 주식배당과 무상증자 후 모두 자본금이 증가한다.
④ 주식배당과 무상증자 후 모두 순자산은 불변이다.

235 ㈜대한은 회사를 설립하면서 주당액면 ₩500의 보통주 100주를 주당 ₩600에 발행하였다. 그 후㈜대한은 10주의 자기주식을 주당 ₩550에 취득하였다. 자기주식을 원가법에 따라 처리할 경우 자기주식 10주의 취득이 자본에 미치는 영향은?

① ₩5,000 증가
② ₩5,000 감소
③ ₩5,500 증가
④ ₩5,500 감소

236 ㈜한국은 20×1년 3월 7일 자기주식 500주를 매입하고 20×1년 7월 7일 이 중 100주를 소각하였다. 그리고 20×1년 8월 31일 자기주식 200주를 ㈜서울에 매도하였다. ㈜한국의 20×1년 자기주식거래가 ㈜한국의 유통주식수에 미치는 영향은?

① 500주 감소
② 300주 감소
③ 200주 감소
④ 변동 없음

237 자기주식을 현금으로 취득한 경우 동 거래가 자산(ㄱ), 자본(ㄴ), 발행주식수(ㄷ) 및 유통주식수(ㄹ)에 미치는 영향으로 옳은 것은?

	(ㄱ)	(ㄴ)	(ㄷ)	(ㄹ)
①	증가	불변	감소	감소
②	감소	증가	불변	감소
③	감소	감소	증가	감소
④	감소	감소	불변	감소

238 ㈜한국은 ₩123,000에 매입하여 보유 중이던 자기주식을 ₩135,000에 재발행하였다. 이 거래가 미치는 영향을 설명한 것으로 옳지 않은 것은? (단, 자기주식의 회계처리는 우리나라 상법을 준수한다)

① ₩135,000만큼 자산이 증가한다.
② ₩123,000만큼 자본이 증가한다.
③ 자기주식처분이익이 ₩12,000만큼 발생한다.
④ 유통주식수가 증가한다.

| 8 | 자본총계에 미치는 영향

239 ㈜한국의 자기주식(주당 액면금액 ₩5,000)과 관련된 자료는 다음과 같다. 8월7일 자기주식처분이 자본총계에 미치는 영향으로 옳은 것은?

- 2월 1일 : 자기주식 300주를 주당 ₩6,000에 취득하다.
- 6월 2일 : 자기주식 100주를 주당 ₩6,300에 처분하다.
- 7월 5일 : 자기주식 100주를 소각하다.
- 8월 7일 : 자기주식 100주를 주당 ₩5,000에 처분하다.

① ₩30,000 감소
② ₩100,000 증가
③ ₩70,000 감소
④ ₩500,000 증가

240 ㈜대한의 20×1년 기초 자본현황과 20×1년도 자기주식 거래 및 당기순이익에 대한 정보가 다음과 같을 때, 20×1년 말 자본총계는?

- 기초 자본 : 자본금 ₩50,000, 자본잉여금 ₩10,000, 이익잉여금 ₩30,000
- 2월 1일 : 자기주식 200주를 주당 ₩80에 취득
- 5월 1일 : 자기주식 100주를 주당 ₩100에 재발행
- 8월 1일 : 자기주식 100주를 주당 ₩70에 재발행
- 당기순이익 : ₩10,000

① ₩84,000
② ₩100,000
③ ₩101,000
④ ₩103,000

241 다음은 ㈜한국의 20×1년 1월 1일 자본계정의 내역이다.

자본 :	
자본금 (보통주, 주당 액면가 ₩1,000)	₩3,000,000
자본잉여금	₩1,500,000
이익잉여금	₩5,500,000
자본 총계	₩10,000,000

다음과 같은 거래가 발생하였을 때, ㈜한국의 20×1년 말 재무상태표상 자본 총계는? (단, 기초 주식할인발행차금은 없다)

- 4월 1일 : 증자를 결의하고 보통주 1,000주(주당 액면가 ₩1,000)를 주당 ₩2,000에 전액 현금으로 납입받았다. 이때 신주발행비 ₩500,000은 모두 현금으로 지급하였다.
- 5월 1일 : ㈜한국이 발행한 보통주 100주를 주당 ₩3,000에 매입하였다.
- 11월 1일 : 자기주식 전량을 주당 ₩2,000에 외부 매각하였다.
- ㈜한국의 20×1년 당기순이익은 ₩1,000,000이다.

① ₩12,900,000　② ₩12,800,000
③ ₩12,500,000　④ ₩12,400,000

242 ㈜대한의 20×1년 말 자본과 20×2년 중 발생한 거래내역이 다음과 같을 때, 20×2년 말 자본총액은?

- 20×1년 말 잔액 : 자본금 ₩10,000, 자본잉여금 ₩12,000, 기타포괄손익누계액 ₩5,000, 이익잉여금 ₩98,000
- 20×2년 중 세부 거래내역
  - 중간배당 ₩10,000 지급
  - 자기주식 ₩15,000 취득
  - 기타포괄손익인식금융자산 평가손실 ₩19,000발생
  - 주식 10주(주당 액면가액 ₩5,000, 주당 발행가액 ₩8,000) 유상증자
- 20×2년 당기순이익 : ₩18,000

① ₩125,000　② ₩135,000
③ ₩179,000　④ ₩189,000

243 다음은 ㈜우리의 20×1년 자본거래와 관련된 자료이다. ㈜우리의 20×1년 초 자본총계가 ₩500,000이라고 할 경우, 20×1년말 자본 총계는 얼마인가?

- 3월 1일 : 보통주 100주(주당 액면금액 ₩500)을 주당 ₩800에 발행하였다.
- 5월 1일 : 보통주 200주(주당 액면금액 ₩500)를 주당 ₩600에 발행하였으며, 이와 관련하여 직접적인 주식발행비용 ₩30,000이 발생하였다.
- 12월 31일 : 20×1년에 ₩10,000에 취득한 토지의 기말 공정가치가 ₩12,000으로 상승하였다. 토지에 대해서 재평가모형을 적용한다.

① ₩622,000
② ₩672,000
③ ₩682,000
④ ₩702,000

244 ㈜우리의 20×1년 1월 1일의 자산과 부채의 총계는 각각 ₩3,500,000과 ₩1,300,000이었으며, ㈜우리의 20×1년 중 발생한 모든 자본거래는 다음과 같다.

- 3월 8일 : 20×0년도 정기주주총회(2월 28일 개최)에서 결의한 배당을 지급하였다. 구체적으로 현금배당으로 ₩130,000을 지급하였으며, 주식배당으로 보통주 100주(주당 액면금액 ₩500, 주당 공정가치 ₩550)를 발행하였다. ㈜우리는 현금배당액의 10%를 상법상의 이익준비금으로 적립하였다.
- 5월 8일 : 보통주 200주(주당 액면금액 ₩500)를 주당 ₩600에 발행하였으며, 이와 관련하여 직접적인 주식발행비용 ₩30,000이 발생하였다.
- 10월 9일 : 20×0년에 취득한 자기주식(취득원가 ₩70,000)을 ₩80,000에 재발행하였다.

㈜우리가 20×1년도 포괄손익계산서상 당기순이익과 총포괄이익으로 ₩130,000과 ₩40,000을 보고하였다면, ㈜우리가 20×1년 말 현재 재무상태표상 자본의 총계로 보고할 금액은 얼마인가? (단, 법인세 효과는 고려하지 않는다.)

① ₩2,280,000
② ₩2,283,000
③ ₩2,293,000
④ ₩2,390,000

245 ㈜한국의 20×1년 기초 자산총액은 ₩110,000이고, 기말 자산 총액과 기말 부채 총액은 각각 ₩150,000과 ₩60,000이다. 20×1년 중 현금배당 ₩10,000을 결의하고 지급하였으며, ₩25,000을 유상증자하였다. 20×1년 당기순이익이 ₩30,000일 경우, 기초 부채는 얼마인가?

① ₩60,000
② ₩65,000
③ ₩70,000
④ ₩75,000

246 ㈜한국의 당기 포괄손익계산서에 보고할 당기순이익은?

- 기초자본은 자본금과 이익잉여금으로만 구성되어 있다.
- 기말자산은 기초자산에 비해 ₩500,000 증가하였고, 기말부채는 기초부채에 비해 ₩200,000 증가하였다.
- 당기 중 유상증자 ₩100,000이 있었다.
- 당기 중 기타포괄손익-공정가치 측정 금융자산의 평가손실 ₩10,000을 인식하였다.
- 당기 중 재평가모형을 적용하는 유형자산의 재평가이익 ₩20,000을 인식하였다. (단, 전기 재평가손실은 없다)

① ₩180,000
② ₩190,000
③ ₩200,000
④ ₩300,000

247 다음 자료에 의한 당기순이익은?

• 기초자산총액	₩30,000	• 기초부채총액	₩26,000
• 기말자산총액	₩35,000	• 기말부채총액	₩28,000
• 당기 중의 유상증자액	₩3,000	• 당기 중의 현금배당액	₩1,000

① ₩1,000
② ₩2,000
③ ₩3,000
④ ₩4,000

248 다음은 ㈜우리의 20×1년 기초 및 기말 재무상태표에서 추출한 자산과 부채의 자료이다.

구 분	20×1년 기초	20×1년 기말
자산총계	₩6,000,000	₩20,000,000
부채총계	₩2,800,000	₩10,000,000

㈜우리는 20×1년 중에 유상증자로 ₩1,000,000의 자금을 조달하였고 ₩200,000의 무상증자를 실시하였다. 이익처분으로 현금배당 ₩600,000과 주식배당 ₩800,000을 지급하였고 법정적립금으로 ₩100,000의 이익준비금을 적립하였다. 20×1년도 당기에 재평가잉여금은 ₩500,000만큼 증가했고, 기타포괄손익-공정가치 측정 금융자산평가이익은 ₩800,000이 증가하였다. ㈜우리의 20×1년 포괄손익계산서에 표시될 총포괄이익은 얼마인가? (단, ㈜우리의 자본은 납입자본과 이익잉여금 및 기타자본요소로 구성되어 있다.)

① ₩4,200,000
② ₩5,000,000
③ ₩5,100,000
④ ₩6,400,000

| 9 | 자본의 각 계정에 미치는 영향

249 ㈜한국의 20×1년 자본 관련 거래가 다음과 같을 때, 20×1년에 증가한 주식발행초과금은? (단, 기초 주식할인발행차금은 없다고 가정한다)

- 3월 2일 : 보통주 100주(주당 액면금액 ₩500)를 주당 ₩700에 발행하였다.
- 5월 10일 : 우선주 200주(주당 액면금액 ₩500)를 주당 ₩600에 발행하였다.
- 9월 25일 : 보통주 50주(주당 액면금액 ₩500)를 발행하면서 그 대가로 건물을 취득하였다. 취득 당시 보통주 공정가치는 ₩1,000이다.

① ₩20,000　② ₩40,000
③ ₩45,000　④ ₩65,000

250 다음의 자료를 이용하여 계산된 기말 이익잉여금은?

• 기초 자본금	₩200,000	• 기초 이익잉여금	₩27,000
• 배당금 선언 및 지급액	₩18,000	• 신주발행금액	₩100,000
• 매출액	₩140,000	• 매출원가	₩47,000
• 급여	₩68,000		

① ₩27,000　② ₩34,000
③ ₩40,000　④ ₩50,000

해답 및 해설

211	④	212	①	213	④	214	②	215	③	216	①	217	①	218	④	219	③	220	③
221	①	222	①	223	④	224	④	225	③	226	②	227	①	228	②	229	②	230	①
231	③	232	③	233	④	234	①	235	④	236	②	237	④	238	②	239	④	240	③
241	④	242	③	243	②	244	①	245	②	246	②	247	①	248	④	249	④	250	②

211 ① 사채의 표시이자율은 사채소유자에게 현금으로 지급해야 할 이자계산에 사용된다.

②, ③ 사채가 할인발행되는지, 할증발행되는지 상관없이 사채발행자가 사채 만기일에 상환해야 하는 금액은 액면금액이다.

④ 투자자가 받고자하는 유효이자율이 실제로 사채에서 주는 표시이자율보다 낮다면, 사채에 더 투자할 것이므로 할증발행된다.

212 발행금액 : ₩1,000,000 × 0.8 + 50,000 × 2.5 − 47,000(사채발행비) = ₩878,000

213 ④ 할증발행된 사채의 장부금액은 만기까지 상각을 통해 감소한다. 따라서 장부금액에 유효이자율을 적용해서 계산된 이자비용은 만기까지 감소한다.

214
- 실질이자 : ₩95,024 × 10% = ₩9,502
- 20 × 1년 사채할인발행차금 상각액 : ₩9,502 − 8,000(표시이자) = ₩1,502
- 20 × 1년 사채 장부금액 : ₩95,024 + 1,502 = ₩96,526

215
- 사채 발행금액 : ₩10,000 × 0.75 + 600 × 2.5 = ₩9,000
- 20 × 1년 말 사채 장부금액 : ₩9,000 × (1 + 10%) − 600(표시이자) = ₩9,300
- 20 × 2년 이자비용 : ₩9,300(기초장부금액) × 10% = ₩930

216
- 유효이자율 : ₩112,800(20 × 1년 이자비용) ÷ 940,000(20 × 1년 초 사채장부금액) = 12%
- 표시이자율 : ₩100,000(20 × 1년 표시이자 지급액) ÷ 1,000,000(액면금액) = 10%

217
- 실질이자 − 표시이자 = 사채할인발행차금 상각액
- ₩925,390 × 10% − 표시이자 = ₩947,929 − 925,390

∴ 표시이자 : ₩70,000, 표시이자율 : 7%

218
- 사채의 발행금액 : ₩200,000 × 0.71 + 16,000 × 2.4 = ₩180,400
- 총 이자비용 : [₩200,000 + 16,000 × 3년](총 현금지급액) − 180,400(발행금액) = ₩67,600

219
- (액면금액 + 표시이자 총액) − (발행금액) = 총 이자비용
- (₩50,000 + 표시이자 × 3년) − 47,600 = ₩15,900

∴ 표시이자 : ₩4,500, 표시이자율 : 9%

220 • 20×2년 사채할인발행차금 상각액 : ₩950(이자비용)－600(표시이자)＝₩350
• 20×2년 12월 31일 사채 장부금액 : ₩9,300＋350＝₩9,650
• 사채상환손익 : ₩9,650(사채장부금액)－9,800(상환금액)＝(－)₩150(손실)

221 • 20×2년 사채할인발행차금 상각액 : ₩91,322×10%－5,000＝₩4,132
• 20×2년 사채 장부금액 : ₩91,322＋4,132＝₩95,454
• 사채상환손익 : ₩95,454(사채장부금액)－[101,000－5,000(표시이자에 대한 대가)]＝(－)₩546(손실)

222 • 20×2년 말 사채 장부금액*의 계산 : ₩1,000,000×0.8929＋100,000×0.8929＝₩982,190
* 특정 시점의 사채 장부금액은 향후 예상되는 미래현금흐름을 최초의 유효이자율로 할인한 현재가치와 동일하다.
• 사채상환손익 : ₩982,190(사채 장부금액)－950,000＝₩32,190(이익)

223 ① 총이자비용 : [₩10,000＋900×3년](총 현금지급액)－9,750＝₩2,950
② 20×1년 이자비용 : ₩9,750×10%(유효이자율)＝₩975
③ 20×1년 말 사채장부금액 : ₩9,750＋(975－900)(사채할인발행차금 상각액)＝₩9,825
④ 할인발행한 사채의 장부금액은 유효이자율법 상각을 통해 매년말 증가하며, 따라서 이자비용도 매년 증가한다.

224 ① 20×1년 이자비용 : ₩900,000×10%＝₩90,000
② 20×1년 상각액 : ₩90,000(실질이자)－60,000＝₩30,000
③ 20×1년 말 장부금액 : ₩900,000＋30,000(상각액)＝₩930,000
④ 상환손익 : ₩930,000(장부금액)－935,000＝(－)₩5,000(상환손실)

225 • 유효이자율 : (₩100,000＋14,236)(실질이자)÷951,963(기초장부금액)＝12%
• 사채할인발행차금 : ₩1,000,000－951,963＝₩48,037
• 20×1년 말 사채장부금액 : ₩951,963＋14,236＝₩966,199
• 20×2년 이자비용 : ₩966,199×12%＝₩115,944

226 ② 충당부채로 인식하기 위해서는 현재의무에 대해 경제적효익을 갖는 자원의 유출가능성이 높고 금액을 신뢰성있게 추정할 수 있어야 한다.

227 ① 미래 정화처리시설의 설치예상원가는 미래에 지출할 예상금액일 뿐 과거 사건에 의해서 발생한 의무가 아니므로 충당부채로 인식하지 않는다.

228 ② 20×1년의 재무제표가 승인되는 시점까지는 회사의 책임이 밝혀지지 않을 가능성이 높으므로 충당부채로 인식하지 않고, 우발부채로서 주석에 공시한다. 다만, 배상금을 지급할 가능성이 아주 낮다면, 주석에 공시하지 않아도 된다.

229 • 자본총계의 변동이 없는 거래는 무상증자·주식배당·주식분할·주식병합의 거래이다. 이중 자본의 구성항목 마저 변동이 없는 자본거래는 주식분할·주식병합의 거래이다. 주식분할과 주식병합은 액면금액의 변동만 발생한다.

230 ① 유상증자를 통해 주식을 발행하는 경우, 할인발행을 하든지 할증발행을 하든지 관계없이 기업에 자원(발행금액)이 유입되는 만큼 기업의 순자산은 증가한다.
② 유통중인 자기주식을 취득하면 기업의 자원이 유출되므로 순자산이 감소한다.
③ 이익준비금을 자본전입한 경우에는 기업의 자원이 유출되거나 유입되지 않았으므로 순자산 변동은 없다.
④ 주식배당을 통해 기업의 자원이 유출되거나 유입된 금액은 없으므로 순자산 변동은 없다.

231 ① 청약발행시 선수령한 신주청약증거금은 자본으로 처리한다.
② 현물출자로 인해 발행하는 주식의 발행금액은 수령한 자산과 발행한 주식의 공정가치 중 명확한 것으로 한다.
④ 신주발행비는 주식의 발행금액에서 차감한다.

232 1. 자본총계 증가액 : 100주 × ₩7,000 − 20,000(주식발행비) = ₩680,000
2. 회계처리

유상증자	(차) 현 금	680,000	(대) 자 본 금	500,000
			주식발행초과금	180,000

233 1. 유상증자의 회계처리

유상증자	(차) 현 금	6,000	(대) 자 본 금	5,000
			주식발행초과금	1,000
	(차) 주식발행초과금	500	(대) 현 금	500

2. 답안의 설명
① 손익에 미치는 영향 : 없음
② 이익잉여금에 미치는 영향 : 없음
③ 자산총액 : ₩6,000(현금수령액) − 500(주식발행비) = ₩5,500
④ 자본총액 : ₩6,000(주식발행금액) − 500(주식발행비) = ₩5,500

234 • 주식배당의 재원은 미처분이익잉여금이나, 무상증자의 재원은 배당이 불가능한 자본잉여금, 이익준비금 등의 자본이다.

235 • 회계처리

자기주식 재발행	(차) 자 기 주 식	5,500	(대) 현 금	5,500

• 자기주식을 취득하는 경우, 자기주식의 취득금액만큼 자본총계를 감소시킨다. 따라서 자본총계는 ₩5,500만큼 감소한다.

236 • 자기주식의 취득은 유통주식수를 감소시키며, 자기주식의 처분은 유통주식수를 증가시킨다. 반면, 취득한 자기주식을 소각하는 것은 이미 감소한 유통주식수가 사라지는 것이므로 유통주식수에 영향을 주지 않는다. 따라서 유통주식수는 300주(=500주-200주)만큼 감소한다.

237 • 자기주식을 현금으로 취득한 경우, 자산은 감소하며, 자본은 감소한다. 발행주식수에는 변동이 없지만, 유통주식수는 감소하게 된다.

238 1. 자기주식 재발행의 회계처리

자기주식 재발행	(차) 현 금	135,000	(대) 자 기 주 식	123,000
			자기주식처분이익	12,000

2. 회계처리의 영향

① 자산에 미치는 영향 : ₩135,000 증가

② 자본에 미치는 영향 : ₩123,000+12,000=₩135,000 증가

③ 자기주식처분이익 : ₩135,000(처분금액)-123,000(자기주식 장부금액)=₩12,000

④ 유통주식수는 증가한다.

239 • 자기주식을 처분하는 거래는 자본총계를 처분금액만큼 증가시킨다. 따라서 자본총계는 ₩500,000(=100주×@5,000)만큼 증가한다.

[별해] 회계처리

2월 1일	(차) 자 기 주 식	300주×@6,000	(대) 현 금	300주×@6,000
6월 2일	(차) 현 금	100주×@6,300	(대) 자 기 주 식	100주×@6,000
			자기주식처분이익	30,000
7월 5일	(차) 자 본 금	100주×@5,000	(대) 자 기 주 식	100주×@6,000
	감 자 차 손	100,000		
8월 7일	(차) 현 금	100주×@5,000	(대) 자 기 주 식	100주×@6,000
	자기주식처분이익	30,000		
	자기주식처분손실	70,000		

240 • 기초 자본 : ₩50,000+10,000+30,000=₩90,000

• 기말 자본 : ₩90,000-200주×@80+100주×@100+100주×@70+10,000(당기순이익)= ₩101,000

241 • 자본총계에 미치는 영향은 특정 거래가 자산 및 부채에 미치는 영향을 통해 역산할 수 있다.

• ₩10,000,000+1,000주×@2,000-500,000(신주발행비)-100주×@3,000(자기주식 매입)+100주×@2,000(자기주식 처분)+1,000,000(당기순이익)=₩12,400,000

[별해] 회계처리

4월 1일	(차) 현 금	1,000주×@2,000	(대) 자 본 금	1,000주×@1,000
			주식발행초과금	1,000,000
	(차) 주식발행초과금	500,000	(대) 현 금	500,000
5월 1일	(차) 자 기 주 식	100주×@3,000	(대) 현 금	100주×@3,000
11월 1일	(차) 현 금	100주×@2,000	(대) 자 기 주 식	100주×@3,000
	자기주식처분손실	100,000		
12월 31일	(차) 집 합 손 익	1,000,000	(대) 이 익 잉 여 금	1,000,000

242
- 기초자본 : ₩10,000+12,000+5,000+98,000=₩125,000
- 기말자본 : ₩125,000−10,000(중간배당)−15,000(자기주식취득)−19,000(FVOCI금융자산 평가손실) +10주×@8,000(유상증자) +18,000(당기손익)=₩179,000

243

20×1년초 자본		₩500,000
3월 1일 유상증자	100주×@800=	80,000
5월 1일 유상증자	200주×@600−30,000(발행비용)=	90,000
12월 31일 재평가잉여금	₩12,000(공정가치)−10,000(장부금액)=	2,000
20×1년말 자본		₩672,000

244

20×1년초 자본	₩3,500,000(자산)−1,300,000(부채)=	₩2,200,000
20×1년 3월 8일	현금배당=	(130,000)
20×1년 5월 8일	200주×₩600(주식발행금액)−30,000(주식발행비용)=	90,000
20×1년 10월 9일	자기주식 재발행금액=	80,000
총포괄손익	130,000(당기순이익)+기타포괄손익=	40,000
20×1년말 자본		₩2,280,000

245
- 기초자본−10,000(현금배당)+25,000(유상증자)+30,000(당기순이익)=(₩150,000−60,000)(기말자본)
  ∴ 기초자본 : ₩45,000
- ₩110,000(기초자산)−기초부채=₩45,000(기초자본)
  ∴ 기초부채 : ₩65,000

246
- 자본의 총 증가 : ₩500,000(자산증가)−200,000(부채증가)=₩300,000
- 당기순이익의 역산 : ₩100,000(유상증자)−10,000(FVOCI금융자산 평가손실)+20,000(재평가잉여금) +당기순이익=₩300,000(자본의 총 증가)
  ∴ 당기순이익 : ₩190,000

247

기초 자본	₩30,000(자산)−26,000(부채)=	₩4,000
유상증자		3,000
현금배당		(1,000)
당기순이익		??
기말 자본	₩35,000(자산)−28,000(부채)=	₩7,000

∴ 당기순이익 : ₩1,000

248

20×1년초 자본	₩6,000,000(자산)−2,800,000(부채)=	₩3,200,000
유상증자		1,000,000
무상증자		−
현금배당		(600,000)
주식배당	주식배당은 자본총계에 미치는 영향이 없음	−
이익준비금적립		−
총포괄손익	당기순이익+500,000+800,000=	??
20×1년말 자본	₩20,000,000(자산)−10,000,000(부채)=	₩10,000,000

∴ 총포괄손익 : ₩6,400,000

249 1. 회계처리

3월 2일	(차) 현 금	100주×@700	(대) 보통주자본금	100주×@500
			주식발행초과금	20,000
5월 10일	(차) 현 금	200주×@600	(대) 우선주자본금	200주×@500
			주식발행초과금	20,000
9월 25일	(차) 건 물	50,000	(대) 보통주자본금	50주×@500
			주식발행초과금	25,000

2. 주식발행초과금 : ₩20,000+20,000+25,000=₩65,000

250 • ₩27,000(기초 이익잉여금)−18,000(배당금 선언 및 지급액)+(140,000−47,000−68,000)(당기순이익)
=₩34,000

제3판

ACCOUNTING PRINCIPLE

최재형
공기업 회계학
회계원리 300제

| 공기업 전공 필기 · 공무원(감사직) 대비

최 재 형

서울대 경제학부 졸업
한국공인회계사

現 우리경영아카데미 재무회계 강사
국세공무원교육원 고급 연구과정 강사(재무회계)

前 삼일회계법인
국세공무원교육원 회계실무시험 선정위원

저 서

- 이론솔루션 재무회계 노트
- 유형솔루션 심화 재무회계
- 기출솔루션 객관식 재무회계 기본편
- 기출솔루션 객관식 재무회계 심화 200제
- 기출솔루션 재무회계연습(공인회계사 · 세무사)
- K-IFRS 회계원리
- 공인회계사 재무회계 연도별 기출문제
- 공인회계사2차 재무회계 10개년 기출문제
- 세무사 재무회계 연도별 기출문제
- 세무사2차 회계학1부 10개년 기출문제
- 공인회계사 회계학 모의고사
- 세무사 회계학 모의고사
- 최재형 공기업회계학 기본서
- 최재형 공기업회계학 회계원리 300제
- 최재형 공기업회계학 객관식 1000제

제1판1쇄 | 2018년 10월 31일 발행
제2판1쇄 | 2020년 1월 7일 발행
제3판1쇄 | 2021년 10월 15일 발행
제3판6쇄 | 2025년 10월 15일 발행
지 은 이 | 최 재 형
펴 낸 이 | 이 은 경
펴 낸 곳 | ㈜세경북스
주 소 | 서울특별시 서초구 신반포로3길 8, 606호(반포동, 반포프라자)
전 화 | 02-596-3596
팩 스 | 02-596-3597
신 고 | 제2013-000189호
정 가 | 16,000원

저자와의 협의하에 인지를 생략함

Printed in Korea
ISBN : 979-11-5973-278-2 13320